山东地方史文库（第二辑）

韩寓群 主编

山东思想文化史

孟祥才 著

山东人民出版社

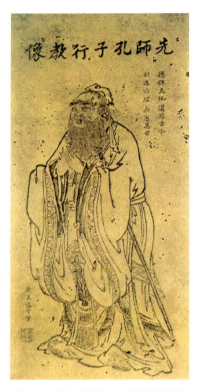

《先师孔子行教像》（唐吴道子作）　　孔子墓

管仲墓

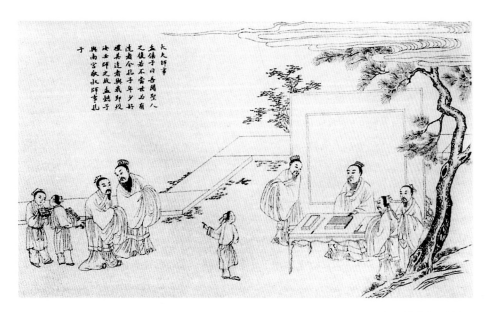

《春秋左氏传》

子思作《中庸》纪念碑

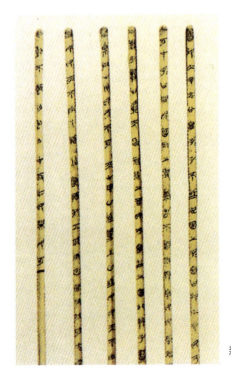

新出土战国儒家著作（2）

新出土战国儒家著作（1）

荀子像

墨子塑像

邹城孟子庙

错金银铜杖首（曲阜鲁国故城东周墓出土）

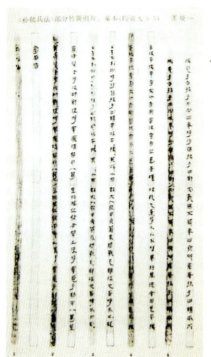

《孙膑兵法》（临沂银雀山汉墓出土）

牺尊（临淄齐国故城出土）

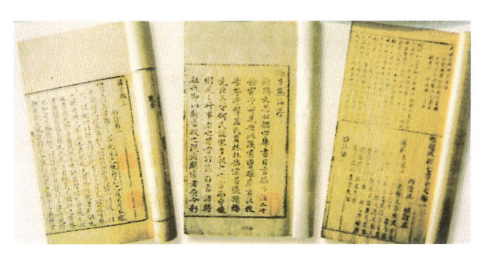

《孙子兵法》（明代版本）

曹参像

鲁壁

陕西焚书灰坑遗址及"坑儒谷"遗址

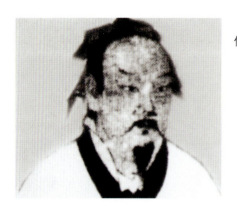

何休像

董仲舒像

《伏生授经图》（明崔子忠绘）

民族英雄
戚继光像

元代封孟子为邹国
亚圣公圣旨碑

金党怀英重修岱庙记碑

《山东地方史文库》总序

《山东地方史文库》历经三年多努力,终于正式付梓,这是一件可喜可贺的事情。

山东是中华文明的发源地之一。根据考古发现,距今四五十万年前,我们的祖先就在今山东沂源一带劳动、生息、繁衍,过着原始社会的生活。大约在四五千年前的虞舜时代,相当于考古学上的龙山文化后期,山东地区即已进入了人类的文明时代。山东历史悠久,文化灿烂,名人辈出。在这里曾产生许多伟大的思想家、政治家、军事家、科学家、发明家、文学家和艺术家,其中最著名的有:思想家和教育家孔子,思想家墨子、孟子、庄子、荀子,政治家管仲、晏婴、诸葛亮、房玄龄、刘晏,军事家孙武、吴起、孙膑、戚继光,科学家和发明家扁鹊、鲁班、氾胜之、贾思勰、燕肃、王祯,文学家和艺术家王羲之、刘勰、颜真卿、李清照、辛弃疾、蒲松龄、孔尚任,以及中国共产党山东党组织的创始人王尽美、邓恩铭等,其余多如璀璨明星,不可胜数。这些先贤们的思想和业绩都已载入史册,成为中国优秀传统文化的一个重要组成部分。时至今日,仍具有广泛而深远的影响。

山东的历史,是一部丰富多彩的历史,是一部灿烂辉煌的历史。山东人民在历史上所创造的物质文明和精神文明值得后人去发掘、探讨、借鉴和发扬光大。自上世纪 80 年代以来,在中共山东省委、省政府的大力支持下,省内从事社会科学研究工作的专家学者在山东地方史的研究方面做了许多卓有成效的工作,编写出版了包括《山东通史》在内的一批研究地方史的著作,为后人探讨和研究山东历史奠定了很好的基础。

新编《山东地方史文库》,包括新增订的《山东通史》和初步计划编写的10部《山东专史》。《山东通史》从纵的方面记述山东自远古至近现代的历史发展进程,包括山东社会形态的变化、重大历史事件、重要典章制度和重要历史人物的传记;《山东专史》则是从横的方面研究山东历代政治、经济、军事、文化、教育、科技、社会风俗、中外交往等方方面面的历史。采取这样纵横交错、互为补充的研究方法,可以让人们更加全面和系统地了解和认识山东历史,更能领悟到我们的先人所创造的博大精深的思想、灿烂辉煌的文化以及多姿多彩的社会生活,也可以从中总结和吸取先辈们给我们留下的宝贵而丰富的经验教训。毛泽东同志曾说过:"历史的经验值得注意。"邓小平同志也说:"历史上成功的经验是宝贵财富,错误的经验、失败的经验,也是宝贵财富。"他还有一句名言:"总结历史,是为了开辟未来。"研究和学习山东的历史,可以使我们更加深入认识山东的昨天,更好地把握今天,从而创造出更加美好的明天。

盛世修史,是我国的一个优良传统。多年来,中共山东省委、省政府在党中央领导下,以邓小平理论和"三个代表"重要思想为指导,深入贯彻落实科学发展观,带领山东人民沿着中国特色社会主义道路奋发前进,无论是在发展经济还是提高人民群众的生活水平上,都取得了突出的成就,进入了山东历史上发展最好、较快的又一个历史时期。《山东地方史文库》的编写出版,不仅继承和弘扬了山东悠久而丰厚的历史文化,而且有助于我们吸取前人的经验和智慧,为社会主义和谐社会建设提供有益的历史借鉴。

编写《山东地方史文库》的动议酝酿于2006年3月,当时担任省长的我意识到自己有义不容辞的责任。这个想法得到了山东师范大学以及省内从事山东地方史研究的专家教授的热烈响应和支持,尤其是安作璋教授,不顾年事已高,担任《文库》学术顾问,尽心竭力做了大量的组织工作、领导工作,山东师范大学的领导同志以及山东地方史研究所为此《文库》的编纂作出了很大贡献。作为主编,我感谢来自省内有关高等学校、科研院所的各位主编、作者和出版社的编辑同志为编写出版这一套高质量、高品位的《山东地方史文库》付出的辛勤劳动,感谢省党史委、史志办等有关部门领导的大力支持和帮助。《文库》的编写出版,仅是一个良好的开端,希望同志们在此基础上总结经验,再接再厉,为今后编写好出版好《文库》中的其他各类专史继续努力。

　　是为序。

韩寓群

2009 年 7 月

序

　　山东自古号称"齐鲁文明礼仪之邦",历史悠久,文化灿烂。在这块雄踞陆海、美丽而富饶的祖国大地上,曾培育出许多伟大的思想家、科学家、发明家、政治家、军事家、文学家和艺术家。他们以博大精深的思想和智慧,与广大劳动人民一起共同创造了大量造福于人类的精神财富和物质财富,推动了生产力的发展和社会的进步,从而构成了山东历史丰厚而富有特色的内容,谱写了山东历史绚丽多彩的篇章。

　　本次编写出版的《山东专史》系列,为《山东地方史文库》的第二辑,包括《山东政治史》、《山东经济史》、《山东军事史》、《山东思想文化史》、《山东科学技术史》、《山东教育史》、《山东文学史》、《山东社会风俗史》、《山东移民史》、《山东对外交往史》等10部著作,较全面地研究和反映了山东古代至新中国成立前的政治、经济、军事、思想、科技、教育、文学、风俗、移民、外交等领域发展、变化的历程。《山东专史》系列和已出版的《山东通史》一样,在编写思路和结构上都采取纵横相结合的方法,不同的是,《山东通史》以纵带横,纵中有横;《山东专史》系列则是以横带纵,横中有纵。如果说《山东通史》是从纵的方面系统地探讨山东历史各个领域的发展演变,《山东专史》系列则是从横的方面对山东历史不同领域进行重点的研究,也可以说《山东专史》系列是对《山东通史》中一些重要领域的细化和补充,这两部著作相得益彰、交相辉映,比较系统全面地体现了《山东地方史文库》丰富的内容及厚重的文化积淀。

《山东专史》系列各卷的作者，均是山东省高校和科研机构中多年从事有关领域研究的教授、研究员等专家学者，他们在山东历史的研究方面均有较高的理论水平、丰富的资料积累和写作经验，因此对其撰写的书稿都能做到比较深入的研究。每卷作者在撰稿中都注意吸取当今学术界最新研究成果，并在此基础上，力求有所创新；对有争议的问题则采取了比较客观的立场和实事求是的态度。10 部专史大都具有资料翔实、内容丰富、思路清晰、系统条理、文字流畅、深入浅出等优点；另附有与文中内容相关的多种图表，以便于读者更好地阅读和理解。

近年来，山东学者对于山东历史的研究取得了长足进步，先后推出了《山东通史》、《齐鲁文化通史》、《济南通史》、《齐鲁历史文化丛书》、《山东革命文化丛书》、《山东当代文化丛书》、《齐鲁诸子名家志》、《山左名贤遗书》、《齐鲁文化经典文库》、《山东文献集成》等多部大型系列著作(省直各部门、各地市县的研究成果尚未包括在内)，表明了山东地方史的研究已走在全国各省地方史研究的前列，对于研究山东、宣传山东、存史资政育人起到了重要作用。本次《山东地方史文库》中 10 部《山东专史》的出版，对山东地方史研究来说，无论从深度还是广度上看，都有新的开拓，也是山东省文化建设工程的又一项重大成果。对于当前和今后建设社会主义和谐山东，推进山东社会主义政治文明、精神文明、物质文明、生态文明建设，都具有重要的现实意义。

我衷心希望参加编写的作者和出版社的同志们，在老省长、《山东地方史文库》总主编韩寓群同志的领导和山东师范大学校领导的支持下，善始善终地继续做好《山东专史》系列第三辑、第四辑的编写和出版工作，并预祝这项艰巨而光荣的历史任务圆满成功。

安作璋

2011 年 5 月

前　言

在中华文明一体多元的发展格局中,首先发展起来的是同中有异,异中见同,多姿多彩,争奇斗艳的地域文化。如从三代到战国,在广袤的中华大地上就形成了燕赵文化、三晋文化、中原文化、三秦文化、甘陇文化、巴蜀文化、楚文化、岭南文化、吴越文化等。在这些地域文化中,只有齐鲁文化在秦汉时期完成了由地域文化向主流文化的转化,其他地域文化只是作为文化的因子融入了主流文化。从秦汉开始,山东地区的思想文化就是作为主流文化的一部分存在和发展,同时又具有同其他地方不同的地域特点,在各个历史时期为主流思想文化的丰富和发展作出了独特的贡献。

一

齐鲁文化发轫于东夷文化。这个文化的创造者首先是 50 万年前从原始森林中勇敢地走出来的沂源人。从原始社会至夏商时期,齐鲁的东夷人逐渐形成了两个文化中心。泰山以北,以今之淄博为中心,是爽鸠氏、蒲姑氏等活动的地域。泰山以南,以今之曲阜为中心,是少昊、蚩尤、颛顼、后羿、奄等部落和方国的居地。与之相对应的考古文化是龙山文化和大汶口文化。随着生产力的提高和社会分工的发展,东夷人中产生了专门从事文化活动的巫觋、巫史、祭司、医生、天文学家和艺术家。大汶口与龙山文化的遗址中都出土了占卜用的龟甲。相传颛顼氏任命的"绝地天通"的重黎就属于巫史之类。少昊部落中担任"历正"的凤鸟氏与尧时代的羲、和等,显然是一批天文学家,他们能够观象授时,并且知道四季的划分。与此同时,作为记录工具的文字也发明出来,大汶口和凌阳河出土的陶文应是中国较早的象形文字,还可能是甲骨文与金文的先驱。大量的考古资料表明,在原始社会时期,东夷文化是当时中国境内较先进的文化之一。但是,夏朝建立以后,东夷文化由于缺乏强有力的经济政治力量的支撑而逐步丧失了其优越地位。在强大的夏文化冲击下,东夷文化开始变异,其表现是对夏文化的吸收和向夏文化的靠拢,其对应的文化遗存是岳石文化。商朝建立后,东夷文化则进一步向它靠拢和融合。商人本是东夷人的一支,在文化上二者是同源的。在夏商时期的千年历程中,东夷文化虽然不够张扬和辉煌,但由于它对夏商文化的广泛吸收,大大增强了与中原文化的联系,形成了蒲姑与商奄两大文明中心。西周以后,正是从这里生发出光耀千古的齐鲁文化。

西周初年,通过大分封在今山东地区建立了齐、鲁两大诸侯国,标志着齐鲁文化区域的初步建立。西周时期的齐鲁文化是一种以周文化为主导,融合了夏商文化与东夷文化的个性鲜明的地域文化。这一文化系统是由齐文化和鲁文化两个亚文化系统组成的。

齐国的建立者是周朝的异姓贵族姜尚。他所在的氏族本是东夷人的一支,因而极易与东夷人找到文化上的认同。他在齐国奉行"因其俗,简其礼"和"举贤尚功"的治国方针,铸就了齐文化重实效、崇功利、举贤才、尚法治、扬兵学、倡开放的文化品格。春秋时期,管仲相桓公,高举"尊王攘夷"的旗帜,"九合诸侯,一匡天下",将齐桓公推向五霸之首的尊位。同时继续弘扬齐学的优长。他以"水本原论"展示唯物论的自然观,以"顺民心"和"上功富民"展示民本意识,以"礼义廉耻国之四维"展示礼治和伦理观念。此外,他在法律、军事和外交思想方面也有许多创见,大大拓展了齐文化的领域,深化了它的内容。管仲之后百余年,齐国又出现了一个影响很大的政论家和思想家晏婴。他崇尚节俭,深自谦抑,提倡礼制,强调德化,要求维护君臣父子兄弟夫妇以及各色人之间的等级秩序,同时要求关心百姓疾苦,减轻对他们的剥削。在哲学上他主张"和而不同",批判神道迷信,显示了浓重的人文主义色彩。他的思想进一步丰富了齐学的内容。

在齐文化迅速发展并向四方传播之时,泰山之阳的鲁国孕育发展了颇具特色的礼乐文化。鲁国是周武王之弟周公旦的封国,而他正是周王室"制礼作乐"的始作俑者。这样,鲁国就成为周文化在东方最大的继承者和传播者。鲁国是各诸侯国中唯一可使用天子礼乐的国家。它从周王室那里得到了"祝宗卜史"等专职文化官员和相关的礼器与文物典册,所以春秋时期吴国季札访鲁时才有"周礼尽在鲁矣"的慨叹。鲁文化极力维护周文化的纯正性,特别讲究道德名节,注重研究传统文化和阐发宗法伦理观念。正是这样的文化传统与文化氛围,孕育了儒家学说和它的伟大创始人孔子。

春秋时期,随着周王室的衰微、公室沦落和贵族间斗争的日趋激烈,出现了"礼崩乐坏"和文化下移的历史趋势。这就促成了私学的勃兴和文化成果的传播。这种形势就为孔子这样的思想文化领袖的脱颖而出创造了条件。孔子以仁学与礼学交融互补,构筑了他政治思想的核心内容。他一面大力提倡以重礼乐、倡教化、明等级为主要内容的礼学,同时又极力弘扬以血缘亲情为基础的"爱人"、"立人"、"达人"的人文精神,强调人的道德自觉和主动求善的内动自律,推出很高的道德境界与人格理想。而他的天命观和鬼神论则充满了昂扬向上的主观能动精神。他整理的五经不仅为保存中国古代文化典籍立下不世之功,而且为儒家学派选定了最基本的思想资料,加上他创办私学,吸引了一大批志同道合的弟子,这一切就使他顺理成章地成为儒家学派的创始人。他广收门徒,周游列国,广泛传播儒家思想,加上其后学的努力,既使儒学日益成为引入注目的显学,也为战国百家争鸣思潮的勃兴起了"金鸡一鸣天下晓"的作用。特别是鲁文化与齐文化一开始就进行频繁的交流,增强了相互之间的渗透与融汇,展示了两种具有紧密亲缘关系的亚文化之间异质互补的特征。由于孔子站在前所未有的理论高度上将传统的政治与道德思想提升到一个新的境界,因而给齐鲁文化注入了新的灵魂。有了儒家学说,齐鲁文化才真正具有了民族、地域的超越性,才真正能够担负起领导中国文化的历史使命。

二

战国时代是齐鲁文化的发皇期。这一时期,田氏代齐,标志着封建制取代了奴隶制。齐威王厉行改革,使齐国成为经济和军事力量举足轻重的东方大国。齐威王、齐宣王建立和扩大稷下学宫,礼贤下士,吸引大批列国学者前来讲学和研究,使齐国一时成为整个中国的思想文化中心。百家争鸣中不少顶尖的学者,如孟子、荀子、宋钘、尹文、淳于髡、彭蒙、慎到、田季真、接予、环渊、邹衍、兒说、田巴等,都曾为稷下学派的繁荣作出了创造性的贡献。与此同时,日趋衰微的鲁国也在思想文化上创造了骄人业绩,出现了墨子、子思、孟子等思想巨人。战国时期齐鲁文化的最大成就是造就了墨家学派、儒家的思孟学派、荀子学派、黄老稷下学派、邹衍的阴阳五行学派以及接续孙武兵学的孙膑兵学,并以比春秋时期更大的规模和更快的速度向全国播扬。

墨翟创立墨家学派。他代表"农与工肆之人",主张"兼爱"、"尚同"、"尚贤"、"非命"、"非乐"、"节用"、"节葬"、"尊天"、"事鬼",提出了著名的"三表法"。他的思想为汉代董仲舒构筑新儒学提供了一些思想资料。

子思和孟子创立了影响深远的思孟学派。子思是联系孔子和孟子的桥梁,他创立了"天道性命"、"正心诚意"以及从"正身"、"导民"到"修身、齐家、治国、平天下"的全套理论。孟子宣扬"性善",倡导"仁政",主张"民贵君轻",要求"制民恒产","五亩之宅,树之以桑","百亩之田,勿夺其时"。他还鼓吹"富贵不能淫,贫贱不能移,威武不能屈"的大丈夫精神,对中国人的价值观念产生了重大影响。荀子创立的孙氏之儒虽然与孟氏之儒隐隐对立,但对礼教与德化的认识基本一致。荀子的"天论"集先秦唯物论之大成,"礼论"集先秦礼学之大成。他以舟水喻君民关系,援法入儒,主张礼法兼容,德刑并用,大大拓展了儒学的施政空间。孟子和荀子不仅大大丰富了儒学的内容,完善了儒学的体系,而且在更大的范围内传播了儒学和扩大了这一学派的影响。

黄老学派是不同于老庄学派的新道家,其思想主要体现在《老子》一书中。它主张"君道无为"、德刑兼用,减轻剥削,为百姓创造一个宽松的生产和生活环境。后来被汉初统治者选为统治思想。

稷下学派的邹衍创立了阴阳学派。他将商周以来阴阳五行(金木水火土)学说加以改造,将五行相生相胜的理念引入社会历史领域,以五德之运诠释王朝的更替。他还创造了大小九州的观念,扩大了中国人关于世界的视野。另外,在稷下学者中,还有法、名、兵等学派的代表人物,他们为丰富和发展齐鲁文化作出了自己的贡献。应该特别指出的是,此时期齐、鲁两种亚文化的发展、交流、融汇、整合以比春秋时期更快的速度进行,从而为汉代齐鲁文化跃升为主流文化打下了坚实的基础。

短命的秦皇朝推行"以法为教,以吏为师"的文化专制政策,窒息了百家争鸣思潮。又以"焚书坑儒"将知识分子推向自己的对立面,加速了灭亡的步伐。汉初推行黄老政治,虽然对经济的恢复发展起了积极作用,但也引来诸侯王坐大和豪强肆虐横行等弊端。于是汉武帝与董仲舒相结合,将儒学推上了统治思想的宝座。

秦朝统一以后,由于百家争鸣的结束,齐鲁之学面临全新的形势,每个学术流派为了自己的生存都在进行整合与改造。经过秦到汉初 80 余年几代儒家学者的努力,齐鲁儒学发展成为当时势力最大、最具生机的学派,展示了较其他任何学派都无法比拟的优势:

一、它拥有一批经过整理的稳定的思想资料,如五经和《论语》、《孟子》、《荀子》等。

二、它拥有一批学识渊博、声望卓著的学者,他们或做官从政,或聚徒讲学,在政界和学界大大扩展了儒学的影响。

三、经过自春秋至汉初数百年的传播,齐鲁儒学早已突破地域界限,在黄河上下、大江南北的广大地区播扬,影响日益扩大。

四、经过数代儒家学者的不断改造创新,特别是经过一位非齐鲁的学者董仲舒的精心整合,将齐学与鲁学的优长融为一体,儒学于是以全新的面貌赢得了汉武帝的青睐。这样,通过汉武帝与董仲舒的热烈拥抱,以"罢黜百家,独尊儒术"的政策将儒学推上了主流意识的殿堂。这其中,太学的建立,经学官学地位的确立,从儒生中选取官吏制度的推行,使儒学的主流意识地位日益巩固。在此后两千多年的封建社会里,儒学作为主流意识的地位始终没有动摇。

经过董仲舒改造过的儒学,对稳固大一统的中央集权的统治起了重要作用,对于形成以汉族为主体的中华民族的心理结构产生了不可估量的积极影响。它既获得了统治者的青睐,又得到被统治者的认可,是中国宗法农业社会最适宜的意识形态。第一,儒学倡导大一统,鼓吹"内诸夏而外夷狄",反映了中华各民族人民对祖国的认同,蕴涵着深厚的爱国主义,形成了强大的民族凝聚力。第二,它倡导尊君爱民,鼓吹等级秩序,"说忠孝,道中庸,与民言服从,与君言仁政",找到了统治者与被统治者利益的结合点。第三,它提倡的三纲五常的伦理学说,给封建社会的人际关系罩上一层温情脉脉的纱幕,反映了君、臣、百姓对伦理道德的认同。第四,儒学具有强烈的民本主义的政治文化意识和博大深广的人道主义精神,蕴涵着建立和谐社会的理念。既要求对百姓实行"仁政"、"德治",肯定"汤武革命",又提倡"仁爱"、"立人"、"达人"、"推己及人",鼓吹以"爱心"和"亲情"建立和谐的人际关系。第五,它倡导"尽人力而听天命"、"知其不可而为之"的积极进取的人生态度,独立不移的大丈夫精神和操守重于生命的品格意识。第六,一贯重视教育和中华优秀文化的传承。第七,儒学具有开放的学术品格,能够不断从"夷狄"等异质文化中吸纳知识与智慧,以丰富、充实和发展自己。它不是一个自满自足、僵化封闭的体系,而是一个具有海纳百川的博大胸怀、与时俱进的奋发进取意识的开放性的学派,因而能够在历史的前进运动中不断增强对社会和人生需求的适应能力。第八,儒学具有实践性和普及性的品格。它没有故作高深的玄理,也不用晦涩难解的文字,其政治经济思想、伦理道德情操、人生价值理念,都是用比较贴近百姓的语言和司空见惯的事物表述的,因而能够润物细无声般地渗透到人们的心田之中,融化到人们的血液里,变成民族的文化基因。

反观先秦时期那些与儒学并峙而立的学派,尽管各有优长,但本身都存在明显的缺失。如墨家的"简而难尊",法家的"刻薄寡恩"、"有术易以兴,无术易以亡",道家的"无为"、"为我"、"出世",阴阳家的"使人拘而多畏",名家的"苛察缴绕"、"专决于名而失人情",农家的平均空想等,使它们都不能适应不断变化的社会对主流文化的诉求。只有经过董仲舒改造过的新儒学,既保留了原始儒学那博大精深的内涵,又有选择地吸收了其他学派的理论和方法,并且基本上消除了原始儒学"博而寡要,劳而少功"的弊端,成为内容最丰富,涉及政治、哲学、经济、伦理、教育等涵盖深广的学说,因而成为中国封建社会主流文化的核心和主要组成部分,为中华帝国的长期存在、发展和几度辉煌提供了有力的思想文化支撑。尽管两千多年来,星移斗转,世事变迁,外来文化数度冲击,但由于儒学有着很强的因应能力,它的地位一直是安如磐石,没有丝毫动摇。直到近代,在以民主和科学为旗帜的西学冲击下,儒学的颓势才显现出来。这一情况表明,中国古老的封建制度和与它相适应的文化已经面临全面的变革。

三

魏晋南北朝时期(220—589年)三个半世纪多的岁月,在经历了西晋短暂的统一以后,中国就进入了南北对峙、北方多民族政权并立互易、南方皇朝频繁更替的多事之秋。随着以山东士族为代表的汉族人口大量南迁和北方少数民族入主黄河中下游,在思想文化上就形成了多元并存和中外文化、不同地域文化以及儒、佛、道文化持续交流、互动和融合的局面。这一时期,在文化的传承上,自东汉末年崛起的世家大族起了重大作用。孔氏、琅邪颜氏、琅邪王氏、清河崔氏、泰山羊氏等就是其中的主要代表。儒学尽管受到外来的佛学和由道学转化而来的玄学的巨大挑战,但它在政治上作为统治思想、社会上作为主流意识形态的地位并没有动摇。魏晋时期,东海郯(今山东郯城)人王肃在经学上创立的"王学"取代了"郑学"的独尊地位,对南北朝时期的经学也产生了深巨影响。南朝的山东儒生王淮之、宋昇明、吴包、伏曼容、卞华、崔灵恩、张讥、明山宾等都有经学著作问世,为经学在南朝的延续和传播作出了较大贡献。五胡十六国时期,由于战乱频繁和大量汉族士族南渡,北方经学一度呈衰颓之势。北朝时期,特别是北魏以后,北方经学开始复苏,山东儒生王欢、房景先、崔浩和张买权等名重一时,是该时期经学的领军人物。魏晋玄学两个开山人物之一的王弼是山阳高平(今山东金乡西北)人,他虽然只活了24岁,却以《老子注》、《老子指略》、《周易注》、《周易略例》、《论语释疑》等奠定了他在中国哲学史上不朽的地位。王弼的同乡张湛则以《列子注》一书接续王弼在东晋时期扛起了玄学的旗帜。玄学的风流余韵延续至南朝,已经失去了魏晋时期玄学家们的探索和创新精神,变成了名士们炫耀智慧和辩术的清谈之学。流寓南方的山东士族的代表人物王戎和被誉为"竹林七贤"的名士群体,王衍和被誉为"四友"、"八达"的名士群体,以及王导、王敦和他们周围的那批人,就是南朝玄学家和清谈家的代表。

隋唐五代时期(618—960年)是中国封建社会第二个发展高峰。"盛唐"的政治、经济和文化不仅在中国历史上成为继两汉之后的又一个发皇期,而且在当时的东亚乃至全世界也处于领先地位。山东的思想文化领域再一次产生了一批大师级的学者,推出了一大批影响深远的著作。其中,吕才带有强烈唯物论色彩的哲学思想,房玄龄、马周带有鲜明个性特点的开明的政治思想,孔颖达独具特色的教育思想,刘晏"以人为本"、"养民为先"的进步的经济思想,显示了山东思想家在这一领域的实绩,奠定了他们举足轻重的历史地位。这一时期,士族仍然是文化传承的重要基地,清河崔氏、琅邪王氏和颜氏、兰陵萧氏等家族仍然是历数百年不衰的著名文化家族,他们为儒学在这一时期的复兴作出了独特的贡献。不过,随着科举考试的实行,使越来越多的庶族地主知识分子跻身于国家的政治和文化行列,在思想文化领域也向世家大族发起了挑战。隋唐统治者尽管对儒、佛、道采取了兼收并用的态度,但由于儒学的基本理念最符合统治的需要,又深深根植于中国百姓的潜意识中,所以必然被作为统治思想加以宣传和播扬。正因为如此,作为儒学教主的孔子就受到前所未有的尊崇,祭孔也就成为国家级祭祀中的最隆重的大典之一。由于孟子在儒学发展史上的不可替代的地位和作用在唐代得到认可,他的地位得以大大提升,成为仅次于孔子的"圣贤",被韩愈誉为儒学道统传播链条上的重要一环。《孟子》一书也进入"经"的序列。这一时期经学上的最大成就是山东学者颜师古考订《五经》和孔颖达撰写《五经正义》,使以后的学校教育有了统一的具有权威解读的教科书。中唐时期,经学领域吹来一股疑古之风,对汉儒的拘守章句、抱残守缺的学风提出了挑战,力图对经书的义理进行新的诠释。濮州鄄城(今属山东)人王元感以《尚书纠谬》、《春秋振滞》、《礼记绳衍》等著作成为疑经学派的重要代表人物。

宋辽金元时期(960—1368年)的四个多世纪,中国经历了由北宋统一到宋与辽、金、西夏的对垒互峙,再到元的统一的历史演变。由于辽、金、西夏和元都是少数民族建立的政权,它们给中国历史的发展注入了许多新的元素,而宋代经济的发展又出现了空前的繁荣,在这样的背景下,思想文化也创造了新的辉煌,其重要标志就是理学的产生和发展所昭示的儒学的复兴。在这场儒学复兴运动中,泰山书院的"宋初三先生"石介、孙复和胡瑗起了肇始者的作用。后面两人虽然都不是山东人,但由于他们与石介和泰山书院联系在一起,他们自然也就作为泰山学派的领军人物归入齐鲁文化的创造者之列。由他们接续唐代疑经学派对汉儒繁琐章句训诂之学进行了更加深入的批判,从而逐渐形成了宋儒"议论解经"和"疑经改经"的学风。他们在大力弘扬原始儒学关心国计民生和积极干预政治的基本精神的同时，特别注重开掘孟子思想的积极因素，进一步提升孟子在儒家代表人物中的地位，并在对释、道的猛烈批判中使儒学的理性原则得以高扬。1126年北宋灭亡后，女真人建立的金朝确立了在山东的统治。一方面，大量山东儒生南迁，对南宋理学的发展起了积极作用。一方面，留居原地的儒生在十分艰难的条件下继续从事儒学的传授和播扬，并通过从政对金朝的政策施加影响，使之在一定程度上缓解了对汉人的苛政。1234年蒙古灭金后，山东先是在蒙古帝国，后来在元朝统治下度过了130多年的艰苦岁月。这一时期，山东思想文化上的最突出的成就是泰安长清（今山东长清）人严实创立的东平府学由此形成的东平学派。这个学派的数以十计的学者一边通过讲学活动传播儒学和培养人才，一边通过进入各级官府贯彻自己的从政理念，在元朝建立后50多年间极大地影响了当时的政治和思想。

明清时期（1368—1911年），中国已经步入封建社会的后期阶段。一方面，两朝，尤其是清朝，中国的疆域大大扩展，农业、手工业和商业都呈现几度繁荣，资本主义萌芽显著成长，中国的经济总量长期居于世界首位。另一方面，封建专制主义进一步强化，封建生产关系对生产力的促进作用已经发挥到极致。整个封建社会面临着不可挽回的没落局面，而当时成长中的资本主义萌芽还不足以突破封建的经济结构，中国还不具备向资本主义转化的条件。与此同时，欧洲的先进国家却日益加快了资本主义发展的步伐。在这种形势下，中国的民族灾难就不可避免了。明朝（1368—1644年）统治者一直将程朱理学作为官方的统治思想，明朝中期以后，王守仁继承陆九渊创立的"阳明心学"在社会上产生了越来越大的影响。流风所及，以穆孔晖、王道、张后觉、孟秋为代表的山东学者与之呼应，形成了"山左王学"，在当时的思想学术界占有一定的地位。另外，抗倭名将戚继光总结他在战争实践中的经验，创立了颇具特色的军事思想。清朝统治时期（1644—1911年），尽管程朱理学依然是官方推崇的统治思想，但由于明清之际改朝换代的剧变对知识分子的刺激，一批先进的思想家开始对宋明理学和陆王心学进行批判，由此形成了颇有声势的"实学"思潮。山东学者张尔岐的经学研究、马骕的史学研究，就是对这一思潮的思想和学术上的回应。清朝中期，兴起了以对中国古典文献整理、考证、辨伪、辑佚为主要内容的"乾嘉之学"。山东学者对此也作了强有力的回应,桂馥、孔广森、郝懿行、牟庭、王筠等在经、史、文字、音韵、金石等方面的研究,都取得了比较显著的成就。不过,应当承认,在明清时期,山东已经不是中国思想学术的中心,也没有产生在思想和学术上居于全国前列的领军人物。

近现代的中国历史学家,大都将 1840 年爆发的英国侵略中国的鸦片战争认定为中国近代史的开端。一方面,古老的中国封建社会一步步向半殖民地半封建社会转化;另一方面,随着资本主义经济因素的成长和西方资产阶级思想文化的传播,中国人民反帝反封建的民族民主革命也逐步走向高潮。先进的中国知识分子开始向西方寻求真理,并在对中国封建制度和文化的不断批判中创建了中国资产阶级的思想和文化。山东是较早遭受外国侵略的地区,也是反帝反封建的斗争进行得比较激烈的地区。在 1900 年前后的义和团运动和 1919 年的五四运动中,山东一度成为反对外国侵略的前哨阵地。在抗日战争和解放战争中,山东又成为最激烈的主战场之一。山东人民为中国民族民主革命所作出的牺牲和贡献是无与伦比的。不过,由于这一时期的山东既不像东南沿海的广州和上海那样得风气之先,又不如北京那样的政治中心集中了大批知识分子精英,因而在思想文化的创造方面尽管产生了傅斯年这样顶尖的学者,但却未能产生对全国有影响的思想学术群体,也没有产生影响深远的思想学术成果,基本上停留在对新思想新文化的回应的层面上。

目　录

第一章　先秦时期的山东思想文化

一、概述

山东人类活动的历史应该从 50 万年前沂源猿人的出现算起。当他们从绵延千里东西走向的泰、沂、蒙山脉的原始森林中勇敢地走出来,用自己的双手制造工具,改造自然并改造自己的时候,他们就谱写出了山东人类社会历史的第一乐章。到新石器时代,广阔的山东大地上几乎到处都有人类活动的遗迹,形成了比较发达的东夷文化。考古发掘证明,在新石器时代的东夷各部落中,原始的宗教已经出现,礼制观念开始萌芽,人类最早的专职从事精神文化活动的巫、史也进行着他们最早的精神生产。而最早的历法也在指导着他们的生产和生活,最早的文字也开始记载他们的历史。山东丰富的新石器时代的文化遗存,从北辛文化—大汶口文化到龙山文化和岳石文化,已经构成了完整的文化序列,展现着这一时期历史发展的鲜明的轨迹。

从公元前 21 世纪到公元前 11 世纪,我国历史经历了夏、商两个奴隶制的王朝。在夏、商为代表的中原文化的强有力的冲击下,个性鲜明的东夷文化逐步与夏商文化融合,在泰山南北形成了两大文明中心,即以今之临淄为中心的蒲姑和今之曲阜为中心的商奄。考古发掘证明,夏商文化对东夷文化的影响,自西向东呈逐步减弱之势。在强势的夏商文化的浸润下,东夷文化因为接受夏商文化的宗教、政治和道德观念以及卜筮、历法、医术、文字等各种实用文化而提升了自己的文化层次,从而为西周以后齐鲁文化的显著跃升准备了条件。

从公元前 11 世纪开始,居于渭水流域的周族迅速强大起来,对居于中原地区的商王朝形成了咄咄逼人之势。恰在此时,商王朝在最后一个君主受辛即纣王的统治下日趋没落。公元前 11 世纪中叶,周武王联合数以百计的奴隶制的方国发动了征伐商王朝的战争,牧野一战,商王朝灭亡,周朝取代商王朝建立了在中原地区的统治,并通过分封的方式,将自己的统治权力向周边地区延伸。这样,在山东地区就出现了齐、鲁两个大的诸侯国。这两个诸侯大国的建立,标志着齐鲁文化区域的形成。西周时期的齐鲁文化是以周文化为主导而又融合了夏商文化的因素和东夷文化的因素而形成的个性鲜明的地域文化。齐国的第一代国君姜尚是周文王和周武王的重要辅佐,伐纣之役的总指挥,为周朝的建立立下首功的异姓贵族。他在齐国实行"因其俗,简其礼"和"尊贤尚功"的思想文化政策,既重视法治,又重视兵学和军事力量的建设,从而加速了齐国境内的民族融合和周文化与东夷文化的整合,创建了具有独特思想内涵和鲜明风格的齐文化。他实行"通商工之业,便鱼盐之利"的经济政策,在大力发展工商业的同时,也毫不动摇地维持农业的主导地位,使农、工、商各业都得到相得益彰的发展。在姜尚及其后代的治理下,齐国很快成为幅员辽阔、经济和军事实力强大的东方大国。周公旦是周文王的第四子,周武王的弟弟,周武王和周成王的主要辅佐,被封为鲁国的第一代国君。他虽然未能亲自治理鲁国,但在他的指导下,他的长子伯禽在鲁国实行"变其俗,革其礼"与"亲亲上恩"的思想文化政策,继承和发展了周朝的礼乐文化,为后来儒学在鲁国的诞生培植了深厚的土壤。

历史发展到春秋时期(前 770—前 476 年),周天子的王权大大衰落,诸侯争霸的政治和军事斗争将当时社会上的各路精英纠集到政治、军事和思想文化斗争的战场。齐桓公在管仲的辅佐下登上春秋首霸的尊位,作为政治家、军事家和思想家的管仲也以"水本原"论的哲学思想,"顺民"、"富民"的经济思想,"四维"论的政治伦理思想,以及丰富的法律、军事和外交思想为齐文化注入了新的内容。而春秋后期的晏婴则以其"和而不同"的理念为齐文化增添了新的光彩。与此同时,齐国的兵学以姜尚的《六韬》、司马穰苴的《司马法》和孙武的《孙子兵法》铸造了它的新的辉煌。春秋时期鲁文化的最大成就是产生了以孔子为代表的儒学,这一上承周朝礼乐文化,以"仁"、"礼"互补为主要内容,充满人道主义和人文主义精神的思想体系,为后来齐鲁文化跃升为中国的主流文化奠定了基础。

战国时期(前475—前221年)的山东思想文化进入了它最辉煌的岁月。首先是墨学的崛起,代表"农与工肆之人"发出了自己的呐喊。继而是稷下学宫在齐威王和齐宣王时期成为中国的思想学术文化中心,当时儒、墨、名、法、道、阴阳等各家各派的代表人物几乎都曾在这里从事学术活动,由此诞生的稷下学派使齐学当之无愧地引领了当时思想文化的发展,从中产生了宋钘、尹文、慎到、田骈、邹衍等学术大师和杰出的军事家孙膑。接着,是思孟学派在鲁国的出现,以"心性学说"、"教化学说"和"性善论",特别是"仁政学说"进一步弘扬和发展了儒学。三为稷下学宫"祭酒"的荀子在孟子之后进一步发展和完善了儒学的礼学体系,同时他"援法入儒",为后来统一的专制主义中央集权的封建国家初步找到了最适宜的治国理念和统治方略,从而以一个百科全书式的大师载入史册。这一时期,宋国蒙(今山东东明)人庄周发展丰富了老子创立的道家学说,以"汪洋恣肆"的文风写下了中国文学史上浪漫主义流派的第一个辉煌篇章。卫国左氏(今山东定陶西)人吴起作为具有法家倾向的军事家,不仅在鲁、魏、楚等国留下了不平凡军事政治业绩,而且以《吴子》一书成为中国兵学史上的重要人物。

二、史前至夏商时期的东夷文化

古代的山东由突入渤海和黄海的半岛和作为华北大平原一部分的鲁西平原组成,地处北温带,气候温和,雨量充沛。泰山、鲁山、沂山、蒙山、崂山自西向东从山东中部绵延至海,将齐鲁大地分割组合成鲁西平原、鲁北平原、鲁中山地、胶东丘陵、鲁南沂沭河谷地五大部分。这里的山地丘陵生长着茂密的森林,埋藏着丰富的矿物。这里的平原河渠纵横,土壤肥沃,济水、淄水、汶水、泗水、沂水和大野泽(又名巨野泽),水量丰富,提供了灌溉和舟楫之利。这里绵长的海岸线不仅提供了源源不绝的鱼盐之利,而且为对外交通提供了四通八达的海上航路。这些优越的地理环境和气候条件,为早期人类的繁衍生息奠定了基础,因而使山东成为中国最早的文明发祥地之一。

四五十万年前的沂源猿人,是已知的山东境内最早的人类,1981年考古工作者在沂源县土门镇的骑子鞍山的一处洞穴里发现了一块猿人的头盖骨、六枚牙齿、一块肱骨、一块肋骨和两块眉骨的化石,专家认定这是两个成年猿人的骨骼遗存。在骑子鞍山及其附近,还发现了大量哺乳动物如肿骨鹿、李氏野猪、梅氏犀牛、马、熊、鬣狗、虎、巨河狸等十多种动物的骨骼化石。经过与国内其他化石材料的对比研究,专家确认这里猿人生活的年代大致与北京猿人相当。他们被命名为"沂源猿人"①,是山东古代东夷人的祖先。沂源猿人在考古学上属于旧石器时代早期,处于同一时期的文化遗存还有沂水县诸葛乡范家旺村南洼洞、日照市秦家官庄。旧石器时代晚期的文化遗存在山东有更多的发现,如新泰市乌珠台村发现的距今两三万年前的人类牙齿化石,沂源县骑子鞍山千人洞、沂水县城关湖埠西、日照市竹溪村、郯城县黑龙潭以及蓬莱、长岛、莒南、平邑、蒙阴等地也都发现了大量有关的文化遗存。这说明在四五十万年前至两三万年前的漫长岁月里,东夷人就在山东广阔的土地上繁衍生息,创造了山东人类最早的历史和文化。

距今约 8000 年前,山东的史前文化进入了新石器时代。距今 6000 年前,东夷人已经发展成统一的文化共同体,有了原始的农业、畜牧业和手工业,有了较细密的社会分工,出现了专门的管理者和掌管宗教文化事务的巫史,出现了原始的历法、卜法和文字,礼制也萌生出来并成为最早的行为规范。持续 2000 多年的东夷文化具有鲜明的个性特征,是中国当时最先进的地域文化之一。史前的山东居民被史书统称为"夷"或"东夷",实际上是由许多具有自身特点的部落和氏族组成。从传说中的黄帝开始,到公元 21 世纪的夏代为止,东夷族出现过太皞氏、少皞氏、蚩尤、颛顼、皋陶、伯益、虞舜、契等具有重要影响的部落或部落首领。太皞氏为风姓部落,最初活动在济水、蒙山一带。少皞氏为嬴姓,周朝鲁国的国都曲阜相传是"少皞之虚"。少皞部落以鸟为图腾。东夷族的最著名的首领是蚩尤,传说他曾同黄帝在涿鹿大战而失败。《史记·五帝本纪》《正义》引《龙鱼河图》:"蚩尤兄弟八十一人,并兽身人语,铜头铁额,食沙石子,造立兵仗刀戟大弩,威震天下。"这些神话传说表明,蚩尤可能是 81 个部落联盟的首领,他们最早铸造了铜兵器,与居于中原的黄帝部落发生过严重冲突。蚩尤之后有影响的东夷族

①《我国古人类考古的又一重大发现,山东沂源县发现猿人化石》,《人民日报》1982 年 5 月 7 日。

首领还有颛顼,其始都之地为穷桑,即"少皞之虚"的曲阜,后迁至帝丘,今之河南濮阳,就是传说的"颛顼之虚"。他们显然在今之山东的鲁西南一带活动。颛顼最重大的事迹是所谓"绝地天通",即任命专职的宗教事务官负责通天降神的事务,从而垄断了与上天对话的权力。夏王朝建立前的唐尧虞舜时期,东夷族产生了它最著名的首领虞舜。《孟子·离娄下》记载:"舜生于诸冯,迁于负夏,卒于鸣条,东夷之人也。"《史记·五帝本纪》记载:"舜耕历山,渔雷泽,陶河滨,作什器于寿丘,就时于负夏。"这些记载所涉及的地名,大多都在山东境内。不过,这时的舜已经不仅仅是东夷人的首领,而成为继尧之后的中原和东方部落联盟的首领。《尚书·尧典》记载,舜是经过姜姓部落四岳的举荐,又经过尧的考验,才被尧确定为自己的继承人。尧年老时,以"禅让"的方式将部落联盟首领位子传给他,同时将自己的两个女儿娥媓和女英送他为妻。舜是传说中的五帝之一,他作为部落联盟首领在维系中原和东方地区各部落的团结和稳定社会秩序方面比尧做出了更显著的成绩,因而受到广泛的爱戴;同时,由于他在处理父亲、后母和不肖弟弟之间关系问题上做得特别得体,被后世誉为孝子的典范,成为《二十四孝图》中的第一人。与舜同时的东夷人首领还有皋陶和伯益,他们都是少皞氏的后裔。据《尚书·尧典》和同书《皋陶谟》的记载,舜在位时曾任命皋陶负责刑狱,任命伯益掌管山泽,这表明东夷人在中原部落联盟中的举足轻重的地位。另外,商族的始祖契也是东夷之人,商族起源于山东,后来辗转发展到今之河北、河南,势力逐渐强大,最后取代夏王朝在中原地区写下了6个多世纪的商王朝的历史。

目前发现的山东地区新石器时期的文化遗存已经能够构成一个前后相继、比较完整的文化序列,这就是从北辛文化中经大汶口文化和龙山文化,直到岳石文化的系列。北辛文化距今约7400—6300年,大汶口文化约在公元前4300—前2500年之间,龙山文化约在公元前2500—前1900年之间,岳石文化约在公元前1900—前1600年之间。大汶口文化和龙山文化时期,原始农业、畜牧业和手工业与旧石器时代相比都有了长足的进步。在大汶口文化遗址中,出土了石镰、石铲、石刀和角锄、牙镰、牙刀等农业生产工具。到龙山文化时期,农具的类型和数量都较大汶口文化有明显增加,再加上耕作技术和管理水平的提高,就促进了粮食产量的提高和剩余产品的增加。胶州三里河大汶口文化遗址中发现储存谷物的窖穴,大汶口文化晚期已经有较发达的酿酒业,莒县凌阳河遗址的 45 座墓葬中出土的高柄杯之类的酒器多达 663 件。在龙山文化遗址中,酒器更是常见的器物。这从一个侧面反映了大汶口文化和龙山文化时期农业生产所达到的水平。农业的进步,也相应促进了畜牧业的发展,在大汶口文化遗址中,发现了大量的猪、牛、狗、羊、鸡的骨骼,说明这些动物当时已被广泛饲养。在大汶口墓地的 133 座墓葬中,有 43 座墓随葬猪头,其中一座墓中猪头多达 14 个。在凌阳河遗址的 45 座墓葬中,有 29 座墓随葬猪下颌骨 174 件。这表明猪已经成为当时居民肉食和祭品的主要来源。龙山文化时期,畜牧业较前有了新的发展,传统的"六畜"马、牛、羊、鸡、犬、豕已经成为普遍饲养的对象。大汶口文化和龙山文化时期,渔猎活动还占有一定的地位。在相关遗址中,发现了渔猎工具和鱼、鹿、野猪、獐、貉、獾等的骨骼,说明渔猎活动作为农业和畜牧业的补充不是可有可无的。

这一时期更能代表东夷经济发展水平的是手工业的进步。制陶、骨、角、牙器加工和制铜都成为重要的手工业部门。大汶口文化中期,陶器的轮制技术已经发明,晚期阶段,轮制技术逐步推广,已经能够制造工艺水平很高的薄胎黑陶和高温烧制的白陶。龙山文化时期的制陶技术比大汶口文化时期又有了更显著的进步,达到了新石器时代陶器制作的最高水平。其代表性器物蛋壳陶高柄杯,体薄如蛋壳,光洁如美玉,充分显示了东夷工匠高超的技术和不凡的艺术眼光。大汶口文化的骨、角、牙器制作技术也达到了很高水平,如大汶口墓地出土的透雕花瓣纹象牙筒、几何纹象牙梳以及镶嵌有绿松石圆饼的三角形骨雕筒等,作为高超的艺术精品,达到了那个时代骨、角、牙器制作的最高水平。以骨、角、牙做原料制作的工具如凿、锄、镞、矛,生活用品如锥、针、笄、珠、束发器等,在大汶口文化遗址中也多有出土,说明这些工具和生活用品已经广泛应用。铜的冶炼技术的出现是山东龙山文化在手工业领域取得的另一项更重要的成就。在胶州三里河、临沂大范庄、栖霞杨家圈、日照尧王城等龙山文化层的堆积中,出土了铜钻、铜块、铜条或铜渣,表明东夷人已经初步掌握了冶铜技术。另外,这一时期的东夷人在玉器、石器制作技术、建筑技术、纺织技术等方面也都达到了一定的高度。这些成就表明,新石器时代的东夷地区无疑是当时中国范围内手工业最发达的地区之一。

大汶口文化和龙山文化时期,东夷各部落的家庭制度、社会分工和财富集中的程度也在不断发展。一夫一妻制家庭形成,父权制确立,社会分工发展到较高水平,男子已取代女子在社会生产中居于主导地位。贫富分化的程度在逐步加剧,在大汶口文化和龙山文化的墓葬中,有的大中型墓葬随葬品丰富,甚至多达百件以上,而大多数墓葬只有很少粗劣的随葬品。一部分氏族首领和部落联盟的首领及其家族,通过支配和侵占原来属于全体族众的公共财产首先富裕起来,成为特殊的社会阶层,最后变成世袭的奴隶主贵族。而大部分下层族众则变成贫困的平民,还有一部分族众和战争中的俘虏就变成了社会最下层的奴隶。阶级和剥削产生了。到龙山文化的晚期,东夷人已经建立起国家政权,进入了文明社会。这时,保护富人财产和安全的城堡出现,章丘城子崖城址、寿光边线王城址、邹平丁公城址、临淄边旺城址,作为文明的重要标志展示出历史那永不停息的脚步。这一时期,原始的宗教和礼制观念已经萌生并有所发展。灵魂不灭、图腾崇拜、祖先崇拜以及各种鬼神崇拜观念在东夷各族群中普遍流行,其中,鸟崇拜、太阳崇拜和桑树崇拜的族群较其他族群更突出,成为东夷文化的重要特点之一。据《左传·昭公十七年》记载,少皞部落兴盛时期的图腾崇拜已经达到相当成熟的阶段,它包括 24 个鸟氏族,其中凤鸟氏族、鸠鸟氏族、雉鸟氏族各 5 个,扈鸟氏族 9 个。鸟图腾崇拜的传统到夏商时期在东夷族群中仍然流行,如《史记·秦本纪》记载,伯益就是其女性始祖女脩与玄鸟结合繁育的第二代。《诗经·商颂·玄鸟》:"天命玄鸟,降而生商。"认定商的祖先契是玄鸟与他们女祖先结合的结果。东夷族的鸟图腾崇拜在考古发现中得到证实,如陶鬶是大汶口文化和龙山文化最具代表性的器物,其造型就与鸟相似。东夷族的太阳崇拜在考古发现中也得到证明,大汶口文化出土的陶器上的刻画符号,其上部的圆圈即象征太阳。在《山海经》中,有女神羲和和 10 个太阳儿子的神话故事,这显然是东夷人的太阳崇拜幻化出来的。在太阳神话里,巨桑的形象往往与太阳相伴而出。在《山海经》中,太阳升起的地方,"汤谷上有扶桑"。这种对桑树的崇拜显然与养蚕有关。

新石器时代的东夷人那里已经有了"礼"的萌芽,这时的礼表现在仪式、伦理、等级等方面。《礼记·礼运》认为"夫礼之初,始诸饮食","可以致其敬于鬼神"。《说文解字》也认为礼"所以事鬼神致福也",说明礼起源于祭神求福的祭祀活动。在大汶口文化和龙山文化时期,祭礼已经盛行,刻有太阳符号的陶鬶和众多的酒器,表明祭神之仪是经常进行的一种集体活动。墓葬呈现的规律性应该是丧葬仪式比较规范化的体现。舜的孝道作为一种美德被广泛宣扬,说明当时人们已经有了处理父子、兄弟关系的伦理观念。由于贫富差别、阶级地位的差别已经将居民分成不同的等级,反映这种等级差别的观念如上下有序、尊卑有别、贵贱有等的观念也必然随之产生。已经发掘的大汶口文化和龙山文化时期的墓葬的等级区别就是这种观念的反映。

随着社会生产力的发展和剩余财产的出现,在不断的社会分工中分化出脱离物质生产而专门从事思想文化创造的知识阶层,这些人在中国的文献中称"巫"或"巫史"。他们最初的职责主要是占卜,担任神人之间的媒介,垄断了与上天对话的权力。在大汶口文化和龙山文化时期的墓葬中,发现不少以龟甲和牛、羊、鹿的肩胛骨做原料的卜骨,这说明占卜是当时巫史经常进行的一项活动。《尚书·吕刑》和《国语·楚语》都记载颛顼"乃命重黎,绝地天通"之事,实际上是说东夷人到颛顼时代,专业的巫史已经出现。他们除了主要从事占卜和其他祭祀活动外,还兼任医生、天文学家、艺术家和作为文字记录者的史学家的职能。如重黎是少皞氏"四叔"之一,他作为颛顼任命的"司天以属神"的天官,就是全面执掌天文历法和占卜与祭祀的最高神职和文化官员。其后,《尚书·尧典》中所说的"钦若昊天,历象日月星辰,敬授民时"的羲和也是这种官员。东夷文化还有一项重要成就是出现了文字萌芽。任何文字的发明和使用都经历了由多头试验到约定俗成,再到逐步规范的历史过程,在这一进程中,巫史的作用是显而易见的。迄今为止,在泰安、莒县、诸城等地的大汶口文化时期的陶器上已发现了10多个刻画符号和彩绘图像,不少专家认为它们就是商代甲骨文出现前的一种更古老、更原始的文字,可以命名为"陶文"或"图像文字"。1992年1月,山东大学的考古工作者在邹平丁公遗址第四次发掘资料的整理过程中发现了龙山文化时期的文字。文字刻在一件盆底残片的内面,共有5行11个字(见下图):

图 1　山东邹平丁公龙山文化遗址出土陶文（摹本）

据考古工作者鉴定，这一陶片的绝对年代约在距今 4200—4100 年之间，文字刻于陶片的年代应该接近这个年代，由于丁公文字类似后世的行书，与上面提到的陶文有很大差异，学者对其作了不同的诠释。有的认为是"俗体"，有的认为是"一种走入歧途的原始文字"①。

新石器时期东夷文化在物质和精神方面都达到了当时中国原始社会时期的最高水平，这不仅使它对西周以后的齐鲁文化的相关领域产生了直接影响，而且更对齐鲁地区后来历久不衰的崇文之风起了奠基作用，为齐鲁文化在春秋战国时期的井喷式的勃发做了最初的铺垫。

从公元前 21 世纪到公元前 11 世纪，我国进入了夏商时期。在这 10 个世纪期间，居于中原地区的夏商两朝的强势文化对东夷文化形成了巨大冲击，使其总体上处于衰退阶段。夏朝建立后，东夷族群对其作为"天下共主"的地位不予承认并发出了激烈的抗争。如东夷族群中的有扈氏首先向夏朝开战，自今之河南的原武一带向西进击，双方在甘地（今洛阳附近）大战②，结果以有扈氏的失败而告终。夏的势力由此得以向东方拓展。夏朝太康即位不久，内部出现动乱。东夷族的首领后羿乘机而起，领导东夷族再一次反抗夏的统治，结果顺利成功，后羿"因夏民以代夏政"，成为夏族的统治者。这位后羿后来变成神话中射落九个太阳的英雄。不过，取得夏政的后羿依靠武力，"不修民事而淫于原兽"，没有得到夏人的拥戴，被他的一个部下寒浞取而代之。但寒浞也"不德于民"，于是夏王的后裔少康复国成功，重新恢复了夏朝在中原地区的统治，并乘机向东夷族的各部落猛烈进

①《专家笔谈丁公遗址出土陶文》，《考古》1993 年第 4 期。
②刘起釪：《古史续辨》，中国社会科学出版社 1997 年版，第 348—443 页。

攻。在东夷人败退而四处迁移的同时,夏的与国乘机向东方渗透。这一过程实际上促进了夏和东夷的民族融合和文化融合。这一时期,大体上与山东考古学上的岳石文化相当。岳石文化约在公元前1900—前1600年之间,它既与龙山文化相接,又呈现明显变异。如其建筑技术和石器器形与制作技术,与龙山文化有着明显的继承关系。但陶器制作技术退步,铜器的冶炼和加工技术却有长足进步,这反映了夏文化的影响。

在公元前16世纪前后,中国历史进入商王朝统治时期。在其后500多年的漫长岁月里,商文化以其远较其他文化更大的优势对周围的所有部族文化形成了巨大而长久的冲击。由于商文化本起源于东夷地区,在其作为中原的强势文化向东方拓展的时候,它本身所具备的东夷文化的因子必然形成无形的"亲和力",这无疑加快了对东夷文化融合的步伐。到商朝晚期,在山东地区,除了少数一些东夷部族小国还在顽强坚持自己独特的文化外,绝大部分的东夷部族都接受了商文化。从已经发现的商朝时期山东的考古遗存看,商文化、东夷土著文化和商夷混合型变异文化都存在。而到晚商时期,商夷混合型变异文化占了主导地位。从地域分布看,山东西部商文化居多;山东中部商夷混合型变异文化占优势;东部还有零星的东夷土著文化。这反映了商文化由西逐步东渐的过程①。商文化与东夷文化的长期融合大大提升了山东地区的发展水平。以青铜器为代表的高度发展的手工业,以甲骨文为代表的成熟的文字系统,以及商朝宗教、政治、道德等观念的普及和实用文化的推广,都使山东地区的文化在岳石文化的基础上大大前进了一步。特别是经过长期的发展,山东地区出现了两个文明中心,即位于今之临淄的薄姑和位于今之曲阜的商奄。正是这两个文明中心,从周朝时期开始,逐渐发展出光耀千古的齐鲁文化。

三、西周春秋时期的齐鲁文化

(一)吕尚与早期齐学

西周代商成为中原王朝后,进一步完善了宗法制度和分封制度,使周朝的统治较商朝进一步提升:疆域更加拓展,王畿更加扩大,各种制度更加严

①栾丰实:《东夷考古》,山东大学出版社1996年版,第340—345页。

密和完善。其中,"封建亲戚,以屏藩周"的分封制度,不仅使周的同姓贵族和异姓贵族的政治利益和经济利益得以满足,而且通过这一具有"原始部落殖民"性质的形式,逐步将周文化推广到它的所有统治地域。

西周建立之初,即开始对同姓贵族和异姓贵族进行分封,山东地区最大的两个封国齐国和鲁国差不多同时开始了它们的编年史。齐国的创立者是吕尚,名望,字尚父,先秦文献中有吕望、吕牙、太公望、师尚父等称谓,后世俗称姜子牙。他是黄帝时期"四岳部落"姜姓的后裔,受封齐国前可能食邑吕或出自吕国,故以吕为姓氏。据《史记·齐太公世家》等书记载,吕尚曾在东夷地区和商都生活过,后来对商朝的统治失望,就奔周寻求发展机会。不久凭其过人的机智得到周文王的赏识,成为周文王和后来周武王特别倚重的辅佐。其实姬族的周人与吕尚所在的姜族很早就是关系密切的通婚集团,周人的始祖后稷相传即为姜族女子姜嫄所生。吕尚入周后,参与了灭商的一系列重要策划。文王时期,周一步步征服了许多商的与国,"天下三分,其二归周,太公之谋计居多"[1]。武王即位后,吕尚任太师之职,直接指挥了灭商的牧野之战,成为武王时期的头号功臣。武王逝世不久,"三监"管叔、蔡叔、霍叔勾结纣王之子武庚发动叛乱,整个东方掀起了反周的浪潮。周公指挥二次东征,"克殷践奄",紧接着封吕尚于营丘(今山东临淄附近),建立齐国。据《左传·僖公四年》记载,周朝给了吕尚的齐国广阔的疆域和巨大的权力:"东至海,西至河,南至穆陵,北至无棣,五侯九伯,实得征之。"由此,吕尚就成为齐国的缔造者和齐文化的奠基人。吕尚至齐后,实行比较宽松缓和的统治政策,加速了周文化与东夷文化的融合,为齐国很快发展成举足轻重的东方大国创造了条件:"太公至国,修政,因其俗,简其礼,通商工之业,便鱼盐之利,而人民多归齐,齐为大国。"[2]这一政策,允许东夷之人在归顺齐国统治的前提下,保留原有方国部落的组织和风俗习惯以及文化传统,从而使周文化和东夷文化在和平相处的环境中,在不受政治强力干涉的条件下,通过长期的接触,彼此浸润,互相吸收,达到融合的目的。同时,根据这一政策,齐国统治者从东夷地区的实际出发,弘扬当地重商工的传统,开发鱼盐之利,大力发展手工业和农业,使齐国经济较快发展起来,为齐

---

[1][2]《史记·齐太公世家》。

国后来在春秋战国时期的进一步发展奠定了基础。特别是,由于实行这一宽松的政策,就给齐国思想文化的发展提供了宽松的环境和适宜的土壤,从而在齐国的土地上,哲学、经济、法学、兵学、逻辑学、阴阳五行等思想学术都获得了长足发展,形成了独具特色的齐学。

吕尚作为齐学的奠基人,其思想不仅内涵丰富,涉及许多方面,而且处处展示出独创性,具有鲜明的学术个性。他主张"尊贤上功",不拘一格地提拔和任用各领域的贤能之人,奖励他们创造辉煌的功业。在相传他作的《六韬·文韬·上贤》中,他说:"王人者,上贤下不肖。"在同一篇的《举贤》中,他又说:"举贤而不用,是有举贤之名而无用贤之实也。"而所以必须"尊贤"、"举贤"和"用贤",是因为只有如此,才能求得惠及天下人的大功利,并且这个天下是天下人都有份的天下:"天下者,非一人之天下,乃天下之天下也。"这反映了吕尚宏伟的气魄和以天下为己任的担当意识。他的"尊贤"思想在《六韬·武韬》中有着集中的表述:

> 文王在岐周,召太公曰:"争权于天下者,何先?"太公曰:"先人。人与地称,则万物备矣。今君之位尊矣,待天下之贤士,勿臣而友之,则君以得天下矣。"文王曰:"吾地小而民寡,将何以得之?"太公曰:"可。天下有地,贤者得之;天下有粟,贤者食之;天下有民,贤者牧之。天下者,非一人之天下也,莫常有之,惟贤者取之。"[1]

这里的"贤者",他有时又称"有道者"。贾谊在《新书·脩政语下》也记载了一段他的话:

> 师尚父曰:"吾闻之于政也,曰:天下旷旷,一人有之;万民丛丛,一人理之。天下者,非一家之有也,有道者之有也。故夫天下者,惟有道者理之,惟有道者纪之,惟有道者使之,惟有道者宜处而久之。故夫天下者,难得而易失也,难常而易亡也。"

吕尚有时也将"贤者"、"有道者"表述为"利天下者",即要求贤者的所作所为必须对天下有利,或与天下同利。这就将"尊贤"和"尚功"统一起

---

[1] 严可均:《全上古文》卷六。

来。与此相联系,他认为君也必须将追求天下的富裕作为自己施政的基本目标:"故人君必从事于富,不富无以为仁。"①这里透出的是他可贵的民本意识。吕尚所处的时代,正是周礼所规范的宗法制度广泛实行的时代,"亲亲尊尊"的理念被认为天经地义,官吏的选拔基本不出贵族的圈子。吕尚提倡并实行"尊贤尚功"的理论和政策,虽然还不能完全打破"亲亲尊尊"的壁垒,但已经为平民中的贤者跻入官吏阶层劈开了一条缝隙,这显然是对社会的发展有利的。

吕尚还是齐国兵学的创始人。《史记·齐太公世家》记载:"周西伯昌之脱羑里归,与吕尚阴谋修德,以倾商政,其事多兵权与奇谋,故后世之言兵及周之阴权,皆宗太公为本谋。"他的一生,基本上是在战争中度过的。从消灭商朝与国的战争,到推翻商朝的牧野之役,再到征伐不甘心臣服的东夷诸部落的军事行动,吕尚几乎无役不与。《诗经·大明》就描述了他指挥牧野之战时"鹰扬"的雄姿:"牧野洋洋,檀车煌煌,驷騵彭彭,维师尚父,时维鹰扬,凉彼武王,肆伐大商,会朝清明。"他既积累了丰富的战争经验,又善于进行理论总结,因而留下了中国历史上第一部兵书《太公兵法》,又名《六韬》。虽然至今仍然有人怀疑吕尚的著作权,但有一点可以肯定,不管《六韬》一书经过多少人的加工润色,其基本思想应该出自吕尚。该书之所以以"六韬"名世,主要因为其内容由"文韬"、"武韬"、"龙韬"、"虎韬"、"豹韬"、"犬韬"六部分组成。其中,"文韬"包括"文师"、"举贤"等 20 篇,论述"文事先于武备",重点阐述夺取战争胜利的根本之道是争取民心。"武韬"由"发启"等 5 篇组成,重点阐述夺取战争胜利的战略和策略。"龙韬"由"论将"、"奇兵"等 13 篇组成,重点阐述夺取战争胜利的军队统御和指挥之道。"虎韬"由"军用"、"三阵"等 12 篇组成,重点阐述夺取战争胜利的军事器材和各种战术要领。"豹韬"由"林战"、"突战"等 8 篇组成,重点阐述在各种地形条件下夺取战争胜利的各种战法。"犬韬"由"练士"、"教战"等 10 篇组成,重点阐述军队集中、约期合战、挑选训练士卒以及战车、骑兵、步兵等兵种的性能、战斗力、阵法和战法等。这些内容或许有不少后人附加的东西,不过,其中贯串始终的理性精神应该是吕尚所具有,而且是最珍贵的

①严可均:《全上古文》卷六。

思想资源。《通典》卷一六二引《六韬》文:

> 武王伐纣,师至汜水牛头山,风甚雷疾,鼓旗毁折,王之骖乘惶震而死。太公曰:"用兵者,顺天之道未必吉,逆之不必凶,若失人事则三军败亡。且天道鬼神,视之不见,听之不闻,智将不法而愚将拘之。若乃好贤而能用,举事而得时,则不看时日而事利,不假卜筮而事吉,不祷祀而福从。"遂命驱之前进。周公曰:"今时逆太岁,龟灼言凶,卜筮不吉,星变为灾,请还师。"太公怒曰:"今纣刳比干,囚箕子,以飞廉为政,伐之有何不可? 枯草朽骨,安可知乎?"乃焚龟折蓍,援枹而鼓,率众先渡河,武王从之,遂灭纣。

又据《群书治要》卷三一引《六韬·龙韬》文:

> 武王问太公曰:"凡用兵之极,天道、地利、人事,三者熟先?"太公曰:"天道难见,地利、人事易得。天道在上,地道在下,人事以饥饱、劳逸、文武也。故顺天道不必有吉,违之不必有害。失地之利,则士卒迷惑;人事不和,则不可以战矣。故战不必任天道,饥饱、劳逸、文武最急,地利为宝。"武王曰:"天道鬼神,顺之者存,逆之者亡,何以独不贵天道?"太公曰:"此圣人之所生也,欲以止后世,故作为谲书,而寄胜于天道。"

吕尚在那个时代有如此清醒的理性思考,说明他已经站到了当时思想界的最前列。

后世研究思想史的学者,大都认为先秦法家有两个系统,即三晋法家和齐法家。吕尚就是齐法家的创始人。他自建立齐国起,就建立起一套礼法兼重、纲纪和刑罚并用的治国方略。他说:"凡用赏者贵信,用罚者贵必。赏信罚必于耳目之所闻见,则所不闻见者,莫不阴化矣。"[1]又说:"杀贵大,赏贵小。杀及当路贵重之臣,是刑上极也;赏及牛竖、马洗、厩养之徒,是赏下通也。"[2]这些思想后来对管仲和晏婴礼法思想的形成产生了重要影响。

---

[1]《六韬·文韬·赏罚》。
[2]《六韬·龙韬·将威》。

综上所述，可以看出，吕尚作为齐学的创始人，在政治、经济、军事和礼法刑罚等思想领域都作出了开创性的贡献，后世逐渐丰富和发展的博大精深的齐学的主要内容，如开放、兼容和追求功利等基本理念，在他那里都已经萌生了。

（二）周公与早期鲁学

鲁学的创始人是周公，他姓姬名旦，是文王的第四个儿子（也有人认为他行三），武王姬发的弟弟。他曾协助武王兴兵伐纣，为周王朝的建立立下汗马功劳。周朝建立第二年，武王去世，成王幼小，周公摄政。此时，他肩负的是治理这个新建王朝的千斤重担，面对的是十分严峻的政治形势：主少国疑，周朝贵族内部矛盾重重，一些人怀着贪婪的野心觊觎他手中的权力；被推翻的殷朝残余在东方还有强大的潜在势力，他们不甘失败，伺机蠢动；周朝由偏在西方一隅的小国骤然代殷而成为整个中原的主宰，百废待兴，百事待理，真正立下牢固的基础还必须解决许多棘手的问题。果然，武王死后不久，周贵族"三监"就与纣王之子武庚勾结起来发动了武装叛乱。一时烽烟滚滚，整个东方复非周朝所有。面对这种形势，周公沉毅果决，举兵东征，血战三年，克殷践奄，消除了对周朝最大的武力威胁。之后，他营建东都洛邑，大力推行分封政策，在比殷朝更大的范围内巩固了周朝的统治。进而，他损益殷礼，"制礼作乐"，完善了周朝的各种制度和典则。他损益殷人的天命思想，提出了"敬德保民"、"明赏慎罚"的新的统治思想。七年之中，他驾驭着周王朝这只奴隶主贵族的航船，溯激流，越险滩，冲破道道障碍，战胜重重困难，将其导入顺利发展的坦途。七年之后，周公又毅然"复子明辟"，南面称臣，把权柄交给已经成年的成王姬诵，表现了奴隶主贵族的"大公"和气度。在他的治理下，周初的"成康之治"以中国古代著名的"盛世"载入了史册，周公也被戴上中国古代大"圣人"的桂冠，同时作为儒家"道统"的重要传人，享受后世绵延不绝的颂扬。

周公的思想是在损益殷人思想的基础上有所创新而形成的。周公是一个天命论者，他的天命思想是从殷人那里继承来的。"殷人尊神，率民以事神。先鬼而后礼,先罚而后赏"①。在殷人那里,"帝"既是至上神,又是宗祖神,因而敬帝和尊祖就合二而一了。殷王认为自己是上帝的儿子,他的使命是代上帝行使其在人间的统治权。所以,只要得到上帝的认可,就什么事情都可以做。大量出土的殷墟卜辞向人们展示了殷朝统治者的思想面貌:他们凡事问卜,把卜兆作为自己活动的重要依据。例如,问年成的丰歉:"帝令雨足年,帝令雨弗其足年?"②问战争的胜负:"伐舌方,帝受(授)我又(佑)?"③问筑城的吉凶:"王作邑,帝若(诺)。"④等等。因而,沟通人神关系的巫、祝、卜、史在殷朝也就成为权力显赫的官员。殷朝统治者不太讲究怀柔政策,他们唯一知道的就是用棍棒和斧钺驱赶奴隶从事非人的劳动,以及把他们像牲畜一样地赶上神圣的祭坛和埋入墓坑。由于经常征战保证了奴隶的来源,在殷人那里的确看不到从任何角度出发的对奴隶的爱护。到纣王统治时期,阶级矛盾已激化到极点,"小民方兴,相为敌仇,今殷其沦丧,若涉大水,其无津涯"⑤。连微子启之类的殷贵族都预感到殷王朝末日的来临,劝纣王收敛一下自己的凶暴和贪残。但纣王以"我生不有命在天"为根据,我行我素,作恶如故。这表明,纣王直到走上断头台的前夕,还保持着对上帝的笃信,把上帝看成自己权力的守护神。在他看来,上帝既然昔日把统治人间的权力交给了殷贵族,今天自然也会保护自己渡过任何难关,使殷人的统治亿万斯年地持续下去。周公从殷人那里继承了对至上神的崇拜。这个至上神,殷人一直称帝,周人则更多地称天。在周公眼里,天依然是有意志、有感情、君临人间、明察秋毫、赏善罚恶的人格神,自然界的风晴阴雨,电闪雷鸣,地上王朝的兴衰更迭,个人的生死祸福,都被天主宰着。周公并没有对天的神力发生怀疑。无论对殷顽民、方国首领,还是对周贵族,他都大讲天的威力,称颂祖宗的神灵,献上虔诚的颂歌。如在武王率兵渡河攻殷时,"祥瑞"屡现,周公欣喜若狂地大叫:"茂哉!茂哉!天之见此,以劝之也。"⑥武王生病时,他偷偷跑到祖宗的灵前哀告,愿以身代武王死,并说

---

① 《礼记·表记》。
② 罗振玉:《殷墟书契前编》一,五〇,一。
③ 林泰辅:《龟甲兽骨文字》一,一一,一三。
④ 罗振玉:《殷墟书契后编》一六,一七。
⑤ 《尚书·微子》。
⑥ 《尚书·泰誓》。

自己"予仁若考,能多才多艺,能事鬼神"①。其后,在大量的文告中,周公一而再、再而三、不厌其烦地向殷遗民、周贵族和方国首领说明,夏、殷两朝的灭亡是由于"天命不易",周王朝的兴起更是"受天明命",一切都是出于上天的无情安排:

> 天惟时求民主,乃大降显休命于成汤,刑殄有夏。②
> 天乃大命文王,殪戎殷,诞受天命。③

显然,周公作为一个真诚的天命论者,他对天的威灵是笃信不移的。他并不是像有些学者所论断的那样,在殷人面前是天命论者,在周人面前就怀疑天命的存在。因为在周公所处的时代,上天的威灵还禁锢着所有人的头脑,无神论产生的条件还不具备。与周公同时的人物中,找不出一个无神论者。"没有人能够真正地超出他的时代,正如没有人能够超出他的皮肤。"④即使周公这样杰出的思想家,也无法摆脱历史条件的限制。不过,周公的天命论与殷人相比又有明显的不同。第一,他把殷人上帝与宗祖神合一的一元神论改造成上天与宗祖分开的二元神论;第二,他用"以德配天"说首创天人感应论。尽管这些区别还没有突破宗教神学体系,但与殷人的天命论相比却是一个不小的进步。这是因为,周公的上天宗祖二元神论在事实上疏远了人间和上帝的关系。周公把上天打扮成一个对任何人都一视同仁的"公正"之神,"皇天无亲,惟德是辅"。一个当权的统治者使上天满意的唯一办法,不在于祭祀的准时和祭礼的隆重,而在于能够"敬德保民"、"明赏慎罚",把地上的统治搞得有条不紊:贵族内部融洽和睦,被奴役的小民也安于奴隶的地位不进行反抗。周公的上天、宗祖二元神论虽然还不是无神论,但他引导人们把注意力集中到人事方面来,把事神的虔诚与事人的兢兢业业结合起来,无疑能够缩小天命鬼神的传统领地,客观上是向无神论的靠拢。

　　周公还用"以德配天"说在中国历史上首创了"天人感应"论。殷人虽然凡事问卜,以卜决疑,但仅此并不能构成"天人感应"论。因为卜兆的吉

---

① 《尚书·金滕》。
② 《尚书·多方》。
③ 《尚书·康诰》。
④ 黑格尔:《哲学史讲演录》第 1 卷《导言》,商务印书馆 1981 年版,第 57 页。

凶与殷王的德行和作为没有直接关系。在殷人看来,上帝和宗祖对他们的钟爱完全是无条件的,所以天人之间也就不存在彼此"感"和"应"的关系。在周公发明"以德配天"说之后,"天人感应"才算正式成立。他第一次将天的好恶与地上人的行为联系起来,倡导"修人事以应天命"。他一方面承认天是监临下民、赏善伐恶、公正无私的人格神:"敬之!敬之!天维显思,命不易哉!天日高高在上,陟降厥土,日临在兹。"①另一方面又认为天不是喜怒无常地随意降下幸福或灾祸。人间帝王敬德保民,天便降下福风惠雨,保佑他国泰民安,五谷丰登;人间帝王背德虐民,天便降下水旱灾异,收回他的统治权力,更易新主。天的意志通过"祥瑞"或"谴告"下示人间。人间帝王亦可通过祭祀向上天申述己意,通过实际活动表示自己的赤诚。如此天人交感,构成人间的历史运动。在《尚书·多方》中,周公正是用"天人感应"解释了夏、商、周三朝的更替:

> 有夏诞厥逸,不肯感言于民,乃大淫昏,不克终日劝于帝之迪,乃尔攸闻厥图帝之命,不克开于民之丽。乃大降罚,崇乱有夏。……非天庸释有夏,非天庸释有殷,乃惟尔辟以尔多方,大淫图天之命,屑有辞。乃惟有夏图厥政,不集于享。天降时丧,有邦间之。乃惟尔商后王逸厥逸,图厥政,不蠲烝,天惟降时丧。……惟我周王灵承于旅,克堪用德,惟典神天。天惟式教我用休,简畀殷命,尹尔多方。

按照周公的"天人感应"论,天命对于人事的左右并不是绝对不可移易的,人的活动在天命面前也不是全然无能为力的。这实际上等于承认了人可以有条件地掌握自己的命运。这样一来,周公就在殷人僵死的天命论体系上打开了第一个缺口,给人的主观能动性争得了一个活动的地盘。对于统治者来说,其主观能动性的发挥,就是通过"敬德保民"使上天认可和保佑自己在地上的统治权力。显然,周公是用"敬德"改造了殷人的天命论。以周公为代表的周朝统治者从殷亡周兴的现实变革中认识到,昊天上帝并不是将它的钟爱一劳永逸地倾注给某个家族。"天棐忱"②,"天畏棐忱"③,"天

---

① 《诗经·周颂·敬之》。
② 《尚书·大诰》。
③ 《尚书·康诰》。

不可信"①,"天难忱斯,不易为王"②,这些话虽然还不能说周公已经怀疑天的威灵,但却表明他已经意识到不能无所作为地靠上帝的恩赐过日子。为了使上天永远将钟爱倾注于周邦,就必须以"敬德"讨它的欢心。周公认为,有德是取得天帝对地上统治权认可的最重要条件。殷人前期和中期的统治之所以比较稳固,就是因为殷的名王成汤、盘庚、武丁等德行高尚,使远者来,近者悦,上帝赐福,神人共庆。周人能代殷而王,关键是"丕显文王"德行醇厚,结果是上帝钟爱,小民敬畏:

　　　　在昔殷先哲王,迪畏天显小民,经德秉哲。③

　　　　惟乃丕显考文王,克明德慎罚,不敢侮鳏寡,庸庸祗祗,威威显民,
　　　用肇造我区夏,越我一二邦,以修我西土。④

相反,夏殷所以丧失政权,主要原因就是夏桀和商纣"失德","有殷受天命,惟有历年……不其延,惟不敬厥德,乃早坠厥命"⑤。在周公眼里,有德和天命永远是联在一起的,在形式上,天命虽然还是至高无上,但在实际上,有德却成为天命的依据和前提。如此,法力无边的天命在事实上遇到了限制。为了使周的统治永远继续下去,周公几乎在每个场合都宣扬"以德配天"的理论,并以此谆谆告诫他的侄子成王、兄弟康叔、君奭以及百官、殷后和各方国的首领。"敬德"实在是周公天命思想的重要内容。

　　从"敬德"出发,周公要求周贵族时时以夏殷"失德而亡"为鉴戒,"如临深渊,如履薄冰",兢兢业业,小心翼翼地操持自己的政柄,要"永念天威",对上天怀着真诚的崇敬心情;要"迪惟前人光",永远牢记祖宗创业的艰难,做克肖祖宗的孝子贤孙,发扬光大前人不朽的勋业。为此,就必须时刻抑制自己的欲望,像文王那样"克自抑畏",那样"卑服,即康功田功","自朝至于日中昃,不遑暇食,用咸和万民"。要"以万民惟正之供,无皇曰今日耽乐"⑥。不要贪图安逸,不要大兴游观,不要无休止地田猎,更不要聚徒狂

①《尚书·君奭》。
②《诗经·大雅·大明》。
③《尚书·酒诰》。
④《尚书·康诰》。
⑤《尚书·召诰》。
⑥《尚书·无逸》。

欢。周公这种要求以国王为首的周贵族克制自己的欲望、加强修养、在道德上做万民表率的思想，比之殷贵族那种凶横残暴、肆无忌惮的嗜杀纵欲，是有进步意义的。事实上，在周公的大力提倡下，更由于当时阶级斗争条件的制约，周初的几代统治者都比较注意抑制自己的欲望以缓和阶级矛盾。"成康之治"与统治阶级相对不太荒唐是有直接关系的。从"敬德"出发，周公在中国历史上较早地提出了"任人唯贤"的主张。要求"继自今立政"，必须坚决摈弃无德无才的"憸人"，选取"克明俊德"、智能卓著的"吉士"、"常人"，从而达到"劢相我国家"、"以觐文王之耿光，以扬武王之大烈"①的目的。从"敬德"出发，周公还提出"保民"和"慎刑"的主张，要求统治者了解广大奴隶和平民的处境，"知稼穑之难"、"闻小人之劳"②，关心他们的疾苦，使他们有一个最低限度的温饱生活。要"庶狱庶慎"，有条件地运用"刑杀"，使其与怀柔政策起到相辅相成的作用。

"曰命曰天，曰民曰德，四者一以贯之"③的周公思想，在中国思想史上比他的前辈贡献了许多新的东西。他第一次在殷人无所不包的天命思想体系上打开了一个缺口，给先秦天道观发展史带来了有意义的转折；他第一个发现了人的主观能动性作用，提出了"以德配天"的理论；他第一个看到了奴隶和平民的伟大力量，提出了影响深远的"敬德保民"思想。在中国奴隶社会还处在蒸蒸日上的发展时期，周公作为朝气蓬勃的奴隶主阶级的一个代表人物，以他巨大的政治建树和卓越的思想创造，促进了这个社会的发展。他无疑应该是一个值得肯定的历史人物。

由周公所开启的鲁学比较全面地移植了周朝的礼乐文化，它极力维护宗周文化的纯洁性，特别重视道德名节和传统文献阐发的宗法伦理观念。正是这样的文化传统和文化氛围，孕育了儒家学派和它的伟大创始人孔子。

（三）齐学初现辉煌——从管仲到晏婴

由姜尚开启的齐学为齐国找到了一条顺从民欲、追求富强的发展之路。经过西周时期近 300 年的发展，到公元前 770 年春秋时代开始的时候，齐国

---

① 《尚书·立政》。
② 《尚书·无逸》。
③ 王国维：《观堂集林·殷周制度论》。

已经成为雄踞黄河下游的东方第一诸侯大国。在前770年—前476年近300年的春秋时期，齐国的思想文化更获得了长足发展，产生了对后世有着深远影响的双子星座——管仲和晏婴。司马迁在《史记·管晏列传》中以简洁的笔触记述了他们的思想和事功。

管仲，字夷吾，春秋时期颍上（今属安徽）人。与齐大夫鲍叔牙友善。公元前686年齐襄公去世，公子小白与公子纠争夺君位。鲍叔牙事小白，管仲事公子纠。最后小白获胜，是为齐桓公。在这场政争中几乎致小白于死命的管仲反而被任为齐相，辅佐齐桓公"九合诸侯，一匡天下"，使齐国成就了春秋首霸的伟业。《史记·管晏列传》记载管仲的思想和业绩：

> 管仲既任政相齐，以区区之齐在海滨，通货积财，富国强兵，与俗同好恶。故其称曰："仓廪实而知礼节，衣食足而知荣辱，上服度则六亲固。四维不张，国乃灭亡。下令如流水之原，令顺民心。"故论卑而易行。俗之所欲，因而予之；俗之所否，因而去之。
>
> 其为政也，善因祸而为福，转败而为功。贵轻重，慎权衡。桓公实怒少姬，南袭蔡，管仲因而伐楚，责包茅不入贡于周室。桓公实北征山戎，而管仲因而令燕修召公之政。于柯之会，桓公欲背曹沫之约，管仲因而信之，诸侯由是归齐。故曰："知与之为取，政之宝也。"
>
> 管仲富拟于公室，有三归、反坫，齐人不以为侈。管仲卒，齐国遵其政，常强于诸侯。

论述管仲思想，《管子》一书是重要文献。但历代学者对该书是否反映管仲思想多持异议。近年来，由于如山东临沂银雀山汉墓竹简等出土文献的发现，不少学者论定《管子》一书虽然不是管仲一人著述，但与《国语》、《左传》、《韩非子》和《史记》对勘，却可以确定其中大部分内容都能够反映管仲的思想。管仲是一个朴素唯物论者，他提出了水是"万物之本原"的观点，认为水为"地之血气，如筋脉之通流者"，不仅是万物中最重要的物质，而且是构成万物包括人的基本元素：

> （水）无不满无不居也。集于天地而藏于万物，产于金石，集于诸生，故曰水神。集于草木，根得其度，华得其数，实得其量。鸟兽得之，

形体肥大,羽毛丰茂,文理明著。万物莫不尽其几、反其常者,水之内度适也。①

管仲还企图用各地水势、水质的不同解释不同地区人民气质性情的差异,认为齐人的"贪粗而好勇",楚人的"轻果而贼",越人的"愚疾而垢",秦人的"闲庆、罔而好事",晋人的"谄谀葆诈、巧佞而好利",燕人的"愚戆而好贞,轻疾而易死",宋人的"闲易而好正",都是当地不同的水势、水质所致。这种解释自然是不科学的,但却是从物质出发的解释,应该是中国最早的地理环境决定论。管仲的"水本原论"与比他晚近一个世纪的古希腊哲学家泰勒斯的"水本原论"有异曲同工之妙,说明人类的认识都是遵循着同样的规律发展。

管仲的政治思想体现在他的"顺民心"和"四维"的学说。《管子·牧民》:

> 政之所兴,在顺民心;政之所废,在逆民心。民恶忧劳,我佚乐之;民恶贫贱,我富贵之;民恶危坠,我存安之;民恶灭绝,我生育之。能佚乐之,则民为之忧劳;能富贵之,则民为之贫贱;能存安之,则民为之危坠;能生育之,则民为之灭绝。……故从其四欲,则远者自亲;行其四恶,则近者叛之。故知予之为取者,政之宝也。

管仲"顺民心"的政治理念通过"六兴"即六项具体措施加以落实。这六项措施是,(1)"厚其生":"辟田畴,修树艺,劝士民,勉稼穑,修墙屋"。(2)"输之以财":"发伏利,输滞积,修道途,便关市,慎将宿"。(3)"遗之以利":"导水潦,利陂沟,决潘渚,溃泥滞,通郁闭,慎津梁"。(4)"宽其政":"薄征敛,轻征赋,弛刑罚,赦罪戾,宥小过"。(5)"匡其急":"养长老,慈幼孤,恤鳏寡,问疾病,吊祸丧"。(6)"赈其穷":"衣冻寒,食饥渴,匡贫窭,赈罢(疲)露,资乏绝"。管仲认为,"凡此六者,德之兴也。六者既布,则民之所欲,无不得矣。夫民必得其欲,然后听上;听上,然后政可善为也。"②在管仲看来,只要君主能够顺民心,从民欲,"俗之所欲,因而予之;俗之所否,因

① 《管子·水地》。
② 《管子·牧民》。

而去之"，就可以做到君民同体，国家和民众高度团结，"以国守国，以民守民"，无需统治命令，民众就会自动服从统治者的意志，卫国卫民，成为坚不可摧的长城。管仲"顺民心"的思想承认了人民追求富裕生活的愿望和统治者必须满足这种愿望的责任，而且要求统治者在大力发展经济的同时实行轻徭薄赋的税收政策，并以较完善的社会保障措施使民众免除冻馁之苦。这里体现的是管仲对传统民本意识的弘扬。

管仲在强调"顺民意"、"从民俗"的同时，也强调维护等级制度和道德规范的意义，并将其提到关乎国家存亡的高度："守国之度，在饰四维"，"四维不张，国乃灭亡"。管仲的"四维"指的是礼、义、廉、耻。他说："国有四维，一维绝则倾，二维绝则危，三维绝则覆，四维绝则灭。……何谓四维？一曰礼，二曰义，三曰廉，四曰耻。礼不逾节，义不自进，廉不蔽恶，耻不从枉。故不逾节则上位安，不自进则民无巧诈，不蔽恶则行自全，不从枉则邪事不生。"[1]管仲特别重视礼，将其列为"四维"之首，表明他对维护等级制度的笃信和执著。他一再强调维护等级制度的重要性，说："朝廷不肃，贵贱不明，长幼不分，度量不审，衣服无等，上下凌节，而求百姓之遵主政令，不可得也。"[2]又说："度爵而制服，量禄而用财，饮食有量，衣服有制，宫室有制，六畜人徒有数，舟车陈器有禁，修生则有轩冕、服位、谷禄、田宅之分，死则有棺椁、绞衾、圹垄之度。虽有贤身贵体，毋其爵，不敢服其服；虽有富家多资，毋其禄，不敢用其财。天子服文有章，而夫人不敢燕以飨庙；将军大夫以（与）朝官吏以（与）命士，止于带缘，散民不敢服杂采，百工商贾不得服长鬈貂，刑余戮民不敢绂，不敢畜连乘车。"[3]在管仲看来，礼制规定了社会上所有人的行为规范，而恰恰是这些行为规范使社会处于有序运行的状态，所以礼是绝对不能违背的。管仲同时认为，廉耻观念的树立，对社会上的所有人，特别是百姓具有重要意义。因为礼只是对人的行为的外在约束，而廉耻意识却能够使人自觉约束自己的行为。这对建立稳定的社会秩序更具有深远意义。他说："商贾在朝则货财上流，妇言人事则赏罚不信，男女无别则民无廉耻。货财上流，赏罚不信，民无廉耻，而求百姓之安难，兵士之死节，不可

①《管子·牧民》。
②《管子·权修》。
③《管子·立政》。

得也。"①管仲进而认为,增强百姓的"四维"意识,使之在行动上实践"四维"的理念,必须广泛宣传,要求他们从小处做起,注意防微杜渐,通过不断的积累和培养,一方面让"四维"的观念深入人心,另一方面也使实践"四维"的理念成为自觉的行动:

> 凡牧民者,使士无邪行,女无淫事。士无邪行,教也;女无淫事,训也。教训成俗,而刑罚省数也。凡牧民者,欲民之正也。欲民之正,则微邪不可不正也。微邪者,大邪之所生也。微邪不禁,而求大邪之无伤国,不可得也。凡牧民者,欲民之有礼也。欲民之有礼,则小礼不可不谨也。小礼不谨于国,而求百姓之行大礼,不可得也。凡牧民者,欲民之有义也。欲民之有义,则小义不可不行。小义不行于国,而求百姓之行大义,不可得也。凡牧民者,欲民之有廉也。欲民之有廉,则小廉不可不修也。小廉不修于国,而求百姓之行大廉,不可得也。凡牧民者,欲民之有耻也。欲民之有耻,则小耻不可不饰也。小耻不饰于国,而求百姓之行大耻,不可得也。凡牧民者,欲民之修小礼,行小义,饰小廉,谨小耻,禁微邪,此厉民之道也。民之修小礼,行小义,饰小廉,谨小耻,禁微邪,治之本也。②

管仲的"四维"学说是在春秋时期"礼崩乐坏"的历史条件下提出来的,反映了他力图使混乱的社会通过加强礼制恢复稳定秩序的愿望。这种思想倾向在他同时和以后的思想家子产、晏婴、孔子和战国时期荀子身上几乎都有鲜明的表现。

管仲"顺民意"、"从民俗"等民本思想的重要内容是"富民"。他说:

> 凡治国之道,必先富民。民富则易治也。民穷则难治也。奚以知其然也? 民富则安乡重家,安乡重家则敬上畏罪,敬上畏罪则易治也。民贫则危乡轻家,危乡轻家则敢凌上犯禁,凌上犯禁则难治也。③

管仲认识到民富是社会稳定的基础,也是提高道德水准的重要条件。

---

① ②《管子·权修》。
③《管子·治国》。

他的话——"国多财则远者来,地辟举则民留处,仓廪实则知礼节,衣食足则知荣辱"①,成为后人广泛引用的政治格言。为了实现"富民",管仲主张大力发展生产,积极调节分配和消费,提出了一套在当时具有实践价值的财政经济政策。他同所有同时的经济学家一样,认定农业生产是"本业",将其放在首先发展的地位。他要求统治者注重天时,发挥地利,在大力发展农业生产的同时,注意对自然环境的保护和利用。他说:"不务天时则财不生,不务地利则仓廪不盈,野芜旷则民乃菅(奸)。"在强调粮食生产的同时,也重视经济作物和畜牧生产,认为"务五谷则食足,养桑麻、育六畜则民富"②。为了促进农副业生产的发展,他建议齐桓公在齐国推行了一项具有深远意义的税制改革——"相地而衰征",即按土地的好坏征收赋税。这不仅使税负趋于合理,而且在实际上承认了个体生产者对土地的占有,大大提高了他们的生产积极性,是齐国在春秋战国时期长期保持东方大国地位的重要经济条件。管仲不仅重视农副业生产,而且继承和弘扬姜尚发展工商鱼盐之利的传统,把"通货积财"作为带动齐国经济发展的战略方针,保护商人的积极性,以货畅其流促进手工业和农副业的发展。从"富农"原则出发,管仲一方面主张节制消费,反对奢侈浪费,尤其反对统治者浪费国家财物。另一方面,他又在《侈靡》篇中提出以充分的消费促进生产发展的观点,这是中国思想史上第一次对生产和消费的关系作辩证的理解。

由姜尚开创的齐学比较重视法律和军事思想的构建。管仲的法律和军事思想大大丰富和深化了齐学这一方面的内容。他特别重视法令的公开性和明确性,也强调法令的统一性和相对稳定性。在《牧民》篇中,他认为当国者应当"明必死之路,开必得之门","明必死之路者,严刑罚也;开必得之门者,信庆赏也"。即要求统治者明确赏罚标准,使他们知道自己如何远离邪恶和为国立功。同时,还必须使法令普遍传布于所有辖区,并使赏罚施行于法令公布、标准明确之后。他说:"凡将举事,令必先出,曰事将为,其赏罚之数,必先明之。立事者谨守令以行赏罚,计事致令,复赏罚之所加。有不合于令之所谓者,虽有功利,则谓之专利,罪死不赦。首事既布,然后可以举事。"③他认为只有保证法令的公开性和周知性,才能避免赏罚的随意性。

---

①②《管子·牧民》。
③《管子·立政》。

管仲也非常重视法令的稳定性和严肃性,反对朝令夕改,他说:

> 令已布而赏不从,则是使民不劝勉、不行制、不死节,民不劝勉、不行制、不死节则战不胜而守不固,战不胜而守不固则国不安矣。令已布而罚不及,则是教民不听,民不听则强者立,强者立则主位危矣。①

管仲还认为,国家既要使刑罚具有足够的威慑力,又要使之合乎情理而具备可行性。这样才能使百姓养成见利思刑、"见怀思威"的习惯,从而保证统治秩序的安定与和谐。

管仲在齐国推行改革的重要内容之一是改革行政编制和军事编制,主要内容是"参其国而伍其鄙",即"三分国都以为三军,伍分其鄙以为伍属"。将国中的士、农、工、商分别聚居并世袭其职,在此基础上将他们编为二十一乡。其中士乡十五,每五乡编为一军,共三军,分别由国君和两大卿族国氏、高氏统帅,由此将行政和军事合为一体,"是故卒伍整于里,军旅整于乡"。军中士卒将帅"世同居,少同游",彼此熟悉,"是故守则同固,战则同强"。管仲认为,"有此士三万人,以方行于天下,以诛无道,以屏周室,天下大国之君莫之能御"②。管仲在齐国推行的这套制度进一步贯彻了军政合一的原则,强化了国家对军队的集中管理和控制,大大提高了军队的战斗力,为齐国的霸业建立了强大的军事盾牌。管仲除了在军事制度上进行了行之有效的改革之外,还在长期的军事实践中形成了一套比较系统的军事思想。比如,他提出国家综合实力决定战争胜负的思想,认为只有财、工、器、士、政教、服习、遍知天下、明于机数等都能"盖天下",才能"正天下"而无敌。他说:"以众击寡,以治击乱,以富击贫,以能击不能,以教卒练士击驱众白徒,故十战十胜,百战百胜。"③反之,"举兵之日而境内贫,战不必胜,胜则多死,得地而国败,此四者,用兵之祸也"④。这些思想对后世齐国乃至整个中国军事思想的发展都产生了深远的影响。

晏婴是齐国夷维(今山东高密)人,生活于春秋晚期。"事齐灵公、庄

---

① 《管子·法法》。
② 《国语·齐语》。
③ 《管子·七法》。
④ 《管子·兵法》。

公、景公，以节俭力行重于齐。既相齐，食不重肉，妾不衣帛。其在朝，君语及之，即危言；语不及之，即危行。国有道，即顺命；无道，即衡命。以此三世显于诸侯"①。流传至今的《晏子春秋》一书应该是后人根据晏婴的言行编纂的，大体上可以作为研究他思想的资料。晏婴生活的时代，周室更加衰微，"礼崩乐坏"呈不可逆转之势。齐国新兴贵族田氏势力不断壮大，取姜氏而代之的趋势日益明显。晏婴虽然心向姜氏，但已经无力回天。在回答齐景公如何防止田氏篡政时，他只能求助于礼的复兴了。他说：

> 在礼，家施不及国，民不迁，农不移，工贾不变，士不滥，官不滔，大夫不收公利。礼之可以为国也久矣，与天地并。君令臣共，父慈子孝，兄爱弟敬，夫和妻柔，姑慈妇听，礼也。②

在晏婴看来，礼一方面是等级制度的规定，士、农、工、商各安其位，守住本分，互不逾越，以维持社会的稳定。另一方面，礼还要求社会上的所有人，君臣、父子、兄弟、夫妻、姑妇都要遵守基本的道德原则，这样人与人和谐相处，社会自然也就安宁了。显然，晏婴的礼学思想更多地继承了西周的传统而特别强调道德层面，显示了他对礼的更深的理解。不过，晏婴虽然与孔子同样继承周室的礼乐文化，但他却对孔子过于注重礼的形式即繁文缛礼的一面提出了批评。当齐景公欲以尼谿之田封孔子时，他加以阻止，并对儒学的礼论提出了批评："夫儒者滑稽而不可轨法；倨傲自顺，不可以为下；崇丧遂哀，破产厚葬，不可以为俗；游说乞货，不可以为国。自大贤之息，周室既衰，礼乐缺有间。今孔子盛容饰，繁登降之礼、趋详之节，累世不能殚其学，当年不能究其礼。君欲用之以移齐俗，非所有先细民也。"③这种批评显示了晏婴对姜尚"因其俗，简其礼"的齐学传统的继承，他关注的主要不是礼的形式，而是礼的等级和道德伦理的内容。

晏婴思想的另一突出特点是提倡节俭和崇尚谦抑，这与管仲在私生活上的奢侈豪华形成了鲜明的对比。他一直居于闹市的"湫隘嚣尘"的旧宅里，上朝穿的是洗过多次的旧衣帽，"乘弊车，驾驽马"，平时吃的食物粗劣，

① 《史记·管晏列传》。
② 《左传·昭公二十六年》。
③ 《史记·孔子世家》。

祭祀祖先也是"豚肩不掩豆"。尽管如此，他还是每次都辞掉齐君赏赐的土地。晏婴的作为基于他对礼制的理解，他就是要树立一个恪守礼制、绝不逾规的楷模。这在当时奢侈已经成为一种社会风气的情况下具有警世的作用。

《晏子春秋》记载了很多晏婴的引人入胜的故事，不仅展现了他坚持原则、刚正不阿、生活俭朴、为人谦逊的君子品行，而且更展示了他过人的智慧。他在中国思想史上第一次提出了"和而不同"的理念，代表了春秋末期中国辩证思维的最高水平。他坚决反对巫术迷信，尤其反对国君以巫术迷信掩盖政治弊端和推卸责任。公元前 522 年（昭公二十年），齐景公生疥疮久治不愈，齐景公的宠臣竟提出杀祝史以谢罪。晏婴坚决不同意，并对国君生病的原因提出了自己的见解：

> 若有德之君，外内不废，上下无怨，动无违事，其祝史荐信，无愧心矣，是以鬼神用飨，国受其福。……其适遇淫君，外内颇邪，上下怨疾，动作辟违，从欲厌私，高台深池，撞钟舞女，斩刈民力，输掠其聚，以成其违，不恤后人，暴虐淫从，肆行非度，无所还忌，不思谤讟，不惮鬼神，神怒民痛，无悛于心。其祝史荐信，是言罪也；其盖失数美，是娇诬也。进退无辞，则虚以求媚，是以鬼神不飨其国以祸之。
>
> （现在）民人苦病，夫妇皆诅。祝有益也，诅亦有损。聊摄以东，姑尤以西，其为人也多矣。虽其善祝，岂能胜亿兆人之诅。君若欲诛于祝史，修德而后可。[①]

这里，晏婴虽然没有直接否认鬼神的存在，但他要求国君在政治上远鬼神而重人事，显示的是可贵的理性思考。公元前 516 年（昭公二十六年），"齐有彗星，齐侯使禳之。晏子曰：'无益也，只取诬焉。天道不谄，不贰其命，若之何禳之？且天之有彗也，以除秽也，君无秽德，又何禳焉？若德之秽，禳之何损？'"[②]当时，人们认为彗星出现是一种凶兆，晏婴并没有正面否定这一传统的迷信，但认为彗星对有德之人不起作用，因而在实际上否定了

---

①《左传·昭公二十年》。
②《左传·昭公二十六年》。

这种迷信,同样展现了"吉凶由人"的理性思考。晏婴的智慧还表现在他巧妙地利用人们的迷信心理劝说国君注重人事,改良政治。如他利用齐景公出猎遇蛇、虎以为不祥的心理,一面说明在山泽遇蛇、虎是再正常不过的现象,一面指出真正的不祥是"有贤而不知"、"知而不用"、"用而不专"①,讽喻景公信用贤才。春秋时期是贬斥迷信、弘扬理性思潮的时代,晏婴正是这一思潮的杰出代表人物。

(四) 儒学的初创与播扬——孔子及其弟子

春秋时期齐鲁思想文化史,乃至整个中国思想文化史的最伟大的成果是诞生了孔子和他创立的儒家学派。因为在此之前的齐鲁文化仅仅是一种发达的地域文化,还没有创造出为全体华夏民族一体认同的学说。孔子和他创立的儒学,开始为普遍意义上的国家民族立法,有了为"四海之内皆兄弟"的人类立法的眼界和胸怀。"孔子站在前所未有理论高度上将传统的道德思想、政治思想提升到一个新的境界,同时也给齐鲁文化注入了新的灵魂。有了儒家学说,齐鲁文化才真正具有民族、地域的超越性,才真正能够担负起领导中国文化的历史使命。"②

孔子(前551—前479年),名丘,字仲尼,鲁国昌平乡(今属山东平邑)人。他的六世祖孔父嘉为宋国贵族,是宋国国君微子启的后代。五世祖木金父因宋国内乱避祸奔鲁,在鲁国连传五代,尽管保住了贵族身份,但并没有显贵起来。只是到了孔子的父亲叔梁纥,由于作为武士在征战中立过两次大功,才被任命为陬邑宰,一个相当于今日乡镇长之类的低级地方官吏。叔梁纥在与孔子母亲结婚前,已娶一妻一妾,生九女一男。因儿子孟皮跛足,他感到作为继承人有辱体面,所以又向颜家求婚,娶其三女儿征在为妻。这一年叔梁纥66岁,颜征在不到20岁,因不合古礼,被司马迁称之为"野合"③婚姻。婚后第二年生孔子。据说因"祷于尼山"④,孔子就名丘字仲尼了。孔子3岁时,其父病逝。母亲带他迁居曲阜城内的阙里,孤儿寡母,相依为命,开始了人生旅途的艰难跋涉。由于出身贵族,又受到鲁国浓重的礼

---

① 《晏子春秋·内篇谏下》。
② 孟祥才、胡新生:《齐鲁思想文化史·先秦秦汉卷》,山东大学出版社2002年版,第123页。
③④ 《史记·孔子世家》。

乐文化的熏陶,孔子从小就专心于学习礼乐,"为儿嬉戏,常陈豆,设礼容"①,广泛汲取文化知识,向往挤进当权贵族的圈子里,弘扬宗族的荣光。不过,由于孔子的家庭已经败落,他的少年时代是在困苦拮据中度过的。所以他说:"吾少也贱,故多能鄙事。"②一般家务劳动,种田、放牧、给人家办丧事,他都干过。十六七岁时,母亲病逝,他开始独立谋生。大约20岁前后,他娶妻亓官氏,生子孔鲤。青年时代的孔子,刻苦自励,勤奋好学。"入太庙,每事问"。他向郯子请教少昊氏的制度与历史,向师襄学弹琴,赴周都洛邑学习周礼和古文献,并"问礼于老聃"③。经过长期的不倦的学习,孔子"三十而立",不仅掌握了礼、乐、射、御、书、数等六艺,而且成为当时最有学问的人。大约在此前后,他自办私学,以六经《诗》、《书》、《礼》、《易》、《乐》、《春秋》为基本教材,开始了坚持不懈的教学活动,在中国教育史上作出了划时代的贡献。

孔子51岁时(前501年,鲁定公九年)任中都宰,"由中都宰为司寇,由司寇为大司寇"④,共4年左右,是孔子的出仕时期。在此期间,尤其是任大司寇期间,他竭力实施自己"忠君尊王"、"仁政德治"的政治理想。在齐鲁夹谷之会时,他作为相礼,随鲁定公赴会。他随机应变,折冲樽俎,以礼为武器,怒斥齐景公,迫使他归还侵占的鲁国汶阳地区三块土地,取得了外交上的重大胜利。在威望迅速上升的条件下,他乘胜大胆谋划了削弱季、孟、叔三家大夫,增强鲁君权力的"堕三都"的行动。由此,孔子与三家大夫闹翻,其从政生涯就此结束。定公十三年(前497年),他匆匆辞去大司寇的官职,恋恋不舍地离开自己的父母之邦,开始了为期14年的"周游列国"的活动。他仆仆于卫、曹、陈、宋、郑、蔡、楚等诸侯国之间,"入疆载质",游说国君,请托权门,目的是求仕和推行自己的仁德政治理想。但不仅未能如愿,而且几次陷于像"陈蔡绝粮"、"宋国遇险"、"惶惶如丧家之犬"的困境。他只得在68岁时返回自己的故乡。

孔子返国后,继续从事教学活动和古代文献的整理工作。儒家的主要经典"六经"就是在此时经孔子之手整理成定本的。"六经"(后《乐经》亡佚)作为中国古代不朽的政治、哲学和历史文献的删定成功,既是孔子对中

---

① ③ ④《史记·孔子世家》。
②《论语·子罕》。

国文化最后的也是最大的贡献,同时也标志着以孔子为代表的先秦儒家学派的确立。晚年的孔子虽然仍然保持着"发愤忘食,乐以忘忧,不知老之将至"①的昂扬奋进的精神状态,但打击还是接二连三地落到他的头上。返鲁的前一年,夫人病逝。返鲁的第三年,独子孔鲤又亡。第四年,他最钟爱的弟子颜回英年早逝。第五年,弟子子路又惨死于卫国的内乱。这一系列的打击使他的精神和肉体再也无法支持,就在 73 岁时走完生命的最后旅程,于鲁哀公十六年(前 479 年)夏历二月十一日溘然长逝。

　　孔子生活的时代正是春秋晚期,此时,奴隶革命、平民暴动、新兴地主阶级向奴隶主贵族的夺取斗争纵横交错,互相激荡,组成了烽烟滚滚的由奴隶社会向封建社会过渡的时代图画。以孔子为代表的儒家学派,面对这样的政治形势,忧心如焚,精心谋划出一个改良主义的救治方案。孔子一方面服膺周礼,把它看成最美好的制度,"周兼于二代,郁郁乎文哉,吾从周"②。一方面又感到,时代的变化已经不允许原封不动地恢复周礼,因而又倡导"损益":"殷因于夏礼,所损益可知也;周因于殷礼,所损益可知也。其或继周者,虽百世,可知也。"③由此导出了他一系列保守和渐进相结合的政治主张。他特别强调"忠君尊王",要求"臣事君以忠"④对于季氏的违礼,他义愤填膺:"季氏八佾舞于庭,是可忍,孰不可忍?"⑤力主维系周天子天下共主的地位和尊严。所以,对于晋国很不礼貌地将周天子召去参加践土之会一事,他不惜曲笔在《春秋》一书中写上"天子狩于河阳"。同样,在各诸侯国,他反对大夫凌驾于国君之上,更反对"陪臣执国命"。为此,他以自己的政治前途为赌注,毅然"堕三都"。最后与三桓闹翻,去职丢官,怆然离鲁,他也无丝毫后悔之意。孔子认为挽救社会混乱无秩序的根本途径是"克己复礼",而实施的办法是"正名":"君君,臣臣,父父,子子。"⑥孔子政治上的执著反映了坚定的原则性。然而,在奴隶社会向封建社会过渡的历史潮流面前,他的政治主张却显得黯然失色。不过,孔子毕竟不是闭目塞听的顽固派,为了因应波澜壮阔的时代潮流,他又真诚地要求对政治进行适当的改

①《论语·述而》。
②④⑤《论语·八佾》。
③《论语·为政》。
⑥《论语·颜渊》。

革。他继承周公的"敬德保民"思想,主张仁德政治,要求"为政以德"、"仁者爱人",把平民尤其是奴隶也当人看待,薄赋敛、减徭役、省刑罚,使劳动人民有一个过得去的生产和生活条件。他特别强调对人民进行教化,反对"不教而诛",要求"道之以德,齐之以礼","道千乘之国,敬事而信,节用爱人,使民以时"①,"使民如承大祭"。他所以对子产大加表彰,是因为子产"有君子之道四焉:其行己也恭,其事上也敬,其养民也惠,其使民也义"②。他痛斥为季氏聚敛的冉有"小子非吾徒",要求弟子们"鸣鼓而攻之",显然是反对过重剥削。孔子主张对奴隶和平民采用温和的统治方法,反对一味镇压和杀伐,"子为政,焉用杀"③,"富之","教之","足食足兵"。这表明孔子已经认识到,劳动者只有在物质生活有了基本的保证之后,其他一切如教化、富国、强兵之类才能实现。这种思想不仅与当时奴隶主贵族的主张判然有别,而且与后来法家以百姓为敌的赤裸裸的屠戮政策也迥然有异,显示的是孔子强烈的民本意识。

孔子一方面认为君子统治小人、奴隶主剥削奴隶是天经地义、不可移易的真理,但同时也要求统治者不可无限制地放纵自己的贪欲和权势欲。他告诫统治者应加强自己的道德修养,做"恭宽信敏惠"的仁人君子,"帅己正人",不仅使奴隶主贵族内部协和一致,而且也使贵族与平民、奴隶主与奴隶和安相处,即奴隶制的剥削应该正常进行,平民与奴隶的最低标准的温饱生活也要得到保证。请看《论语·尧曰》中的一段记载:

> 子张问于孔子曰:"何如斯可以从政矣?"子曰:"尊五美,屏四恶,斯可以从政矣。"子张曰:"何谓五美?"子曰:"君子惠而不费,劳而不怨,欲而不贪,泰而不骄,威而不猛。"子张曰:"何谓惠而不费?"子曰:"因民之利而利之,斯不亦惠而不费乎?择可劳而劳之,又谁怨?欲仁而得仁,又焉贪?君子无众寡,无大小,无敢慢,斯不亦泰而不骄乎?君子正其衣冠,尊其瞻视,俨然人望而畏之,斯不亦威而不猛乎?"子张曰:"何谓四恶?"子曰:"不教而杀谓之虐,不戒视成谓之暴,慢令致期

①《论语·学而》。
②《论语·公冶长》。
③《论语·颜渊》。

谓之贼,犹之与人也,出纳之吝,谓之有司。"

这里,孔子从限制执政者的立场出发,要求通过执政者加强自身的修养和克制贪欲调和阶级矛盾,以达到稳定统治的目的,应该说是有积极意义的。

孔子一方面执著于周礼,一方面又要求改变当时"世卿世禄"的落后的用人制度,逐步扩大贵族统治的基础,大胆吸收平民知识分子中的有用之才为自己服务,由此提出"举贤才"的政治主张。他批评臧文仲是一个明知柳下惠贤却不能举的"窃位者",赞扬公叔文子举巽的开明措施,极力鼓吹把平民中的贤才提举到国家的各级权力机构中来,授以重任。他把"举贤"作为"为政"的重要内容之一,屡屡加以强调:

> 仲弓为季氏宰,问政。子曰:"先有司,赦小过,举贤才。"曰:"焉知贤才而举之?"子曰:"举尔所知,尔所不知,人其舍诸?"①

> 哀公问曰:"何为则民服?"孔子对曰:"举直错诸枉,则民服;举枉错诸直,则民不服。"②

不可否认,孔子的"举贤才"还只限于奴隶主贵族的识才自举,并不要求他们完全放弃"世卿世禄"的历史传统,充其量亦不过是要求奴隶主贵族向平民敞开一条进入统治层的缝隙而已。但也应该看到,他的这一主张还是在一定程度上迎合了平民知识分子的参政要求,反映了他们打破奴隶主贵族在政治上垄断一切的愿望,具有改造奴隶主贵族专政的进步意义。

孔子的时代,奴隶制向封建制的转化已接近完成。他从保守的政治立场出发,一方面对礼乐征伐不自天子出的"天下无道"的局面痛心疾首,悲愤哀婉,发出了"觚不觚? 觚哉! 觚!"③的浩叹,表达了在历史大潮前无可奈何的心情;另一方面,又对顺应历史潮流的奴隶主贵族的改革派人物由衷赞扬。孔子身上的矛盾正是时代矛盾的反映。在感情上,孔子对西周盛世无限向往,用最美好的语言进行讴歌。到风烛残年,生命将尽时,一听到

---

① 《论语·子路》。
② 《论语·为政》。
③ 《论语·雍也》。

"陈恒弑其君"的消息,他立即"沐浴而朝,告于哀公曰:'陈恒弑其君,请讨之。'"①表现了对"复礼"的"知其不可为而为之"的追求。不过,在理智上,他又清醒地看到时代的倒转困难重重,"甚矣,吾衰矣,久矣,吾不复梦见周公!"②因此,他对奴隶主贵族的改革派采取了现实主义的肯定态度。前面提到他对子产的肯定,但比较突出的还是他对管仲和秦穆公的出格的赞扬:

> 子曰:"桓公九合诸侯,不以兵车,管仲之力也。如其仁! 如其仁!"
>
> 子曰:"管仲相桓公,霸诸侯,一匡天下,民到于今受其赐。微管仲,吾其被发左衽矣。"③
>
> 鲁昭公二十年,而孔子盖年三十矣,齐景公与晏婴来适鲁。景公问孔子曰:"昔秦穆公国小处辟,其霸何也?"对曰:"秦国虽小,其志大,处虽辟,行中正。身举五羖,爵之大夫,起累绁之中,与语三日,授之以政。以此之大,虽王可也,其霸小矣。"④

综上所述,可以看出,孔子虽然向往恢复西周奴隶制的盛世,但也赞扬对奴隶制的损益与改革;虽然在感情上对旧的一切恋恋不舍,但在理智上又能采取清醒的现实主义。因而在其基本上倾向保守的政治思想中,同时包含了相当多的积极因素。

孔子的哲学思想同样显示出过渡时代的特征,即唯物论与唯心论的成分并存,精华与糟粕杂糅。当时,殷周以来传统的天道观特别是天命论还主宰着人们的思想,以殷周传统思想后继者自居的孔子自然较多地继承了这一思想体系。在他眼里,"天"依然是自然界和人类社会的最高主宰,是君临人间、明察秋毫的人格神的上帝:"死生有命,富贵在天"⑤,"天生德于予"⑥,"君子有三畏:畏天命,畏大人,畏圣人之言"⑦,"获罪于天,无所祷也"⑧。不过,孔子有时又赋予"天"以自然的特征:"天何言哉,四时行焉,

---

①②③《论语·宪问》。
④《史记·孔子世家》。
⑤《论语·颜渊》。
⑥《论语·述而》。
⑦《论语·季氏》。
⑧《论语·八佾》。

百物生焉。"①从而淡化了天作为人格神的威严。与此同时,孔子更重视现实社会的人事活动,特别重视人的主观能动作用。"子不语怪、力、乱、神"②,"祭如在,祭神如神在"③,"樊迟问知,子曰:'务民之义,敬鬼神而远之,可谓知矣。'"④"季路问鬼神,子曰:'未能事人,焉能事鬼?''敢问死?'曰:'未知生,焉知死?'"⑤这里,孔子并未正面否定鬼神的存在,但却指出较之人事它们并不重要。由此出发,"尽人力而听天命"、"知其不可而为之"就成为他尊奉的信条。终孔子一生,从为政到办教育,他都兢兢业业,努力以求,发挥了自己最大的主观能动性,最后坦然离开人世。孔子这种对待天命鬼神的态度,与笃信昊天上帝、鬼魅神祇的殷周奴隶主贵族相比,应该说是一个历史的进步。因为人类摆脱鬼神迷信的束缚,必须经历一个相当长的历史过程。一个思想家与他的前辈相比,对鬼神迷信的任何一点离心倾向都应加以肯定。事实是,在孔子以前及其同时代的思想家中,还找不到一个无神论者。即使其中最进步的历史人物,亦不过对天命鬼神产生不同程度的怀疑而已。显然,孔子与他的同时代人一样,都不可能超出历史的制约。

在认识论问题上,孔子思想中有明显的唯心论因素。"孔子曰:'生而知之者,上也;学而知之者,次也;困而学之,又其次也;困而不学,民斯为下矣。'"⑥同时又把"学而知之"的对象局限在"文行忠信"等礼乐制度和伦理道德的范围内,忽视了对自然等物质世界的认识和探索。但是,孔子更着力所强调的是"学而知之",再加上他在教育实践方面有着丰富的经验,因而在其思想中又同时包含着不少唯物论认识论的内核。你看,孔子一面承认"生知",但在《论语》涉及的当代人物中,却没有一个被他许为"生知"者,他自己就从不以"生知"者自命:"我非生而知之者,好古敏以求之者也。"⑦而是以"学知"自豪:"十室之邑,必有忠信如丘者焉,不如丘之好学也。"⑧孔子坚定地认为,人类的知识和智慧都是通过后天的认识行为"学"和"习"

①《论语·阳货》。
②⑦《论语·述而》。
③⑥《论语·季氏》。
④《论语·雍也》。
⑤《论语·先进》。
⑧《论语·公冶长》。

获得的。他说："学则不固。"①认为只有通过不断的学习才可以解惑去蔽，避免认识上的僵化。他大讲"学"的好处：

> 好仁不好学，其蔽也愚；好知不好学，其蔽也荡；好信不好学，其蔽也贼；好直不好学，其蔽也绞；好勇不好学，其蔽也乱；好刚不好学，其蔽也狂。②

这段话的意思是，好仁德而不注重学习，其弊病是愚蠢；好才智而不好学习，其弊病是放荡；讲信用而不好学习，其弊病是危害别人尚不自觉；性格直率而不好学习，其弊病是语言尖刻伤人；性格刚强而不好学习，其弊病是狂妄自大。在孔子看来，仁、智、信、直、勇、刚这些仁人君子所应具备的优秀品质，也必须有一个恰如其分的"度"，不足或超过都会走向反面。而能保持这个"度"的唯一办法就是学。学是获得知识和增长智慧的主要手段，也是人类认识过程中一种特定的精神劳动，在形式上被孔子肯定为知识的起源。

与学相联系，孔子也比较重视感性活动在人类认识中的作用。如《论语》中就有"闻"、"见"100多处：

> 盖有不知而作之者，我无是也。多闻，择其善者而从之；多见而识之，知之次也。③
> 视其所以，观其所由，察其所安，人焉廋哉！人焉廋哉！④
> 众恶之，必察焉；众好之，必察焉。⑤
> 始吾于人也，听其言而信其行；今吾于人也，听其言而观其行。⑥

这里的闻、见、视、听、观、察等显然都是指人的感性认识活动。孔子对它们在认识活动中的地位和作用的认识虽然还停留在较浅的层次上，但本身却蕴涵着朴素唯物论的因素。

孔子在强调"学"的同时，也强调"思"的作用。在他看来，学是认识的

---

①《论语·学而》。
②《论语·阳货》。
③《论语·述而》。
④《论语·为政》。
⑤《论语·卫灵公》。
⑥《论语·公冶长》。

源泉,思是认识的进一步深化。由学到思,由思而学,互相补充,相辅相成,是认识过程中的两个重要环节。"学而不思则罔,思而不学则殆"①,"吾尝终日不食,终夜不寝,以思,无益,不如学也"②。离开学的思是一种空灵的冥想,使人疲惫不堪而抓不住要领,相反,离开思的学也不能使所学得的知识条理化、系统化和深化,学得再多也不过是杂乱无章的知识堆积,对自己对社会都没有用处。这里,孔子初步猜测到感性认识和理性认识的某些联系,在人类认识史的长河中,不失为有意义有价值的探索。进一步,孔子还把"习"引进他的认识论,《论语》中有三处提到"习"字:"学而时习之","传不习乎"③,"性相近,习相远也"④。这些"习"字,除含有"复习"、"温习"所学功课的意义外,还有"行事"的意思,即在所学知识的指导下去实习或力行。尽管这种"习"不过是贵族或士按照当时的礼乐制度而进行的政治活动或道德践履,即仅仅是个人的活动,它与马克思主义哲学所讲的实践活动有着本质的不同,但是,孔子把"习"这一概念引进认识论,并且能够看到它在认识中不可替代的作用,同样是难能可贵的。

孔子一生坚信教化是达到社会安定、各阶级各集团关系和谐的主要手段,他说:"道之以政,齐之以刑,民免而无耻;道之以德,齐之以礼,有耻且格。"⑤尽管他不否认刑政杀伐的作用,但认为那只是治标之策,只有教化才能起根本的长远的作用。由此出发,他对伦理道德进行了大量阐发,既奠定了他在中国伦理学发展史上万流归宗的崇高地位,又确定了儒家思想的重要内容和特色。孔子的伦理思想以"仁"为核心,"志于道,据于德,依于仁,游于艺"⑥成为他伦理思想的总纲。《论语》中"仁"字凡105见,作为最高的道德准则,它有着非常丰富的内涵:

> 樊迟问仁,子曰:"克己复礼为仁,一日克己复礼,天下归仁焉
> ……"颜渊曰:"请问其目。"子曰:"出门如见大宾,使民如承大祭,己所
> 不欲,勿施于人,在邦无怨,在家无怨。"⑦

①⑥《论语·述而》。
②《论语·卫灵公》。
③《论语·学而》。
④《论语·阳货》。
⑤《论语·为政》。
⑦《论语·颜渊》。

子贡曰:"如有博施于民而能济众,何也? 可谓仁乎?"子曰:"何事于仁,必也圣乎? 尧舜其犹病诸,夫仁者,己欲立而立人,己欲达而达人。"①

子曰:"参乎! 吾道一以贯之。"曾子曰:"唯。"子出,门人问:"何谓也?"曾子曰:"夫子之道,忠恕而已。"②

孔子"仁者爱人"的理论,显然是适应了当时奴隶解放的潮流。人在这里是泛指,当然包括奴隶在内。不过,孔子又将人分成"君子"、"小人",主张"爱有等差",所以很难把这种"爱人"解释成"普遍的人类之爱"。但是,在当时的历史条件下,投给奴隶一丝"爱"的目光,强调"博施于民而能济众",要求减轻对奴隶平民的压迫剥削,毕竟有着不可忽视的进步意义。至于孔子一再鼓吹的"己欲立而立人,己欲达而达人"、"己所不欲,勿施于人"的"忠恕"之道,虽然充满了推己爱人的精神,千百年来受到人们不倦的赞扬,但也不过是他理想的调整"君子"之间关系的准则而已。在孔子的伦理思想体系中,与"仁"紧密联系在一起的还有义、智、勇等范畴。义经常与仁相连接使用,称仁义,亦可独立存在和使用。义独立使用时大体可训为"正义的原则",所以孔子要求见义勇为,"见义不为,无勇也"③。孔子认为在仁义这一最大原则问题上最能表现一个人的智和勇,因而三者相联系而存在,而以仁为核心,"知者不惑,仁者不忧,勇者不惧"④,"仁者必有勇,勇者不必有仁"⑤。所以具有仁德的人必定是勇敢的人,但勇敢的人却不一定有仁德。这样,勇敢就成为仁德者必备的品质,成为仁的属性之一。与此相联系,智也是仁德者必具的品性和条件,就是说,所有仁德者必定是聪明好学,积极进取,充满朝气,奋不顾身地为理想奋斗,"当仁不让于师"⑥,"无求生以害仁,有杀身以成仁"⑦。在历史的长河中,这些范畴的特定的阶级含义已被剔除,变成中国人民心目中志士仁人品格的概括,成为中华民族精神的重要组成部分。"孝悌"是孔子伦理思想中仅次于"仁"的范畴,被他提到十

---

① 《论语·雍也》。
② 《论语·里仁》。
③ 《论语·为政》。
④ 《论语·子罕》。
⑤ 《论语·宪问》。
⑥⑦ 《论语·卫灵公》。

分重要的地位。《论语》一书中,"孝悌"意识屡屡出现:

> 子曰:"君子笃于亲,则民兴于仁。故旧不遗,则民不偷。"①
> 有子曰:"其为人也孝悌,而好犯上者,鲜矣;不好犯上而好作乱者,未之有也。君子务本,本立而道生。孝悌也者,其为人之本与?"
> 子夏曰:"贤贤易色,事父母能竭其力,事君能致其身。"
> 曾子曰:"慎终追远,民德归厚矣。"
> 子曰:"弟子入则孝,出则弟,泛爱众而亲仁。"②

孔子及其弟子们所以把孝悌看成"仁之本",就是因为孝悌对稳定社会秩序具有重要意义。在他们看来,人们只要追念祖先,孝顺父母,就少有犯上作乱的人,天下自然也就太平了。孔子对孝悌的提倡,既反映了宗法血缘纽带还强固存在的社会现实,又反过来强化了这种血缘纽带。春秋晚期,在"礼崩乐坏"的时代潮流冲击下,宗法制度虽已动摇,但强固的血缘纽带依然未能彻底斩断。孔子既然执著于恢复周礼,孝悌理所当然地也就被置于弘扬之列。不过,孔子提倡孝悌并非完全是古意的复归,而是注入了新的内容。比如,他认为孝悌应该建立在至诚的基础上,孝顺父母要真心实意,不仅有物质的奉养,而且有精神的慰藉,使父母始终生活在融融亲情的氛围里。为此,他要求"父母在,不远游,游必有方","父母之年不可不知也,一则以喜,一则以惧","三年无改于父之道"③。但子女对父母也不要"愚忠愚孝",发现父母有不对的地方,可以婉转"几谏"。这是孔子给古老的孝道吹进的一缕清新之风。当然,孔子的孝悌又与严格遵守古礼相联系。在他看来,几乎所有古代沿袭下来的礼制都是不可移易的教条,后人只有恪守的义务而没有变通或更改的权力:

> 孟懿子问孝,子曰:"无违。"樊迟御,子告之曰:"孟孙问孝于我,我对曰无违。"樊迟曰:"何谓也?"子曰:"生事之以礼,死葬之以礼。"④
> 宰我问:"三年之丧,期已久矣。君子三年不为礼,礼必坏;三年不

---

① 《论语·泰伯》。
② 《论语·学而》。
③ 《论语·里仁》。
④ 《论语·为政》。

为乐,乐必崩。旧谷既没,新谷既升,钻燧取火,期可已矣。"子曰:"食夫稻,衣夫锦,于女安乎?"曰:"安。""女安则为之。夫君子之居丧,食不旨甘,闻乐不乐,居处不安,故不为也。今女安则为之。"宰我出,子曰:"予之不仁也! 子生三年,然后免于父母之怀,夫三年之丧,天下之通丧也,予也有三年之爱于其父母乎!"①

孔子既把仁与礼连在一起,又把孝与礼连在一起,要求人们在对古礼的膜拜信守中体现对孝的虔诚。他不晓得,作为一种伦理观念,孝也应该与时变化,宰我的观点并不错。孔子的孝观念中尽管有消极保守的成分,但其中蕴涵的敬老爱幼的积极因素也融汇在中华民族的血液里,成为传统美德为现代人所接受和颂扬。

另外,孔子的伦理思想中还有不少条目,如:

子禽问于子贡曰:"夫子至于是邦也,必闻其政,求之与? 抑与之与?"子贡曰:"夫子温、良、恭、让以得之。夫子之求之也,其诸异乎人之求之与!"②

子张问仁于孔子,孔子曰:"能行五者于天下,为仁矣。""请问之。"曰:"恭、宽、信、敏、惠。恭则不侮,宽则得众,信则人任焉,敏则有功,惠则足以使人。"③

这里,孔子提出了温和(温)、善良(良)、严肃(恭)、节俭(俭)、谦逊(让)、宽厚(宽)、诚实(信)、勤敏(敏)、慈惠(惠)等好的品德,认为一个人有了它,就会得到别人的信任,就能够使"天下归仁"。这些道德条目都被后世继承下来,成为中华民族优秀传统道德的基本内容。

在孔子的伦理思想中,始终活跃着一个理想的道德楷模——君子形象。作为孔子理想人格的化身,君子是在与小人的对比映照中树立起来的:"君子喻于义,小人喻于利。""君子怀德,小人怀土;君子怀刑,小人怀惠。"④"君子求诸己,小人求诸人。"⑤在孔子心目中,这种仁人君子是正义的化身,

①③④《论语·阳货》。
②《论语·学而》。
⑤《论语·卫灵公》。

勇敢的典型,智慧的渊薮。君子始终不渝地坚持正义和仁道,在造次和颠沛中,"无终食之间违仁",甚至不惜牺牲生命,"杀身成仁",以殉正义和仁道。君子刻苦自励,好学上进,"食无求饱,居无求安"①,兢兢业业,言信行果,冷静沉着,关键时刻表现大智大勇。君子胸怀坦荡,"泰而不骄",不以物喜,不以己悲,可仕则仕,可隐则隐,立人达人,成人之美。这种君子人格后来成为千百万志士仁人追求的目标,其中蕴涵的道德内核,具有永久的价值。

　　孔子十分注重自身的道德修养,对人的自我修养方法进行了比较深入的探索。他总结自己的仁德修养历程时说:"吾十有五而志于学,三十而立,四十而不惑,五十而知天命,六十而耳顺,七十而从心所欲不逾矩。"②他认为一个人能否成为仁德之人的关键是个人的主观努力,"为仁由己"③。这就是要求自己必须接受多方面的教育,严以自责,努力"克己"、"修己"、"正身"。既要对自己充满自信,"我欲仁,斯仁至矣"④,又要从近处着手一步步地去做,在"笃实躬行"上下工夫:"先行其言而后从之"⑤,"古者言之不出,耻躬之不逮也"⑥,"君子耻其言过其行"⑦。同时还必须"笃信好学",因为知识、学问、品德都不是天生的,而是后天刻苦不倦学习的结果。孔子认为,在实际生活中,在自我修养中,任何人都不可避免地会出现失误,这完全是正常的,并不可怕。关键在于不断自我反省,及时发现和改正错误。"闻义不能徙,不善不能改,是吾忧也"⑧,"过而不改,是谓过矣"⑨。曾子进一步把孔子的这一思想发展为"内省论":"吾日三省吾身,为人谋而不忠乎?与朋友交而不信乎?传不习乎?"⑩严格要求自己,不断自我省察,自我约束,自我净化,显然是道德自新的一条重要途径。所以要不断地向书本学习,不断地在现实生活中向周围的人学习,这样既会增长知识,又会促进道德修养。"三人行必有我师焉,择其善者而从之,其不善者而改之"⑪,"见贤思齐焉,见不贤而内省也"⑫。孔子在修养方法上这些有价值的见解,不少都可以批判地继承。

---

①⑩《论语·学而》。
②⑤《论语·为政》。
③《论语·颜渊》。
④⑧⑪《论语·述而》。
⑥⑫《论语·里仁》。
⑦《论语·宪问》。
⑨《论语·卫灵公》。

总之,孔子在伦理思想方面不仅构筑了一套完整的体系,诠释了许多概念、范畴,而且也提出了许多有价值的修养方法,为我国伦理思想的发展奠定了初步基础,其功绩是不可磨灭的。不过,由于孔子把"仁"的核心内容定为"克己复礼",而"礼"的不少内容与当时的时代潮流相背离,所以其理论体系中就必然保留一些落后的东西。例如,他的"孝道"就与"直道"和"忠君"有着明显的矛盾。《论语·子路》记载:

> 叶公语孔子曰:"吾党有直躬者,其父攘羊,而子证之。"孔子曰:"吾党之直者异于是,父为子隐,子为父隐,直在其中矣。"

这种以孝道牺牲直道的伦理观念,与传统的"大义灭亲"观念相比,显然是落后的。"孝道"虽然与"忠道"有相一致的一面,但两者的冲突也是明显的。后来的法家在与儒家论战时就抓住这一点猛攻一气:

> 鲁人从君战,三战三北。仲尼问其故,对曰:"吾有老父,身死莫之养也。"仲尼以为孝,举之上之。以是观之,夫父之孝子,君之背臣也。①

后来封建统治者多倡导"忠孝两全",更强调以孝从忠和牺牲孝以从忠,就是对孔子孝观念的修正。

孔子是先秦时期最负盛名的大教育家。他本人博学多能,经他删定的《诗》、《书》、《礼》、《易》、《春秋》等经典两千多年来一直是官定的教科书,孔子及其门徒在保存、发掘、整理和传播中国古代思想文化方面作出了巨大贡献。孔子"克己复礼"的理想虽然破灭了,但在办学育人方面却取得了相当大的成功。他从30岁左右开始聚徒讲学,开创私学,一直到73岁病逝,40多年间,不论在其做官从政的显赫日子,还是在周游列国、绝粮履险的困顿岁月,他始终同弟子在一起,一刻也没有停止教学活动。史载他弟子三千,贤人七十二,留下姓名的弟子近百人,的确是盛况空前。以孔子为代表的儒家学派也是当时影响最大的教育团体。孔子的教育思想体系受他的政治立场的制约,具有保守的一面。比如,他要求学生致力于"克己复礼",鄙视劳动人民的生产活动,把学习的内容限定在当时贵族政治所需要的范围

---

① 《韩非子·五蠹》。

等,其阶级局限性是鲜明的。但是,阶级社会的教育是阶级性和社会性的统一。阶级在人类历史上存在的时间是短暂的,但教育却与人类社会相始终。就教育的社会性而言,它包括社会各阶级在办教育时都需遵循的客观规律。由于孔子长期从事教育实践活动,他的教育思想中,尤其是他摸索和总结的有关教育的社会性规律和教学活动的规律,包含大量丰富的合理内核。孔子"有教无类"的主张和实践,在当时具有重大的进步意义。在殷周奴隶社会,实行的是"学在官府"的教育制度,教育被严格控制在奴隶主贵族手里,平民和奴隶完全被剥夺了受教育的权利。春秋后期,随着奴隶制的没落,"学在官府"的教育制度再也不能维持。与此同时,伴随着新兴地主阶级的崛起、平民阶级的抬头和奴隶的逐步获得解放,私学的勃兴就成为必然的历史趋势。"礼失而求诸野"。孔子办私学之所以成绩斐然,正是时代为他创造了有利条件。所以,"有教无类"的口号正是针对"学在官府"提出来的。他的主观意图是在教育上打破等级的区别和贫富的等差,认为一切人都有受教育的权利。在他的弟子中,除少数贵族子弟外,大部分出身于平民。显然,孔子按照"有教无类"的理念进行的教育实践,不仅对当时文化的下移和广泛传播起了积极作用,而且为平民知识分子进入官吏阶层创造了条件。孔子的不少弟子在他在世时已经从政,他去世后有更多的弟子跻入了统治者的庙堂。"自孔子卒后,七十子之徒散游诸侯,大者为师傅卿相,小者友教士大夫。"①孔子弟子子夏曾讲过"学而优则仕,仕而优则学",反映了孔子教育思想的一个重要内容即选优原则。学业优秀的人做官从政,从政成绩优良的人继续读书学习,显然可以提高官吏队伍的素质。这其中贯穿的选优原则是任何积极向上、生气勃勃的当权者都应该遵循的。孔子在长期的教育实践中总结出不少好的教学经验和教学方法,其中许多具有永恒的价值。例如,孔子倡导和实行"因材施教"的原则。在他那里,"因材施教"有两方面的意义:一是根据学生的资质、爱好,扬长避短地进行定向培养。孔子熟悉自己的学生,了解每个人的特点和优长。"由也果"、"赐也达"、"求也艺"②。"由也,千乘之国,可使其治赋也","赤也,束带立于朝,可使

----

① 《史记·儒林列传》。
② 《论语·雍也》。

于宾客言也"①,"雍也,可使南面"②。正因为孔子按照每个弟子的特长加意培养,使之迅速成才,从而使门徒中涌现出一批非常杰出的人才:"德行:颜渊、闵子骞、冉伯牛、仲弓;言语:宰我、子贡;政事:冉有、季路;文学:子游、子夏。"③真可谓人才济济,群星璀璨。二是根据学生的特点和接受知识的能力使用不同的教学方法。《论语·先进》记载了一个人所共知的例子:

> 子路问:"闻斯行诸?"子曰:"有父兄在,如之何其闻斯行诸?"冉有问:"闻斯行诸?"子曰:"闻斯行之。"公西华曰:"由也问闻斯行诸,子曰'有父兄在';求也问闻斯行诸,子曰'闻斯行之'。赤也惑,敢问。"子曰:"求也退,故进之;由也兼人,故退之。"

孔子在教学过程中,总是这样,根据学生的实际情况,有所侧重,有所选择,有的放矢,灵活地回答学生提出的问题,循循善诱地引导他们发挥所长,弥补不足,使之在品德和学业上不断有所进步。颜渊曾以无限崇敬的心情称颂孔子说:"夫子循循然善诱人,博我以文,约我以礼,欲罢不能。既竭吾才,如有所立卓尔。虽欲从之,未由也已。"④这段话自然包含着学生对老师的过分赞美,但孔子的"因材施教"的确使弟子们的才能得到较充分的培育和发展,为日后成才创造了条件。孔子十分重视提倡和运用启发式的教学方法。应该承认,无论哪个阶级办教育,也无论传授什么内容,启发式教学的效果肯定优于注入式。孔子在教学中一贯遵循这样的原则:"不愤不启,不悱不发,举一隅不以三隅反,则不复也。"⑤在平时与学生接触时,他总是不断地启发学生自己动脑筋,独立思考,切忌人云亦云。颜渊对孔子的观点和传授的知识从不提出疑义,使孔子感到不快:"回也非助我也,与我言无所不悦。"⑥孔子也善于诱导在师生之间、学生之间互相启发,教学相长。他同子路、曾皙、冉有、公西华那段诗意盎然的"各言其志"的对话,就是启发式教学的一个生动的例子。在孔子主持的学校里,整个教学的场面总是那么生动活泼,充满着无限的兴味和魅力。孔子还提倡学习必须有一个好的

---

①《论语·公冶长》。
②《论语·雍也》。
③⑥《论语·先进》。
④《论语·子罕》
⑤《论语·述而》。

态度和风尚。"学而不厌,诲人不倦",一方面应该向任何比自己高明甚至不如自己的人请教和学习,一方面又不厌其烦地向自己的学生传道授业解惑。他自己以身作则,对学生起着表率的作用。他"入太庙,每事问"①,"发愤忘食,乐以忘忧,不知老之将至"②。他要求弟子们在读书和做学问时一定要采取老老实实的态度:"知之为知之,不知为不知"③,"子绝四:毋意,毋必,毋固,毋我"④。在《论语》和其他史籍中,找不到孔子体罚学生的记载,孔门师生之间的关系是相当融洽的。在孔子身上,所谓"师道尊严"并不突出,相反,他倒是鼓励学生独立思考,"当仁不让于师"⑤,要敢于提出与老师不同的意见和看法。孔门弟子大都敢于在先生面前各抒己见,师生之间"如切如磋,如琢如磨",充满温馨和亲情。

孔子作为伟大的政治家、思想家和教育家,其最大的功绩就是建立了儒家学派,创立了后来成为中国封建社会思想文化主体的儒家学说。儒在商朝即存在,徐仲舒在《甲骨文中所见的儒》⑥一文中提供了确凿无误的证明。那时的儒是一种职业,与卜、祝、巫、史同流,主要从事祭祖事鬼,办理丧事,为人相礼等事务,是进行宗教活动的教士。但因其掌握礼乐文化知识,又从事文化教育活动,随着时代的变化,儒士活动的重心逐渐转向文化教育,其教士的色彩日益淡化。孔子以教士的身份活动于春秋末期,他一面从事思想体系的构建,一面聚徒讲学,从而形成了以他为首,以其众多弟子为主体,有着共同信仰和共同衣冠的一个文化教育团体,这就是儒家学派。

孔子在世时,儒家学派已经成为有着广泛影响的群体。孔子死后,他的弟子对儒学的继续发展和传播作出了重大贡献。其中,有若、子贡、子张、曾参、漆雕开、子游、子夏是比较活跃的人物,而以子夏的作用最为突出。有若因为思想、智慧高出众人一等,被孔门大部分弟子视为"似圣人"⑦的出类拔萃的人物,几乎被拥戴为儒家学派的首领,因曾子的反对作罢。但从散见于《论语》、《礼记》等典籍的有若的言论看,他的思想没有多少独到之处,对后

---

①《论语·八佾》。
②《论语·述而》。
③《论语·为政》。
④《论语·子罕》。
⑤《论语·卫灵公》。
⑥《四川大学学报》1975 年第 4 期。
⑦《孟子·滕文公上》。

世的影响也不大。子贡姓端木,名赐,卫国人。他长于"利口巧辞",是孔门弟子中最出色的社会活动家和外交家,曾代表鲁国出使齐、吴、越、晋诸国,"所至国君,无不分庭与之抗礼"①。他又是"家累千金"的大富豪,经常在列国间做生意,与各国政要交往密切,所到之处,都不倦地宣传儒家思想,因而在提高孔子知名度和扩大儒学的影响方面,子贡的作用是别人无法比拟的。子张,姓瑞孙,名师,陈国人。他喜欢放言高论,思想有些偏激。他门下弟子众多,战国时期发展成为儒家八派之一。曾参是对孔子孝道理论的发展作出较大贡献的弟子,传说《孝经》一书即出自其手。他在思想上重视内省,强调人的主观意识活动,"日三省吾身"。对后来思孟学派的发展产生了重大影响。子游,姓言,名偃,是孔门中擅长"文学"的代表人物之一。他们一派在战国时期一直存在。从《汉非子·非十二子》贬称他们是"偷儒惮事,无廉耻而耆(嗜)饮食"的"贱儒"的情况看,其末流在社会上的声誉不佳。孔子弟子中对儒学发展贡献最大的是子夏。他姓卜,名商,晋国温邑(一说卫)人。他是传经的宗师,经孔子整理过的儒家经典大都经过他的手传下来。他还是将儒学在齐鲁地区以外成功进行传播的第一人。孔子去世后,他回到魏国讲授"六艺"之学,做了魏文侯、李悝、吴起、段干木、田子方、禽滑釐等一批政治家和社会名流的老师。由于魏文侯是战国早期最有作为的一位国君,他不仅拜子夏为师,认真学习儒家经典,而且以礼贤下士的政策吸引了大批优秀人才在自己周围,率先在魏国进行了一系列的封建化的改革,使魏国成为战国首强的诸侯大国。帮助魏文侯进行改革的那些政治家和军事家,大都出自子夏的门下,"如田子方、段干木、吴起、禽滑釐之属,皆受业于子夏之伦,为王者师"②。如果说孔子周游列国使儒学首次向齐鲁文化区域以外的地域传播,那么,子夏在魏国的传经布道就表明儒学已经开始在更大规模上向其他地域文化领域进军,是儒学由地域文化向主流文化转化的先声。

以孔子为代表的早期儒家学派,以"仁者爱人"的伦理学说为中心,希冀通过"正名"、教化达到"克己复礼"的政治目的。他们对鬼神"敬而远之",对社会和人生持一种积极奋发的态度,"知其不可而为之"。同时重视

①《史记·货殖列传》。
②《史记·儒林列传》。

教育,坚持"有教无类"和"学而优则仕"的原则,在当时尤其是以后,都产生了深刻影响。对于战国时代子学的勃兴,起了"金鸡一鸣天下晓"的作用。在春秋末和战国时期,儒家学派虽然进入"显学"之列,但也不过是"百家争鸣"中的学派之一。只是到了西汉以后,随着封建制的确立和大一统的专制主义中央集权的形成,"说忠孝,道中庸,与民言服从,与君言仁政,其道可久,其法易行"的儒学,经过董仲舒的改造,终于定于一尊,成为两千多年中国封建社会的统治思想。同时又由于他反映了宗法制下的中国广大农民的伦理观念和心理特征,因而长期为农民所认同,成为构建中华民族心理的主要素材,逐步深入到中国人民的心灵深处,成为对中国历史和中华民族发展影响最大的一个学派。

(五) 孙武兵学思想中所展示的哲学和社会政治理念

春秋晚期,当孔子在鲁国创立儒家学派,登上思想文化的制高点的时候,在齐国则产生了晏婴、司马穰苴和孙武等思想文化的巨人。特别是作为"兵圣"的孙武和他的永垂千古的《孙子兵法》的出现,标志着当时中国的兵学文化已经占领了世界兵学文化的制高点。

有关孙武的家世、经历和业绩,流传至今的文献记载非常简单。特别是记载春秋时期历史的《左传》,竟然对指挥吴国军队直捣楚国国都的谋臣无一字记述。对此,田昌五的解释是因为孙武不是统帅而是谋士①。《史记·孙子吴起列传》仅说明他是齐人,后去吴国,以进献《孙子》十三篇得到吴王阖闾的信任,"阖闾知孙子能用兵,卒以为将。西破强楚,入郢。北威齐晋,显名诸侯,孙子有力焉"。《孙子兵法》十三篇在孙武见吴王时已经写就,它显然主要是孙武总结前人战争经验和前人兵学遗产而推出的一部兵学圣典。这部兵书诞生于齐国而不是其他地方,最主要的原因,一是因为齐国有着悠久而深厚的兵学传统,从姜尚的《六韬》到司马穰苴的《司马法》,形成了齐国远比其他诸侯国更丰厚的兵学土壤。二是齐鲁文化从西周开始经过五个多世纪的发展,形成了极其深厚的思想文化的积淀和齐鲁知识分子好思辨、善著述的风气。《孙子兵法》就是在这样的文化氛

---

① 田昌五:《孙武子》,载《齐鲁古代兵家评传》,山东大学出版社 1996 年版。

围中孕育而成的。

《孙子兵法》具有丰富的内涵,它不仅全面论述了与军事有关的战略战术的各个方面,而且涉及了军事与政治、经济、社会等关系的一系列问题,最后升华到哲学的层面,形成了对事物发展普遍规律的认识。它特别强调军事与政治的关系,《孙子兵法·计篇》列出了决定战争胜负的五个基本条件,而将政治因素放在第一位:

> 一曰道,二曰天,三曰地,四曰将,五曰法。道者,令民与上同意也,故可以与之死,可以与之生,而不畏危。天者,阴阳、寒暑、时制也。地者,远近、险易、广狭、死生也。将者,智、信、仁、勇、严也。法者,曲制、官道、主用也。凡此五者,将莫不闻,知之者胜,不知者不胜。故校之以计而索其情,曰:主孰有道? 将孰有能? 天地孰得? 法令孰行? 兵众孰强? 士卒孰练? 赏罚孰明? 吾以此知胜负矣。

这里,孙子明确指出,战争是敌我双方综合实力的较量。在决定战争胜负的诸多因素中,将领、士卒、地理气候等条件固然重要,但关键还是政治即"主孰有道"。只有战争得到民众的拥护,只有民众以与国家共存亡的决心和意志参加对敌作战,国君才能稳操胜利之券。孙子进而认为,战争本身不是目的而是手段,是通过战胜敌人维护国家的利益。所以"不战而屈人之兵"是从事战争的国君和将帅追求的最理想的目标:

> 凡用兵之法,全国为上,破国次之;全军为上,破军次之;全旅为上,破旅次之;全卒为上,破卒次之;全伍为上,破伍次之。是故百战百胜,非善之善也;不战而屈人之兵,善之善也。[1]

而为了达到"不战而屈人之兵"的目标,必须充分运用军事以外的政治、外交等手段,万不得已才使用武力,用将士的血肉之躯去夺取胜利:"故上兵伐谋,其次伐交,其次伐兵,其下攻城。攻城之法为不得已。修橹轒辒,具器械,三月而后成;距堙,又三月而后已。将不胜其忿而蚁附之,杀士三分之一而城不拔者,此攻之灾也。"[2]所以善于用兵的将帅可以不通过战争达到既

---

[1][2]《孙子兵法·谋攻篇》。

定的目标:

> 故善用兵者,屈人之兵而非战也,拔人之城而非攻也,毁人之国而非久也,必以全争于天下,故兵不顿而利可全,此谋攻之法也。①

孙子既深知战争给国家带来好处,更深知战争给国家带来危害,所以他提出"兵贵胜,不贵久"的速胜原则和"因粮于敌"的后勤保障原则,都是从政治出发在全局上对战争的把握。《孙子兵法》更多的是对战争规律的探索,如"先为不可胜,以待敌之可胜"②、"知彼知己者,百战不殆"③、"兵者,诡道也"④、"制人而不制于人"⑤、"避实击虚"⑥等,都是战争中永恒的制胜法则。

《孙子兵法》不仅是一部军事宝典,而且也是一部有着丰富辩证法思想的哲学著作。孙子在认识战争规律的过程中,发现并探索了战争中的敌我、胜负、攻守、进退、速迟、利害、虚实、奇正、治乱、勇怯、强弱、远近、劳逸、饥饱等一系列的矛盾及其互相转化的现象,要求战争指导者深刻认识这些互相矛盾着的事物,并通过主观努力去促成矛盾向着有利于自己的转化。他特别强调在运用各项军事原则时"变"的重要性,因为战场上的形势瞬息万变,"兵无常势,水无常形,能因敌变化而取胜者,谓之神"⑦。所以必须"因敌变化"、"因敌制胜",随时根据敌情的变化灵活变通自己的作战方针,这样才能立于不败之地。其中,孙子对"奇正"的关系作了最为精到的论述。在他看来,战争既有不变的一面,这就是"正";更有变化莫测的一面,这就是"奇"。高明的军事统帅能够取得胜利的关键就是正确、及时地处理好"正"与"奇"的关系:"凡战者,以正合,以奇胜。故善出奇者,无穷如天地,不竭如江河。终而复始,日月是也。死而复生,四时是也。声不过五,五声之变,不可胜听也。色不过五,五色之变,不可胜观也。味不过五,五味之变,不可胜尝也。战势不过奇正,奇正之变,不可胜穷也。奇正相生,如循环之无端,孰能穷之?"⑧在孙子看来,战争中"正"与"奇"的

---

① ③《孙子兵法·谋攻篇》。
② 《孙子兵法·形篇》。
④ 《孙子兵法·计篇》
⑤ ⑥ ⑦《孙子兵法·虚实篇》。
⑧ 《孙子兵法·势篇》。

关系,如日月之循环,如四时之更替,如五声、五色、五味之变幻无穷。高明的军事统帅,应该娴熟地驾驭"奇正相生"、"因敌变化"的指挥艺术,去不断夺取战争的胜利。

孙子是在中国乃至全世界第一次从政治的高度全面探索战略战术规律的军事家,也是那个时代最伟大的思想家之一。作为与"文圣"孔子相伯仲的"武圣",作为世界公认的兵学巨人,他为中华民族赢得了万世称颂的荣誉。

四、战国时期的齐鲁思想文化

公元前475年(周元王元年),中国历史进入战国时代。根据郭沫若的中国古代史分期意见,这是中国封建社会的开始。自此至公元前221年(秦始皇二十六年)秦朝统一中国的两个半世纪的岁月里,中国社会经历了急剧的变化。经济上,封建的生产关系继续成长并逐步占据统治地位;政治上,封建化的变法运动与大国之间的兼并战争如火如荼地进行;思想文化上,出现了一个人才辈出、群星璀璨、著作如林的"百家争鸣"的局面,形成了中国历史上第一个思想文化的高峰。这一局面之所以在此时出现,一是政治经济的深巨变化的影响,二是多年思想文化的丰厚积淀,三是各诸侯国"礼贤下士"的社会风气和思想自由的时代氛围为知识分子的创造才能提供了施展的广阔空间。当时的形势,正如梁启超所描述的:"孔北老南,对垒互峙,十家九流,继轨并作,如春雷一声,万绿齐苗于广野,如火山乍裂,热石竟飞于天外。"①西汉的司马谈总结这一时期的思想文化成果,写了《论六家要旨》,将当时的思想学术流派分为儒、墨、名、法、道、阴阳六家。东汉的班固在《汉书·艺文志》中,根据刘向、刘歆父子《七略》的分类,又将当时的思想学术流派分为儒、墨、名、法、道、阴阳、农、杂、纵横、小说等十家。除去小说,其余各家又称"九流"。这就是习惯上所称"十家九流"的来历。这一时期,老子(李耳)崛起于南方,以《道德经》一书名世,创立道家学派。战国晚期的庄周继之,以《庄子》一书丰富了道家的思想内容。他们思想中的丰富的辩证法内容,显示了中华民族的抽象思维在当时达到的最高

①梁启超:《论中国学术思想变迁之大势》,《饮冰室合集·文集之七》,《饮冰室合集》第1册,中华书局1989年版。

水平。而他们"小国寡民"的政治理想又恰恰表现了没落奴隶主贵族在社会进步潮流冲击下无可奈何的哀鸣。墨（翟）子以《墨经》一书名世，与其弟子结成了"显学"重要一翼的墨家学派。这一学派的思想反映了小生产者的理想和幻想。他们作为儒家学派的对立面曾在战国前期展示了自己浩荡的阵容。儒家学派以子思、孟轲、荀卿为代表，以《中庸》、《孟子》、《荀子》等著作名世，在战国中期以后成为越来越强势的一个学派。名家学派以惠施、公孙龙为代表，前者"合同异"，抹杀事物间的质的差别；后者"离坚白"，把事物的属性分离绝对化，最后以惊世骇俗的"白马非马"写下了中国逻辑学史的第一章。农家以许行为代表，主张"耕而食，织而衣"。其门人陈相等身体力行，希冀建立一个共同劳动、平等交换的理想社会，这种空想最后终因逆时代潮流而销声匿迹了。法家以慎到、申不害、李悝、商鞅、吴起等为代表，而以韩非集其大成。此派主张"以法为教"、"以吏为师"，建立以皇帝独裁为中心的专制主义中央集权的行政体制，适应了新兴地主阶级的政治要求。法家的理想由秦始皇变成现实。但实践证明单纯的法家政治必然导向暴政，所以它自己无法单独承担治国平天下的指导思想。阴阳家以邹衍为代表，以阴阳五行为基本范畴，蕴涵着不少朴素唯物论与辩证法的内容，曾深深地影响了后世儒家的历史观和中医的发展。纵横家为战国策士的总汇，他们的言行结集为《战国策》一书。其纵横捭阖的外交术和精湛的语言能力虽然显示了过人的智慧和胆略，但在思想史上并未留下有价值的吉光片羽。作为"街谈巷议"的小说家本来就没有资格进入思想之林。只有以吕不韦的《吕氏春秋》为代表的杂家显示了伴随政治统一而在学术上出现的综合趋势，对保存春秋战国时代的思想资料有着不可磨灭的功劳。战国时期同样是齐鲁思想文化的发皇期。齐鲁两国深厚的文化积淀不仅为诸子百家的产生准备了得天独厚的沃土，而且以稷下学宫为代表的学术教育机构更为来自全国各地的学者提供了自由辩诘、互相交流、切磋学习的平台。千姿百态、灿烂辉煌的思想之花正是从这里绽放并逐步传播到全国各地的。应该说，齐鲁大地是"百家争鸣"的母体，战国时期的齐鲁文化就是这个母体上开出的最艳丽的花朵。

（一）墨学的崛起

墨学的创始人墨翟,其生活年代在公元前490年到公元前403年之间[1]。他的里籍至今在学术上存在争议,比较流行的是宋人说和鲁人说,其中"鲁人之说最得其实"[2]。近年不少学者认同山东滕州说[3]。墨翟虽然一生没有做官,但由于他与众多弟子组成了一个带有民间秘密结社性质的政治、学术团体,他本人及其弟子又热心参与当时的政治学术活动,他曾"止楚攻宋",还留下了《墨子》一部书,所以在战国初期成为影响很大的学术流派。孟子就曾惊呼:"杨朱、墨翟之言盈天下,天下之言,不归杨则归墨。"[4]墨家学派究竟反映当时那个阶级或集团的利益? 较多学者认为他们是由小生产者上升而来的士,代表了"农与工肆之人",是当时唯一代表劳动人民的学术流派。也有学者认为他们代表了"王公大人"[5]。让我们还是从墨翟的著作中寻找答案吧。

墨子曾经将自己的主张归纳为十项"纲领":

> 凡入国,必择务而从事焉。国家昏乱,则语之尚贤、尚同;国家贫,则语之节用、节葬;国家憙音湛湎,则语之非乐、非命;国家淫僻无礼,则语之尊天事鬼;国家务夺侵凌,即(则)语之兼爱、非攻。[6]

墨子看到了几乎无日不在进行的兼并战争给广大劳动人民带来的危害,所以他提出"兼爱"、"非攻"的口号,要求人们"兼相爱,交相利",每个人都换位思考,"视人之国若视其国,视人之家若视其家,视人之身若视其身"[7]。这里,墨子的理想虽然反映了广大劳动人民希冀避免战争、渴求和平的愿望,但他用说服人们信仰"兼爱"而放弃互相攻伐只能是一种幻想。因为当时从事兼并战争的各国统治者都力图通过战争的手段获取人口、土地和财富,墨子"兼爱"的说教不啻对牛弹琴。

墨子的"非乐"、"非命"、"节用"、"节葬"的主张比较集中地反映了小

---

①方授楚:《墨学源流》,中华书局1934年版,第10—14页。
②同上书,第8页。
③张知寒:《墨子里籍新探》,《山东社会科学》1988年第6期。
④《孟子·滕文公下》。
⑤郭沫若:《十批判书·孔墨思想的批判》,《郭沫若全集》历史编2。
⑥⑦《墨子·兼爱中》。

生产者的愿望。面对王公大人,尤其儒家宣扬的"死生有命,富贵在天"的说教,面对王公大人的恣意享乐、奢淫无度和厚葬之风的蔓延,墨子直斥"命者暴王所作",是用以欺骗劳动人民的,因而提出"非命"与之对抗,要求"赖其力者生,不赖其力者不生"①;提出"非乐"、"节用"、"节葬"的口号,要求全社会都向劳动人民的最低生活标准看齐。音乐没有实用价值,干脆弃之如敝屣;豪宅精舍、轻裘华服、山珍海味统统是浪费社会财富,必须弃之不用,而代之以低檐茅屋、粗衣芒鞋、粗茶淡饭;凿山为圹、棺椁数重、随葬器物无数的厚葬必须废止,而代之以"衣衾三领,桐棺三寸"的薄葬。这些主张自然有其反对贫富不均、要求平等平均,反对铺张浪费、要求节俭勤朴的善良愿望,但也同时反映了小生产者安于最低生活水平的局限。这种理念是不利于生产发展和社会进步的。

墨子的"尊天"、"事鬼"尽管赋予天、鬼以墨家思想守护神的人世情怀,因而具有"工具理性"的意义,然而,墨子也同时赋予天、鬼以人格神的定位,这就使他的天与殷人的"帝"、周人的"天"具有一脉相通之处。他认为天同样是法力无边的:它既能够将王权交给"顺天意者",又能够将王权从"反天意者"那里取走,并且不时地与地上的王者互相感应和沟通:

　　然则禹、汤、文、武,其得赏何以也? 子墨子言曰:其事上尊天,中事鬼神,下爱人,故天意曰:"此之我所爱兼而爱之,我所利兼而利之。爱人者此为博焉,利人者此为厚焉。故使贵为天子,富有天下,业万世子孙,传称其善。方施天下,至今称之,谓之圣王。"然则桀、纣、幽、厉,得其罚何以也? 子墨子言曰:其事上诟天,中诟鬼,下贼人。故天意曰:"此之我所爱别而恶之,我所利交而贼之。恶人者此为博也,贼人者此为厚也。故使不得终其寿,不殁其世,至今毁之,谓之暴王。"②

　　子墨子言曰:吾所以知天贵且知于天子者有矣。曰:天子为善,天能赏之;天子为暴,天能罚之。

　　天子有疾病祸祟,必斋戒沐浴,洁为酒醴粢盛,以祭祀天鬼,则天能

①《墨子·非乐上》。
②《墨子·天志上》。

除去之。①

这表明,墨子既相信君权神授说,又相信"天人感应论",并以天意之然否解释王朝的更替。在墨子所处的战国初期,除个别思想家对天帝鬼神表示怀疑外,从正面完全否定天帝鬼神者还未出现。因而,我们没有理由对墨子的"尊天"、"事鬼"进行过多的非议。但也必须指出,墨子的"尊天"、"事鬼"比孔子的"不语怪、力、乱、神","未知生,焉知死"和"祭如在,祭神如神在"的思想不能不说是一种历史的退步。而到了汉代,墨子的"尊天"、"事鬼"论就成为董仲舒构筑他"神学目的论"的重要思想资料之一。

有的学者认为墨子的"尚同"、"尚贤"思想中有与近代民主意识相通的一面,这自然不无道理。但是,作为一种思想资料,"尚同"恰恰成为中国封建社会专制主义中央集权理论的渊源之一。先看墨子对国家起源的解释:

> 子墨子言曰:古者民始生,未有刑政之时,盖其语人以异义。是以一人则一义,二人则二义,十人则十义。其人益众,其所谓义者亦兹众。是以人是其义,以非人之义,故交相非也。是以内者父子兄弟作怨恶,离散不能相和合。天下之百姓,皆以水火毒药相亏害,至有余力不能以相劳。腐朽余财,不以相分,隐匿良道,不以相教。天下之乱,若禽兽然。夫明乎天下之所以乱者,生于无政长。②

这里,墨子在断定无政府的社会必然导致混乱的前提下,引出他的"尚同"的理念。其思路是:上天选立天子,设立从上到下的各级政府以建立秩序,消除无政府状态,共同遵守"兼相爱,交相利"的"一同天下之义",太平盛世也就出现了。墨子把消除无政府状态、恢复秩序作为政府的重要功能无疑是有见地的。不过,在他设计的"尚同"的社会里,只要剔除其中的幻想成分,剩下的也就只能是专制主义了。他说:"明乎民之无政长以一同天下之义,而天下乱也,是故选择天下贤良圣知辩慧之人,立以为天子,使以事乎以一同天下之义。天子既以立矣,以为唯其耳目之请(情),不能独一同天下

①《墨子·天志中》。
②《墨子·尚同上》。

之义，是故选择天下贤良圣知辩慧之人，置以为三公，与以事乎一同天下之义。"①而后层层选择诸侯国君、左右将军、大夫、乡里之长。这些人自然都是"贤者"。无疑，这些从天子到乡里之长的"贤者"系列就是墨子"一同天下之义"的前提。墨子接着说："民之政长既已定矣，天子为发施政教曰：'凡闻见善者，必以告其上；闻见不善者，亦必以告其上。上之所是，必亦是之；上之所非，必亦非之。已有善，傍荐之；上有过，规谏之。尚同义其上，而毋有下比之心。上得则赏之，万民闻则誉之。'"②如此一来，也就达到了墨子设想的理想境界：里长"率其里之万民，以上同乎乡长"，"乡长之所是，必亦是之；乡长之所非，必亦非之。去而不善言，学乡长之善言；去而不善行，学乡长之善行"。乡长又"率其乡万民，以尚同乎国君"，"国君之所是，必亦是之；国君之所非，必亦非之"。国君再率国之万民"尚同乎天子"。这样，全国的百姓就在乡里之长、大夫、将军、诸侯国君、三公等的统帅下，逐级"尚同"，最后同天子保持绝对一致：以天子之所是为是，以天子之所非为非。天子以下的各级政长以及百姓如果违反了"尚同"之义，天子就有权以"五杀之刑"加以惩罚。表面看起来，墨子这个"尚同"是很令人神往的。从天子到各级政长都是"圣知辩慧"的贤良之人，自下而上的"尚同"既维持了统一，又维持了秩序，一个"兼相爱，交相利"的理想国不就实现了么！然而稍加推敲，就会发现，墨子设计的这个"尚同"的前提在事实上是不存在的：因为他没有办法保证从天子到各级政长都是贤人。而一旦抽掉了前提，"兼相爱，交相利"的理想国自然就成了空中楼阁，"上之所是，必亦是之；上之所非，必亦非之"的逐级"尚同"也就成了赤裸裸的专制主义。如果从这个意义上理解，郭沫若的论点"尚同是绝对的王权统治"、"以一人的意志为天下人的意志，以一人的是非为天下人的是非"③，就是可以接受的。事实上，墨子的"尚同"论与法家的"事在四方，要在中央，圣人执要，四方来效"的中央集权论确有异曲同工之妙。这个"尚同"论后来被法家的李斯、儒家的董仲舒充分吸收了。墨子的幻想自然无法实现，但以皇帝为代表的专制主义中央集权的行政体制却实实在在地在中国实行了两千多年。

---

①②《墨子·尚同中》。
③郭沫若：《十批判书·孔墨思想的批判》，《郭沫若全集》历史编2。

　　墨子思想中最有价值的部分是他的"尚贤"理论。"尚贤"的理论并不是墨子第一个提出来的。在他之前,周公、姜尚、管仲、孔子,在他之后,孟子、荀子、慎到、商鞅,都提出或对"尚贤"理论进行了充分阐述。但是,应该承认,在其前后所有提倡任贤使能的思想中,以墨子的"尚贤"理论视野最广阔,内涵最丰富。他的"尚贤"有两层含义:一是要求当时的王公大人坚持任人唯贤的原则,选取贤人做各级政长;二是要求从王公大人到各级政长都依照贤人的标准修养自己成为君子人格的表率。墨子列举大量事实,论证"尚贤"为"政之本",同时猛烈批判西周以来任人为亲、世卿世禄、"王公大人,骨肉之亲,无故富贵,面目美好者,则举之"①的弊端。要求王公大人广揽贤才,委以重任:

　　　　故古者圣王之为政,列德而尚贤。虽在农与工肆之人,有能则举之。高予之爵,重予之禄,任之以事,断予之令。……举三者授之贤者,非为贤赐也,欲其事之成。故当是时,以德就列,以官服事,以劳殿赏,量功而分禄。故官无常贵,而民无终贱。有能则举之,无能则下之,举公义,避私怨。②

　　　　古者圣王,甚尊尚贤而任使能。不赏父兄,不偏富贵,不嬖颜色,贤者举而上之,富而贵之,以为官长。不肖者抑而废之,贫而贱之,以为徒役。是以民皆劝其赏,畏其罚,相率而为贤者。③

这里,墨子要求打破当时还残存的奴隶制等级贵贱身份的限制,以贤能面前人人平等的原则,公正地在社会各类人,包括"农与工肆之人"中选取贤能之士,给以高官,授以重禄,使之有职有权,充分发挥自己的聪明才智。同时对在职的各级官吏依政绩事功进行奖惩,"有能则举之,无能则下之",破除终身制,防止某些人对官位的垄断。墨子的"尚贤"论反映了"农与工肆之人"参政的愿望,较之其他各家的举贤思想要进步得多。不过,墨子真正关注的还是"士"为代表的平民知识分子的参政要求。因为这部分人最具与那些贵族执政者相抗衡的知识和能力。他说:"故士者所以为辅相承嗣也,

────────────

　　①《墨子·尚贤下》。
　　②③《墨子·尚贤上》。

故得士则谋不用,体不劳,名立而功成,美章而恶不生。……故子墨子言曰:得意贤士不可不举,不得意贤士不可不举。"①又说:"入国而不存其士,则国亡矣。见贤而不急,则缓其君矣。非贤无急,非士无与虑国。缓贤忘士而能以其国存者,未曾有也。"②这里墨子简直将贤与士等同起来了。既然贤士关乎国家的生死存亡,所以国君就必须有容士的雅量,尊士的风度,亲士的至诚,用士的眼光,使贤能之士各得其所,以发挥他们最大的潜能。

在墨子心目中,贤良之士是他理想的君子人格的化身。这些人忠于墨子的理想,笃行"兼相爱,交相利"的信条,讲仁义,重事功,依法办事,忠于职守,兢兢业业,夜以继日,为官一任,造福一方,使饥者得食,寒者得衣,劳者得息,乱者得治:

> 贤者之治国也,蚤朝晏退,听狱治政,是以国家治而刑法正。贤者之长官也,夜寝夙兴,收敛关市山林泽梁之利,以实官府而财不散。贤者之治邑也,蚤出莫入,耕稼树艺,是以菽粟多而民足乎食,故国家治则刑法正,官府实则万民富。……内有以食饥息劳,将养其万民。外有以怀天下之贤人。……外者诸侯与之,内者万民亲之,贤者好之。以此谋事则得,举事则成,入守则固,出诛则强。③

同时墨子理想中的贤士还必须努力加强自身修养,以宗教的赤诚约束自己,"见毁而反之身","谮慝之言,无入之耳。批扞之声,无出之口。杀伤人之孩,无存之心",以"君子之道"要求自己,"贫则见廉,富则见义,生则见爱,死则见哀",志强智达,言信行果,有财分人,有力助人,守道而笃,偏物而博,"心辩而不繁说,多力而不伐功"。"言无务为多而务为智,无务为文而务为察"④。如此高大的贤士是墨子理想中的圣人、君子、智者和循吏的综合形象。"尚贤"论是墨子政治思想中最有价值的部分,是他对中国传统文化的重大贡献。

墨子的认识论在中国思想史上占有重要一席地位,因为他提出了著名的"三表"原则:

----

①《墨子·尚贤上》。
②③《墨子·亲士》。
④《墨子·修身》。

　　　　子墨子言曰：必立仪。言而毋（无）仪，譬犹运钧之上而立朝夕者
　　也，是非利害之辨不可得而明知也，故言必有三表。何谓三表？子墨子
　　言曰：有本之者，有原之者，有用之者。于何本之？上本之于古者圣王
　　之事。于何原之？下原察百姓耳目之实。于何用之？废（发）以为刑
　　政，观其中国家、百姓、人民之利。此所谓言有三表也。①

这里，墨子在中国思想史上第一次提出了检验认识正确与否的标准，即"三
表"。这个"三表"中有着唯物论认识论的因素，如第三表就隐含着实践检
验真理的倾向。但总体上看，墨子的"三表"带有很强的经验主义和实用主
义倾向。因为无论是"古者圣王之事"，还是"百姓耳目之实"，甚至"国家、
百姓、人民之利"，都主要是依据过去和现在的感性经验。而这些感性经验
与马克思主义所说的"实践"还有着本质的区别。因为前者是已经过去的
经验，后者是未来充满变数的行动。而已有的文献记载则被他视为真实的
存在，无怪乎他在使用三表进行具体论证时得出了"鬼神为有"和"明鬼"的
结论。

　　墨子去世后，据《韩非子·显学篇》记载，墨家学派"离为三"，但后世对
三派的情况已经不太清楚。只是在《墨子》的《经上》、《经下》、《经说上》、
《经说下》、《大取》、《小取》等篇章中，可以看到墨家后学对墨子思想的发
展。例如，在义利观方面，他们进一步发展修正墨子的功利至上的观念，提
出义利统一的理念："义，利也。忠，以利而强低（之）也。孝，利亲也。""利，
所得而喜也。害，所得而恶也。"②这里，对利的解释已不完全注重物质的层
面，而是把情感和精神的感受也纳入其中，这显然较墨子的理念更加完善
了。墨家后学还提出了"权"的概念，《大取》篇说：

　　　　于所体之中而权其轻重之谓权。权非为是也，亦非为非也，权正
　　也。断指以存腕，利之中取大，害之中取小也。害之中取小，非取害也，
　　取利也。其所取者，人之所执也。遇盗人而断指以免身，利也；其遇盗
　　人，害也。断指与断腕，利于天下相若，无择也；死生，利若一，无择也。

①《墨子·非命上》。
②《墨子·经上》。

这种"两利相权取其大,两害相权取其轻"的选择原则是对墨子功利学说的发展和完善,对后世的影响很大。墨家后学对墨子的认识论也有所发展。他们认为生命是形体和认识能力结合而成的,"生,刑(形)与知处也"①。认识是由感性到理性逐步深入的过程:人有认识事物的能力,"知,材也",就是人有认识事物的感觉器官。这种感觉器官只有同外界接触才能产生认识,"知,接也"②。但这种感觉获得的材料还必须经过"智"即理性思维的处理才能达到"明"的境界,"智:智也者,以其知论物而其知之也著,若明"③,即对事物的全面、彻底和清楚的理解和把握。这比墨子的经验论显然提高了一个层次。

墨家后学在"百家争鸣"的激烈辩诘中,对中国逻辑学的发展作出了独特的贡献。例如,他们对辩诘的作用和方法进行了系统阐述:

> 夫辩者,将以明是非之分,审治乱之纪,明同异之处,察名实之理,处利害,决嫌疑。焉(乃)摹略万物之然,论求群言之比,以名举实,以辞抒意,以说出故,以类取,以类予。有诸己不非诸人,无诸己不求诸人。④

认为辩诘的目的是"明是非"、"审治乱"、"明同异"、"察名实"、"处利害"、"决嫌疑",即追求和认识真理,而辩诘必须严守逻辑规则,尊重客观事实,尊重各种不同的说法,做到"以名举实,以辞抒意,以说出故",以保证得出的结论既符合事实又全面周密。墨家后学对形式逻辑中的概念、判断和推论都作了深刻的分析。例如他们将"名"即概念分为三类:"达"名是最高的类概念,如包括所有物品在内的"物"即是;"类"名是一般的类概念,如包括所有马的"马"即是;"私"名是指个别事物的概念,如专指奴隶的"臧"即是。他们以"盈坚白"说批判了公孙龙"离坚白"的诡辩。他们还指出判断必须"以故生,以理长,以类行",区分"有之不必然,无之必不然"的"小故"和"有必然,无之必不然"的"大故",并且探索了推理方法中的选言判断

---

① ②《墨子·经上》。
③《墨子·经说上》。
④《墨子·小取》。

"或"、假言判断"假"、类比推理"援"、归纳推理"推"等,还接触到"排中律"和"矛盾律"等重要问题。在先秦逻辑学领域是贡献最多和最大的学派。

尽管在战国中期以前墨家学派曾一度超过儒家,其代表人物在楚、越、卫、宋、齐、秦等诸侯国做官从政,都有不俗的表现,可以说极尽风光。然而,随着战国时代的落幕,墨家就声光消歇了。当西汉初年诸子中的儒、道、法、阴阳、纵横各家再度活跃的时候,却再也见不到墨家的身影了。原因何在?学者们可以给出各种各样的答案,但有几点似乎应该形成共识。首先,从墨家学派本身说,由于其坚持最低生活水准的禁欲主义倾向不利于生产的发展和人民生活的提高,坚持"非乐"的反文化倾向不利于人民对精神文化的追求,这种学说不可能得到广大人民的长期拥护。其次,墨学的"尚同"、"尚贤"的理念并非它所独有,西汉初年,儒学在自我改造的过程中将其吸收消化,它为这些理论而单独存在的价值已经没有了。最后,墨学的侠义精神虽然被下层社会的民间结社所保留,但在理论上却没有新的发展,就不可能对知识分子具有吸引力,也不可能在知识阶层中传播和发展了。尽管墨学在秦汉以后销声匿迹,但在齐鲁文化发展史上,仍然占有重要地位。"墨学的广泛传播扩大了齐鲁文化的影响,使齐鲁人执著追求真理、坚守高尚情操、好学而且笃行的精神风貌得到更加充分的展示。特别重要的是,墨学的兴起带动了齐鲁地区学术文化的发展,对宋钘尹文学派、许行学派、阴阳家和儒家的发展都起到了强有力的推动作用。"①

(二) 齐国稷下学派的兴盛

战国时期,齐国的统治者由姜氏变为田氏。这一时期的齐国比春秋时期的齐国更加强大,曾一度与称为"西帝"的秦国并峙而立,称为"东帝"。齐国不仅在经济和军事上是雄踞东方的大国,而且在思想文化上成为当时列国的中心,孕育出影响深远的稷下学派。

稷下学派因稷下学宫而得名,而稷下学宫则因其位于齐国国都临淄城的西门即稷门之外而得名。稷下学宫始建于田齐第三代国君田午(前373—前357年)统治时期。此后,历经齐威王、齐宣王、齐闵王、齐襄王和齐

①孟祥才、胡新生:《齐鲁思想文化史·先秦秦汉卷》,山东大学出版社 2002 年版,第231页。

王建等五代国君 100 多年时间,这个学宫一直保持着列国学术文化中心的地位。齐宣王在位期间(前 319—前 301 年),稷下学宫进入鼎盛时期。《史记·田完世家》描述学宫的盛况说:

> 宣王喜文学游说之士,自如邹衍、淳于髡、田骈、接予、慎到、环渊之徒七十六人,皆赐列第,为上大夫,不治而议论。是以齐稷下学士复盛,且数百千人。

《史记·孟子荀卿列传》对学宫的盛况也有一段近似的描述:

> 自邹衍与齐之稷下先生,如淳于髡、慎到、环渊、接子、田骈、邹奭之徒,各著书言治乱之事,以干世主,岂可胜道哉!……于是齐王嘉之,自如淳于髡以下,皆命曰列大夫,为开第康庄之衢,高门大屋,尊宠之。览天下诸侯宾客。言齐能致天下贤士也。

齐闵王在位期间(前 300—前 284 年)齐国经历了由盛及衰的转折。他一度与秦昭王分称“东帝”、“西帝”,灭掉宋国,南吞楚国淮北之地,西夺三晋大片土地,“泗上诸侯、邹鲁之君皆称臣,诸侯恐惧”。国势达到顶点,统一中国的雄图暴露无遗。但不久,风云突变。公元前 284 年,燕将乐毅率燕、秦、韩、赵、魏五国之师大举攻齐,很短时间内占领了包括国都临淄在内的七十余城,齐闵王也在流亡过程中被楚人杀死。估计此时曾安居于稷下的学者,面对攻入临淄的联军,或死或逃,风流云散了。其实,由于齐闵王晚年的好大喜功,穷兵黩武,稷下学士中的不少人已从齐国的繁盛中预测衰乱将至,因而纷纷出走避祸。《盐铁论·论儒》追述当时的情景说:

> 齐威宣之时,显贤进士,国家富强,威行敌国。及湣王,奋二世之余烈,南举楚淮北,并巨宋,苞十二国,西摧三晋,却强秦,五国宾从,邹鲁之君、泗上诸侯皆入臣。矜功不休,百姓不堪。诸儒谏不从,各分散。慎到、捷子亡去,田骈如薛,而孙卿适楚。内无良臣,故诸侯合谋而伐之。

田单率齐军驱逐五国联军后,齐国在襄王和齐王建统治时期虽然又延续了 50 多年,但再也无法恢复昔日的辉煌,而是在不断的衰落中走向灭亡。稷下学宫尽管一度恢复起来,并凭借过去浑厚的积累继续保持了列国学术文化中心的地位,然而,与齐国的国势一样,它的走向也只能是"无可奈何花落去",在不断的衰颓中走向结束。这是因为,一方面齐国的国力已难以为稷下学者提供往日优厚的待遇,稷下学宫的吸引力已大不如前;另一方面,老一代学者如田骈、淳于髡等都已凋谢,学术队伍也没有了昔日的阵容。虽然荀子在这期间已来到学宫,并且三次担任学宫的主持人"祭酒",荀子之后,也有邹衍、邹奭、田巴、鲁仲连等著名学者加盟,但毕竟形变势异,学宫的衰败已是不可挽回了。公元前221年,当强大的秦军轻而易举地攻占齐国,将齐王建俘虏之后,稷下学宫也黯然收场,为自己画上了句号。残存的学者也只能悲哀地悄然离去,带着无限的惆怅和迷惘寻找新的生活之路。

稷下学宫在近一个半世纪的悠长岁月里,成为战国中后期我国教育与学术文化的中心,在培养人才,催生学派,推动百家争鸣的学术论争中起了至关重要的作用。这所集中了官学教育和私学教育优长的高等学府,之所以能够在文化教育学术领地上独领风骚百余年,成为齐鲁乃至全国思想文化的重镇,首先是因为齐国发达的经济为稷下学宫的创立和繁荣奠定了坚实的物质基础,为数以千百计的学人提供了优厚的待遇,使他们衣食丰足,心无旁骛、潜心从事学术研究和教育学生。其次是因为齐鲁地区有着丰厚的文化积累,不仅为新的思想文化的再创造提供了沃土,而且也为新的思想文化的再创造建立了新的出发点。再次是因为齐国的几代国君,尤其是威王和宣王,高瞻远瞩,礼贤下士,使稷下学宫大师云集,人才荟萃,极一时之盛。最后,从学术的角度看也许是最重要的,这就是思想自由、百家争鸣,形成了良好的学风。战国时代列国竞争的环境,造成了当权者礼贤下士的时代氛围。各国统治者不仅给贤士们优厚的物质待遇,而且尊重他们的人格,给他们充分的言论自由和学术自由。即使国君参与辩诘,他也是平等的一员。纵然被辩得无话可说,不得不"王顾左右而言他",也不能以行政命令压服对方。国君与贤士都在自由地双向选择,没有任何一个知识分子因言获罪。齐国的稷下学宫为当时的列国学者搭建了一个百家争鸣的舞台,成为当时最令人向往的学术中心。一方面,齐国当政者热诚欢迎来自四面八方的学者,保证学者来去自由,来者欢迎,去者欢送,再来同样以礼相待;一方面不以政治,不以君王的好恶干预学者的学术活动,使学者们在百无禁忌的条件下独立思考,自由辩论。这种环境和政策使战国时代的学者名流,不分国别,不分学派,频繁地出入稷下学宫。司马谈在《论六家要旨》中论述的儒、墨、名、法、道、阴阳等学派,几乎都有代表人物登台亮相。据现存文献,钱穆《先秦诸子系年》中考证稷下学宫留下姓名的学者有 17 人,张秉楠在《稷下钩沉》中考证有 19 人。他们是:儒家代表人物孟子、荀子、徐劫、鲁仲连;墨家代表人物宋钘(兼治道)、告子(兼治儒);名家代表人物兒说、田巴;法家代表人物慎到;道家即黄老代表人物彭蒙、尹文、接予、季真、田骈、环渊、王斗;阴阳家代表人物邹衍、邹奭;还有“学无所主”的淳于髡。在这些代表人物中,以道家即黄老学派的阵容最为强大。稷下学宫是诸子百家自由争鸣的论坛,学派与学派、各学派内部以及师友之间时时展开平等的论争。这种平等、自由、生动活泼的思想学术论争,既促进了每个学派的发展,也促进了各学派之间的互相渗透、吸收、融合,促进了新学派如黄老思想的形成,进而促进了大师级的伟大学者如彭蒙、宋钘、尹文、孟轲、慎到、田骈、环渊、荀况、邹衍等脱颖而出,同时更使数以千百计的优秀人才培养出来,在战国、秦与西汉的文化承传中起了承上启下的作用。稷下学宫所培养的优良学风和独特的行之有效的教学模式,对我国两千年封建社会的思想与文化教育的发展都产生了深远而巨大的影响。

淳于髡是稷下学宫领袖群伦的人物,在威、宣、闵三代半个多世纪的岁月里,他是稷下学宫的掌门人。正是在他的领导运作下,稷下学宫盛况空前,达到了辉煌的顶点。他之所以能够起到如此重大的作用,一是因为他是稷下学宫中又议又治的人物,具有杰出的外交才干,多次完成重要的外交使命。他直言敢谏,多次为齐国推荐优秀人才,因而获得齐王的绝对信任。由此使他成为稷下学宫与齐王联系最密切的人物,在齐王眼里,他是学者;在稷下学者眼里,他又是官员,是齐王的代表。这种一身兼二任的身份,就使他成为稷下学者与齐王联系的纽带和桥梁。同时,由于淳于髡“博闻强记,学无所主”,就使他处于超然地位,具有学派立场鲜明的人所没有的亲和力、吸引力,从而被各学派看成自己的知音,也就很容易地成为各学派都能接受的领袖人物。如果说稷下学宫是一个巨大的磁场,淳于髡就是这个磁场的中心。正是通过他的组织和协调,使稷下学宫作为战国时代的思想学术中心,较长时间处于最佳运行状态,最大限度地调动和激发了各学派代表人物的积极性和创造性,推出了一大批具有永恒魅力和不朽价值的思想学术成果,将中华民族的思维水平大大提升了一步。特别是由于淳于髡的精心的组织和协调,由于一代又一代稷下学者的不断努力,培育出了兼容、独立和自由的学术精神。而这种学术精神具有超越时空的恒久价值,因为思想和学术的创新只有在这种精神的照耀下才能获得成功。

在稷下学宫的诸多学派中,黄老道家学派的阵容最为强大。《史记·孟子荀卿列传》记载的当时该学派的代表人物是:"慎到,赵人。田骈、接子,齐人。环渊,楚人。皆学黄老道德之术,因发明序其指意。"其实这一学派的代表人物还有彭蒙、尹文、季真、王斗等。他们奉传说中的黄帝和老子为创始人,大大拓展了道家的理论。其中宋钘、尹文、慎到、田骈等人的学术贡献最大。学术界虽然一般不把宋钘、尹文算在黄老道家学派之中,但他们对老子学说的吸纳却推动了道家学说在稷下的传播和发展,并对黄老学派的形成和发展产生了直接而具体的影响。《庄子·天下篇》是中国最早的学术史,它对宋钘、尹文的学说作过比较详细的评介:

> 不累于俗,不饰于物,不苟于人,不忮于众,愿天下之安宁以活民命,人我之养,毕足而止,以此白心。古之道术有在于是者,宋钘、尹文闻其风而说(悦)之。

> 作为华山之冠以自表,接万物以别宥为始。语心之容,命之曰"心之行"。以聏合欢,以调海内。请(情)欲置(寡)之以为主。见侮不辱,救民之斗;禁攻寝兵,救世之战。以此周行天下,上说下教。虽天下不取,强聒而不舍也。故曰"上下见厌而强见也"。

> 虽然,其为人太多,其自为太少。曰:"请(情)欲固置(寡),五升之饭足矣。"先生恐不得饱,弟子虽饥,不忘天下,日夜不休。曰:"我必得活哉!图傲乎救世之士哉!"

> 曰:"君子不为苛(苟)察,不以身假物。"以为无益于天下者,明之不如已也。以禁攻寝兵为外,以情欲寡浅为内。其小大精粗,其行适至是而止。

显然,宋钘、尹文的学说作为"别墨"一派,基本上继承了墨子"救民之斗;禁攻寝兵"的思想,但它同时也吸收了老子的"情欲寡浅"和"见侮不辱"的理念。他们认为人对物质财富和其他享受的需求是很有限的,适足即止而不多求应该是人之常情,所以"以己之情为欲多"①是人之常情的一种扭曲。因而他们要大力宣传自己的主张,让人们明白,"知情欲之寡"。欲寡则无贪心,无争端,"愿天下之安宁以活民命"的理想也就能够实现了。所谓"见侮不辱"就是受到欺侮不以为羞辱。目的是为了"救民之斗",即制止人间没完没了的争斗。正如《荀子·正论》引宋钘的话所作的解释:"明见侮之不辱,使人不斗。人皆以见侮为辱,故斗也;知见侮之不辱,则不斗矣。"《韩非子·显学》对这一观点也作了近似的诠释:"宋荣子(即宋钘)之议,设不斗争,取不随仇,不羞囹圄,见侮之不辱,世主以为宽而礼之。"这实际上是要求人们对外来的"辱"保持最大的克制,在内心予以化解,以"辱"为不辱,人人如此,自然也就斗不起来了。显然,"情欲寡浅"和"见侮不辱"是宋尹学派从老子那里继承来的一种人生理念,基本精神就是以退为进,以柔克刚,以退让求和平,达到消解战国时期国与国、集团与集团、人与人之间无休止斗争的目的。

宋尹学派在认识论上提出了"接万物以别宥为始"的思想,要求人们在认识过程中自觉地破除妨碍正确认识事物的屏障、宥蔽,如错觉、偏见、习惯心理定势等,以便人们能够迅速准确、毫无阻碍地认识事物的本质或真相。不少学者认为《吕氏春秋》的《去尤》和《去宥》两篇反映了宋尹学派的观点,可以作为对"别宥"的注解:

> 世之听者,多有所尤(囿),多有所尤则听必悖矣。所以尤者多故,其要必因人所喜与因人所恶。东面望者不见西墙,南乡(向)视者不睹北方,意有所在也。(《去尤》)

> 夫人有所宥者,固以昼为昏,以白为黑,以尧为桀,宥之为败亦大矣。亡国之主,其皆甚有所宥邪?故凡人必别宥然后知,别宥则能全其天矣。(《去宥》)

"别宥"说要求人们在认识过程中摒弃主观成见和其他一切障碍,全面客观地认识和把握事物的真相,无疑是正确的。后来荀子的"解蔽"说显然是受

---

① 《荀子·正论》。

了它的影响。

　　齐宣王、闵王时期，稷下黄老学派达到最兴盛的时期。彭蒙、慎到、接予、季真、田骈、环渊等黄老学派最负盛名的代表人物都在这一时期活跃在稷下学宫。其中彭蒙、接予、季真、环渊等的事迹和学说都比较模糊，只有慎到和田骈的事迹和学说尚能依稀可辨。《荀子·非十二子》将二人归入"上法"一派的代表。《汉书·艺文志》将田骈归入道家，著录《田子》25 篇，今已佚。将慎到归入法家，著录《慎子》42 篇，现在只剩下 7 篇不足两千字的残本。但不少学者考证《管子》的《内业》、《心术上》、《心术下》、《白心》4篇可以视为二人的作品，能够作为研究他们思想的主要材料。慎到和田骈从老子的道论引申出刑名法术之学，即汉代人所说的"黄老道德之术"。他们首先从对老子"道"和"德"的解释建立起自己的宇宙观：

　　　　天之道，虚其无形，虚则不屈，无形则无所低迕（牴牾），无所低迕，故遍流万物而不变。德者，道之舍（施行），物得以生生，知得以职（识）道之精。故德者，得也。得也者，谓得其所以然也。以无为之谓道，舍之之谓德，故道之与德无间，故言之者不别也。①

他们认为"道"是世界万物的本体，它空虚无形，无比深广，没有穷尽，因而能畅行无阻，遍及万物。"道"是万物生成的本源，它的最高的规律或道理就是"无为"，即一切顺其自然。"德"是"道"的体现，是万物自行运转，自生自灭，自我生成自我消失的过程。所以最后推出了"道"和"德"的经典定义："虚而无形谓之道，化育万物谓之德。"由于"道"的本性是"无为"，就进而引申为普遍和公平，而礼义和法度就体现了这种普遍和公平，它们也就是由"道"而生，因而也就具有合理性和必然性："君臣父子人间之理谓之义；登降揖让、贵贱有等、亲疏之体谓之礼，简物大小一道、杀戮禁诛谓之法。"②对于义、礼、法与"道"的关系，《心术上》还有一段更深入的阐发：

　　　　（君臣父子）人间之至理，谓其所以舍也。义者，谓各处其宜也。礼者，因人之情，缘义之理，而为之节文者也。故礼者，谓有理也。理也

―――――

　　①②《管子·心术上》。

者,明分以喻义之意也。故礼出乎义,义出乎理,理因乎道也。法者,所以同出(参差),不得不然者也,故杀戮禁诛以一之也。故事督乎法,法出乎权,权出乎道。

尽管绕了不少圈子,其实他们要说的也就是义、礼、法皆出乎"道"。在老子那里,义、礼、法是"道"被废弃以后出现的违反人类本性、溢出文明轨道的"恶"事物,而经过慎到和田骈的改造,义、礼、法就是"道"这个母体自然生出的具有合理性和必然性的健康活泼的婴儿了。

慎到和田骈在认识论上提出了虚静专一和"弃知去己"的观点。他们认为,要想认识"道",就必须保持心灵的虚静专一:

> 道不远而难极也,与人并处而难得也。虚其欲,神将入舍。……求之者,不及虚之者。夫圣人无求之也,故能虚。
>
> 世人之所职(事)者情也,去欲则宣(畅),宣则静矣。静则精,精则独,独则明,明则神矣。
>
> 虚者,无藏也,故去知则奚求矣? 无藏则奚没矣? 无求无没则无虑,无虑则反复虚矣。①

他们认为,为了认识和体悟"道",必须排除一切情感欲望和成见,使心灵保持空白"无藏"的"虚"的状态;还必须排除一切躁动和冲动,使心灵处于绝对静止和安定的"静"的状态;同时还必须排除一切杂念,使心灵保持绝对纯净集中的"一"的状态。在他们看来,心灵如同"馆舍",对"道"的认识或体悟如同贵客,虚静和专一就如同打扫馆舍使之安静清爽,这样才能使贵客入住,正所谓"洁其宫,开其门,去私毋言,神明若存。纷乎其若乱,静之而自治"。而虚静专一的最终目的和最高境界是"弃知(智)去己"、"去私"、"无为",进而与"道"融为一体:

> 过在自用,罪在变化。是故有道之君子,其处也若无知。
>
> 自用则不虚,不虚则忤(逆)于物矣;变化则为(刻意有为)生,为生则乱矣。

---

① 《管子·心术上》。

> 君子之处也若无知，言至虚也。①

这里的"至虚"指的是一种心境，即认为自己一无所知和完全没有私心杂念的程度，只有这样，才能懂得"无为"的奥妙，做到"动静不离于理"②。也就是说，达到这种极高的修养境界以后，人们就能够在认识过程中做到"道贵因"、"物至则应"和"督言正名"，即绝对遵循事物固有的规律，准确客观地反映事物的本来面貌，从而不犯主观主义和任意胡为的错误。

最后，慎到和田骈的理论落脚点归结为"事断于法"。他们认为，"法"是"道"的公正无私精神的体现，因而应该成为人人必须遵守的最高规范：

> 法虽不善，犹愈于无法，所以一人心也。夫投钩以分财，投策以分马，非钩策为均也，使得美者不知所以德，使得恶者不知所以怨，此所以塞愿望也。故蓍龟，所以立公识也；权衡，所以立公正也；书契，所以立公信也；度量，所以立公审也；法制礼籍，所以立公义也。凡立公，所以弃私也。③

在他们看来，法虽然不是尽善尽美的，但因为它代表着必然和公道，所以能够抑制私情和调节欲望，从而保证社会的正常和有序运行。为了使法能够得到正确的贯彻执行，必须反对舍法而"慕贤智"：

> 今也国无常道，官无常法，是以国家日缪。教虽成，官不足，官不足则道理匮，道理匮则慕贤智，慕贤智则国家之政要在一人之心矣。④

还必须反对舍法而任忠臣。因为历史事实证明"忠未足以救乱世，而适足以重非"⑤，所以治国主要不能依靠臣子对君主的忠心，而是依靠他们遵守法令恪尽职守：

> 明主之使其臣也，忠不得过职，而职不得过官。是以过修于身，而

---

① 《管子·心术上》。
② 《庄子·天下》。
③④ 《慎子·威德》。
⑤ 《慎子·知忠》。

下不敢以善骄矜守职之吏；人务其治，而莫敢淫偷其事。官正以敬其业，和顺以事其上，如此，则至治矣。①

显然，他们并不是完全否定臣子对君主的忠心，而是防止有人以"忠君"为名超越权限，违法乱纪。进而，他们还反对"舍法而以身治"。即要求君主也必须在法的范围内活动，而不能以个人意志实施赏罚。因为如果君主以个人意志实施赏罚，则必然导致"同功殊赏，同罪殊罚"，结果是私情横行，政治混乱。反之，"大君任法而弗躬，则事断于法矣。法之所加，各以其分，蒙其赏罚而无望于君也，是以怨不生而上下和矣。"②为了防止出现君主"舍法而以身治"的弊端，君主必须坚持"无为"的原则：

> 君臣之道，臣事事而君无事，君逸乐而臣任劳，臣尽智力以善其事，而君无与焉，仰成而已，故事无不洽，洽之正道然也。③

这里强调的是君主和臣下应该在法的范围内有一个职权上的明确分工，君主不应该越权干预臣下职权范围内的活动。但是，并不是要求君主轻视势位和放弃本应属于自己的权力。慎到等人已经看到权位的重要性，他形象地说，如果君主没有居高临下的势位，就像腾蛇失去雾，飞龙失去云，就只能落得与蚯蚓一样任人宰割，遑论什么统治国家。慎到等的重势的思想是战国时代封建专制主义中央集权和尊君抑臣思潮不断发展的反映，后来被韩非吸收并加以发展，成为他完整的法治理论的重要组成部分。不过，慎到和田骈的道法相结合的法治思想与韩非思想还是有区别的，这主要体现在他们虽然主张"任法"和"势位"，但并不主张君主绝对专制，《慎子·威德》就认为天下、国家大于天子和国君：

> 古者立天子而贵者，非以利一人也，曰："天下无一贵，则理无由通，通理以为天下也。"故立天子以为天下，非立天下以为天子也；立国君以为国，非立国以为君也；立官长以为官（职），非立官以为长也。

---

① 《慎子·知忠》。
② 《慎子·君人》。
③ 《慎子·民杂》。

慎到和田骈的黄老道法学说后来在黄老帛书《经法》、《十大经》、《称》和《道原》那里得到较充分的继承和发展,形成了西汉初年"因阴阳之大顺,采儒墨之善,撮名法之要"①的黄老刑名之学,并被统治者采纳,成为西汉前期60年左右的政治上的指导思想。

(三)思孟学派对儒学的弘扬

战国时期,儒家学派中影响最大的是以曾子、子思和孟子为代表的思孟学派和以荀子为代表的孙氏之儒。

子思(前483—前403年),名伋,鲁国人,孔子之孙。相传由他撰写的《中庸》一书发展了孔子的"中庸"思想,成为连接孔子和孟子的桥梁。"中庸"是孔子思想的重要内容之一,他说:"中庸之为德也,其至矣乎!"②程颐解释"中庸"云:"不偏之谓中,不易之谓庸。不偏不易,谓之至中。"即是说做任何事情都要掌握一个恰如其分的"度",既不"过"亦不"不及",以达到"中和"。从思想方法论的角度看,程颐的解释接近孔子的原意。子思发挥孔子的"中庸"思想,进而为孔子以仁、礼为核心的学说寻来一个天道性命的哲学基础:

> 天命之谓性,率性之谓道,修道之谓教。……中也者天下之大本也,和也者天下之达道也。致中和,天地位焉,万物育焉。③
>
> 诚者天之道也,诚之者人之道也。④
>
> 唯天下至诚为能尽性,能尽其性,则能尽人之性。能尽人之性,则能尽物之性。能尽物之性,则可以赞天地之化育。可以赞天地之化育,则可以与天地参矣。⑤
>
> 至诚之道,可以前知。国家将兴,必有祯祥;国家将亡,必有妖孽。……祸福将至,善必先知之,不善必先知之。故至诚如神。⑥

显然,《中庸》将天人合一作为自己的哲学核心,认为天—诚—性—命—

---

① 司马谈:《论六家要旨》。
② 《论语·子张》。
③ 《中庸》第一章。
④⑤ 《中庸》第二十章。
⑥ 《中庸》第二十四章。

道—教都是相通的。天的精神是诚,诚化育万物,在人身上体现为性与命,率性而行又体现为道。道既是天地万物的总规律,又是人类社会制度与伦理道德的总汇。而使人认识道,进而认识诚,就要靠教。人们认识性、命、道,最后认识诚,至诚通天,天人合一。这样,人就不仅可以认识自己,主宰人事,而且还可以"赞天地之化育"、"与天地参",参与天地的运行,并能预知吉凶祸福,达到"至诚如神"的境界。子思继承了乃祖自强不息、昂扬向上的精神,自然有其可贵之处,但是,他并不了解自然界(天)与人类社会的区别,更不了解人的主观能动性的发挥始终处于时代的制约之中,不可能达到任意和无限的程度。子思夸大了人类主观能动性的作用,最后滑向了神秘主义,与宗教神学合流了。子思上承孔子,下启孟子,成为二者之间的桥梁,在孔孟之道的形成过程中起了重要作用。后世学者将他与孟子结合起来,合称思孟学派,是有道理的。《中庸》对宋明理学的形成也产生了重大影响。宋以后,《中庸》作为四书之一成为封建士子的教科书,而子思也成为"四配"之一的"述圣"跻入大成殿,与乃祖一起享受着封建帝王和儒生的隆重祭奠。

战国时期孟氏之儒的代表人物孟子(前372—前289年),名柯,邹(今山东邹城市)人,为鲁国贵族孟孙氏的后裔。他幼年丧父,家境贫寒,靠母亲纺纱织布维持生计。母亲十分重视对他的教育,留下了"孟母三迁"的佳话。据说他少年时期曾跟子思的弟子学习,对孔子崇拜得五体投地,自称"私淑弟子"。他后来的经历也与孔子颇多相似之处。壮年以后聚徒讲学,后来周游列国,经常有数百学生同行,在旅途中随时进行教学活动。孟子热爱教育,对其倾注了深厚的感情,曾说"得天下英才而教育之"是人生最大的乐事。公元前320年,孟子应邀来到魏国,向梁惠王大讲义利之辨,力劝他减轻赋役和刑罚,实行"仁政",使国家强盛起来。但未得到重用。第二年,梁惠王死去,其子襄王继位,对孟子十分冷淡。孟子知道事无可为,只得离开魏国去齐国,在那里又盘桓了六七年。这期间,他一面在稷下学宫讲学,一面向齐王兜售"王道政治"的方案,并一度被任命为卿大夫,是孟子政治生涯中最得意的时期。但是,齐宣王并不真心重用他。孟子看到自己的许多建议得不到采纳,只好恋恋不舍地离开齐国。此后,他又到过宋国、薛地,公元前309年来到滕国(今山东滕州市),建议滕文公恢复"井田制",实行"仁政",并为之描绘了一幅近者悦、远者来的诱人图景。不过,当时处于大国夹缝中的小小的滕国已经风雨飘摇,岌岌可危,哪里还有什么条件去实行孟子的主张? 这时候,孟子已年届 65 岁,知道自己在政治上再也不会有什么作为,只得离开滕国,返回自己的老家邹国,以孔子为榜样,继续从事教育工作,同时与弟子公孙丑、万章等一起,把自己的言论编为《孟子》七章,这是后人研究孟子生平和思想的主要资料。

孟子生当战国中期,正处于封建社会刚刚建立但还不完善的时期,各种社会和阶级矛盾复杂而尖锐。孟子以强烈的社会责任感,发挥孔子"仁"的理想,提出了一整套解决当时社会矛盾的"仁政"学说。其主要内容是"制民之产",使百姓获得一定的土地和住宅,办法就是恢复"井田制":

> 夫仁政必自经界始,经界不正,井田不均,谷禄不平,是故暴君污吏必漫其经界。经界既正,分田制禄,可坐而定也。夫滕壤地偏小,将为君子焉,将为野人焉,无君子莫治野人,无野人莫养君子。诸野九一而助,国中什一使自赋,卿以下必有圭田,圭田五十亩,余夫二十五亩。死徙无出乡。乡田同井,出入相友,守望相助,疾病相扶持,则百姓亲睦。方里而井,井九百亩,其中为公田,八家皆私百亩,同养公田,公事毕然后敢治私事,此其大略也。[1]

这种"八家共井"的制度,显然是一种劳役地租的剥削方式。不过,他的这一"井田制"的理想在当时土地占有已经比较复杂的情况下是不可能推行的。然而,与之相联系,他提倡的一系列诸如"制民恒产"、轻徭役、薄赋敛、减刑罚的思想却有着不可忽视的积极意义:

> 民之为道也,有恒产者有恒心,无恒产者无恒心。苟无恒心,放僻邪侈,无不为已,及陷于罪,然后从而刑之,是罔民也。焉有仁人在位,罔民而可为也? 是故贤君必恭俭礼下,取于民有制。[2]
>
> 明君制民之产,必使仰足以事父母,俯足以畜妻子,乐岁终身饱,凶年免于死亡。然后驱而之善,故民之从也轻。今日制民之产,仰不足以

①②《孟子·滕文公上》。

事父母,俯不足以畜妻子,乐岁终身苦,凶年不免于死亡,此惟救死而恐不赡,奚暇治礼义哉！王欲行之,则盍反其本矣。五亩之宅,树之以桑,五十者可以衣帛矣。鸡豚狗彘之畜,无失其时,七十者可以食肉矣。百亩之田,勿夺其时,八口之家可以无饥矣。谨庠序之教,申之以孝悌之义,颁白者不负载于道路矣。老者衣帛食肉,黎民不饥不寒,然而不王者,未之有也。①

孟子认识到小农经济是封建生产关系的基础,稳定小农,给他们创造较好的生产条件和生活条件具有至关重要的意义,而制民恒产和减轻赋役与刑罚的主张的确抓住了稳定小农的关键。孟子的这些主张对后世产生了良好的影响。所有"好皇帝"和"清官"、廉吏都是继承了他的"仁政"理想,采取措施使小农与土地相结合,并以轻徭薄赋之类政策为之创造过得去的生产和生活条件,从而创造出"文景"、"贞观"之类封建社会的"盛世"。

孟子已经隐隐地认识到劳动人民的力量,他上承周公"敬德保民"的思想,在许多方面阐发了重民的观念。他说:"民为贵,社稷次之,君为轻,是故得乎丘民而为天子。"②而能否得民的关键是能否得民心:"桀纣之失天下也,失其民也。失其民者,失其心也。得天下有道,得其民,斯得天下矣。得其民有道,得其心,斯得民矣。"③孟子认为,夏桀、商纣失去民心,所以失败;商汤、周武王得到民心,因而成功。他甚至把桀、纣看成独夫民贼,认为诛杀他们完全是一种正义行动,不能看做"弑君"。再进一步,从重民思想出发,孟子反对给当时劳动人民带来沉重灾难的兼并战争,斥责"春秋无义战",对在战争中登上霸主地位的齐桓公、晋文公之类,也不予称道。同时,他还把人心向背看成战争胜负的决定因素:

　　孟子曰:"天时不如地利,地利不如人和。……故曰:域民不以封疆之界,固国不以山溪之险,威天下不以兵革之利。得道者多助,失道者寡助。寡助之至亲戚畔之;多助之至,天下顺之。以天下之所顺,攻

①《孟子·梁惠王上》。
②《孟子·尽心下》。
③《孟子·离娄上》。

　　亲戚之所畔,故君子有不战,战必胜矣。"①

这里,孟子指出人的因素对政治和战争的决定性影响,不失为一种卓越的识见。但他不加区别地反对一切战争,把"仁者无敌"夸大到不要任何物质条件,仅凭正义就能战胜敌人,显然是片面的。

　　孟子还认为君臣之间也应有一种互相信任、互相理解、互相承担义务的关系。他对齐宣王说:

　　　　君之视臣如手足,则臣视君如腹心;君之视臣如犬马,则臣视君如国人;君之视臣如土芥,则臣视君如寇仇。

　　　　无罪而杀士,则大夫可以去;无罪而戮民,则士可以徙。

　　　　君仁,莫不仁;君义,莫不义。②

孟子自己当时虽然只属于士的阶层,但他敢于藐视那些达官贵人,"说大人则藐之"。在周游列国时,他见到不少诸侯国的国君,尽管他们声势显赫,人莫予毒,但孟子在他们面前总是侃侃而谈,议论风发,敢于同他们辩论,甚至将其逼得"王顾左右而言他"。在孟子身上,丝毫没有后来专制王朝臣子在君王面前的奴颜和媚骨。这是后世保留在一部分知识分子身上的最可贵的品格。秦汉以后,在君主独裁专制有着无上权威的封建时代,孟子重视民众和君臣对等的思想,包含着对君主独裁专制的批评和对最高封建统治者权力的制约。因此,明朝开国皇帝朱元璋对孟子大发雷霆之怒,甚至要把他赶出孔庙,也就不足为怪了。

　　孟子的重民思想和君臣对等的观念虽然在当时和其后长期的封建社会中都有进步意义,但是,孟子毕竟是剥削阶级的思想家,等级观念在其头脑中还是根深蒂固的。在剥削还具有"历史正当性"的时候,孟子不会认识到剥削只是暂时的历史现象,而是将其看做永恒的合理存在。他把从事体力劳动的人叫"小人"、"野人",把统治者称为"大人"、"君子",他们之间的关系是:"无君子莫治野人,无野人莫养君子。"③不过,孟子已经意识到社会分

　　①《孟子·公孙丑下》。
　　②《孟子·离娄下》。
　　③《孟子·滕文公上》。

工的重要性,特别是体脑分工的意义。他在与农家许行之徒陈相辩论时说:"有大人之事,有小人之事,且一人之身,而百工为之备,如必自为而后用之,是率天下路也。故曰:或劳心,或劳力;劳心者治人,劳力者治于人;治于人者食人,治人者食于人,天下之通义也。"①孟子以分工为剥削辩护自然有其片面性,但他看到社会分工特别是体脑分工的必要性、合理性和进步性是很了不起的。因为正是分工特别是体脑分工带来了社会生产和科学文化的巨大进步。在阶级社会里,分工虽然不可避免地与剥削联系在一起,但消灭剥削后,分工仍然存在。与分工相联系,孟子也朦胧地意识到商品的价值的大小决定于其中隐含的物化劳动的多少。陈相说:"从许子之道,则市贾不贰,国中无伪;虽使五尺之童适市,莫之或欺。布帛长短同,则贾相若;麻缕丝絮轻重同,则贾相若;屦大小同,则贾相若。"陈相只注重数量,而忽视了质量,即忽视了隐含在商品中的价值,所以孟子据理反驳说:"夫物之不齐,物之情也,或相千百,或相千万。子比而同之,是乱天下也。巨屦小屦同贾,人岂为之哉? 从许子之道,相率而为伪者也,恶能治国家?"②在中国思想史上,孟子是最早发现商品二重性的学者之一,说明他对社会上的许多事物有着十分锐敏的洞察力。孟子的社会分工论和商品价值论长期被定位为为剥削阶级辩护的理论,显然是有失偏颇了。

在中国历史上,孔子最早提出人性问题。他说:"性相近也,习相远也。"③以后,人性问题就成为中国思想史上长期争论不休的问题之一。孟子是第一个提出性善论的人。他认为人生来就具备的先验的"良知"、"良能"是善的因素和萌芽:"人之所不学而能者,其良能也;所不虑而知者,其良知也。孩提之童,无不知爱其亲者,及其长也,无不知敬其兄也。"④由此推断,仁、义、礼、智这四种基本的道德规范都是与生俱来,先天具备,不需要后天的教育和社会实践:

　　恻隐之心,人皆有之;羞恶之心,人皆有之;恭敬之心,人皆有之;是非之心,人皆有之。恻隐之心,仁也;羞恶之心,义也;恭敬之心,礼也;

---

①②《孟子·滕文公上》。
③《论语·阳货》。
④《孟子·尽心上》。

是非之心,智也。仁义礼智,非由外铄我也,我固有之也,弗思而已。故曰:"求则得之,舍则失之。"①

在孟子看来,"恻隐之心"、"羞恶之心"、"恭敬之心"、"是非之心"是仁、义、礼、智四种道德规范的萌芽和出发点,都是先天就有的。后天的学习努力,只不过使这种先天固有的道德更加充实和完善罢了。既然人生来都具备先验的道德规范,为什么社会上的人又有善恶之分呢? 对此,孟子解释说,虽然人人都具有先天的善性,但并非每个人都能保持它,由此区别了君子和庶民(小人):"人之所以异于禽兽者几希,庶民去之,君子存之。"②为了保持自己的善性,孟子提出了一套修养理论。一是"寡欲","养心莫善于寡欲"③,坚持"良心",不为外物所引诱。二是遇事"反求诸己"④,时刻省察自己的缺陷与不足,认真加以克服。三是善于养"浩然之气"⑤,即养成和保持一种至大至刚、无坚不摧的精神和道义的力量。孟子的人性论是一种唯心论的先验论,客观上为君子统治小人寻找人性上的根据。他的人性修养论也有着脱离社会实践的缺陷。但他提出的"养气"、"反求诸己"等方法仍含有不少合理因素,对人的品格修养有一定的启示作用。同时,由于孟子承认人人先天具有善性,也就承认了人生来在人性上是平等的。明代王阳明就是由此生发开去,在"良知"、"良能"的基础上提出了"灵明论",对程朱理学有一种思想解放的作用。

孟子上承孔子、子思的天命论,肯定天是自然界和人类社会的主宰。他引证《尚书》之文"天降下民,作之君,作之师"⑥,认为天生万民,为之立君进行统治,立师进行教化。"尧舜禅让"和"禹传子,家天下"也不过是遵天意而行罢了。在他看来,最终决定人们生死祸福的是冥冥之中的"天命":"莫之为而为者,天也;莫之至而至者,命也。"⑦人们只能加强自我修养,以待天命的安排:"修身而俟之,所以立命也。"⑧显然,孟子与孔子一样保留了天的人格神

① 《孟子·告子上》。
② 《孟子·离娄下》。
③ 《孟子·尽心下》。
④⑤《孟子·公孙丑上》。
⑥ 《孟子·梁惠王下》。
⑦ 《孟子·万章上》。
⑧ 《孟子·尽心上》。

的地位。不过,孟子也与孔子一样重视人的主观能动性的发挥。他引证《尚书·泰誓》之文"天视自我民视,天听自我民听"①,说明百姓的好恶影响和左右天的好恶,这显然是一种进步的思想。孟子还讲过如下一段著名的话:

> 天将降大任于斯人也,必先苦其心志,劳其筋骨,饿其体肤,空乏其身,行拂乱其所为,所以动心忍性,增益其所为能。②

这里,孟子把"天命"的主宰者去掉,着力说明人的才干和品格需要在实践中经过艰苦的磨炼,则是完全正确的。孟子尽管还不能完全抛弃"天"和"天命"在形式上的主宰地位,但在接触到人事时,他注意的主要是人自身的努力。这其中包含着朴素唯物论的因素。不过,作为一种哲学体系,孟子的思想还是属于主观唯心论,它是由尽心—知性—知天这一逻辑结构构成的天人合一体系,与子思的思想是一脉相承的。他说:

> 尽其心者,知其性也,知其性则知天矣。存其性,养其性,所以事天也。③
>
> 诚者,天之道也,思诚者,人之道也。④
>
> 万物皆备于我,反身而诚,乐莫大焉。⑤
>
> 君子所过者化,所存者神,上下与天地同流。⑥

在孟子的哲学体系中,天是一个最高的主宰,又是客观存在的精神本体,这个本体也可以叫"诚",体现在人身上就是性,而这个性又存在于人的心即精神中,所以尽心也就是知性,知性也就是知天了。因为"诚"、"性"、"心"包含了宇宙的全部真理,"万物皆备于我",所以"反身而诚",既认识自我也也就认识了整个宇宙,也就达到了天人合一的最高境界,"上下与天地同流"了。如此一来,孟子实际上否认了客观世界的存在,把自然界和人类社会排除在认识的客体之外,认为认识的主体和客体都是人自身。人们认识的任务就是通过"内视"、"内省"、"收其放心"、"反求诸己"等方法,去发现

①《孟子·万章上》。
②《孟子·告子下》。
③⑤⑥《孟子·尽心上》。
④《孟子·离娄上》。

和把握先天存在于人身上的宇宙真理。孟子虽然也提出了"心之官则思"这样有意义的命题,但他的"思"基本上乃是一种脱离感觉、脱离社会实践的空灵"内省",因而还没有脱离唯心主义范畴。

孟子从唯心主义先验论和性善论出发,提出了"天才论"。他把社会上的人分成两类:"先知先觉"——天生的圣人、"大人",任务是"先觉之后觉",即对百姓进行统治和教化。"后知后觉"——天生的群氓、"小人"、庶民,接受统治,从事体力劳动以养君子。历史就是由前一种人创造和决定的。他认为尧、舜、禹、汤、文王、武王、周公、孔子等大"圣人"都是很长时间才出一个,"五百年必有王者兴,其间必有名世者"①,所以历史才呈现"一治一乱"的循环状态。孟子以当代圣人自居,自视甚高,"如欲平治天下,当今之世,舍我其谁也?"②然而,孟子的豪言壮语在当时只能变成一种无可奈何的哀叹,因为在位的君王谁也不会把治国平天下的重任交到他的手上。尽管孟子一生在政治上都不得意,但他终生充满自信。与他将人划分为先觉后觉相矛盾,他不仅自视甚高,而且对所有人都不小觑,而是充满期待。因为他深信"人皆可以为尧舜"③,只要你坚定信心,持之以恒地去做,尧舜能做到的,其他人也可以做到。这里的区别仅仅在于愿意做和不愿意做,而不在于哪个能做哪个不能做。"人皆可以为尧舜"的命题虽然不无偏颇之处,但它显示的是孟子对人的主观能动性的信心和张扬。孟子还期望每个男子汉都成为他心目中顶天立地的大丈夫。景春在与孟子谈话时大吹纵横家的公孙衍、张仪等人,认为他们是自己心目中的大丈夫,因为这些人在战国时代威风八面:"一怒而诸侯惧,安居而天下熄。"④孟子对这些人的大丈夫地位坚决不予认同。他认为这些人是战国时代战乱频繁的罪魁祸首之一,他们风尘仆仆于列国之间,纵横捭阖,挑拨离间,唯力是视,唯利是视,唯恐天下不乱,一切活动都围绕着他们服务的国君的利益转,没有一个道德底线。这些人"以顺为正",行的是"妾妇之道"。孟子心目中的大丈夫是据守仁义,永远不为外力所屈服,不为外物所引诱,以坚定的信念,不变的操守,傲视天地间:"居天下之广居,立天下之正位,行天下之大道;得志,与民由之;不得

①②③《孟子·公孙丑下》。
④《孟子·滕文公下》。

志,独行其道。富贵不能淫,贫贱不能移,威武不能屈,此之谓大丈夫。"①这样的大丈夫显然不是人人都能做到的,但它显示了孟子对人之作为人的主体地位的期望,在一定意义上也是孟子的夫子之道。孟子的历史哲学虽然是英雄史观和循环论的结合,但其政治思想仍有许多积极因素,如民本主义、选贤任能、倡导分工、力主统一、制民恒产、轻徭薄赋等,都有深远的进步意义。

总起来看,孟子对许多哲学问题的回答都是唯心主义的,但是应该看到,他的性善论促进了后世对人性问题的深入探索,构成了我国哲学史发展的必然环节。他的政治思想中有更多的积极因素,构成了政治思想史上民本主义的主流。尤其是他那自强不息勇于进取的生活态度,关怀国家民族命运的责任感以及"富贵不能淫,贫贱不能移,威武不能屈"的大丈夫气概和顶天立地的刚毅精神,都是十分可贵的精神财富。它曾鼓舞着我国历史上的许多志士仁人,为了民族的复兴、祖国的富强,去进行殊死的战斗,留下了许多惊天地泣鬼神的英雄业绩。孟子是从孔子到董仲舒的桥梁,为董仲舒的儒学、韩愈的道学,特别是宋明理学提供了重要的思想资料。由于孟子对儒学的发展作出了划时代的贡献,因而被后世封建皇朝追封为仅次于孔子的"亚圣",作为四配之一与孔子一起享受隆重的祭奠。

(四)孙氏之儒整齐百家

战国时期,较孟子稍后而与之齐名的另一位儒学大师是荀子,他是孙氏之儒的创始人。荀子(约前316—前235年),名况,字卿,又名孙卿,赵国人。他博学多才,少年时期即有名于时。15岁左右,游学于齐国,入稷下学宫。当时正是齐威王当政时期,稷下学宫云集着来自各国的著名学者,轮番讲学,互相辩诘,创造了浓厚的"百家争鸣"的气氛。荀子在这里广采博取,奠定了坚实的基础。大约在公元前284年,荀子离开齐国到楚国。此时,乐毅率燕、赵等五国之师攻齐,连下七十余城,稷下学宫的文人学者风流云散。前279年,齐国即墨守将田单大举反击,收复临淄。齐襄王即位,重整稷下学宫,荀子于此时又回到齐国。由于老辈学者都已死去,荀子在稷下学宫

①《孟子·滕文公下》。

"最为老师","齐尚修列大夫之缺,而荀卿三为祭酒焉"①。荀子在齐国生活了 10 多年,大约在齐襄王死后的前 264 年,他离开齐国,应邀到秦国考察。他在对秦国的政治、军事、民俗和自然形势等多方面进行了详细考察后,认为经过商鞅变法的秦国蒸蒸日上,已经具备了统一中国的条件。他建议秦昭王重用儒者,"力求止,义求行",用"王道"统一中国。这一主张与秦国推行的霸道的国策相抵触,因而受到冷落。荀子见在秦国无事可为,又返回齐国。此时,齐国最后一个国君田建在位,母后专权,朝政日非。荀子劝说齐相"求贤",刷新国政。因遭谗言,于前 255 年离齐赴楚,被春申君任为兰陵(今山东苍山)令。其后,因有人进谗,一度离楚赴赵国,与楚将临武君一起在赵孝成王前议兵。后经春申君敦请,又返回楚国,继续做兰陵令。公元前 238 年,春申君死于楚国内乱,荀子也废居兰陵。大约此后不久,这位 80 多岁的老人就寿终正寝,永远留在兰陵的土地上了。

荀子生活于战国时代的晚期,又长期在当时的学术文化中心稷下学宫学习和讲学,熟悉各家学说,有着丰厚的学识积累,这就使他有条件对诸子百家学说加以批判地继承,成为一个百科全书式的学者,一个集诸子百家之大成的思想家。郭沫若曾这样评论荀子:"荀子是先秦诸子的最后一位大师,他不仅集了儒家的大成,而且可以说集了百家的大成。……他是把百家的学说差不多都融会贯通了。先秦诸子几乎没有一家没有经过他的批判。……这些固然表示他对于百家都采取了超越的态度,而在他的学说思想里面,我们明显地可以看得出百家的影响。或者是正面地接受与发展,或者是反面地攻击与对立,或者是综合地统一与衍变。"②荀子写了《非十二子》一文,对它嚣、魏牟、陈仲、史䲡、墨翟、宋钘、慎到、田骈、惠施、邓析、子思、孟轲等进行了批判。在其他文章中,几乎对先秦诸子都进行了评判。他批评老子"有见于诎,无见于信"③。批评庄子"蔽于天而不知人"④,同时把老庄的"道"改造为自然界和人类社会的总规律,提出"明天人之分"和"制天命而用之"的思想。他批评宋钘"蔽于欲而不知得"⑤,同时吸收了宋尹学派关

①《史记·孟子荀卿列传》。
②郭沫若:《十批判书·荀子的批判》,《郭沫若全集》历史编 2,人民出版社 1982 年版,第 213 页。
③《荀子·天论》。
④⑤《荀子·解蔽》。

于"气"和礼法相结合的思想。他批评墨子"有见于齐,无见于畸"①,"蔽于用而不知文"②,同时吸收其"尚贤"的主张以及认识论和逻辑学的成果。他批评慎到"蔽于法而不知贤",申不害"蔽于势而不知知"③,但也吸收了其法治的观点。荀子对于子思、孟子一派儒者进行了十分尖锐的批评,说他们"略法先王而不知其统,犹然而材剧志大,闻见杂博。案往旧造说,谓之五行,其僻违而无类,幽隐而无说,闭约而无解"④。而对子张、子夏、子游等儒家学派亦斥为"贱儒",并对他所谓的"贱儒"、"俗儒"、"陋儒"、"腐儒"等严加抨击。在先秦诸子中,他唯一只赞誉不批评的是孔子。他以孔子的嫡传自居,以弘扬儒家学说为己任。实际上对孔子的思想也进行了改造,抛弃其"天命论",将"礼"与法衔接起来,把孔子学说改造成适应新兴地主阶级需要的意识形态。荀子是先秦唯物论思想的集大成者,他最大的功绩是把殷周以来由孔孟继承的人格神的天还原为自然界,剥去了加在它身上的一切神圣的灵光。他说:

> 列星随旋,日月递炤,四时代御,阴阳大化,风雨博施,万物各得其和以生,各得其养以成,不见其事而见其功,夫是之谓神。皆知其所以成,莫知其形,夫是之谓天。⑤

在荀子看来,一切自然界的运动都是物质之间作用的结果,天就是不断发展变化的自然界。在物质运动之中和之外,都不存在一个神秘的主宰,"天地合而万物生,阴阳接而变化起"⑥,事物之间和事物内部的矛盾促成了事物的运动发展变化。宇宙的事物尽管千差万别,但都统一于共同的本原"气"。"水火有气而无生,草木有生而无知,禽兽有知而无义,人有气有生有义,故最为天下贵也。"⑦这里,荀子已经对无机物、有机物、植物、动物和人的区别进行了界定,认为事物的多样性统一于物质的"气",这就坚持了唯物论的一元论。荀子同时认为事物的发展变化有自己的规律,这个规律就是"道"或"天道",它不受任何外力的支配和主宰:"天行有常,不为尧存,

①⑤《荀子·天论》。
②③《荀子·解蔽》。
④《荀子·非十二子》。
⑥《荀子·礼论》。
⑦《荀子·王制》。

不为桀亡。"社会的治乱兴废与天、地、时都没有关系:

> 治乱天邪? 曰:日月星辰瑞历,是禹桀之所同也。禹以治,桀以乱,治乱非天也。时邪? 曰:繁启蕃长于春夏,蓄积收藏于秋冬,是又禹桀之所同也。禹以生,桀以乱,治乱非时也。地邪? 曰:得地则生,失地则死,是又禹桀之所同也,禹以治,桀以乱,治乱非地也。①

这就是说,社会的治乱兴废有自己的规律,与自然界的变化是没有关系的。荀子认识到自然规律与社会规律的不同,指出人的生死祸福同样不是由天主宰,而是由人自己造成。只要人们顺应规律办事,灾祸就不会降临到自己头上:"强本而节用,则天不能贫;养备而动时,则天不能病;修道而不二,则天不能祸。"与之相反,"本荒而用侈,则天不能使之富;养略而动罕,则天不能使之全;倍道而妄行,则天不能使之吉"②。这种吉凶由人的观点实际上充分估计了人的主观能动性,把人类的历史还给了人自己。顺此前进,荀子不仅否定了天命鬼神的宗教迷信,而且提出了"明天人之分"、"制天命而用之"的光辉命题:

> 大天而思之,孰与物畜而制之;从天而颂之,孰与制天命而用之;望时而待之,孰与应时而使之;因物而多之,孰与骋能而化之;思物而物之,孰与理物而勿失之也;愿于物之所以生,孰于有物之所以成。故错人而思天,则失万物之情。③

显然,荀子已经认识到,人与自然是一对矛盾。人在顺应自然规律的同时,必须通过自己的主观努力向自然索取所需要的一切。荀子对人的主观能动性、对人改造自然能力的赞扬,正是战国时期处于封建社会上升阶段的农民阶级发展生产、改造自然所表现的巨大威力的反映。

荀子唯物论的自然观导致了唯物论的认识论。他认为,事物是可以认识的,人是有认识事物能力的:"凡以知,人之性也;可以知,物之理也。"④人类的认识过程是以人的感觉器官接触外界事物产生感性认识开始的。他把

---

①②③《荀子·天论》。
④《荀子·解蔽》。

感觉器官称之为"天官"，感觉器官接触外界事物就是"缘天官"，通过"天官"反映事物就是"天官意物"①。荀子也看到了单纯感性认识的局限，即它只能反映事物外表的映象，并且容易为假象所蒙蔽，如"从山上望牛者若羊"，"从山下望木者，十仞之木若著"②。因此，仅仅依靠感性经验还难以得到正确的认识。所以还必须依靠理性思维器官"天君"（心）来获得正确的认识，"心居中虚，以治五官，夫是之谓天君"③。而为了使思维器官发挥准确的作用，需要"清其天君"，使心保持"清明"状态，"虚一而静"，才可以发挥"征知"的功能。荀子对感性认识和理性认识的关系已经有了朴素辩证的理解："心有征知，征知，则待缘耳而知声可也，缘目而知形可也，然而征知必将待天官之当薄其类然后可也。五官薄之而不知，心征知而无说，则人莫不然谓之不知。"④更可贵的是荀子把"行"引进了他的认识论，认为认识的目的不是"入乎耳，出乎口"，而是为了学以致用；"不闻不若闻之，闻之不若见之，见之不若行之，学至于行之而止矣。……故闻之而不见，虽情必谬；见之而不知，虽学必妄；知之而不行，虽敦必困。"⑤荀子的"行"虽然仅指个人的活动特别是道德践履，还不是唯物论所指的实践的意义，但已经看到"行"在认识中的决定意义，应该说是中国古代认识论发展史上的一次飞跃。当然，与唯物论的认识论相比，荀子的认识论还是直观和朴素的，他不了解认识从感性到理性到实践是一个辩证过程，更不了解认识是一个无限深化、循环往复以至无穷的过程。不过，应该看到，荀子的唯物论的认识论毕竟达到了那个时代的高峰，他的前辈和同辈无一人能望其项背。

在人性论问题上，荀子对孟子的性善论进行了猛烈批判，并针锋相对地提出了性恶论。他把人性看做人与生俱来的生理本能，即与社会关系无关的、抽象的自然生物性。"今人之性，饥而欲饱，寒而欲暖，劳而欲休，此人之情性也"。"若夫目好色，耳好声，口好味，心好利，骨体肤理好愉佚，是皆生于人之情性者也，感而自然，不待事而生之者也"⑥。这种生理本能如不加以节制，任其发展，其社会性就必然是恶的了：

①②③④《荀子·正名》。
⑤《荀子·儒效》。
⑥《荀子·性恶》。

今人之性,生而有好利焉,顺是,故争夺生而辞让亡焉。生而有疾恶焉,顺是,故残贼生而忠信亡焉。生而有耳目之欲有好声色焉,顺是,故淫乱生而礼义文理亡焉。①

既然人生来就性恶,那么,"善"是从哪里来的呢? 荀子认为是在圣人教化下,学习礼义,对性恶进行改造的结果,"善者伪也"。与孟子的性善论一样,荀子的性恶论也是一种抽象的人性论,并且有着不可克服的矛盾:既然人性都是恶的,圣人自然也不能例外,为什么他的人性不仅是善的并且还能以礼仪对百姓进行教育呢? 不过,较之孟子的性善论,性恶论有着更多的合理因素。这里荀子似乎隐隐地感到了,"正是人的恶劣的情欲——贪欲和权势欲成了历史发展的杠杆"②,而这种"恶"恰恰在当时的奴隶主和封建主身上得到了集中体现。荀子还以人性恶作为实施礼法对人进行教育和强制其遵守礼法规范的根据。他认为社会环境对人性的改造有重要作用,"蓬生麻中,不扶自直,白沙在涅,与之俱黑"③。只要创造一种良好的外部环境,促使人人努力学习礼仪法度,就可以"化性起伪",成为具有善性的人。

荀子在政治思想上一方面继承了孔子的礼治观念,并且成为先秦礼学的集大成者;另一方面,他更多地使礼向法倾斜,提出了一套较完整的封建专制的理论。他意识到人类所以异于其他动物,就是因为他有自己的社会组织"群"。而这个"群"之所以能够彼此协和存在,是因为有"分",即有一整套礼法制度来规范人们的行为:"丧祭朝聘师旅"、"贵贱生杀予夺"、"君君臣臣父父子子兄兄弟弟夫夫妇妇"、"农农士士工工商商"④,实际上指的是封建的经济基础和上层建筑,即全套的封建制度。而这套制度又是永恒的:"君臣、父子、兄弟、夫妇,始则终,终则始,与天地同理,与万世同久,夫是之谓大本。"⑤任何剥削阶级都把自己建立的制度视为最美好和永恒的制度。荀子不仅为封建制度献上了深情的颂歌,而且为这个制度的巩固和发展设计了一系列的政策措施。他认识到农业是国民经济的基础,农民是封

---

①③《荀子·性恶》。
②《马克思恩格斯选集》第4卷,人民出版社1972年版,第233页。
④⑤《荀子·王制》。

建国家赋税和徭役的主要承担者,所以提出了稳定小农的"裕民"主张。首先是"分田而耕","量地而立国,计利而畜民,度人而授事,使民必胜事,事必出利,利足以生民,皆使衣食百用出入相掩,必时藏余,谓之称数"①,使农民与生产资料相结合。其次,要减轻农民负担,"轻田野之税","田野什一","相地而衰征"②。同时,还要求封建国家在财政上"开源节流"、"强本节用",防止无限制的奢侈浪费。最后,还要求"贾以察尽财,百工以巧尽械器"③,使工商业有一个与农业相适应的发展。这些思想与孔子是基本一致的,显然是维护封建统治长治久安的理论。

荀子顺应战国晚期大一统的趋势,继承儒家"以德服人者王"的思想,一方面提出"以德兼人"的导向统一的主张,要求有志统一的君王推行仁义,争取人心归服,从根本上保证统一战争的胜利;另一方面,要求奖励耕战,富国强兵,即"辟田野,实仓廪,便备用,上下一心,三军同力"④,保证战争胜利的物质基础。同时又为正在形成的封建国家提出了全套的统治理论,即"法后王,一制度"的主张。他要求借鉴商周时期的制度,"刑名从商,爵名从周,文名从礼"⑤,建立一套完整的封建等级制度,"立君上之势以临之,明礼义以化之,起法正以治之,重刑罚以禁之"⑥。这其中虽不乏儒家的基本观念,但已经大量吸收了法家学说。他明确提出加强君主专制:"君者,国之隆也;父者,家之隆也。隆一而治,二而乱。自古及今,未有二隆争重而能长久者。"⑦在选官制度上主张"任贤使能",在君民关系上主张实行"惠民"的安抚政策:

> 马骇舆,则君子不安舆;庶人骇政,则君子不安位。马骇舆,则莫若静之;庶人骇政,则莫若惠之。选贤良,举笃教,兴孝悌,收孤寡,补贫穷,如是,则庶人安政矣。庶人安政,然后君子安位。传曰:"君者,舟也;庶人者,水也。水则载舟,水则覆舟。此之谓也。"⑧

①④《荀子·富国》。
②⑧《荀子·王制》。
③《荀子·荣辱》。
⑤《荀子·正名》。
⑥《荀子·性恶》。
⑦《荀子·致仕》。

由此基本认识出发,他主张"爱民"、"利民",同时用礼乐对民进行教化,用刑罚对奸民进行惩罚,把"教"与"诛"结合起来:"故不教而诛,则刑繁而邪不胜;教而不诛,则奸民不惩;诛而不赏,则勤励之民不劝。"①这样就将教化和刑罚紧密结合在一起了。

总之,由孔子创立的儒家学派,经过荀子的发展改造,内容更加丰富,体系更加完整,与已经确立统治地位的新兴地主阶级的需要更加贴近,特别是他综合儒法所创造的大一统的君主专制论更为日后中国的封建君主提供了一套较完备的统治理论。然而,在战国晚期日益剧烈的兼并战争环境中,各国统治者都普遍属意于急功近利的法家学说,荀子的理论因而被冷淡。秦朝时期,荀子的学生韩非集其大成的法家学说备受青睐。当单纯的法家思想随着秦朝的灭亡而从统治思想的宝座上跌下来的时候,经董仲舒对先秦儒家思想改造而成的新儒家思想在汉武帝时期获得了独尊的地位。实际上,董仲舒的社会政治思想吸取了荀子思想的许多内容。然而,由于荀子哲学上鲜明的唯物论特色,再加上令人感情上难以认同的性恶论,就使荀子成为一个长期被冷落的人物。其实,荀子的社会政治理论一直为中国封建社会的统治者所运用,在实际上发挥着巨大的功效。正如谭嗣同所说:"二千年之政,秦政也;二千年之学,荀学也。"②

孔子创立的儒学,经过其后学,特别是子思、孟子、荀子等人的发展改造,在战国时期形成了一个影响巨大的学派。孔子、孟子、荀子虽然都以干世为己任,企望得到当权者的重用,憧憬着治国平天下的成功。但是,由于时处列国纷争时期,各国统治者都钟情于易于操作、立竿见影的法家学说。而此时的儒家学说又有着"博而寡要,劳而少功"、"累世不能通其学,当年不能究其礼"③的明显缺陷,自然也就无法取得统治者的垂顾。孔子、孟子、荀子这些儒学大师也就只能抱终身之憾,赍志以殁。但他们怎么也想不到,一百多年后,儒学就被推上独尊的地位,独领风骚两千年。孔孟等大师也被供奉到神圣的殿堂,享受着国家和百姓的最高祭奠。

①《荀子·富国》。
②《仁学》。
③《史记·太史公自序》。

　　（五）邹衍与阴阳五行学派的创立

　　战国阴阳五行学派的创立和发展与两位姓邹的齐国人有着十分密切的关系。邹衍首创五德终始说，以善言天道、雄辩无敌而被誉为"谈天衍"。邹奭继承和发展邹衍的学说，对其"闳大不经"的理论体系进行了更加细密的雕琢，因而被誉为"雕龙奭"。他们都曾游学稷下学宫，是晚期稷下学者中享有盛誉的人物。尤其是邹衍，成名后曾访问魏、赵、燕等国，所到之处都受到崇高的礼遇。燕昭王更是"拥慧先驱，请列弟子之座而受业，筑碣石宫，身亲往师之"①。《汉书·艺文志》著录《邹子》49 篇，《邹子始终》56 篇，《邹奭子》12 篇，可惜这些著作在东汉以后都失传了。

　　邹衍的五德终始说主要包括"五德转移"、"治各有宜"和"符应"等相关联的思想。阴阳观念在中国起源很早，是说明事物变化的基本观念。如西周末年的伯阳父就曾以阴阳二气的郁结来解释地震的成因。《老子》说"万物负阴而抱阳"，《易传·系辞》说"一阴一阳之谓道"，范蠡在与勾践论兵时说："天道皇皇，日月以为常，明者以为法，微者则是行。阳至而阴，阴至而阳；日困而还，月盈而匡。"②逐渐将事物的发展变化理解为循环往复式的运动。这些思想对邹衍构筑他的思想体系产生了重要影响。同阴阳观念一样，五行相生相克的观念起源也很早。《尚书·洪范》最早以水、火、木、金、土为"五行"，将这五种物质看做国家必须控制的资源。西周末年，史伯提出"先王以土与金、木、水、火杂，以成百物"③，五行开始被看做构成万物的五种元素。春秋时期，五行之间相生相胜的观念就产生了。如史墨提到"火胜金"、"水胜火"，孙武也说"五行无常胜"④。再后，到战国时期，五行生克的理论就用于解释社会历史的变迁，孟子与邹衍共同完成了这一理论的创建。

　　邹衍的思想始终依存于一个基本哲学观念：世界从时间上说是无始无终，从空间上说是无边无际。其思想方法是"必先验小物，推而大之，至于无垠"。由此出发，推出了他的惊世骇俗的"大九州说"：

①《史记·孟子荀卿列传》。
②《国语·越语下》。
③《国语·郑语》。
④《孙子兵法·虚实篇》。

先列中国名山大川,通谷禽兽,水土所殖,物类所珍,因而推之,及海外人之所不能睹。……以为儒者所谓中国者,于天下乃八十一分居其一分耳。中国名曰赤县神州。赤县神州内自有九州,禹之所序九州是也,不得为州数。中国外如赤县神州者九,乃所谓九州也。于是有裨海环之,人民禽兽莫能相通者,如一区中者,乃为一州;如此者九,乃有大瀛海环其外,天地之际焉。①

"大九州说"反映了战国时代齐人开阔的地理视野,对中国在世界地理中的位置作了天才的猜测,这显然与齐人在海上远航有关。这一学说尽管同五德终始说没有直接联系,但其开阔的视野对于破除自我中心的保守观念有重要启示作用。邹衍的五德终始说贯穿着"变"的理念,他说:"政教文质者,所以云救也,当时则用,过则舍之,有则易之,故守一而不变者,未睹治之至也。"②在此基础上建立起他的"五德转移,治各有宜,而符应若兹"③的一整套理论。这一理论的内容一是说明历代王朝的更替规律和新朝应当采取的礼仪制度,二是说明统治者在一年当中应当顺应五行的变化按月采用的不同的礼仪和安排的不同的政治活动。他认为王朝是按"五德从所不胜"的规律不断更替的。虞土,夏木,殷金,周火,它们的更替是依木克土、金克木、火克金的相克的规律进行的,将来代替周朝的王朝一定是水德。邹衍的这一理论虽然是一种机械的历史循环论,但它取代了皇天上帝操纵社会历史变迁的"天命论",将王朝更替看成既不以人的意志,也不以鬼神的意志为转移的必然过程,在当时的历史条件下是有积极意义的。邹衍同时认为一年四时也是依五德转移的规律不断更替的。他运用五行相生的理论,将春、夏、秋、冬配属于木、火、金、水,并以时令物候的变化相比附,目的是将自然界的变化也看成是既不以人的意志,也不以鬼神的意志为转移的必然过程,就其排除上帝鬼神的意志而言也仍然有进步意义。

邹衍认为,每一个王朝都应该实行与它代表的德相对应的礼仪制度,如取代商朝的周朝是火德,它的正朔、服色等都与火德相对应。秦朝就是依五德终始理论规划自己的礼仪制度的,《史记·秦始皇本纪》对此有较翔实的

---

① ③《史记·孟子荀卿列传》。
②《汉书·严安传》引邹子说。

记载：

> 始皇推终始五德之传，以为周得火德，秦代周德，从所不胜。方今
> 水德之始，改年始，朝贺皆自十月朔。衣服旄旌节旗皆上黑。数以六为
> 纪，符、法冠皆六寸，而舆六尺，六尺为步，乘六马。更名河曰德水，以为
> 水德之始。刚毅戾深，事皆决于法，刻削毋仁恩和义，然后合五德之数。

同时，五德终始理论还要求，每一季度和每一月的政令和礼仪也必须与五德
转移的要求相对应，这就是各类"月令"性文献的基本内容。如《吕氏春
秋·十二纪》所载孟春之月的政令就包括迎春、施肥、祈谷、劝农、入学、习
武、修正祭典、禁止伐木、禁杀幼虫等内容。其中有些内容与农业生产应该
遵循的时令节气有较密切的关系。

五德终始理论还认为，当五德转移或王朝的政治举措变化时，自然界就
有与之相对应的符瑞或灾异现象出现。《吕氏春秋·应同》对此作了详细
阐述：

> 凡帝王之将兴也，天必先见祥乎下民。黄帝之时，天先见大螾大
> 蝼，黄帝曰："土气胜。"土气胜，故其色尚黄，其事则土。及禹之时，天
> 先见草木秋冬不杀，禹曰："木气胜。"木气胜，故其色尚青，其事则木。
> 及汤之时，天先见金刃生于水，汤曰："金气胜。"金气胜，故其色尚白，
> 其事则金。及文王时，天先见火，赤乌衔丹书集于周社，文王曰："火气
> 胜。"火气胜，故其色尚赤，其事则火。代火者必将水，天且先见水气
> 胜，水气胜，故其色尚黑，其事则水。水气至而不知，数备，将徙于土。

在邹衍看来，"符应"是天道依五行定律运转时必然派生的征兆，帝王必须
根据这些征兆采取与之相应的政治举措。显然，"符应"说具有沟通天人的
意义。"符应"说应用到月令理论方面，就成为灾异惩罚说。主要思想是，
如果统治者不按月令的规定行事，打乱四季施政的次序，就会引发各种自然
灾害。《管子·幼官》《管子·四时》《吕氏春秋·十二纪》等文献都有各
种灾异惩罚的记载。

五德终始理论是邹衍在中国由列国割据走向统一的前夕为未来的新王
朝提供的一种与众不同的政治理论，"它把道家的天道思想、儒家墨家的仁

爱思想和法家的刑罚思想巧妙地纳入五行四时的框架之中,既有杂家思想内容的广博,又有杂家所没有的理论形式的严整;它设计的礼仪制度和政治日程表比任何一个学派的学说都更为细致。这些特点使得邹衍的五德终始说不但能在战国末年轰动一时,而且能在邹衍死后产生更加广泛深远的影响。"①这种影响主要体现在礼仪制度的模式选择、主流思想主要内容的确定和古代思维模式的形成等方面。秦朝建立以后,邹衍的弟子们以博士的身份进入秦始皇的庙堂,他们进奏的五德终始理论迎合了秦始皇好大喜功、锐意创新的政治需要,因而被迅速付诸实践,秦朝就依水德建立起自己的全套礼仪制度。再后的西汉、新朝和东汉也都郑重其事地确定自己的所当之运并建立与之相应的礼仪制度。即使东汉以后的王朝,虽然对自己的所当之运没有此前的王朝那么认真和执著,但总也摆脱不了"运"的影子。这只要看几乎所有皇帝的诏书无不以"奉天承运"作为起始语就足兹证明了。五德终始理论与后来成为中国封建社会主流思想的儒家学说有着不解之缘。这不仅体现在它在形成的过程中曾深受思孟学派的影响,而且更体现在以后对儒学的渗透。如秦汉的礼学就大量吸收了邹衍的学说,而阴阳五行更是董仲舒构筑他春秋公羊学派理论的最重要的资源之一。正是通过这两个环节,使五德终始理论由民间学术走向官方学说,在制度创设和主流思想构建中发挥了极其重要的作用。正因为如此,也就为五行思维模式的普及化创造了条件。秦汉以来,将所有事物分为阴阳、配于五行就成为人们常用的思想方法,从而也就使阴阳五行的公式成为了解中国古代学术的一把钥匙。尤其在医药、术数等实用技术领域,阴阳五行就像魔方一样诠释着所有事物的复杂性和多样性。邹衍在中国传统文化中的影响几乎无所不在,他是一个不可低估的历史人物。

(六)庄子的道学

以老子为创始人的道家学派,是楚文化孕育出来的。至战国中期,宋国人庄周成为老子道家学派的传人。他的《庄子》一书,以其智慧雄辩、机敏诡异、汪洋恣肆而使道家学派再展辉煌。庄子基本上是一个隐逸之人,远离

---

①孟祥才、胡新生:《齐鲁思想文化史·先秦秦汉卷》,山东大学出版社2002年版,第349页。

政坛,与同辈思想界的雄杰之士也很少交往,因而在当时影响不大。《史记·老子韩非列传》对其事迹有一个简略的记载:

> 庄子者,蒙人也,名周。周尝为蒙漆园吏,与梁惠王、齐宣王同时。其学无所不窥,然其要本归于老子之言。故其著书十余万言,大抵率寓言也。作《渔父》、《盗跖》、《胠箧》,以诋訾孔子之徒,以明老子之术。《畏累虚》、《亢桑子》之属,皆空语无事实。然善属书离辞,指事类情,用剽剥儒、墨,虽当世宿学不能自解免也。其言洸洋自恣以适己,故自王公大人不能器之。
>
> 楚威王闻庄周贤,使使厚币迎之,许以为相。庄周笑谓楚使者曰:"千金,重利;卿相,尊位也。子独不见郊祭之牺牛乎? 养食之数岁,衣以文绣,以入太庙。当是之时,虽欲为孤豚,岂可得乎? 子亟去,无污我。我宁游戏污渎之中自快,无为有国者所羁,终身不仕,以快吾志焉。"

庄子故里蒙地的方位,后世学者有安徽、河南、山东三说。比较而言,山东东明说较为可信①。《庄子》一书今存 33 篇,其中包括内篇 7,外篇 15,杂篇 11。这些著作与庄子的关系,学术界长期聚讼纷纭。我们认定,33 篇应大部出自庄子之手,也都经过其后学的润色并添加了一些内容,大部分也符合庄子的理念,可视为庄子及其学派的思想资料。

老子作为道家学派的创始人,他赋予"道"特别丰富的内涵,使其成为独立存在而又创造天地万物的精神本体:"有物混成,先天地生。寂兮寥兮,独立而不改,周行而不殆,可以为天下母。吾不知其名,故强字之曰道。"②"道生一,一生二,二生三,三生万物。"③庄子接续老子,在《大宗师》中对"道"作了进一步的阐发:

> 夫道,有情有信,无为无形,可传而不可受,可得而不可见;自本自根,未有天地,自古以存;神鬼神帝,生天生地;在太极之先而不为高,在

---

①孟祥才、胡新生:《齐鲁思想文化史·先秦秦汉卷》,山东大学出版社 2002 年版,第 403 页。
②《老子》第二十五章。
③《老子》第四十二章。

> 六极之下而不为深,先天地生而不为久,长于上古而不为老。

此一阐发,基本上没有超越老子的藩篱,但是,庄子没有就此止步。在《齐物论》中他又对宇宙万物的"始"、"未始"与"有"、"无"作了一番认真的追寻:

> 有始也者,有未始有始也者,有未始有夫未始有始也者。有有也者,有无也者,有未始有无也者,有未始有夫未始有无也者。俄而有无矣,而未知有无之果孰有孰无也。

这显然是一番没有结果的追寻,因为对始于未始、有与无的终极追问是不可能有结果的。最后,庄子以突现的自我与造物主的"道"合流:"天地与我并生,而万物与我为一。"至此,庄子完成了"道"由客观存在的精神向"道"我合二而一的转化,即由客观唯心论向主观唯心论的转化。不过,在大多数论述中,庄子仍然使"道"保持了其客观独立性,而将那个与"道"同体的"自我"隐于幕后。有些认定庄子是唯物论的学者,力图从"道"与万物的关系中找到答案:

> 天之自高,地之自厚,日月之自明。[1]
> 天地固有常矣,日月固有明矣,星辰自有列矣,禽兽固有群矣,树木自有立矣。……循道而趋,已至矣。[2]

乍一看,在庄子那里,天地日月星辰禽兽等自然界的具体事物都在自生自灭,自己运动,没有外力的干预和支配,而实际上谁也离不开那个"无为而无不为"的"道"的制约,它们只能"循道而趋"而不可能离"道"而行。下面两段话将"道"物之间的关系讲得更加分明:

> 道无终始,物有死生,不恃其成;一虚一盈,不位乎其形。年不可举,时不可止;消息盈虚,终则有始。……物之生也,若骤若驰,无动而

---

① 《庄子·田子方》。
② 《庄子·天道》。

不变,无时而不移。何为乎,何不为乎? 夫固将自化。①

　　夫昭昭生于冥冥,有伦生于无形,精神生于道,形本生于精,而万物以形相生,故九窍者胎生,八窍者卵生。……天不得不高,地不得不广,日月不得不行,万物不得不昌,此其道与!②

当人们面对物"自化"和天、地、万物"不得不"的表述时,很容易将其与唯物论联系在一起,因为物的自生自化与自己运动正是唯物论物质观的朴素表述。但是,不要忘了,在庄子那里,天地万物之上还有一个"无为而无不为"的最高主宰"道",其"无为"似乎给了天地万物以"自为"、"自化"的空间,但其"无不为"又恰恰表明了天地万物一刻也离不开"道"的制约。而此时,"道"已经与庄子这个我合而为一了。不过,在庄子的著作中,"我"自身并不张扬,而被一再张扬的是"道"。这个"道"是自然的,也是虚无的,实在的世界的一切都是虚无自然的一切衍化出来的。在这个自然虚化而又全能的造物主面前,人类自身的活动既是无能为力的,也是不必要的:"日月出矣,而爝火不息,其于光也,不亦难乎? 时雨降矣,而犹浸灌,其于泽也,不亦宜乎?"③由此出发,庄子演绎出自己独特的认识论和人生哲学。

　　人类作为认识主体诞生以后,其对世界的认识一直面对着这样几个基本问题:第一,认识的客体——自然界、人类社会、人自身,是否是客观存在? 有无质的稳定性? 能不能被认识? 第二,人有没有认识事物的能力? 第三,人的认识过程怎样? 人的感觉能否感知客观存在? 人的思维能否认识客观真理? 庄子对这些问题统统作了否定的回答,展示了他从相对主义到虚无主义的认识路径:

　　北海若曰:以道观之,物无贵贱。以物观之,自贵而相贱。以俗观之,贵贱不在己。以差观之,因其所大而大之,则万物莫不大。因其所小而小之,则万物莫不小。……以功观之,因其所有而有之,则万物莫不有。因其所无而无之,则万物莫不无。……以趣观之,因其所然而然

---

①《庄子·秋水》。
②《庄子·知北游》。
③《庄子·逍遥游》。

之,则万物莫不然。因其所非而非之,则万物莫不非。①

庄子这里表述的是一种彻底的相对论。在他眼里,世界的一切,贵贱、大小、有无、然否,即从客观存在的事物到人的主观认识能力,都是相对的,任何东西都不存在质的规定性。所有的差别、对立等,都只不过是因为观察角度的差异而产生的主观感觉的不同。仔细分析,庄子的相对主义是由三部分组成的。第一,他认为认识的客体,即客观存在的事物的差别是相对的。他抓住客观事物差别相对性的一面,加以无限夸大,从而否认客观事物质的规定性,达到消解事物之间区别的目的。《庄子·齐物论》中有这样一段话:

> 以指喻指之非指,不若以非指喻指之非指也。以马喻马之非马,不若以非马喻马之非马也。天地一指也,万物一马也。可乎可,不可乎不可。道行之而成,物谓之而然。恶乎然,恶乎不然,不然乎不然。物固有所然,物固有所可,无物不然,无物不可。故为是举莛与楹,厉与西施,恢恑憰怪,道通为一,其分也成也,其成也毁也,凡物无成与毁,复通为一。

这里庄子明白指出,指与非指,马与非马,然与不然,可与不可,细小的文莛与粗大的楹柱,丑陋的厉与美丽的西施,还有成与毁,以道观之,都通为一,根本不存在质的差别。所以,在《德充符》中,他借孔子之口说:"自其异者视之,肝胆楚越也;自其同者视之,万物皆一也。"既然事物间根本不存在质的差别,那么,大小、美丑、前后、左右、远近、久暂、高矮、长短、苦乐、勇怯等等,都在相对主义的魔杖下变成没有任何区别的"一"了。庄子对自己的认识十分执著,他的妻子死了,他毫无悲痛之感,而是鼓盆而歌。因为在他看来,生死是没有区别的,并且,歌与哭同样是没有区别的,其中何者表示悲哀也是不能判定的。第二,庄子认为认识的主体人的认识能力同样是相对的。人们根本无法判定自己、他人的认识是否正确。在《齐物论》中,他借齧缺与王倪的对话,以人、泥鳅感受的不同,以人、麋鹿、蛇、鸱鸦和猴子对食物选择的不同,以人、鱼、鸟、麋鹿对美女态度的不同,证明认识主体认识判断的

---

①《庄子·秋水》。

相对性,由此引申对仁义、是非认识的不确定性。庄子将人们主观认识的相对性绝对化,从而否定人们正确认识事物的能力。由此他否定梦与醒的区别,引出那个庄周化蝴蝶的著名典故。最后,庄子搬出"至人"这个他心目中的神灵,作为否定认识和是非利害的典型。在《养生主》中,他又以人生短暂与知识无穷的矛盾消解人们的认识。他说:"吾生也有涯而知无涯,以有涯随无涯,殆矣。为善无近名,为恶无近刑,缘督以为经,可以保身,可以全生,可以养亲,可以尽年。"这里庄子提出了认识客体(知)无限性与认识主体(生)有限性的矛盾,这的确是困扰历代思想家的一个不易解开的结,显示了他对认识问题的深入思考。但他面对困惑采取的是极其消极的态度:既然短暂的人生不能穷尽无限的知识,勉强为之又会身心疲惫,那就不如彻底放弃认识而保身全生,以尽天年。第三,庄子否定检验真理有一个客观标准。他认为是非、真假、对错都没有质的规定性,都是相对的,所以没有确定性,也就不存在检验真理的客观标准。在《齐物论》中,他以人们的互相辩诘为例,说明是非的不确定性:

> 既使我与若辩,若胜我,我不若胜,若果是也? 我果非邪? 我胜若,若不吾胜,我果是邪? 而果非也邪? 其或是也? 其或非也邪? 其俱是也? 其俱非也邪? 我与若不能相知也。则人固受其黮暗,吾谁使正之? 使同乎若者正之,既与若同矣,恶能正之? 使同乎我者正之,既同乎我矣,恶能正之? 使异乎我与若者正之,既异乎我与若矣,恶能正之? 使同乎我与若者正之,既同乎我与若矣,恶能正之? 然则我与若与人,俱不能相知也。

庄子的意思是,面对任何一个论题,有几个人就有几个观点,而在千差万别的观点中,你根本无法确定哪种观点是正确的。因为世界是不可认识的,人的感觉、理性对外界的感知又是千差万别的,所以是非、真假、对错都是相对的,根本就不存在一个公认的评判标准。由此也就形成此亦一是非,彼亦一是非,公说公有理,婆说婆有道的局面。而在庄子看来,这种是是非非的争论是没有必要的,也是十分可笑的。他编造了一个朝三暮四、暮四朝三的寓言故事,说明人世间的是非争论犹如猴子争食橡子的争论一样可笑。庄子沿着是非的相对性前进,最后达到消解是非的不可知论,显示了其认识论的根本缺陷:一是认为世界不可知,人也没有认识世界的能力;二是否认检验真理的标准,压根就不承认实践是检验真理的标准。列宁对相对主义的批判可以帮助我们深化对庄子认识论的理解:

> 把相对主义作为认识论的基础,就必然使自己不是陷入绝对怀疑论、不可知论和诡辩,就是陷入主观主义。作为认识论基础的相对主义,不仅承认我们知识的相对性,并且还否定任何为我们的相对认识所逐渐接近的、不依赖于人类而存在的、客观的准绳或模特儿。从赤裸裸的相对主义的观点出发,可以证明任何诡辩都是正确的。①

庄子所处的时代,是中国封建制度刚刚建立而奴隶制的残余还大量存在的时代。新旧纠结,死生相伴,死的拖住活的的现象比比皆是,许多古老的原则和神圣的观念遭到亵渎。面对此情此景,庄子的心在震颤中流血。他认为人类文明的前进运动给社会带来的不是光明和欢笑,而是黑暗与痛苦。他以冷眼旁观的态度看待社会的变化,满眼都是阴暗与不平。他直斥三皇五帝等圣人"无耻",将儒家鼓吹的"仁义是非"比喻为"黥刑"和"劓刑"②。在他看来,当时的社会一无是处,当权者混乱无比,对百姓如虎似狼。百姓的感觉是"方今之时,仅免刑焉。福轻乎羽,莫之知载;祸重乎地,莫之知避"③,"生不可悦,死不可恶"④。庄子对当时社会的观察自有其深刻之处,但却失之片面,是一种"歪打正着"。他对当时许多生气勃勃的新生事物或者视而不见,或者见而鄙视,基本上站到了社会前进的对立面。为了与眼前的污秽现实相对应,他推出了自己理想的乌托邦"至德之世":

> 子独不知至德之世乎? ……当是时也,民结绳而用之,甘其食,美其服,乐其俗,安其居。邻国相望,鸡狗之音相闻,民至老死而不相往来。若此之时,则至治已。⑤
>
> 至德之世,不尚贤,不使能,上如标枝,民如野鹿。端正而不知以为

---

① 《列宁选集》第 2 卷,人民出版社 1972 年版,第 136 页。
② 《庄子·大宗师》。
③ 《庄子·人间世》。
④ 《庄子·至乐》。
⑤ 《庄子·胠箧》。

义，相爱而不知以为仁，实而不知以为忠，当而不知以为信，蠢动而相使，不以为赐。是故行而无迹，事而无传。①

神农之世，卧则居居，起则于于。民知其母，不知其父，与麋鹿共处。耕而食织而衣，无有相害之心，此至德之隆也。②

夫至德之世，同与禽兽居，族与万物并，恶乎知君子小人哉？同乎无知，其德不离；同乎无欲，是谓素朴，素朴而民性得矣。③

以上文字展示了庄子的理想国蓝图。从中可以看出，第一，他的理想国是对人类文明史以前社会的理想化加工，那是人与动植物不分，与大自然和谐相处的时代。事实上，他的理想国只存在于他的浪漫的幻想中，在历史上从来就不存在这样的理想国，在现实中更不存在此种理想国建立的条件。显然，他笔下的理想国愈美妙无比，愈是一种空中楼阁，它只能存在于头脑中，展现在文字上，丝毫也不具备实践的品格。第二，为了反衬理想国的美妙绝伦，他对黑暗现实的揭露与抨击不遗余力，为后世提供了不少有价值的认识资料。但是，庄子对现实的批判是建立在否定人类文明进步，否定一切文明成果的基础之上的。他锐敏地觉察到文明每前进一步都要付出相应的代价，突出表现为对古老观念的背叛和对以往神圣事物的凌辱。在他看来，仁义礼乐这些文明的产物和标志，对于人类纯朴本性的戕害，犹如生机盎然的树木被雕刻为牺尊，天然的白玉被磨制成珪璋，自由的奔马被加上衡轭辔头，事物的自然本性被生生戕害了。因此，文明进步是一种罪恶。为了恢复人类纯朴的本性，恢复人与自然的和谐，社会必须倒退回去，毫不犹豫地摈弃一切文明成果，不讲仁义，不讲礼乐，"同与禽兽居，族与万物并"，"至德之世"就会光耀寰宇。显然，这个美好无比的"至德之世"只不过是反对文明，反对进步，以美好的辞藻掩盖苍白无力的倒退观念而已。不过，如果认为庄子真的相信"至德之世"会降临人间，那就错了。庄子瞑目而思，可以在想象中构筑他的理想蓝图，但只要睁开眼睛面对现实，他就知道那不过是"无何有之乡"，是他杜撰的"谬悠之说，荒唐之言，无端崖之辞"。现实无法

①《庄子·天地》。
②《庄子·盗跖》。
③《庄子·马蹄》。

摆脱,人生只能被无法控制的命运左右,在"役役而不见其成功","疲役而不知其所归"①中走向未来。庄子面对社会追问人生,陷入极度矛盾之中:真实的人都处于社会关系的制约中,他所拥有的自由是十分有限的,而他又非常渴望得到这种自由,于是他舍弃向外的追寻,转而向内追求心灵的绝对自由,而要获得这种自由的关键就是排除"自己",即名、利、权位的羁绊,达到"无我"、"无己"、"至人"、"神人"、"圣人"、"真人"的境界:"至人无己,神人无功,圣人无名。"②然而,"至人"、"神人"、"圣人"、"真人"的境界却不是一般常人所能达到的,怎么办? 庄子于是拿出了他的心灵解脱法:将现实的不自由忘却,或者再进一步,让心灵适应现实,将心灵中不自由的感觉排除,你就彻底自由了:

> 死生命也,其有夜旦之常,天也。③
>
> 知其不可奈何而安之若命,德之至也。④
>
> 泉涸,鱼相与处于陆,相呴以湿,相濡以沫,不如相忘于江湖。与其誉尧而非桀也,不如相忘而化其道。夫大块载我以形,劳我以生,佚我以老,息我以死。故善吾生者,乃所以善吾死也。⑤
>
> 堕肢体,黜聪明,离形去知,同于大道。⑥

转来转去,庄子鼓吹的那个绝对的精神自由,最后还要靠他的绝对相对主义发挥神威去寻觅,办法简单而又简单,就是将生死寿夭、富贵贫贱、是非得失、毁誉荣辱之间的区别全部抹杀,将其置之度外,或者统统忘却,在想象中将自己变成无牵无碍、与道同体的自由之身。然而,这种自由只能存在于自我幻化的意识中,存在于自我陶醉的梦呓中。但是,庄子却不能终日生活在这种心造的幻影中,梦醒之后,他与常人没有太大的区别,依然是饿了要吃饭,冷了想穿衣,而食物衣服都必须向社会索取,他一刻也不能脱离社会,而只能生活在社会制约中。如此一来,庄子就终日生活在矛盾中:他讨厌这个充满龌龊和陷阱的社会,但又一刻也离不开它;他希望自己变成一个对这个

---

① 《庄子·齐物论》。
② 《庄子·逍遥游》。
③⑤⑥ 《庄子·大宗师》。
④ 《庄子·人间世》。

社会的一切失去记忆和感觉的"至人"，但到头来却发现自己只有依靠这个社会才能有生命的感觉。至此，庄子明白，他必须适应这个社会才能在这个社会中生活，而适应的办法就是妥协，随波逐流，同流合污，苟全性命，不承担社会责任却要求社会养活，无用就是有用，无为而无不为。为了自己的生存和安危，什么是与非，正义与非正义，可以全然不管，一切唯当权者的马首是瞻，随之俯仰：

> 颜阖将傅卫灵公太子，而问于遽伯玉曰："有人于此，其德天杀。与之为无方，则危吾国；与之为有方，则危吾身。其知适足以知人之过，而不知其所以过。若然者，吾奈之何？"遽伯玉曰："善哉问乎！戒之慎之，正汝身也哉。形莫若就，心莫若和。虽然，之二者有患，就不欲入，和不欲出。形就而入，且为颠为灭，为崩为蹶。心和而出，且为声为名，为妖为孽。彼且为婴儿，亦与之为婴儿。彼且为无町畦，亦与之为无町畦。彼且为无崖，亦与之为无崖，达之入于无疵。"①

这显然是一种消极自私的人生态度。一个人放弃对于国家和社会的责任，一切专注于个人的生存，为此，不惜与恶势力同流合污、沆瀣一气，这无论如何都是不值得赞扬的。

当然，庄子在战国时代不失为思想界的重要人物，他在思想史上的主要贡献是深化了老子开启的对道的认识，以相对主义的认识论推进了中华民族思维的发展，以道法自然、心灵自由丰富了人们生活方式的多元选择。他的文章，想象诡奇，上天入地，汪洋恣肆，成为我国浪漫主义文学的代表作品，哺育了一代又一代的浪漫主义文学大师。他的思想与儒家思想互补，成为构筑我国主流文化的重要因子，产生了广泛而深远的影响。《庄子·天下》一文是我国最早的学术史。从其对墨子、稷下学派的宋钘、尹文、彭蒙、田骈、慎到，对关尹、老聃、惠施、公孙龙子以及邹鲁缙绅先生即儒家等的评判看，他对当时的思想学术界还是比较熟悉的。他长期居住宋国，聚徒讲学，传播道家思想，成为齐鲁文化与楚文化联系的桥梁。

———————————

①《庄子·人间世》。

（七）吴起与孙膑的哲学和社会政治思想

由于齐鲁地区是中国古代文明的重要发祥地之一,商周时期已经是人众物阜的经济文化发达地区,因而作为阶级、民族、集团和国家间矛盾斗争最高形式的战争在这里进行得经常而又激烈。这种环境和条件使众多的热血男儿走上金戈铁马的战场,从而使他们的军事潜能得到充分的展现和发挥,从中涌现出一批智勇双全的统帅、将军以及文韬武略出众的军事谋略家和思想家,留下了一批独放异彩的兵学名著。西周至春秋,吕尚、齐桓公、管仲、孙武、司马穰苴等已经奠定了齐鲁兵学的领先地位。战国时期,墨翟的军事工程学,田单的指挥艺术和超群的谋略,特别是吴起和孙膑辉煌的军事实践和兵学著作,更是谱写了齐鲁兵学的不朽篇章。

吴起是战国时期的卫国左氏(今山东定陶西)人,生年不可考,卒年为公元前381年。据钱穆考证,他大概享年60岁。25岁左右,他因杀人离开故乡到鲁国寻求发展,在曾申门下学习儒家学说。不久"杀妻求将",做了鲁国的将军,巧妙地指挥鲁军抵抗齐军的进攻,打了一个以少胜多、以弱胜强的漂亮仗。既使鲁国转危为安,也使自己跻身于名将之林,声闻列国。但胜利并没有给吴起带来升官的机会,反而被宵小之徒嫉妒。他只得离开鲁国转赴正在魏文侯主持下锐意变法的魏国。从公元前410年至公元前383年,吴起在魏国做官从政27年,在此度过了他一生最美好的年华。他参与魏国的军事改革,创立"魏武卒",建立了一支能征惯战的劲旅,为魏国开疆拓土,使魏国在战国初期成为最强大的诸侯国。其中他任西河守23年,建立起阻挡秦军东向进兵的坚固屏障。在这里,他以自己彪炳千秋的巍巍功业为魏国的鼎盛时期增添了耀眼的辉煌,又以流传千古的兵书写下了我国兵学史上的不朽篇章。魏文侯死后,吴起被魏国的旧贵族排挤,他只得再一次更换服务的国家,来到楚国。在楚国,他得到楚悼王的信任,担任了最高的行政长官令尹,开始了大刀阔斧的变法,很快取得了富国强兵的显著成效,使楚军摆脱了将怯兵疲的状况,战斗力大大增强。于是"南平百越;北并陈蔡,却三晋;西伐秦"①,在与列国的战争中取得了一系列的胜利。但好景不长,公元前381年楚悼王死去,在变法中利益受损害的旧贵族立即发动

---

① 《史记·孙子吴起列传》。

政变，进攻王宫。吴起大义凛然、机智勇敢地在楚悼王的灵床前演出了他一生中最后的也是最悲壮的一幕：

> 荆王死，贵人皆来。尸在堂上，贵人相与射吴起，吴起号乎曰："吾示子吾用兵也。"拔矢而走，伏尸插矢而疾言曰："群臣乱王，吴起死矣！"且荆国之法，丽兵于王尸者，尽加重罪，逮三族，吴起之智可谓捷矣。①

吴起知道，楚国有对加兵王尸重罚的法律，所以故意伏在楚悼王的尸体上，让那些叛乱的旧贵族在射杀自己时不可避免地加兵王尸，从而为他们的灭亡创造了条件。果然，"击起之徒因射刺吴起，并中悼王"。"悼王既葬，太子立，乃使令尹尽诛射吴起而并中王尸者。坐射起而夷宗死者七十余家"②。吴起作为一个变法的英雄悲壮地牺牲在楚国的土地上，楚国也因此失掉了由自己统一中国的契机。由于改革的失败，它只能在奴隶制的旧轨上蹒跚。当强大的秦军一次又一次地把失败强加到它的头上，并最后使之覆社灭宗，把广袤的江汉大地变成秦朝的郡县时，不管楚国的后世子孙意识到与否，吴起的鲜血已经浇灭了楚国复兴的火焰，不祥的烟云已经不可避免地笼罩了楚国的天空。

吴起早年即熟读《孙子兵法》及其他兵学著作，指挥过几十次征战。既有很高的军事素养，又有丰富的实战经验。大概在任西河守的时候，与其幕僚一起完成了《吴子》这部兵学著作。尽管现存的《吴子》六篇只是原作的一部分，但从中仍可以看出吴起军事思想的博大和深邃。吴起认真探索政治与军事的关系，提出了"内修文德，外治武备"的著名论点。他认为政治与军事密不可分，只有政治搞好了，才能用兵打仗，夺取战争的胜利。在《图国》篇中，他指出，所谓"文德"就是要求国君必须修"四德"："绥之以道，理之以义，动之以礼，抚之以仁。"同时以这四德"教百姓而亲万民"，达到全国上下一致，全军官兵一致，临阵行动一致，战斗中协调一致。而这其中的关键是国君亲贤任能，勇于纳谏，爱护百姓，"爱其命，惜其死"，使之"安其田宅，亲其有司"，又"教之以礼，励之以义"，就能使士卒"以进死为荣，退生为辱"，义无反顾，勇往直前，发挥出坚不可摧的战斗力。吴起作为

①②《史记·孙子吴起列传》。

一个身经百战的军事家,深知战争给人民带来的灾难,所以反对穷兵黩武。他认为进行征伐必须慎之又慎,最好一战而胜。他说:"战胜易,守胜难。故曰:天下战国,五胜者祸,四胜者弊,三胜者霸,二胜者王,一胜者帝。是以数胜得天下者稀,以亡者众。"他将当时的战争分为义兵、强兵、刚兵、暴兵、逆兵五类:"禁暴救乱曰义,恃众以伐曰强,因怒兴师曰刚,弃礼贪利曰暴,国乱人疲、举事动众曰逆。"隐约意识到战争的正义与否与胜负的关系。总之,吴起不是单纯就战争论战争,而是把战争与政治紧密联系起来考虑,看到政治对战争的决定性影响。

如何治军是吴起军事思想的又一重要内容。吴起认为,军队素质是战争胜负的最直接最重要的因素,兵贵精而不贵多,所以"以治为胜"。只有建立一支法令严明、赏罚有信、纪律严格、训练有素、将士同心、内部团结的军队,才能"投之所往,天下莫当"。吴起特别重视取信于军、爱护士兵。他要求将领必须取得士兵的信任,与士兵同甘苦、共患难,使之"乐战",才能发挥巨大的战斗力。吴起本人是取信于军、爱护士卒的典范。他不惜用口为士兵吮脓血,收到了士卒勇往直前、死不旋踵的效果。吴起同时也注重对士卒的教育训练。在《励士》中,专门阐述如何鼓励士气。主要办法是大张旗鼓地对有功人员进行奖赏:功劳越大奖赏的规格越高、礼节越隆重。国君要亲自设宴招待,定时慰问,赏赐阵亡将士的遗属,使将士有一种崇高的荣誉感,不仅乐于听命,乐于作战,而且乐于拼死,发挥出"一人投命,足惧万夫"的威慑力。

吴起对将领的素质提出了特殊要求。他认为,一个高明的将领必须是"总文武,兼刚柔",智勇双全,具备"五情"和"四机"的军事素养。"五情"即要求具有"治众如治寡"的治军才能,"出门如见敌"的敌情观念,"临敌不怀生"的献身精神,"虽克如始战"的谨慎态度,"法令省而不烦"的治军作风。"四机"即气机、地机、事机、力机,要求将领掌握部队的士气,充分利用地形,运用谋略,随时增强战斗力。他还指出,虽然勇敢也是将领必备的素质,但是勇敢必须与谋略相结合。除了在临敌作战中展示英勇献身精神外,还必须果决、坚毅、沉着。因为战场是生死存亡之地,"必死则生,幸生则死"。无论出现什么情况,将领都必须指挥若定,当机立断,"如坐漏船之中,伏烧屋之下,使智者不及谋,勇者不及怒,受敌可也"。而将领最致命的弱点是犹豫逡巡,贻误战机:"用兵之害,犹豫最大;三军之灾,生于狐疑。"①
吴起强调,一个优秀的将领,除了以上的素养外,还要具备"威、德、仁、勇"
等品质,能够"率下安众,怖敌决疑"。同时,还要具有凛然正气,号令一出,
"下不敢犯";挥军向前,"寇不敢敌"。这样的将领是国之瑰宝,"得之国强,
去之国亡"。吴起又认为,一个高明的将领,还必须具备"相敌将"的智慧与
方法。他应通过各种手段,侦察、了解、查明敌方将领的军事才能及其优点
与缺点、长处与短处甚至个性特征,以便找出克敌制胜的方法,收到"因形
用权,则不劳而功举"的效果。

　　吴起在《料敌》中分析了判断敌情的重要性和具体方法。他认为处在
六国包围中的魏国,必须坚持"安国之道,先戒为宝"的总方针,时刻加强戒
备,以保障国家的安全。他立足魏国,以不凡的战略眼光,在对其他六国的
政治、经济、军事、地理、民情、风俗以及军队的素质、阵法等的优劣加以综合
判断的基础上,提出了对付六国的不同方针和作战方法。在作战指挥上,他
提出"见可而进,知难而退"的基本原则,将打或不打的决心建立在对敌情
准确的观察、分析和判断之上,具体归纳出 8 种"击之勿疑"、6 种"避之勿
击"和 13 种"可击之道",都是实战经验的总结,较之《孙子兵法》中的《相
敌》篇更加简明具体。吴起特别强调,战场上的形势瞬息万变,将领必须时
刻保持清醒的头脑,千万不要被敌人制造的虚假现象所蒙蔽。只有运用一
切手段,及时把握敌军实情与行动企图,才能定下正确的作战决心。在此前
提下,还必须正确使用兵力,灵活地运用各种作战手段,避实击虚,避长击
短,出奇制胜,所谓"审敌虚实,而趋其危",就能取得预期的胜利。在《应
变》篇中,吴起集中论述了临敌应变的战术思想和战法运用。要求在临敌
作战时根据不同的敌情、天时、地利等条件,运用灵活多变的战法克敌制胜。
吴起还以答武侯问的方式,回答了在不同条件下保存自己、战胜敌人的各种
方法,展示了他超人的军事谋略与应敌智慧。如当武侯问"暴寇卒来,掠吾
田野,取吾牛羊,则如之何"时,吴起的对策是:"暴寇卒来,善守勿应。彼将
暮去,其装必重,其心必恐,还退务速,必有不属,迫而追之,其命可覆。"一
般情况下,这是一种稳妥而有效的应敌策略。最后,更难能可贵的是,吴起

---

①《吴子·治军》。

还十分重视军队的纪律。他要求在攻破敌人的城邑后,不要烧杀抢掠、残害百姓,不要杀害俘虏,以减少当地百姓的反抗,给人树立"仁义之师"的形象:

> 凡攻敌围城之道,城邑既破,各入其宫,御其秩禄,收其器物。军之所至,无刊其木,发其屋,取其粟,杀其六畜,燔其积聚,示民无残心。其有请降,许而安之。①

《吴子》一书是《孙子》之后又一部享誉中外的军事著作。《韩非子·五蠹》说:"境内皆言兵,藏孙、吴之书者家有之。"可见在战国时期它已广泛流传,为当时人们所称道,孙、吴并称,成为军事学上的双璧。以后的许多史书都记载这部书。而一些著名的军事家如西汉大将军卫青,东汉大将军鲍永,三国时代的曹操、诸葛亮,唐朝皇帝李世民、军事家李靖等都认真学习过《吴子》。宋代将其编入《武经七书》后,更成为军事学校的官定教科书,培育了一代又一代的军事家和智勇双全的将帅。近代以来,它又流传到国外,被翻译成英、日、法、德、俄等多国文字,受到世界军界的重视,是中华民族对世界军事学术的伟大贡献。

公元前4世纪,历史步入了战国中期。曾经一度走在列国前列的魏国减缓了它变法的步伐。与此同时,齐威王变法图强,齐国再次崛起于东方,对魏国的霸权提出了挑战。秦孝公任用商鞅,掀起了战国历史上规模最大、历时最长、影响最深远的变法运动,使秦国迅速强大起来,把扩张的触须伸向东方。魏国面临东西两个咄咄逼人的强大对手。由于此时的魏国失去了李悝之类的改革家和吴起之类的智勇双全的将军,内部的腐败因素不断增长,逐渐失去了魏文侯时代的勃勃生机,失败的命运就不可避免了。在一连串使魏国失去首强地位的战争中,其敌军将帅除了秦国的商鞅外,齐国的孙膑是另一位名显列国、叱咤风云的人物。

据《史记·孙子吴起列传》记载,孙膑是春秋时期著名军事家孙武的后代,生于"阿鄄之间"(今山东鄄城)。由于家庭的熏陶,孙膑自幼对兵法情有独钟。后来,他投到鬼谷子门下读书,与庞涓同学,水平远在庞涓之上。

---

①《吴子·应变》。

不久庞涓做了魏国的将军,就将孙膑骗到魏国,通过向魏惠王进谗言,使孙膑惨遭膑刑。后被出使魏国的齐国使者淳于髡救至齐国,得到将军田忌和齐威王的赏识,做了齐国的军师。公元前354年,桂陵(今山东菏泽北)一战,孙膑建议齐军统帅田忌以“围魏救赵”的策略,打败魏军,生擒庞涓(后放回)。13年后,公元前341年,齐、魏两军再次在战场上相见。孙膑建议齐军统帅田忌在马陵(今山东莘县境)①设伏,一举歼灭魏军,逼使魏军统帅庞涓自杀。魏国从此失去战国首强的地位,齐国在列国的地位则显著提高,一段时期内举足轻重,左右形势,执中原之牛耳。孙膑也“从此名扬天下”,成为蜚声列国的大军事家。在十多年惊心动魄的“孙庞斗智”中,孙膑在品格和智慧上都成为胜利的英雄。

　　孙膑在其身后留下了一部兵法著作,这在两汉人记载中是没有疑义的。司马迁曾明确说“孙子膑脚而论兵法”②。班固在《汉书·艺文志》中也记载“齐孙子八十九篇,图四卷”。这个“孙子”颜师古即注明为孙膑。不过,东汉以降,这部兵书大概就失传了。《隋书·经籍志》已不见著录。因而后世一些学者对《孙膑兵法》的存在提出异议。有人甚至认为只有一部《孙子兵法》,它的著作权属于孙武,孙膑可能对该书进行过某些润色和加工。1972年山东临沂银雀山汉墓出土了《孙膑兵法》的竹简,使这个两千多年的疑案终于得到了解决。经过整理的《孙膑兵法》残简虽然只有30篇,并且缺失很多,有些语句也意义不明,但从中仍然可窥见孙膑军事思想的一些重要内容。这部残存的《孙膑兵法》继承了孙武、吴起等前辈兵家的军事思想,融入自己的实战经验,总结了战国时期战争中出现的许多新事物,把春秋以来的兵学向前推进了一步,成为战国中期兵学的代表作。

　　较之《孙子兵法》,《孙膑兵法》对战争重要性的认识又深化了一步。这是因为,战国时期战争的规模进一步扩大,兵器军械较春秋有了长足进步,军队的组成更加复杂,除车兵外,步兵、骑兵等兵种大大发展并成为作战的主力。一次战役,双方动辄投入十万,甚至数十万大军集团作战,旷日持久地胶着、对峙,你来我往地反复冲杀。天气、地形以及各种作战手段的运用,特别是战争在解决社会和政治问题上所起到的越来越明显的直接作用,都

①关于马陵的方位,还有今山东郯城说和河北大名说。
②《史记·太史公自序》。

给孙膑丰富和发展兵家学说、进一步认识战争的重要意义提供了有利条件。在《见威王》中，孙膑提出了他对战争的看法：

> 孙子见威王，曰："夫兵者，非恒势也，此先王傅道也。战胜，则所以在存亡国而继绝世也。战不胜，则所以削地而危社稷也。是故兵者不可不察。"

这就是说，战争虽然不是永远可以仗恃的手段，却是最重要的手段，因为打了胜仗可以挽救濒于危亡的国家和宗族，打了败仗就会危及国家和宗族的生存，所以必须认真对待。但是，又不能因为战争具有立竿见影的作用就一味好战。由于战争是人心、物质力量和将帅才能的综合较量，必须慎之又慎："然夫乐兵者亡，而利胜者辱。兵者非乐也，而胜非所利也。事备而后动，故城小而守固者，有委也；卒寡而兵强者，有义也。夫守而无委，战而无义，天下无能以固且强者。"孙膑进而认为，尽管战争很残酷，必须谨慎从事，但又不要幻想不经过战争达到自己的政治目的，只有"战胜而强力"，才能收到"天下服"的效果。孙膑一方面强调战争是民心和物质力量的较量，另一方面又指出，兵多、"委积"丰富、城坚而固并不能保证战争的必然胜利。战争指导者——君主和将帅是否认识"道"即战争的规律并用于指导具体的战争对于胜负同样具有至关重要的意义：

> 智不足，将兵，自恃(恃)也。勇不足，将兵，自广也。不知道，数战不足，将兵，幸也。夫安万乘国，广万乘王，全万乘之民命者，唯知道者。上知天之道，下知地之理，内得民之心，外知敌之情，阵知八阵之经，见胜而战，弗见而诤，此王者之将也。[1]
>
> 众者胜乎？ 则投算而战耳。富者胜乎？ 则量粟而战耳。兵利甲坚者胜乎？ 则胜易知矣。故富未居安也，贫未居危也，众未居胜也。……以决胜败安危者，道也。[2]

孙膑所说的"道"，有时指的是战争的总规律，有时指的是具体的战术原则，

---

[1]《孙膑兵法·八阵》。
[2]《孙膑兵法·客主人分》。

如"料敌计险，必察远近"等。他反复强调的是掌握战争规律的人的主观能动性在决定战争胜负中的关键作用：

> 兵之胜在于篡卒，其勇在于制，其巧在于势，其利在于信，其德在于道，其富在于亟归，其强在于休民，其伤在于数战。
>
> 恒胜有五：得主专制，胜。知道，胜。得众，胜。左右和，胜。量敌计险，胜。
>
> 恒不胜有五：将御不胜。不知道不胜。乖将不胜。不用间不胜。不得众不胜。[1]

《孙膑兵法》特别重视人在战争中的作用，提出了"天地之间莫贵于人"[2]的重要论断。因为战争的主体是人，冲锋在前的是士兵，运筹帷幄的是将帅，进行后勤支援的是百姓。所以他强调战争的正义性质，强调战争获得民众拥护的重要意义："兵不能胜大患，不能合民心者也。"所以"兵强在休民"，反对无限制地征发民力。为了使民众和士卒一心一意拥护战争，"蹈白刃而不还踵"，一方面要爱护民众和士卒，赏罚必信，建立国家与民众、将帅与士卒的互信关系："将者不可以不信，不信则令不行，令不行则军不转，军不转则无名。"[3]另一方面要千方百计地鼓励士气："合军聚众，务在激气；复徙合军，务在治兵利气；临境近敌，务在厉气；战日有期，务在断气；今日将战，务在延气。"[4]因为军队的基础是士卒，所以必须在士卒的选拔和训练上保证质量，"篡贤取良"，并按地方行政系统进行编组和训练。军队的头脑是将帅，对将帅要求更应该严格。在《将义》中，孙膑提出将帅必须具备义、仁、德、信、智五种品质。在《将德》残篇中，他又提出了将帅应该具备的几种美德，如爱护士卒，既不轻视弱小的敌人，也不被强大的敌人所吓倒，不骄不怯，谦虚谨慎，小心翼翼地对待每一次战争。将帅还必须具有"将在外君令有所不受"的独立精神，不受君主制约，独立判断敌情，果断地进行决策和指挥。在与敌人交战时，将帅必须具有与敌人拼个你死我活的无畏精神，他统帅的

---

①《孙膑兵法·篡卒》。
②《孙膑兵法·月战》。
③《孙膑兵法·延气》。
④《孙膑兵法·善者》。

军队也必须有与敌人拼个你存我亡的牺牲精神。同时,将帅又必须大公无私,赏罚分明,对部下一视同仁。另外,还要具有一种人格的感召力,为周围所有的人所拥戴。相反,将帅的缺点越多,战争失败的可能越大,因而必须坚决克服。孙膑强调士卒和将帅在战争中的举足轻重的作用,说明他已经认识到,在一定的物质条件下,战争的胜负更多地取决于士卒的素质,即他们的勇敢、顽强、坚韧、智慧,更多地取决于将帅的素质,即他们的品格、谋略、学识、勇毅、果决,特别是驾驭战争发展变化的本领以及引领战争走向的才能。

《孙膑兵法》中更多的内容是关于指导战争取得胜利的原则、方针和方法。例如,他认为战争中寡胜众、弱胜强是完全可以做到的,关键在于采取正确的战法。这方面他提出"攻其无备,出其不意"、"必攻不守"以及变敌人的优势为劣势,变自己的劣势为优势和集中兵力等原则和方法,以便在每次战争中都能做到:敌人虽多,能使它感到不足;粮食充足,能使它挨饿;安处不动,能使它疲劳;得到民众拥护,能使它离心离德;全军团结一致,能使它互相怨恨。致使敌人"四路"不通,"五动"不利,处处被动。而我军则变被动为主动,"我饱食而待其饥也,安处以待其劳也,正静以待其动也"①,这样就能必操胜券。孙膑已经意识到,与政治、经济等相比,最富变化、最难预见、最难把握的是战争,因为双方面对的都是充满敌意、恨不能把对方一口吞掉的将帅和他们统率的士兵。双方斗智斗勇,神出鬼没,波谲云诡,战场形势瞬息万变,因而不能用一种固定的办法去对付各种各样的敌人,即不能"以一形之胜胜万形"。所以将帅在战争中就必须根据不断变化的敌情和地形,及时地加以分析、判断,灵活地采用不同的战法,这就是他反复强调的"料敌计险","因地之利,用八阵之宜",即以己之变应敌之变,以己之变胜敌之变的思想。在《十问》、《十阵》等篇中,他对灵活运用战法的问题作了许多具体论述。

孙膑是一个军事家,一生从事攻守征战,当然无暇对哲学问题进行专门思考。但是,由于他从当时的战争实际出发,认真探索战争规律,就使他的兵学著作中包含了丰富的唯物论和辩证法思想。例如,他认为战争是一种

---

① 《孙膑兵法·善者》。

物质力量的竞赛,"战者,以形相胜者也"①,"兵不能见福祸于未形"②,谁也不能离开物质条件凭想当然指挥战争。所以他要求将领必须知天时、地形、民心、敌情、阵法以及道路的远近险易等各种情况。同时孙膑又认识到,世界上的事物千差万别,各有特点,虽然不能"以一形之胜胜万形",却能够"以万物之胜胜万物"。这就要求战争指导者必须十分重视研究战场上敌我双方的特点,从将帅的谋略、性格到士卒素质、兵器、装备、后勤供应以及地形、天气等都要了如指掌。在对敌我双方的真实情况洞悉于胸的基础上,才能制定出切实可行的战胜敌人的战略战术。在这里,处处展示着唯物论的光辉。孙膑正确地认识到战争中存在着一系列的矛盾,如敌我、主客、攻守、进退、众寡、强弱、奇正、积疏、盈虚、徐疾、径行、动静、逸劳、险易、治乱、生死、胜败等,同时又认识到这些矛盾的双方并非固定不变,而是互相转化:"天地之理,至则反,盈则败。……代兴代废,四时是也;有胜有不胜,五行是也;有生有死,万物是也;有能有不能,万生是也;有所有余,有所不足,形势是也。"③在《积疏》篇中,孙膑论述了积疏、盈虚、徐疾、径行、众寡、逸劳六对矛盾的相互关系,认为在军事上兵力集中胜于分散,战力充实胜于虚弱,走捷径胜于走大路,行动迅速胜于缓慢,兵多胜于兵少,安逸胜于疲劳。但这六对矛盾是可以转化的。孙膑认识到各种矛盾无不在一定条件下向对立面转化,将此思想用于指导战争,就要求充分发挥战争指导者的主观能动性,千方百计创造条件促成矛盾的转化:"敌积故可疏,盈故可虚,径故可行,疾〔故可徐,众故可寡,逸故可劳〕。"孙膑协助田忌谋划的桂陵之战和马陵之战的指导原则,就是充分发挥了矛盾转化的理论,运用种种手段,使魏军的优势转化为劣势,齐军的劣势转化为优势,从而创造了以弱胜强、以少胜多的典型战例。

当然,正像任何伟大人物都有不可避免的时代和阶级的局限性一样,孙膑自然也不例外。他虽然认识到战争在历史发展进程中的巨大作用,但却不知道战争只是历史上特定阶段存在的事物,自然也不会找到一劳永逸的消灭战争的途径。他尽管朦胧地意识到民心和士卒的向背对战争胜负的重要意义,然而也只是把它们作为被驱使和利用的工具而已。在他心目中,真

---

①③《孙膑兵法·奇正》。
②《孙膑兵法·兵失》。

正在战争中起决定作用的是"明王"、"圣人"和"王者之将",这表明在他思想上起主导作用的还是唯心主义的英雄史观。另外,他的军事辩证法思想也带有朴素和直观的性质,比如他以地形的不同把城分为可攻的牝城和不可攻的雄城,把"东注之水"说成"生水",把"北注之水"说成"死水",把"南陵之山"说成"生山",把"东阵之山"说成"死山"等,就是一种表面地静止地观察问题的方法,显然是形而上学的。

综上所述,可以看出,尽管出土的《孙膑兵法》残简还不能反映孙膑军事思想的全貌,并且还有着不可避免的时代和阶级的局限性,但这一兵书的确继承和发展了孙武、吴起的军事思想,达到了战国时代兵家学说的顶峰,在中国军事史上占有光辉的一页。

第二章　秦汉时期的山东思想文化

一、概述

从公元前 221 年秦朝统一中国,到公元 220 年东汉皇朝寿终正寝,其间441 年,是中国封建社会的初级阶段。这一时期,专制主义中央集权的行政体制已经确立并逐步加强,齐鲁地区的行政机构设置也处在不断变化中。秦朝是在地方推行郡县制比较彻底的皇朝。当时的齐鲁地区地跨数郡,即胶东、临淄、琅邪、薛四郡的全部,以及济北郡大部、东郡东部和东海、泗水、砀三郡的北部。秦朝的统治虽然只有短短的 15 年,但由于它坚持实行专制主义中央集权的行政体制,加上其他巩固和加强统一的政策措施,就使大一统的观念更加深入人心,成为中国各民族人民的共识,作为一种日益强固的理念,对以后中国历史的发展产生了极其巨大而深远的影响。两汉时期的地方行政体制是郡国并行制。由于封国变化较大,郡县相对稳定,因而齐鲁地区的行政设置也一直处于不断调整变化之中。西汉初年,在刘邦削平异姓诸侯王后,齐鲁的大部分地区一度置于齐王刘肥的统治之下。此后,由于文、景、武三代逐步实施削藩政策,到武帝时期,跨州连郡的封国已经不存在。剩下的封国,大者占地不过一郡,小者仅二三县,加上国君不亲自治政理民,其存在已不能构成对皇朝中央的威胁。此一格局一直延续到东汉时期。西汉时期,齐鲁地跨青州、徐州、兖州三个刺史部,共设立 12 郡 7 国。12 郡是:东莱、北海、齐郡、千乘、济南、平原、琅邪、泰山、东海、济阴、山阳、东郡。7 国是:胶东、高密、城阳、淄川、东平、鲁、楚。西汉与东汉之间,有王莽建立的新朝(公元 9—23 年)。由于它是王莽篡汉自立的产物,因而在中国传统的历史编纂学上，它被排斥在皇朝的统绪之外。然而，不管后人对王莽怎么评价，他毕竟建立了一个历时 14 年的皇朝。只是因为他的地方行政体制改革因随心所欲而混乱不堪，一般历史著作都对其略而不计。东汉实际上是刘秀君臣白手起家自创的一代皇朝，但因刘秀身为西汉皇族的一员，创业之中又尝到了"复汉兴刘"口号的甜头，因而就以接续西汉皇统相标榜。从制度、政策和思想文化源流看，东汉对西汉的继承是十分明显的。东汉时期的齐鲁仍然地跨青、徐、兖三州，设 7 郡 9 国。7 郡是：东莱、平原、泰山、东海、济阴、山阳、东郡。9 国是：北海、齐、乐安、济南、济北、东平、鲁、任城、琅邪。

秦汉四百多年间，齐鲁的自然地理、气候等变化不大。泰山、蒙山、鲁山、沂山等主要山脉自西向东绵延至海，山上依然是郁郁葱葱的森林植被，向南向北流出的泉水依然汇入潍水、汶水、沂水等河流，滋润着濒海的平原和河谷的沃土。齐鲁大地依然是人口众多、物产丰富、经济繁荣、文化发达的主要区域之一。不过，此一时期的齐鲁也是自然灾害的频发地区，水、旱、蝗、地震、海溢不时发生，不绝于史，多次出现"人相食"的记载。对于齐鲁地区来说，这一时期自然地理变化最大的是黄河的入境。本来，黄河只在齐鲁西界流过，并且，在三代和春秋时期又极少发生溢、决、徙，因而危害是较小的。自秦以后，由于黄河中上游人类活动的加剧，毁林垦荒日趋严重，水土保持受到日甚一日的破坏。这样，自西汉起，黄河下游的溢、决、徙就频繁发生，给齐鲁百姓带来无数忧患。

秦汉四百多年间，思想文化上经历了由秦朝的"独尊法术"到西汉初年的黄老之学一度兴盛，再到汉武帝实行"罢黜百家，独尊儒术"，齐鲁文化终于完成了由地域文化向主流文化的跃升。先是，秦朝建立后，秦始皇君臣继续其青睐法家学说的历史传统。虽然他们将一批齐鲁儒生收进咸阳的宫廷做博士，备顾问，在建国的理念上也利用了阴阳五行学说，但由于他们认识不到儒家学说对于稳定社会秩序、安定民生的重要意义，一味笃信法家学说立竿见影的实践效果，最后导向"焚书坑儒"的极端专制主义的思想文化政策，也使自己成为中国历史上最短命的皇朝之一。西汉初年，"禁网疏阔"，在秦朝专制主义的思想文化政策下饱受压抑的诸子百家乘时而起，除墨家外，其他各派都有代表人物出现在政治或学术舞台上，积极宣传自己的学说并互相辩诘,其中儒道互黜的情形最为激烈。刘邦去世后,黄老之学因迎合了当权的统治者和广大百姓希望稳定秩序、发展生产、安定民生的意愿,一度被汉朝君臣定为指导思想,于是有了西汉初年的"黄老之治",在政策上表现为轻徭、薄赋、节俭、省刑的宽松的统治方略,创造了"文景之治"的著名盛世。然而,黄老思想鼓吹的"无为而治"的理念尽管为实行与民休息的政策找到了理论根据,但其弊端随着历史的发展也日益显现。它的保守放任的行政原则一方面造成了匈奴等少数民族的坐大,形成了越来越严重的"边患";另一方面也造成了诸侯王和地方豪强势力的膨胀,削弱了皇朝中央的集权。到汉武帝时期,"黄老之治"的局限更加明显,而儒学经过董仲舒等人的改造已经展示出它能够作为统治思想的魅力。汉武帝于是宣布实行"罢黜百家,独尊儒术"的思想文化政策,这样,由原始儒学发展而来的经学就成为两汉时期,尤其是东汉时期的主流意识形态。而发端于齐鲁的儒家思想也就由地域文化跃升为主流文化。以《洪范》察变,以《禹贡》治河,以《春秋》决狱,以三百篇作谏书,经学的威力由此可见。两汉经学的主要代表人物大都出自齐鲁,不少儒生以经学的背景获得三公九卿和郡国守相的高官。东汉后期,经学的迷信和繁琐的弊端日趋严重,思想界于是酝酿着新的转向,激烈干政的"清议"慢慢转向"清谈",玄学露出了地平线。与此同时,在激烈干政的"清议"中异军突起的社会批判思潮给东汉思想界吹进一缕清风,齐鲁士人徐干和仲长统成为这一思潮的领军人物。

二、秦与西汉初期的齐鲁儒学

(一) 齐鲁儒生同秦朝的合作与离异

生活于春秋战国时代的各学派的知识分子,大概因为目睹了太多的列国之间的战争给百姓带来的灾难,绝大部分都渴望中国由诸侯分裂割据走向统一。只是由于所持的学说不同,因而所主张的统一方式和途径不同罢了。所以,当秦军以凌厉的攻势向东方六国进兵时,各学派的代表人物,除一部分积极协助秦王运筹帷幄,个别人物襄助六国抵御秦军外,绝大部分人采取了静观其变的态度。当秦皇朝统一六国后,相当多的知识分子都主动地与其合作。秦皇朝的统治者肇自甘陇地区,"孔子西行不到秦",所以秦国的文化相对滞后于东方六国,尤其是齐鲁。大概秦王嬴政也认识到这一点,所以在向六国进军的时候,除大量掠取珍宝、美人外,还有意识地网络各地有名望的知识分子,"悉召文学方术之士甚众"①。其中70多人被授予博士之官,成为皇帝的顾问。另有2000多人被置于博士名下做诸生,一面为朝廷服务,一面等待晋升的机会。博士和诸生显然代表了中国当时知识界的精英,包括了战国参与"百家争鸣"的各学派的主要代表人物。其中一部分来自齐鲁,如精通《尚书》的济南人伏生,后来被誉为"汉家儒宗"的薛(今山东滕州南)人叔孙通,都是70多位博士中的成员。而"通六艺"的孔子九世孙孔鲋也被秦始皇礼聘为"文通君"。这些博士与诸生在秦朝受到相当的礼遇,"始皇置酒咸阳宫,博士七十人前为寿"②。他们还经常被邀请参与军国大事的议决,如议分封,议封禅,议对付陈胜、吴广领导的起义军的方略等。面对空前统一的大帝国和气吞万里的秦始皇,他们竭诚为之服务。每次参与议事,他们都"各以其所学"为据,毫无保留地贡献自己的意见。做到知无不言,言无不尽。他们真诚地期望秦皇朝繁荣富强,希望自己的知识有用武之地,自己的人生价值得以实现。另有一部分知识分子,可能对秦朝的武力统一方式和其他政策有不同看法,因而对其采取不合作、不对抗的态度,继续授徒讲学,潜心于自己感兴趣问题的研究。齐鲁儒生中大概这类人占了相当大的比例。"夫齐鲁之间于文学,自古以来,其天性也",儒生"尊夫子之业而润色之"③,从未间断,以至后来刘邦、项羽争天下,在鲁城被刘邦的大军围攻的情况下,他们"犹弦歌不辍"。孔子死后,他们将孔子的遗风传下来,按时习礼祭孔:"鲁世世相传以岁时奉祠孔子冢,而诸儒亦讲礼乡饮大射于孔子冢。"④如孔鲋一直聚徒讲学,其门下有大量授业弟子。《齐诗》的创始人齐人浮丘伯,《田氏易》的创始人齐人田何,礼学的创始人鲁人高堂生,以及精研黄老之学的齐人胶西盖公等,都在乡间默默地授业讲学,同时参加经书的整理。尽管这一批人在儒学理论上缺乏创新,但是,正是通过他们的讲学活动,培养了一大批传人,使齐鲁思想文化在秦朝以后得以保存和发展下去。

尽管秦始皇、李斯等为代表的秦朝统治思想凸显法家的特色,但他们还

---

①②《史记·秦始皇本纪》。
③《史记·儒林列传》。
④《史记·孔子世家》。

是自觉不自觉地吸纳了儒学中对自己有用的东西。从实用的层面上，"至秦有天下，悉六国礼仪"①，而这些礼仪制度基本上是荀子对三代礼制的综合，还有那些祭祀礼仪也大都是儒生们完成的。特别是从思想的层面上，儒家思想虽然是悄悄地，但却是明显地渗入了秦朝统治思想的体系。如"大一统"是儒家"王道"思想的主要内容，可在李斯撰稿的秦刻石文中，却豪情洋溢地写上了"六合之内，皇帝之土。西涉流沙，南尽北户。东有东海，北过大夏。人迹所至，无不臣者"②。仁义道德、礼教规范，更是儒家思想的主要内容，法家代表人物韩非曾对这些内容进行过极其猛烈的抨击。然而，在秦刻石文中，这些内容却堂而皇之成为大力宣扬的东西了。什么"贵贱分明，男女休（礼）顺"，"昭隔内外，靡不清静"，什么"饬省宣义，有子而嫁，倍死不贞，防隔内外，禁止淫逸，男女洁成。夫为寄豭，杀之无罪，男秉义程。妻为逃嫁，子不得母，咸化廉洁"③。如果秦朝的思想文化政策一直沿着兼收并蓄的路子走下去，它的历史可能是另外一种面貌。然而，由于各种因素的制约，它不可能沿着这条路走得太远。秦国长期僻处西方一隅，高山大河限制了它与中原地区的交往，具有一定程度的封闭性。商鞅变法使其在短期内获得了巨大成功，经济、军事力量有了惊人的发展，因而取得了统一中国的胜利。但是，秦国历代统治者大都急功近利，比较多地看到政治、经济、军事因素同自己兴旺发达的关系，却忽略了思想文化所具有的长期的潜移默化的作用，秦始皇君臣在统一之初虽然也有意识地收揽了一批诸子百家的代表人物，并给其中的 70 多人以博士的头衔，然而，秦始皇收揽这些知识界的头面人物不是从战略的高度重视思想文化建设，而是让他们备顾问，以御用文人的身份为自己歌功颂德。秦始皇、李斯尽管也吸纳了部分儒家思想，但缺乏理论上的自觉意识，较多地停留在实用的层面上。平心而论，进入秦朝宫廷和各级官府的知识分子，绝大部分人都热望以自己的知识才智为秦朝服务，并由此猎取富贵利禄。秦始皇君臣完全应该利用统一全国后的大好形势，把广大知识分子的向心力导向为自己服务的轨道，充分发挥他们的专业特长，振兴文教，以纠正秦皇朝重政治、经济、军事而轻文化的弊端。然而，恰恰相反，秦始皇听信李斯之流的谬说，片面地弘扬商鞅以来的

①②③《史记·秦始皇本纪》。

法治传统,逐渐形成了一套专制主义的思想文化政策,从而一步步激化了与知识分子特别是与儒生的矛盾。从战国进入秦朝的绝大部分知识分子,都经过"百家争鸣"的洗礼,具有自由奔放的心态,长于辩诘,遇事敢于发表自己的见解,以标新立异为荣,这就必然与秦皇朝舆论一律的要求发生冲突。自由奔放的心态与思想专制的现实无法适应,"焚书坑儒"的惨剧也就具备了历史必然性。

公元前221年(秦始皇二十六年),秦朝建国伊始,朝堂上就发生了一场围绕在全国实行何种政治体制的辩论。丞相王绾从秦皇朝的长治久安出发,考虑到战国以来的实际情况和当时人们的心理习惯,建议实行"郡国并行"制:"诸侯初破,燕、齐、荆地远,不为置王,毋以填之。请立诸子,唯上幸许。""始皇下其议于群臣,群臣皆以为便。"①这说明王绾的建议符合当时的实情,因而得到群臣的赞同。可是当时任廷尉的李斯站出来,力排众议,要求在全国各地不加区别地一律实行郡县制。李斯的意见迎合了秦始皇要求高度集权的愿望,因而得到他的肯定,于是决定在全国推行郡县制。随着历史的发展,秦始皇在政治和思想上的专制主义倾向愈来愈得到加强,对于不同意见的容忍度也愈来愈小了。公元前213年(秦始皇三十四年),又一场大辩论便引出了"焚书坑儒"的惨祸。这一年,秦始皇于咸阳宫大宴群臣。仆射周青臣乘机对秦始皇肉麻地吹捧了一番:

> 他时秦地不过千里,赖陛下神灵明圣,平定海内,放逐蛮夷,日月所照,莫不宾服。以诸侯为郡县,人人自安乐,无战争之患,传之万世。自上古不及陛下威德。②

周青臣所讲的这类阿谀逢迎之词在当时已是司空见惯,秦始皇也已经听得顺耳、悦耳,听得心花怒放了。谁知参加这次宴会的博士齐人淳于越看不惯这种一味歌功颂德的风气,加上对分封问题有不同看法,于是站出来,讲了一通不合时宜的话:

> 臣闻殷周之王千余岁,封子弟功臣,自为枝辅。今陛下有海内,而

---

①②《史记·秦始皇本纪》。

子弟为匹夫，卒有田常、六卿之臣，无辅拂，何以相救哉？事不师古而能
长久者，非所闻也。今青臣又面谀以重陛下之过，非忠臣。①

这里，淳于越的批评虽然尖锐，但却没有丝毫恶意，倒是表现了他的敢于谏
诤的勇气和对秦朝特有的忠贞。他关于"师古"的建议也不是什么"复古倒
退"，而只是要求秦始皇注意总结历史的经验教训。以古为鉴是当时许多
知识分子，尤其是儒家知识分子的思维模式。当秦始皇再一次将淳于越的
意见交群臣讨论时，已经晋升为丞相的李斯抓住机会，借题发挥，提出了
"罢黜百家，独尊法术"以及为此而焚书的主张：

　　　　五帝不相复，三代不相袭，各以治，非其相反，时变异也。今陛下创
大业，建万世之功，固非愚儒所知。且越言乃三代之事，何足法也？异
时诸侯并争，厚招游学。今天下已定，法令出一，百姓当家则力农工，士
则学习法令辟禁。今诸生不学今而师古，以非当世，惑乱黔首。丞相斯
昧死言：古者天下散乱，莫之能一，是以诸侯并作，语皆道古以害今，饰
虚言以乱实，人善其所私学，以非上之所建立。今皇帝并有天下，别黑
白而定一尊。私学而相与非法教，人闻令下，则各以其学议之，入则心
非，出则巷议，夸主以为名，异取以为高，率群下以造谤。如此弗禁，则
主势降乎上，党与成乎下。禁之便。臣请史官非秦记皆烧之。非博士
官所职，天下敢有藏《诗》、《书》、百家语者，悉诣守、尉杂烧之。有敢偶
语《诗》、《书》者弃市，以古非今者族。吏见知不举者与同罪。令下三
十日不烧，黥为城旦。所不去者，医药卜筮种树之书。若欲有学法令，
以吏为师。②

李斯这个为了统一思想而焚书，为了舆论一律而禁止言论自由的建议得到
了秦始皇的首肯，于是一道焚书令飞向全国。随着焚书的烈焰在各地熊熊
燃起，战国时代视为天经地义的言论自由被窒息了。这自然激化了秦皇朝
与法家之外的各家知识分子的矛盾。第二年(前 212 年)，曾经答应为秦始
皇寻找"仙药"的方士侯生和卢生对秦始皇"专任狱吏"、"以刑杀为威"的

_____

①②《史记·秦始皇本纪》。

集权专制进行了一通私下批判后悄然逃走。以此为导火线，盛怒中的秦始皇下令严惩在咸阳的方士和儒生。牵连到此案中的 460 多个方士和儒生被坑杀于咸阳以东的渭水河畔。秦始皇的"焚书坑儒"是中国封建皇朝厉行思想文化专制的第一个"杰作"，被后世几乎所有历史学家斥为愚蠢而又野蛮的暴行。以儒生为代表的知识分子，从战国的分裂状态汇集到统一的秦皇朝的庙堂，其中绝大部分人都愿意以自己的知识和技能为秦皇朝服务。如何调动这一批人的积极性，充分发挥他们的聪明才智为秦皇朝经济文化的发展贡献力量，应该是秦皇朝的知识分子政策着力解决的问题。可惜秦皇朝在此问题上采取了完全错误的政策。首先，秦始皇君臣没有从思想上认识知识分子尤其是儒生的重要作用，根本不了解"逆取顺守"的真理。在全国已经统一，历史转入发展经济文化的和平时期，仍然坚持战争年代即夺取政权时期的用人政策，其所用之人，非好大喜功之武夫，即刻薄寡恩之狱吏，他们只会把秦皇朝的政策推向对内残酷压榨、对外穷兵黩武的绝路。其次，"焚书坑儒"是一种空前愚蠢和野蛮的暴行，它是战国时期"礼贤下士"之风的反动，也是对"百家争鸣"学术思潮的扼杀，是中国思想史上的一次大倒退。焚书毁掉了大批珍贵的文化典籍，是中国文化史上一次空前的浩劫，造成永远无法弥补的损失。与秦始皇君臣的愿望相反，焚书坑儒非但难以禁止人们的自由思考，而且一举打掉了儒生们对秦皇朝的最后一点幻想，使他们产生了与秦皇朝不共戴天的仇恨。那些劫后余生者，有的逃出咸阳，有的暂时隐蔽，有的虚与委蛇。当秦末农民战争的烈火燃起的时候，儒生们便公开站到了秦皇朝的对立面，勇敢地投入起义队伍，与造反的农民相结合，变成了反秦的重要力量。孔子的九世孙孔鲋，怀抱礼器，毅然投奔陈胜，被任为博士，最后与陈胜一同死难。叔孙通、张苍等人也由秦朝的官吏归降起义军，后来成为汉皇朝的开国功臣。显然，秦始皇为他这个野蛮的举措付出的是最高昂的代价，这就是秦朝的二世而亡和嬴氏家族的绝祀灭宗。当焚书的烟焰还没有消散，儒生们的鲜血还在渭水之畔流淌的时候，人民的反叛已经开始了。再次，焚书坑儒既标志了齐鲁儒生与秦朝的决绝，也标志了以儒学为代表的齐鲁文化迈向主流思想文化进程的暂时中断。如上所述，随着齐鲁儒生走进秦皇朝的庙堂，儒家思想已悄悄地渗入其统治思想。如果没有焚书坑儒，儒学凭其自身的优势，一定会加快渗入统治思想的步伐。

焚书坑儒表明秦朝统治者对儒学的极力排拒,儒生和儒学只能另外寻找自己的寄托与附丽。

(二)叔孙通的礼学与汉高帝曲阜祭孔

叔孙通之所以被司马迁誉为"汉家儒宗",是因为他第一次从实用的层面上实现了儒学与政治的自觉结合,为齐鲁文化从地域文化跃升为主流文化迈出了十分重要的一步。

叔孙通,秦朝薛县(今山东滕州南)人,生卒年不详。从其受教育的程度推断,他起码出身于殷实之家。秦朝末年,以文学征为待诏博士。他既熟悉儒家经典和古代礼制,又能审时度势,通权达变,没有一般儒生的迂腐之气。秦末农民起义爆发后,他知道秦朝的末日来临,就设计逃出咸阳,先归顺项羽,不久又归顺刘邦。公元前202年(汉五年)二月,刘邦在定陶即皇帝位,叔孙通为他制定了尊号和朝仪。不过,由于叔孙通主张废除秦朝的仪法,而在匆忙中制定的汉朝仪法又太简单,再加上汉初的群臣大多出身卑微,与刘邦同为编户齐民,对封建社会上层的繁文缛礼知之太少,且又不愿意受其约束,因而在朝会饮宴时就经常出现"群臣饮酒争功,醉或妄呼,拔剑击柱"①的情景。贵为天子的刘邦对这种现象自然十分厌恶。叔孙通看在眼里,就乘机进言说:"夫儒者难与进取,可与守成。臣愿征鲁诸生,与臣弟子共起朝仪。"对于严格的礼法一直抱有反感的刘邦问叔孙通:"得无难乎?"叔孙通马上迎合刘邦喜欢简易的心理,解释说:"五帝异乐,三王不同礼。礼者,因时世人情为之节文者也。故夏、殷、周所因损益可知,谓不相复也。臣愿颇采古礼与秦仪杂就之。"刘邦听了很高兴,但又特别叮嘱叔孙通说:"可试为之,令易知,度臣所能行之。"叔孙通接受了制定朝仪的任务后,首先以朝廷使者的身份到鲁地征聘儒生,因为他们比较熟悉古代的礼仪制度,有30多人愉快地应征,但也有两人不仅坚决加以拒绝,而且还对叔孙通的为人和制定朝仪的活动加以讽刺:

公所事者且十主,皆面谀以得亲贵。今天下初定,死者未葬,伤者

———————
①《史记·刘敬叔孙通列传》。

未起,又欲起礼乐。礼乐所由起,积德百年而后可兴也。吾不忍为公所为。公所为不合古,吾不行。公往矣,无污我。①

面对食古不化、不知时变的两位儒生,叔孙通不予计较,一笑置之。叔孙通一行从鲁地归来后,即在长安郊外的空旷之处搭起帐篷,带领 30 多个儒生和百余弟子,按照他制定的朝仪一遍又一遍地进行演习。经过一个多月的演练,叔孙通认为已经合乎规范,就请刘邦前去观看。刘邦看后十分满意,下令群臣由叔孙通指导进行排练。公元前 200 年(汉七年)十月一日,是颛顼历的新年第一天,在新落成的雄伟壮丽的长乐宫中,依照叔孙通制定的朝仪,举行了群臣朝拜皇帝的隆重大典。这一天天亮之前,谒者就引导文武群臣依照爵秩等第按次序进入殿门。只见廷中排列着整齐的肃穆规整的车骑步卒卫队,手执各种兵器和各色旗帜,煞是威严。司礼官一声传呼,殿下郎中立即夹陛而立,每陛数百人。功臣列侯将军军吏按照次序排列于殿下西边,面向东;文官丞相以下排列在东边,面向西。大行设九宾之礼,上下互相传告。一切准备就绪之后,刘邦乘辇出房升殿,百官执帜,传声唱警。刘邦升御座,大行引诸侯王以下至六百石的官员依次一一向刘邦致贺。"自诸侯王以下莫不震恐肃敬"。贺礼过后,文武百官伏地而拜。接着,皇帝赐酒,大宴群臣。群臣在殿上皆俯伏低首,依尊卑次序举爵为皇帝祝寿。酒过九行,谒者就宣布"罢酒"。在整个朝拜和宴会进行中,都有御史执法,随时把不按礼仪行事的官员引去惩治,因而朝会与酒宴自始至终都秩序井然,没有一个人敢欢哗失礼,昔日"醉或妄呼,拔剑击柱"的混乱情景一扫而光。这次朝会之后,刘邦情不自禁地冒出了一句话:"吾乃今日知为皇帝之贵也。"叔孙通因制定朝仪而得到刘邦的赏识,被任命为九卿之一的太常,赐金 500 斤。这时,叔孙通乘机对刘邦说:"诸弟子儒生随臣久矣,与臣共为仪,愿陛下官之。"②首次认识了儒学的实用价值,被皇帝的威严和至尊,特别是被群臣的叩首和称颂陶醉得有点飘飘然的刘邦,开始改变对儒生的偏见,下令一律任命他们为郎官。罢朝之后,叔孙通将刘邦所赐 500 斤黄金全部转赐给弟子和参与定朝仪的儒生。这些跟随叔孙通饱经战乱和贫困、受

①②《史记·刘敬叔孙通列传》。

尽颠沛流离之苦的弟子们，面对突然降临的官位和黄金，无不感激涕零，众口一词地称颂叔孙通为"知当世要务"的"圣人"。公元前 198 年（汉九年），叔孙通晋升为太子太傅，这是一个比九卿更荣耀更尊贵的职务。叔孙通也就更加兢兢业业地为汉皇朝服务，担当起教育太子的重任。公元前 195 年（汉十二年），刘邦在戚夫人的诱劝下，打算改易太子，以赵王刘如意代替已立为太子的嫡长子刘盈。此举几乎引起了满朝文武官员的一致反对。当时持反对意见最强烈的有两人：一个是御史大夫周昌，另一个就是叔孙通。周昌反对的态度特别坚决，叔孙通阐发的反对的理由特别充分。他直言不讳地说：

> 昔者晋献公以骊姬之故废太子，立奚齐，晋国乱者数十年，为天下笑。秦以不早定扶苏，令赵高得以诈立胡亥，自使灭祀，此陛下所亲见。今太子仁孝，天下皆闻之；吕后与陛下攻苦食啖，其可背哉！陛下必欲废嫡立少，臣愿伏诛，以颈血污地。①

面对叔孙通发自肺腑的泣血的忠告和其他臣僚的态度，刘邦改易太子的决心发生了动摇。于是解嘲似的对叔孙通说："公罢矣，吾直戏耳。"但叔孙通不依不饶："太子天下本，本一摇天下震动，奈何以天下为戏！"最后逼得刘邦说出"吾听公言"，方才罢休。在此次改易太子的风波中，叔孙通一改在秦廷时的圆滑狡黠、阿谀献媚之态，表现了一个直言敢谏的骨鲠之臣的凛然正气。汉惠帝继位以后，叔孙通复任太常，奉惠帝之命定宗庙仪法和其他各种仪法，使汉皇朝的各种礼仪制度进一步完善。

　　叔孙通作为一介儒生，与言必称尧舜文武周公的那些食古不化的儒生不一样。他虽然出生于鲁地，从小受的是正统儒学教育，但在他身上更多展示的是齐学的特点，与时俱进，通权达变，反映了秦末汉初择木而栖的一部分儒家知识分子的风貌。所以司马迁评论他说："希世度务礼制，进退，与时变化，卒为汉家儒宗。'大直若拙，道固委蛇'，盖谓是乎？"②这部分儒生中的不少人曾经被秦皇朝聘为博士和诸生，在秦朝备顾问之职。他们一度热诚地为秦皇朝服务，希望以自己的努力获取富贵荣华。然而，一场"焚书

_____

　　①②《史记·刘敬叔孙通列传》。

坑儒"的惨剧使他们中的绝大多数人对秦皇朝彻底失望。因而,当秦末农民起义的烽火在东方燃起以后,他们中的不少人都投入了农民起义队伍,不惜与最卑贱的造反者一起进行推翻秦皇朝的斗争。同时,也开始了他们选择服务对象以及改造自己的学说以适应时代需要的过程。叔孙通的经历正反映了这类儒家知识分子的共同动向。表面上看,他历仕秦始皇父子、项梁、楚怀王、项羽、刘邦和惠帝,数年之内,数易其主,似乎毫无节操。究其实,却正说明叔孙通并不轻易向某个帝王奉献忠贞的品格。他要看一看各个帝王是不是他心目中理想的明主,是不是值得为之奉献节操。在秦二世面前,叔孙通的确显得圆滑世故,这其实是一种免祸的手段。试想,以直言敢谏死在秦二世这样荒唐而又低能的昏君面前又有什么价值呢!但是,叔孙通一旦选定刘邦作为自己的服务对象后就再也没有动摇。尽管创业时期的刘邦对儒生表现了很深的偏见,也曾给予一些儒生令人不堪忍受的侮辱,可是叔孙通对他的选择依然坚定不移。这是因为,他相信刘邦的统一事业一定会获得成功,也相信自己的理想和学说会在统一后的皇朝得以实现。在楚汉战争的烽火岁月里,他知道不是自己那些柔弱的弟子们显露身手的时候,所以,他多次向刘邦推荐的是那些能在战场上冲锋陷阵的赳赳武夫。他自己也甘居默默无闻的地位。后来,西汉建国,当刘邦感到需要制定一套礼仪制度时,他主动请缨,与弟子们一起很快并出色地完成了任务,从而赢得了刘邦的欢心,也为弟子们找到了进身之阶,更重要的是为他服膺的理论和学说初步找到了用武之地。此后他更关心的是汉皇朝的稳定与巩固,在刘邦改易太子的风波中表现得十分坚定。对于叔孙通,后世人往往根据鲁国两位儒生的讥评,把他看做毫无节操、见风转舵,只会胁肩谄笑的势利小人,这实在是一种历史的偏见。事实上,叔孙通精通儒家经典尤其是古代礼制,同时又善于审时度势,通权达变,非一般执著于先儒旧典的迂腐儒生所能比拟。你看,当陈胜、吴广起义以后,叔孙通故意投昏聩无能的秦二世之所好,将起义军说成是不足挂齿的"鼠窃狗盗",然后乘二世对他疏于防范寻机离开咸阳,表现了何等的机智!此后,他先投项梁,再依楚怀王,又转事项羽,最后归附刘邦,数易其主,毫不迟疑,随时择木而栖,是何等的灵活!在楚汉战争期间,他追随刘邦,南征北战,艰苦备尝。他去儒服,着楚装,荐壮士,抑私求,百般小心,不露声色,是何等的耐心!全国统一,刘邦登基,伺机进言,制定朝仪,一举赢得刘邦欢心,自己升任太常,弟子尽得郎官,是何等的善扬长而巧避短!最后,在改易太子的风波中,他直言劝告,以死进谏,铁骨铮铮,大义凛然,使刘邦改变初衷,维护了国家的稳定,其表现又是何等的忠贞与坚定!如此明辨世情,洞悉政事,巧于避祸,多次易主,善于用其所学而又敢于谏诤,在秦末汉初的儒者群中,仅叔孙通一人而已。所以,公正地说,叔孙通不愧为一个通晓儒家经典、明晰历史大势、有本事、善决断,并且能够顺应历史潮流的优秀儒生,也是统一强大的汉皇朝所需要的人物。虽然他的某些色彩与汉初的其他布衣将相们似乎有不大协调的地方,但他却是汉皇朝不可或缺的一位重臣。当然,也应该看到,叔孙通作为儒家学派的领袖人物,尽管凭其超人的智慧与学识获取了高官,并使刘邦为首的汉初统治者初步认识了儒学的价值,但他仅仅是在儒学与政治的结合上迈出了有力的一步,而在儒学的基本理论方面却没有什么创造和开拓,特别是未能对传统儒学体系进行适应封建统治需要的全面改造。叔孙通号为“汉家儒宗”,可是《汉书·艺文志》查不到他的著作目录,《全汉文》也没有辑入他的片言只语。显然,叔孙通对儒学的贡献主要是“立功”而非“立言”。他虽然弟子众多,但本人却是“述而不作”。所以就“立言”而言,秦汉之际的儒生肯定有人超过他;而就“立功”而言,他绝对是一个佼佼者。正因为如此,尽管叔孙通在儒学发展史上不失为一个有贡献的人物,但他还不能使儒学成为统治阶级独尊的指导思想。当然,造成这种状况有着复杂的时代原因,不应苛责叔孙通一人。

不管叔孙通有多少时代和他本人决定的缺点、弱点和不足,以他为代表的齐鲁儒生在秦朝任博士和后来进入汉皇朝的庙堂,特别是他为汉高帝和汉惠帝制定了朝仪与其他礼仪制度,展示了儒学的实际功用,扩大了以儒学为核心的齐鲁文化的影响,使齐鲁文化在迈向主流文化的道路上迈出了重要的一步。

在儒学由齐鲁的地域文化变成主流文化的过程中,汉高帝刘邦是一个有贡献的人物。他虽然既非齐鲁之人,又不是学林巨子,但因为他以帝王之尊青睐儒学和到曲阜祭孔,就为儒学提供了展示自己的广阔舞台,因而值得写上一笔。刘邦(前256—前195年)是西汉皇朝的开国君主,中国历史上第一个布衣皇帝。公元前209年,他以一介亭长响应陈胜、吴广的反秦起事,发动了丰沛起义,义无反顾地走上了"伐无道,诛暴秦"的艰险之途。经过三年的奋战,公元前206年十月,他统帅的十万大军直捣秦都咸阳,给赫赫扬扬的秦皇朝画上了句号。之后,又经过四年的艰苦搏战,使勇冠三军的项羽自刎乌江,数以十计割据称雄的野心家——败亡。公元前202年二月甲午,当刘邦在群臣的欢呼声中登上皇帝宝座的时候,千百万渴望和平生活的百姓为之祝祷,绵延万里的锦绣山川为之吟唱。七载奋斗,一朝辉煌,蹑足九五,天高地阔,何其壮也!

刘邦从48岁起兵反秦,到62岁寿终正寝,他与儒学的关系一波三折。由最初的鄙薄儒生、蔑视儒学,到晚年的崇尚儒学,亲奠孔圣,几乎来了个一百八十度的大转弯,前后似乎判若两人,实在耐人寻味。刘邦是秦始皇的同时代人,在其青少年时期,故乡已成为楚地,他从小受楚文化的熏陶,所以在垂暮之年还能唱出《大风歌》那样苍凉悲壮的楚声。进入青壮年时期,他亲眼目睹了所向披靡的秦军在十年之间翦灭六国的壮举。之后,在秦皇朝实行的"以法为教"、"以吏为师"的文化专制氛围中,他耳濡目染的自然是对法家思想的崇拜和服膺。再后,在三年的反秦战争和四年的楚汉战争中,他又亲身体会了"马上得天下"的豪情。如此,法家思想立竿见影的功用给刘邦留下了刻骨铭心的记忆。在秦朝之前的战国时期,尽管儒学已成为声势显赫的学派,但因其学说"博而寡要,劳而少功"①,所以很少得到统治者的垂青,也就没有创造出指导政治成功大业的事例,因而也就难以引起后世创业者的重视。以上诸多因素,决定了刘邦对法家思想的偏爱和对儒学由于陌生而产生的排拒之情。所以,在反秦战争和楚汉战争中,刘邦骂"竖儒",詈"腐儒",甚至有以儒冠为"溺器"近乎恶作剧的行为,就是可以理解的了。然而,时间可以改变一切。统治的需要和现实的教育使刘邦一步步亲近儒生,日甚一日地重视儒学,最后发展到到孔子的灵前顶礼膜拜,成为向孔子献上太牢之礼的第一个统一皇朝的封建帝王。就这样,刘邦仿佛被一只无形的手牵引着,身不由己地改变着自己的形象。秦皇朝独尊法术,一意孤行,焚书坑儒,灭百家之学,大大激化了它与儒家学派的矛盾。因而,当陈胜振臂一呼,大泽风雷顿起之时,"鲁诸儒持孔氏之礼器往归陈王。于是孔甲

---

① 《史记·太史公自序》。

为陈涉博士,卒与涉俱死"①。秦朝儒学博士叔孙通则悄悄溜出咸阳,投入了反秦起义军。其余陆贾、郦食其和萧何等一批颇具儒家气质的知识分子亦纷纷投到刘邦的队伍中效力,并且都立下了不朽之功。他们的忠诚、才干和谋略在血与火的搏战中经受了严峻考验。当楚汉战争结束的时候,刘邦不得不正视一个有目共睹的事实:儒生并不像他想象的那样"迂阔而远于事情",儒学亦不像他想象的那样"劳而少功"。

刘邦高举反秦的义旗开始了自己的政治生涯,又亲眼看着秦皇朝在自己的战马前撕下了最后一页日历。因而,"秦二世而亡"的教训时刻萦绕在他的脑际。"废秦苛法,与民更始",是他争取民心、稳定形势的最重要的举措。汉初"禁网疏阔",在秦时备受压抑的诸子百家及其代表人物又活跃起来,聚徒讲学,思想争鸣,一时又仿佛重现战国时代的盛景。这就给儒家学派提供了一个发展和改造自己的良好的社会环境,使儒生们根据封建统治者的需要,开始了儒学自我改造的曲折历程。当儒学向刘邦发出诗意的微笑时,刘邦昔日对儒生紧绷的面孔也开始绽出了笑容。

公元前202年,当刘邦登基的鼓乐响彻云霄的时候,新生的大汉帝国也面临着一个重大的历史转折:由"逆取"转向"顺守",由战时转向和平。政权既已到手,安定社会秩序,恢复发展生产,协调各种社会矛盾,维护和巩固这个新生政权的任务就提上了历史日程。而陶醉于胜利喜悦中的刘邦却是在谋臣的推动下不自觉地完成这个转变的。史载陆贾时时在刘邦面前称引《诗》、《书》,实际上是委婉地提醒他做好转变政策的思想准备,不料刘邦听了不耐烦地大发雷霆说:"乃公居马上而得之,安事《诗》、《书》?"陆贾毫不示弱,针锋相对地送给刘邦一副"清醒剂":

> 居马上得之,宁可以马上治之乎?且汤武逆取而以顺守之,文武并用,长久之术也。昔者吴王夫差、智伯极武而亡;秦任刑法不变,卒灭赵氏。向使秦已并天下,行仁义,法先王,陛下安得而有之?②

聪明的刘邦一点即破,他开始意识到转变政策的重要。是的,气吞山河的秦

---

①《史记·儒林列传》。
②《史记·郦生陆贾列传》。

始皇既然因为不知转变政策导致秦朝二世而亡,使他这个微不足道的亭长因利乘便地君临天下,那么,如果自己也同样迷信武力,钟情法术,秦二世的亡灵就会向他招手。恍然大悟的刘邦于是诚心诚意地要求陆贾总结包括他自己在内的历代王朝成功的经验和覆灭的教训。陆贾由此写出了刘邦为之命名的《新语》一书,共 12 篇,其中的每一篇都当着刘邦及群臣的面宣读过,收到了"高呼万岁"的效果。刘邦显然被陆贾那浸透着儒家思想的精彩论断打动了,他在不知不觉中向儒学靠近了一步。从此,儒学在汉朝廷有了一席之地,刘邦也彻底转变了对儒生和儒学的态度。晚年,他总结自己年轻时不爱读书的教训,谆谆告诫自己的儿子必须虚心向学:

> 吾遭乱世,当秦禁学,自喜读书无益。洎践祚以来,时方省书,乃使人知作者之意。追思昔所行,多不是。
>
> 吾生不学书,但读书问字而遂知耳。以此故不太工,然亦足自辞解。今视汝书,犹不如吾。汝可勤学习,每上疏亦自书,勿使人也。①

显然,做皇帝以后的刘邦开始读了不少包括儒家经典在内的书籍,从中如饥似渴地汲取治国安民的理论与知识。现实的教育和儒学经典的启示,使刘邦心目中不断增益对孔子及儒学的崇敬之情。最后,在他离世前的五个月,即公元前 195 年(汉十二年)的十一月,刘邦以 62 岁的高龄,拖着久病的躯体前往孔子的故乡,在这位儒家创始人的灵前献上了太牢的厚礼。到鲁地朝拜孔子的灵位,在刘邦波澜壮阔的政治军事生涯中当然算不上一次了不起的行动,但在中国儒学发展史上,却是一个具有重要历史意义的事件。它透出了一个也许当时人们还不完全理解和注意的信息:稳固地掌握了国家政权的地主阶级开始发现并认识儒学的价值,使儒学在与政治的结合上迈出了重要的一步。

不过,对刘邦的礼敬孔子和重视儒学的行动不宜估计过高。第一,纵观刘邦的一生,他虽然没有像秦皇朝那样实行文化专制主义,但也没有把儒学提高到统治思想的位置上。他基本上是以法家思想为主导,对其他各家各派的思想采取兼收并蓄的态度,同时根据统治的需要,不断调整与各家思想

---

① 《全汉文》卷一,中华书局 1958 年版。

的关系。第二,由于刘邦本人的生活经历和文化素质的相对低下,终其一生,对儒家及其经典都缺乏从体系上的深入了解。所以,他对儒学始终采取实用主义的态度,即主要利用儒学的严等差、别贵贱的礼制思想为建立皇朝的礼仪制度服务。他没有时间也没有兴趣去了解儒学那种以人道主义、人文主义、人本主义为前提的"仁政"、"德治"的政治伦理学说以及"天人合一"、"中庸之道"、"社会和谐"的精神境界和社会理想。所以,刘邦的崇儒还基本上停留在实用主义的浅层次上。刘邦死后,由于汉皇朝面临的最重要的任务是与民休息,发展生产,标榜"无为而治"的黄老之学正好适应了形势的需要。于是,在好黄老的曹参、陈平、窦太后等汉皇朝当权派的提倡和坚持下,黄老之学堂堂正正地走进庙堂,成为汉初政治的指导思想。这样,由刘邦开其端绪的当权者向儒学的倾斜暂时中断了。儒学此时之所以失去一次跻身庙堂的机会,首先是因为当时的政治经济条件尚不具备,"尚有干戈,平定四海,亦未暇遑庠序之事也"①。其次,儒学也没有将自身改造到完全适应封建统治需要的程度。这时的儒学大师,如叔孙通,虽然在实用的层面上作出了突出贡献,但在儒学义理上缺乏创造和拓展。其他如传《鲁诗》的申培公,传《尚书》的伏生,传《礼》的高堂生等人,大都以在野之身,收徒讲学,对儒学既无创造性的发展,个人在政治上也未受到重用,没有取得显赫的官位,因而影响不大。还有一些儒生,特别是儒学发祥地鲁国的那些"弦诵之声不辍"的老师和弟子,更是固守着传统的旧垒不思革新。他们传诵讲习的主要是儒家经典的记诵和诠释,显然难以适应汉朝统治的需要。尤其重要的是,汉初的儒生中没有产生出一位如同董仲舒那样的学识渊博、富有创造革新精神并且获得较高政治地位的大师级别的人物,这自然也就减弱了儒学的影响力和号召力。反观此时的黄老之学,它的忠实信徒中既有大权在握的丞相曹参和陈平,又有一言九鼎的窦太后,他们居高临下地推行黄老思想,当然可以收事半功倍之效。在这种情况下,儒学就只能暂时屈居黄老思想之下,继续进行自我改造,翘首期盼时来运转,期待明天的辉煌。

---

①《史记·儒林列传》。

(三）齐黄老之学与汉初统治思想

刘邦死后，在战国时期的齐学中占有重要地位的黄老之学走进了汉皇朝的庙堂，成为惠帝、吕后、文帝、景帝时期近 60 年间政治上的指导思想。这是齐黄老之学与政治结合最紧密的时期，也是其发展演化历程中最辉煌的时期之一。但使黄老之学荣登汉初统治思想宝座的并不是黄老学派的思想家，而是汉帝国的第二任丞相曹参。西汉以后的历史学家一直以浓墨重彩为西汉初年的黄老思想和黄老政治抒写充满激情的赞美词，但却很少有人把将黄老思想和黄老政治从齐国一隅推向全国的关键人物曹参视为一流政治家，更多的人将他看做刘邦那个布衣将相群中的一介武夫。其实，曹参不仅是一位智勇兼备的统帅，更是一位大智若愚的大政治家。他在汉初政坛上的地位和作用是别人无法替代的。

曹参（？—前 190 年）既是刘邦的同乡，又是相知极深的莫逆之友。他协助刘邦策划丰沛起义，在三年的反秦战争和四年的楚汉战争中立下不世之功。在刘邦麾下数以十计的创业之臣中，就军功而言，除了韩信、彭越等独当一面的异姓诸侯王外，就是他的业绩最大了。因此，后来汉初诸功臣在议论开国功臣的位次时，几乎一致推尊他功劳第一。虽然最后以刘邦的意愿定了萧何第一，曹参屈居第二，但在同时的战将中，别人是难以望其项背的。尤其是，由于曹参与刘邦有着特殊的关系，战争年代又表现了对刘邦特别的忠诚，因而赢得了刘邦和继体之君惠帝的绝对信任。西汉建国以后，曹参的最大功绩是相齐九年和相惠帝三年，是汉初推行黄老政治的首席政治家。曹参担任齐相国之后，就为治理这个地广人众的东方诸侯大国而煞费苦心。上任伊始，他就邀请齐国有名望的"长老诸生"，就如何治理齐国、"安集百姓"，征求他们的意见。但应召前来的百余儒生"言人人殊"，无法形成共识，使他一时也难以定夺。后来，他听说胶西有一位老人，史佚其名，众人皆称其为盖公，善治黄老学说，很有名望，就以重金聘请他来到齐都临淄。曹参虚心向盖公请教治齐之策，"盖公为言治道贵清静而民自定，推此类具言之"①，大大发挥了一通老子"我无为而民自化，我好静而民自正"的思想。这一点正与曹参的想法相契合。他于是让出自己的正堂供盖公居

---

① 《史记·曹相国世家》。

住,待以殊礼,做自己的顾问。自此,曹参治理齐国就采用黄老之术,齐国也就成为推行黄老之治的最早的试验基地。曹参为什么选中黄老之术作为治齐的指导思想呢? 事情看起来似乎出于偶然,仿佛是盖公的一番说教起了关键作用。其实,这一偶然事件的背后却蕴涵着客观必然性。"在历史的发展中,偶然性起着自己的作用,而它在辩证的思维中,就像在胚胎的发展中一样包括在必然性中。"①参与创造历史的人们在主观上可能意识不到客观必然性对自己活动的制约,特别是那些掌握了历史方向选择权的精英们,他们认为自己是可以呼风唤雨、为所欲为的。然而,不管他们意识到与否,他们的活动都必须受制于时代所设定的客观必然性,或者叫特定的社会大环境。曹参之所以选择黄老之术作为治齐的指导思想,首先是西汉初年社会大环境的制约。中国社会自公元前 770 年进入春秋时期,历经战国时代,到公元前 221 年秦始皇完成统一大业,整整 550 年,五个半世纪的漫长岁月,是在动乱、饥馑、"杀人盈城"和"杀人盈野"中度过的。百姓企盼秦的统一能给他们带来好运,不料秦皇朝却以更加苛暴酷烈的手段使他们陷入每况愈下的绝望中。秦皇朝 15 年的统治,无以复加的赋役征发几乎耗尽了劳动人民的最后一点脂膏。紧接着又是遍及最富庶的中原大地的七年战争的惨重破坏。仅仅四年的楚汉战争,就是"大战七十,小战四十,使天下之民肝脑涂地,父子暴骨中野,不可胜数。哭泣之声未绝,伤痛者未起"②。"汉兴接秦之弊,诸侯并起,民失作业,而大饥馑。凡米石五千,人相食,死者过半。"③战争之后,人口锐减,经济残破,田园荒芜,哀鸿遍野。一个昔日繁荣的曲逆(今河北完县),劫后余生者仅有 5000 户,刘邦还惊呼为"壮哉县"! 称赞其为洛阳之外最富庶的城市,其他地方可想而知。当时的百姓穷困到了极点,国家也面临着极其严重的困难,"天下既定,民亡盖藏,自天子不能具醇驷,而将相或乘牛车"④。面对如此艰窘的社会条件,如何才能巩固新皇朝的统治,这是刘邦及其臣子们无法回避而必须认真思考的问题。齐地是遭受战争破坏的重灾区之一,田齐后裔反秦复国的战争,项羽楚军与田齐后裔的战争,最后是汉军与齐楚联军的战争,都是在这里进行的。作为最后

①《马克思恩格斯选集》第 3 卷,人民出版社 1972 年版,第 545 页。
②《史记·刘敬叔孙通列传》。
③④《汉书·食货志》。

一次战争的汉军副统帅,曹参对战争给齐地造成的破坏和当地百姓疾苦耳闻目睹,想必有深切的感受。身负治齐的大任,作为一个具有强烈责任感的政治家,他必须面对全国尤其是齐国的形势,思谋一个最佳治理之术与治理之策。其次,齐国之所以先于全国其他地方成为曹参推行黄老之术的试验基地,是因为这里是黄老思想的发源地。春秋末至战国时期,齐国的稷下学宫云集着各学派的思想精英,其中黄老学派的势力最为强大,形成了自己独特的思想体系和鲜明的学术风格。在他们的周围,肯定有一批学生和追随者,那位使曹参佩服得五体投地的盖公显然是这个学派的成员。司马迁在追述黄老思想的源流时说:"乐臣公学黄帝、老子,其本师号曰河上丈人,不知其所出。河上丈人教安期生,安期生教毛翕公,毛翕公教乐臣公,乐臣公教盖公,盖公教于高密、胶西,为曹相国师。"①由于黄老思想产生于齐国,它在这里势必产生相当大的影响,具有一定的群众基础。曹参选定黄老思想作为治齐的指导原则,应该是考虑到该思想与齐地的血缘关系。最后,曹参本人的经历、气质、品性也是他选择黄老思想的重要因素。曹参尽管出身社会下层,但从其做过沛县狱掾、为县中"豪吏"的情况看他并非单纯的草莽武夫,而是读过书,具有相当的文化知识。参加丰沛起义以后,他追随刘邦、韩信转战南北,对秦朝暴政给百姓造成的苦难与民心之所向一定会有深切的体察。他从秦二世而亡的教训中明白,"刻薄寡恩"的法家思想不能成为治国理民的指导原则,也明白"博而寡要,劳而少功"的儒家思想与现实的需要还有相当距离,更明白墨家兼爱的理想主义不具备实行的条件,只有提倡"无为而治"、兼具法儒等某些思想内涵,带有一定程度放任色彩的黄老思想及其指导下的政策,才能够最大限度地满足当时百姓安定生活、发展生产的愿望。全国形势、齐国的地域特点与曹参的个人气质相结合,使齐国顺理成章地成为黄老政治的试验基地。治齐九年,曹参精心推行轻徭、薄赋、节俭、省刑为主要内容的各项政治经济政策,与民休息,使他们有充分的时间发展生产,以恢复遭受战争破坏的经济。由于曹参的治齐之策顺应了百姓的愿望,"故相齐九年,齐国安集,大称贤相"②,使齐国走上了稳定发展的道路。黄老之术在试验基地结出了累累硕果。

---

①《史记·乐毅列传》。
②《史记·曹相国世家》。

公元前 195 年(汉十二年),刘邦病逝。逝前,吕后问他萧何之后的丞相人选,他指名曹参。刘盈继位以后,宣布废除诸侯王国的相国职务,曹参由是改任齐国丞相。公元前 193 年(惠帝二年)七月,汉朝丞相萧何在病逝前夕,与惠帝达成遴选曹参继任丞相的共识。此时,远在齐国的曹参得到萧何的死讯后,立即责成其舍人准备行装,并信心十足地说:"吾将入相。"尽管曹参与萧何以往在功劳、封爵、位次等问题上结下个人成见,但是,在汉皇朝丞相人选这一重大问题上,两人却惊人地不谋而合。这说明,曹参与萧何在事关国家安危的大局上,都能抛开个人恩怨,妥善处理。因为在萧何以后,无论就资望、能力,还是政绩,无人能超过曹参。只有曹参继任丞相才能最大限度地保持汉皇朝政策的连续性与稳定性。曹参任丞相以后,把自己治齐所遵奉的黄老思想推广为治理全国的指导原则,"举事无所变更,一遵萧何约束"①,使刘邦与萧何制定和推行的那一套行之有效的与民休息的政策较好地继续下去。他行政的基本原则是以不变更政策求稳定,以静制动在稳定中求发展,用发展促进稳定。他的用人原则是:"择郡国吏木讷于文辞,重厚长者,即召除为丞相史。吏之言文刻深,欲务声名者,辄斥去之。"②曹参认为,只有选取此类"谨厚木讷"的属吏,才能奉公尽职,在近乎等因奉此中保证刘邦、萧何既定政策的执行,不搞别出心裁的新花样。所以他任丞相后,官务清闲,仿佛无公事可办,日以饮酒为乐。有些官吏宾客见他终日无所事事,不像一个日理万机的丞相,都想忠告他一番。但是,凡是前来拜访者,一律受到醇酒招待并且让你喝得醉醺醺不能说话,所以谁也不能向他提出规劝和建议。由于丞相府所用吏员都是些奉职守法、循规蹈矩的人,所以很少有人犯大的错误;即使有人因种种原因出现一点小的过失,曹参也不加深究,还时常为他们掩饰,不予惩罚。正因为这样,丞相府一直平静无事,所有政务都按常规得以妥善处理,国家的政治和社会生活也能够正常地运转。曹参继萧何为丞相,丞相府里虽换了主人,吏员也有较大调整,但看起来一切平静如常,似乎没有一点变化。曹参的儿子曹窋当时任太中大夫,在惠帝身边服务。惠帝看到曹参任丞相后不仅没有拿出一点新的办法和法规,而且日日饮酒,逍遥自在,似乎忘记了身上的重担一样,因而怀疑这位元

———————————

①②《史记·曹相国世家》。

勋大臣看不起自己这个年轻皇帝。他要求曹窊回家问他父亲,如此清闲,"何以忧天下?"结果曹窊因此被笞二百。后来。惠帝与曹参君臣之间有如下一段有意思的对话:

> 曹参免冠谢曰:"陛下自察圣武孰与高帝?"上曰:"朕乃安敢望先帝乎!"曰:"陛下观臣能孰与萧何贤?"上曰:"君似不及也。"参曰:"陛下言之是也。且高帝与萧何定天下,法令既明,今陛下垂拱,参等守职,遵而勿失,不亦可乎?"惠帝曰:"善,君休矣!"①

表面上看,曹参是十分消极的,他仿佛在真诚地躬践老子的"无为而治",而这恰恰是对秦朝"有为而治"的深刻反思。但是,曹参的"无为"并非真的无所作为,放弃政府对社会的管理,而是在执行既定政策的前提下,以一定程度的放任给百姓创造较为宽松的发展生产、安定生活的环境。这在当时应该是最高明的治国方略了。曹参任丞相三年,尽管看起来似乎无显著建树,但却自觉地确立了黄老思想作为汉帝国政治上的指导原则,也就在事实上为汉朝日后的繁荣创造了条件,其功绩是不可磨灭的。可以说无显著建树就是最大的建树。当时的民谚这样歌颂他:"萧何为法,覯若画一;曹参代之,守而勿失。载其清净,民以宁一。"司马迁亦对他作了较中肯的评价:

> 曹相国参攻城野战之功所以能多若此者,以与淮阴侯俱。及信已灭,而列侯成功,唯独参擅其名。参为汉相国,清静极言合道。然百姓离秦之酷后,参与休息无为,故天下俱称其美矣。②

诚然,西汉初年选择黄老思想作为治国的指导原则不能归于曹参一个人的功劳,因为除了社会大环境外,汉皇朝当政者中服膺黄老思想的还大有人在。皇帝中的文、景二帝,将相中的陈平、王陵之辈,再加上景帝的母亲窦太后以及臣子中的陆贾、黄生等,都对黄老思想十分笃信与执著。正是这个群体,保证了黄老思想在汉初政坛上独占鳌头近60年。但是,也应该承认,曹参的作用毕竟是第一位的。因为是他首先在齐国实现黄老之治,又是他在

---

①②《史记·曹相国世家》。

当上汉帝国的丞相以后将黄老政治推向全国。曹参这个人,政治上远不及萧何的宏图远略,智谋上也不及张良的明敏善断,但他有比二人高明的地方,这就是对统治思想和统治政策的自觉选择和理性把握。从一定意义上讲,在汉初将黄老之治推向全国是曹参一生的最大贡献,也是齐学对全国的重大贡献。历史上,政策的制定和选择虽然受到社会大环境的制约,因而具备其必然性,但是,它又反映选择者的经历、教养、气质和品格,因而又带有一定的偶然性。而英雄人物的主观能动性及其历史作用在这里得到明晰的显现。

不过,黄老思想被定为统治思想是在儒道互黜的过程中完成的。在儒家学派中对黄老思想攻击最力的是一个名叫辕固的《诗》博士。辕固是齐人,以治《诗》有名于时,在汉景帝时被任为博士。当时,黄老思想为当政者垂青,治黄老的学者也在宫廷内外高视阔步,得意非凡。辕固对他们那套理论不买账,时不时想与之辩论一番。一次,在汉景帝面前,辕固与治黄老的黄生就“汤武革命”的历史公案进行了一场辩论。黄生彻底否定“汤放桀,武王伐纣”的正义性,认为“汤武非受命,乃杀也”,将汤、武看做弑君篡政的乱臣贼子。辕固笃守“汤武革命,顺乎天而应乎人”的儒家传统观点,坚决反对黄生对汤武的攻讦:“不然。夫桀纣荒乱,天下之心皆归汤武,汤武因天下之心而伐桀纣,桀纣之民弗为使而归汤武,汤武不得已而立,非受命为何?”黄生对辕固的反诘毫不退让,而是振振有词地大讲了一番君臣上下关系不能颠倒的大道理:

> “冠虽敝必加于首,履虽新必贯于足。”何者? 上下之分也。今桀纣虽失道,然君上也;汤武虽圣,臣下也。夫主有失行,臣不正言匡过以尊天子,反因过而诛之,代立南面,非杀而何?[1]

尽管黄生讲得貌似有理,辕固依然不服,他针锋相对地反问:“必若云,是高皇帝代秦即天子位,非邪?”此问已将黄生逼向死角。景帝就出来打圆场说:“食肉毋食马肝,未为不知味也;言学者毋言汤武受命,不为愚。”[2]面对这个辩题,汉景帝明白无论自己怎么表态,都会陷于尴尬的困境,因而采取

---

①②《汉书·儒林传》。

了和稀泥的态度,中止了这场辩论。这场辩论,辕固与黄生打了一个平手。此事被好黄老之术的窦太后知悉,就故意召辕固前来,问他对《老子》一书的看法。辕固根本不顾忌太后的信仰,不屑一顾地将《老子》贬为"家人言",引得太后勃然大怒:"安得司空城旦书乎!"立即命令辕固去皇家动物园与野猪搏斗,全赖汉景帝设法护着,才使辕固侥幸脱离险境:"上知太后怒,而固直言无罪,乃假固利兵。下,固刺彘正中其心,彘应手而倒。太后默然,亡以复罪。"①辕固与黄生的辩论集中反映了两个学派政治观点的分歧,由此,可以导向对黄老之学义理的分析。

黄老思想,黄是指伪托的黄帝学说,老是指老子学说。因为它与原始道家有着深厚的渊源关系,而又不同于原始道家,所以被学者们称为新道家②。黄老思想的代表作究竟有那一些,学术界的看法比较歧异。1973 年长沙马王堆三号汉墓出土了一批帛书,在《老子》乙本卷前,有《经法》、《十大经》、《称》、《道原》四种古逸书。唐兰认为这四种古逸书就是《汉书·艺文志》中所载的《皇帝四经》③。帛书把《皇帝四经》与《老了》抄在一起,合黄老为一书,就使历来所说的"黄老之学"不仅有了确切的实物根据,而且有了反映其思想的著作,长期罩在其身上的神秘面纱终于揭开了。据丁原明研究,战国黄老之学有两个发源中心,一是楚国,一是齐国:"而就楚国来说,它以《黄老帛书》开其端,庄子后学中的《天道》诸篇承其绪,《鹖冠子》等扬其波,形成了南方黄老系统。就齐国来说,它统摄了田骈、接子为代表的道之一术派,慎到及《管子·法法》诸篇的道、法派,以及《管子·心术》四篇所代表的道之整合派(或称综合派)。这三派道家是一个多元一体的文化系统,并各以历时态存在形式显示了稷下'黄老学'的进展。"④秦汉之际,南方黄老学派北上,以陆贾等人为代表。北方黄老学派西渐,以盖公、曹参等为代表。两派在汉初逐渐合流,其主要思想凝结在陆贾的《新语》、刘安的《淮南子》和司马谈的《论六家要旨》中。至

---

①《汉书·儒林传》。
②熊铁基:《秦汉新道家》,上海人民出版社 2001 年版。
③唐兰:《马王堆出土〈老子〉乙本卷前古逸书的研究》,《考古学报》1995 年第 1 期。裘锡圭:《马王堆〈老子〉甲乙本前后逸书与"道法家"》,《中国哲学》1980 年第 2 期,不同意四篇逸书为《皇帝四经》。
④丁原明:《黄老学论纲》,山东大学出版社 1997 年版,第 5 页。

此,产生于稷下学宫的黄老学派就与产生于楚国的黄老学派相结合,成为汉初近60年的统治思想了。

尽管西汉初年政坛上和学坛上十分活跃的黄老思想并不完全发端于齐鲁,其主要代表人物也非齐鲁之人,但是,此时的黄老思想及其代表人物无不受稷下黄老之学的浸润、熏陶,则是不争的事实。所以,从齐鲁之学延续与播扬的角度出发,有必要对汉初黄老思想的基本内容作一个大致的勾勒。

黄老思想一般都把"道"作为最高的哲学范畴,如《管子·内业》说:"凡道无根无基,无叶无荣,万物以生,万物以成,命之曰道。"而《枢言》中则说:"道之在天者,日也;其在人者,心也。故曰:有气则生,无气则死,生者以其气。""爱之利之,益之安之,四者道之出,帝王者用之,而天下治矣。"从这里可以看出,黄老之学虽然继承了老子的"道"这一范畴,但却赋予它以新的不同的内容。老子的"道"本来是用以表示一种远离物外的绝对精神现象,是一种不可言说、玄之又玄的神秘观念。而黄老之"道"则是一种"万物以生,万物以成"的物质实体,是整个客观世界的物质基础。老子的"道"在有些地方表现为一种逃避现实的消极无为思想,而黄老之"道"则是积极为现实服务的帝王治天下之术。这显然是黄老之学对老子之学的重大发展。黄老思想与老子学说都讲"道法自然"、"无为",但老子的"无为"是消极的,他要求人们在大自然和社会变迁面前放弃一切主观努力,等待"柔弱胜刚强"的那个铁律给自己赐福。而黄老的"无为"则是积极的。《淮南子·修务训》开头就这样道:"或曰:无为者,寂然无声,漠然不动,引之不来,推之不往,如此者乃得道之像。吾以为不然。"接着说:"若吾所谓无为者,私志不得入公道,嗜欲不得枉心正术,循理而举事,因资而立权,自然之势,而曲故不得容者,事成而身弗伐,功立而名弗有,非谓其感而不应,攻而不动者。"显然这是一种有为而示以无为的积极思想。陆贾更具体地提出了"治国之道"的三条"无为"原则。第一要去"极武"而行仁义:

> 秦始皇帝设为车裂之诛以敛奸邪,筑长城于戎境以备胡越,征大吞小,威震天下,将帅横行,以服外国。蒙恬讨乱于外,李斯治法于内,事愈烦天下愈乱,法愈滋而奸愈炽,兵马益设而敌人愈多。秦非不欲为

治,然失之者,乃举措暴众而用刑太极故也。①

因此,必须"行仁义,法先王","逆取顺守,文武并用",使"民畏其威而从其化,怀其德而归其境,美其治而不敢违其政"②。在强大的仁义道德力量的感召下,一定会出现"百姓以德附,骨肉以仁亲,夫妇以义合,朋友以义结,君臣以义序,百官以义承……守国者以仁坚固,佐君者以义不倾"③的美好政治局面。第二要"闭利门","尚德义"。"国不兴无事之功,家不藏无用之器","稀力役而省贡献"④。第三要"诛佞臣,求圣贤"。把"阿上之意,从上之旨"的奸佞之辈诛除净尽,将"行不敢苟合,言不为苟容"的"怀不羁之才"和"万世之术"的贤才选入庙堂,国家才会兴旺发达。他把道家的"无为而治",儒家的道德仁义,法家的赏善罚恶作为治国之道,描绘出一幅"无为"社会的理想蓝图:

> 君子之为治也,块然若无事,寂然若无声,官府若无吏,亭落若无民。同里不讼于巷,老幼不愁于庭,近者无所议,远者无所听,邮驿无夜行之吏,乡闾无夜名之征。犬不夜吠,鸟不夜鸣。老者息于堂,丁壮者耕耘于田。在朝者忠于君,在家者孝于亲。于是赏善伐恶而润色之,兴辟雍庠序而教诲之。然后贤愚异议,廉鄙异科,长幼异节,上下有差,强弱相扶,大小相怀,尊卑相承,雁行相随,不言而信,不怒而威,岂恃坚甲利兵,深刑刻法,朝夕切切而后行哉?⑤

这种"无为"的社会理想,正为西汉初年轻徭、薄赋、节俭、省刑为内容的与民休息政策提供了理论上的指导原则。

黄老思想不仅继承和发展了老子的学说,而且还不断吸收各家学派的思想来充实自己,力图建立一个以道家为主体的兼有百家色彩的思想体系。这从马王堆汉墓出土的黄老帛书就可以十分明显地看出来。其中既有法家"是非有分,以法断之"⑥的学说,墨家的"兼爱无私则民亲上"⑦的兼爱学

---

① ②《新语·无为》。
③《新语·道基》。
④《新语·本行》。
⑤《新语·至德》。
⑥《经法·君正》。
⑦《经法·论》。

说,以及名家的名实之辩,也有阴阳家"凡论要以阴阳大义"①之说和儒家的
"先德后刑以养生"②之说,等等。黄老之学的这种对百家兼收并蓄的态度,
大大丰富和发展了自己的新说。这一点司马谈在《论六家要旨》中讲得比
较清楚。他说:

> 道家使人精神专一,动合无形,赡足万物。其为术也,因阴阳之大
> 顺,采儒墨之善,撮名法之要,与时迁移,应物变化,立俗施事,无所不
> 宜,指约而易操,事少而功多。③

司马谈所称誉的道家就是汉初的新道家,也就是黄老之学。由于他本人就
是该学派的一员,所以他论阴阳、儒、墨、名、法各有褒贬,独于道家只褒不
贬,充分肯定它能够吸取众家之长而去其短,适应形势的发展变化而为当世
所用的优长:

> 道家无为,又曰无不为,其实易行,其辞难知。其术以虚无为本,以
> 因循为用。无成势,无常形,故能究万物之情。不为物先,不为物后,故
> 能为万物主。有法无法,因时为业;有度无度,因物与合。故曰"圣人
> 不朽,时变是守。虚者道之常也,因者君之纲"也。群臣并至,使各自
> 明也。其实中其声者谓之端,实不中其声者谓之窾。窾言不听,奸乃不
> 生,贤不肖自分,白黑乃形。在所欲用耳,何事不成。④

这说明黄老之学发展到西汉初年,已和原始道家学说有很大的不同,它是以
道家为主体,兼采阴阳、儒、墨、名、法之长,并能适应统治着需要的一个新的
学派了。前面所论及的那位黄生,其所持君臣地位凝固不变、不能颠倒的观
点,显然与老子的"反者道之动"⑤、"正复为奇,善复为妖"、"祸兮福之所
倚,福兮祸之所伏"⑥的观念相悖,而接近儒、法学派的等级观念了。

历史上,齐鲁文化,尤其是在齐鲁大地上孕育成长的思想,曾两次提升

①《十大经·称》。
②《十大经·观》。
③④《史记·太史公自序》。
⑤《老子》第四十五章。
⑥《老子》第五十八章。

为全国的主流文化和统治思想。西汉初年黄老之学被选为统治思想，是齐鲁文化第一次向全国展示自己的风采。

应该承认，黄老思想在汉初历史上的作用，其主导面是积极的。它指导下的黄老之治，以轻徭、薄赋、节俭、省刑为主要内容的各项政治经济政策满足了劳动人民的愿望，使汉初60多年间社会稳定、生产发展、经济繁荣，促进了中国封建社会历史上第一个发展高峰——文、景、武时代的到来。由于黄老思想对其他思想学术流派采取兼收并蓄的态度，虽为统治思想但并不实行思想文化专制，从而给其他思想学术流派的存在和发展创造了较广阔的空间，使汉初诸子活跃，互相辩诘，为儒学的自我改造、继续发展提供了较适宜的土壤。不过，黄老思想成为统治思想是特殊的历史条件造成的，一旦历史条件发生变化，黄老思想的固有缺陷暴露出来，它作为统治思想的历史也就结束了。黄老思想最大的缺陷，从政治的层面讲，就是它"无为而治"的理念。它指导下的较放任的政策必然是"禁网疏阔"，劳动者的自主权、自由权固然多了些，而其他各种社会势力更有了较多的自由发展的空间。这样一来，一方面使诸侯王国割据势力得以迅速发展，构成对汉中央的威胁；一方面也使地方豪强势力急剧膨胀，他们武断乡曲，鱼肉百姓，激化了与一般农民的矛盾，构成了乡村的不稳定因素。到汉武帝继位的时候，汉皇朝的政治、经济和军事力量虽然达到顶点，但同时，地主阶级与农民阶级的矛盾、中央政府与地方诸侯王国的矛盾、统治阶级当权集团与地方豪强地主之间的矛盾也日益激化，黄老思想指导下的"无为政治"已无力解决这些矛盾，秉承大统、年少有为，面对强大国力渴望创造辉煌功业的汉武帝决心抖掉"无为"外衣的束缚。至此，黄老思想与政治的联姻就走到了尽头，它作为统治思想的使命也就结束了。

三、"罢黜百家，独尊儒术"——齐鲁文化提升为主流文化

（一）西汉初年的齐鲁儒生

刘邦创建的西汉皇朝虽然在根本制度方面继承着秦朝的遗制，但是，由于经过一场农民大起义的洗礼，更因为刘邦也打着"伐无道，诛暴秦"的旗号，四处宣扬"废秦苛法"，所以西汉前期在政治上就有了一个比较宽松的环境。再加上地方诸侯王国势力强大，政出多门，知识分子服务的对象有较

多的选择余地。在这种情势下,一度在秦朝被压抑的诸子百家又活跃起来。除了墨、名两家未见其代表人物外,其余各家都有代表人物有名于时。如道家即黄老一派,除上面提到的盖公、曹参、黄生、陈平等外,还有田叔、王生、隽不疑、汲黯等。道家学派的著作据《汉书·艺文志》记载,有《黄帝四经》、《黄帝铭》、《黄帝君臣》、《杂黄帝》、《力牧》、《孙子》、《捷子》、《曹羽》、《郎中婴齐》、《臣君子》、《郑长者》、《楚子》、《道家言》等。阴阳家有张苍、夏侯始昌、夏侯胜等。阴阳学派的著作有《五曹官制》、《卫侯官》、《天下忠臣》、《公孙浑邪》、《杂阴阳》、《张苍》等。法家有张恢先、晁错、张汤、杜周等,其著作有《晁错》、《燕十事》、《法家言》等。纵横家有蒯通、邹阳、主父偃等,主要著作有《蒯子》、《邹阳》、《主父偃》、《徐乐》、《庄(严)安》、《待诏金马聊苍》等。儒家有伏生、叔孙通、申公、辕固、董仲舒等,其著作在《汉书·艺文志》的"易"、"诗"、"礼"、"乐"、"春秋"、"论语"、"孝经"、"小学"等六艺项下有更多的记载。以上诸子百家的代表人物中,儒家之外,只有道家的盖公、纵横家的主父偃为齐人。而在儒家代表人物中,除董仲舒外皆出自齐鲁,可见齐鲁仍是儒学的主要基地。汉初诸子百家的代表人物,一方面继承先秦时期各学派的基本思想,另一方面又根据形势的需要进行自我改造。各家之间在互相攻讦的同时又互相吸收,力求博得当权派的青睐,使自己的学说成为统治思想。汉初60年间,最激烈的思想斗争在儒、道之间进行。由于客观形势的需要,汉初统治者选定黄老思想即新道家作为统治思想。这期间,除了刘邦一度向儒学倾斜外,其他当权者很少将视线射向儒学。因此,这时的儒学只能在民间传播发展。正如《史记·儒林传》所言:"汉兴,然后诸儒始得修其经义,讲习大射乡饮之礼。……然尚有干戈,平定四海,亦未暇遑庠序之事也。孝惠、吕后时,公卿皆武力有功之臣。孝文时颇征用,然孝文帝本好刑名之言,及至孝景,不任儒者,而窦太后又好黄老之术,故诸博士具官待问,未有进者。"不过,在汉武帝继位前,以齐鲁儒生为主,义无反顾地承担起传播和发展儒学的使命。在先秦原始儒学与董仲舒新儒学之间,他们起了承前启后的桥梁作用。对这些儒生的代表人物理应作一简要介绍。

田何,字子庄(《汉书·艺文志》作"装"),齐人,是《易》的传人。活动于秦汉之际。因秦禁学,《易》不在其列,所以他仍然可以传授其学。汉朝建立后,田何因身为田齐贵族而奉命迁徙杜陵,因号杜田生。汉代《易》学赖其传授,淄川杨何、鲁人周霸、莒人衡胡、临淄人主父偃,皆是他的传人。

伏生,名胜,济南人。秦朝时博士,秦亡后归乡。孝文帝时,下诏征求治《尚书》的学者,全国无一人应征。后来听说伏生治《尚书》,即要求他到长安。但此时伏生已年逾九十,"老不能行"。于是下诏使太常掌故晁错赴济南,向伏生学习《尚书》。伏生一直精研《尚书》,在秦朝的焚书令下达后,他立即将该书藏于壁中,自己则为躲避战火而流亡。汉朝建立后,伏生返乡,寻发壁藏书,已散亡数十篇,只有 29 篇尚存,于是"即以教于齐、鲁之间。齐学者由此颇能言《尚书》,山东大师亡不涉《尚书》以教"①。由伏生传授下来的是今文《尚书》。其后,济南人张生、千乘人欧阳生、鲁人周霸等齐鲁儒生,皆以传授《尚书》有名于时。

申培公,鲁人,少年时代曾与刘邦的弟弟刘交一同向齐人浮丘伯学习《诗》。公元前 195 年刘邦至鲁祭祀孔子时,他以浮丘伯弟子的身份随师晋见刘邦于南宫。吕后秉政时,浮丘伯住在长安,申培公又与封为楚王的刘交之子刘郢一起继续向他学《诗》。刘交死后,刘郢继立为楚王。他要申培公做儿子刘戊的师傅。由于申培公与刘戊关系不睦,在刘戊继王位后,他即"归鲁退居家教,终身不出门。复谢宾客,独王命召之乃往。弟子自远方至受业者千余人,申公独以《诗经》为训故以教,亡传,疑者则阙弗传"②。武帝初年,申培公的两个弟子兰陵王臧与代郡赵绾任高官,因立明堂之事建议武帝征召其师。"至,见上,上问治乱之事。申公时已八十余,老,对曰:'为治者不在多言,顾力行何如耳。'是时上方好文辞,见申公对,默然。然已招致,即以为太中大夫"③。不久,王臧和赵绾被窦太后逼令自杀,申培公也以病免归,数年后卒于家。申培公一生几乎与官位无缘,但其弟子中不少人在武帝时身居高官。由浮丘伯传下的《鲁诗》在当时和其后都产生了巨大影响。

辕固,齐人,以治《诗》有名于时,景帝时立为博士。曾与治黄老之学的黄生在景帝前辩论"汤武革命",是儒家对黄老之学攻击最力的学者之一。因为人廉直,被景帝任命为清河王太傅,后以病去官。武帝时被征为贤良,

---

①②③《汉书·儒林传》。

不久以年老免。此时辕固已年逾90,他告诫与他同征为贤良的公孙弘:"公孙子,务正学以言,无曲学以阿世。"①齐人中以《诗》而显贵的儒生,大多是他的弟子。

高堂生,鲁人,传《士礼》17篇。又有鲁人徐生"善为颂",即指导实践礼仪,文帝时任礼官大夫。他们是汉代礼学的导师。

胡母生,字子都,齐人。以治《公羊春秋》有名于时,景帝时立为博士。"年老,归教于齐,齐之言《春秋》者宗事之"②。其弟子中有后来任丞相的公孙弘。

江公,瑕丘(今山东兖州)人,从申培公学习《谷梁春秋》与《诗》,与董仲舒同时,是《谷梁春秋》的大师,对该经的传播功莫大焉。

以上齐鲁儒生,基本上都生活于秦汉之际。他们曾受过战国"百家争鸣"学术氛围的熏陶,目睹过"焚书坑儒"的惨剧,对自己所热爱的学问由衷地执著。他们中的多数人与官位无缘,少数步入官场者也仅获得博士、大夫之类头衔,位卑言轻,在政治上没有多大作为。更由于他们在学术上缺乏创新意识,停留在"述而不作"的水平,因而在学术上也没有留下超越前人的成果。然而,他们在儒学发展史上的贡献仍然是不可磨灭的。首先,他们在"焚书坑儒"的严峻形势下,在长达7年之久的战乱时期里,保存儒家经典,聚徒讲学,使儒家学术得以存在并传播下去,这就为以后儒学的复兴做了人才和学术上的准备。其次,他们接续孔子、孟子、荀子,对《易》、《诗》、《书》、《礼》、《春秋》等儒家经典进行了整理和解释,使儒学建立在丰硕、坚实的元典资料的基础上,为以后儒学的创新创造了有利条件。再次,这批儒生及其弟子在朝野的活动,展示了儒学博大精深的内涵,在实用的层面上显露了儒学的实际功用,进一步扩大了儒学的影响,为它走向辉煌做了有力的铺垫。

(二) 董仲舒的新儒学

发端于春秋时的鲁国,发展壮大于战国时代的齐鲁,儒学作为一个影响日益巨大的学派,在其发展的进程中产生了一大批个性鲜明的思想家。这

①②《汉书·儒林传》。

些人中,除荀子外,大部分出自齐鲁。即使出自赵国的荀子,其学术与政治生涯的最辉煌时期也是在齐鲁度过的。他在稷下学宫"三为祭酒",使自己的思想和学术创造成为稷下学派不可分割的组成部分。晚年他任楚国的兰陵(今山东苍山)令,死后葬在兰陵,长眠于齐鲁的土地上。显然,儒学在长期的发展过程中,具有明显的地域文化的特征。但是,从春秋以来,儒学的影响却不断扩大。一方面,齐鲁儒学大师走出齐鲁,在其他地方收徒讲学,游说诸侯,宣传儒学;另一方面,齐鲁以外地方的知识分子有越来越多的人倾心儒学,自觉地学习和传播儒学。到汉朝初年,儒学的地域文化特征虽然已经大大淡化,但并没有完全消失;它跻身主流文化的努力日益加强,但达到这一目标还需要时间和条件。

一个非齐鲁的儒生此时脱颖而出,在使儒学变成统治思想,齐鲁文化提升为主流文化的过程中作出了划时代的、别人不可替代的贡献。这个人就是董仲舒。在儒学发展史上,他是一个里程碑式的人物。在汉代儒学史上,他的贡献超过任何一个齐鲁儒生。因此,讲述儒学思想独尊地位的确立,阐述齐鲁文化由地域文化提升为主流文化的进程,董仲舒是一个跳不过去的人物。

应该承认,孔子在春秋末年创立的儒家学说,经过思孟学派和荀子学派的发展改造,到战国晚期已经形成庞大而深邃的体系,并且在政治上也转到了为新兴地主阶级服务的轨道。但是,通过激烈的战争手段夺取政权的秦朝统治集团却认识不到儒学的价值。他们先是以儒学"迂远而阔于事情"对其表示冷漠,继之又通过"焚书坑儒"对其施以重大打击。西汉建立初期,尽管由于叔孙通的制礼仪,陆贾的说《诗》、《书》,消除了刘邦对儒学的反感,并影响他在晚年亲自跑到孔子灵前献上太牢的厚礼,然而,刘邦此举毕竟含有"英雄欺人"的意思,而其子孙惠、文、景几代又都崇尚黄老思想,儒家学派虽然没有像秦朝时期遭到残酷镇压,但被冷落的局面仍然没有改变过来。在此期间,儒家学派一方面在统治者面前为自己争取较高的地位,如辕固敢于在笃信黄老思想的窦太后面前诽谤道家著作为"家人言",以致被罚与野猪搏斗也在所不惜,表现了顽强的斗争精神。一方面则加速自我改造以适应当权者的需要。到汉武帝时期,空前强大的国力使雄才伟略的武帝需要一种新的统治思想来代替黄老"无为而治"这一不合时宜的思想。

恰在此时,原始儒学在董仲舒手里完成了它的改造过程,迎合了武帝的需要。汉武帝与董仲舒君臣之间通过一次举贤良文学对策,完成了中国思想文化史上影响深远的历史转折。董仲舒提出的"罢黜百家,独尊儒术"的政策被武帝批准,从此,儒家思想作为齐鲁思想文化的核心由地域文化上升为主流文化,它作为统治思想在中国封建社会的历史上持续了 2000 年之久。

董仲舒(约前 179—前 104 年),广川(今河北景县)人。他从少年时代起即博览先秦诸子著作,对《公羊春秋》和阴阳五行学说的研读特别专心致志,曾"三年不窥园"①,"乘马不觉牝牡"②,达到如醉如痴的程度。因而很快名声大振,下帏讲学,吸引了众多弟子。不久被景帝征召至长安,任命为博士。汉武帝继位后,下诏"举贤良文学之士",他三次参加对策,详细阐述了天人感应、君权神授、大一统等理论,并提出了"罢黜百家,独尊儒术"的建议,得到武帝的赏识,被派到江都王刘非那里当了六年王国相。公元前135 年,他借高陵长园失火和辽东高庙失火推演灾异,忤逆武帝,下狱当死,后赦免罢官家居,教了十年的《公羊春秋》。公元前 125 年,经公孙弘推荐出任胶西王刘瑞的国相。由于同国王关系不睦,四年后以老病为由辞职回家,从此结束了仕禄生活,"以修学著书为事"。此后,他仍然受到武帝的特别尊宠,"朝廷如有大议,使使者及廷尉张汤就其家而问之"③。后来张汤把询问他的部分材料整理为《春秋决狱》一书。据《汉书·董仲舒传》记载,他的著作共有 123 篇,但最后留传下来的只有《春秋繁露》一书。

董仲舒是汉代新儒学的创始人。他创立的新儒学由天人感应的神学目的论、君权神授说和专制主义大一统的政治论以及性三品说和三纲五常的道德观所组成。他把墨家的天鬼观念和思孟学派的天人合一观念,用邹衍的阴阳五行学说加以改造,进一步神化天人关系,创立了一套较完整的天人感应的神学目的论,由此把被荀子以唯物论打破的天的偶像重新恢复起来。他认为天是"万物之祖"④,"百神之大君"⑤,是明察秋毫、赏善罚恶的自然界和人类社会的最高主宰。自然界的四时运行、风晴阴雨,人类社会的治乱

---

①《新论·本造》。
②《太平御览》卷八四〇。
③《汉书·董仲舒传》。
④董仲舒:《春秋繁露·顺命》。
⑤董仲舒:《春秋繁露·郊语》。

安危、尊卑贵贱,都是天神"阳贵而阴贱"的意志的体现。他又用五行相胜附会君臣父子之道,神化封建制度。他进而认为,天既安排地上的正常秩序,同时又监督这一秩序的运行。如果君王治理有方,国泰民安,天就出示祥瑞(凤凰、麒麟等)表示赞赏。如果君王有了过失,天便降下灾异(各种自然灾害)加以谴告;如还不省悟,天就变易君主,另择贤能。这就是天人感应。这一理论不能说完全没有限制君王活动的意图,但其主要用意则是对劳动人民进行欺骗,使他们老老实实接受地上君王的统治。为了论证封建制度的永恒性,他又鼓吹"道之大原出于天,天不变,道亦不变"①的形而上学思想。这里的"道"实际上指的是全部封建的社会制度和伦理观念,而这些东西却是"万世无弊"的。既然如此,改朝换代又怎样解释呢? 董仲舒于是提出了"三统"、"三正"的理论。认为每一个王朝代表一统,共有黑、白、赤三统,夏朝为黑统,殷朝为白统,周朝为赤统。与之相适应,每个王朝应有不同的岁首,夏朝以阴历正月为岁首,殷朝以十二月为岁首,周朝以十一月为岁首。这就是"三正"。"三统"、"三正"周而复始,王朝的更替也就只是表现为"改正朔,易服色",而"道"却是永世不变的。这种循环命定论的历史观所论证的恰恰是封建制度的永恒论。

董仲舒的认识论是典型的唯心论的先验论。他认为人类认识的目的就是"发天意",其途径有两条。因为自然界和人类社会的变化都是由天主宰,所以仔细观察自然界与人类社会的运行即可体察天意。又因为"人副天数",宇宙的真理也就蕴涵在自己身上。通过内心反省,也可以体会到天意,这就是"道莫明省身之天"②。这两种途径结合起来,就是"内动于心志,外见于事情,修身审己,明善心以反其道也"③。

董仲舒提出了性三品说。他认为少数圣人从上天那里承受了"圣人之性",是理所当然的性善者。广大劳动者生来就自私自利,本性恶,是天生的卑贱者。一般人具有可善可恶的"中民之性",通过圣人的教化可以去恶从善。在董仲舒看来,所谓善就是符合三纲五常的道德标准,"循三纲五纪,通八端之理,忠信而博爱,敦厚而好礼,乃可谓善"④。反之,反抗封建制

①董仲舒:《春秋繁露·为人者天》。
②董仲舒:《春秋繁露·二端》。
③④董仲舒:《春秋繁露·深察名号》。

度,破坏封建礼教,违背封建道德,就是十恶不赦的了。显然,这种人性论为封建的等级制度提供了理论根据。

董仲舒是一个对现实社会十分敏感的政治家,他在汉武帝统治的极盛时期已经敏感地观察到走向激化的社会矛盾和阶级矛盾。针对富者骄、贫者忧的社会现实,他提出了自己的社会政治思想:"使富者足以示贵而不至于骄,贫者足以养生而不至于忧,以此为度而调均之,是以财不匮而上下相安,故易于治也。"①这是一个既维持地主阶级对农民的剥削压迫而又对这种剥削压迫加以限制,既使农民接受剥削而又使他们维持最低生活水准而不犯上作乱的调和矛盾的社会改良方案,实际上是为封建统治设计的长治久安之术。为了稳定封建统治,他神化君权,鼓吹"君权神授":"受命之君,天意之所予也,故号为天子。"②君"立于生杀之位,与天共持变化之势"③。为了使人君保持绝对的权力和威严,必须从政治上加强专制主义的集中统一:"春秋大一统者,天地之常经,古今之通谊也。"④同时把全国臣民的思想纳入儒家学说的轨道,实行"罢黜百家,独尊儒术"的政策:

> 今师异道,人异论,百家殊方,指意不同,是以上亡以持一统,法制数变,下不知所守。臣愚以为诸不在六艺之科孔子之术者,皆绝其道,勿使并进。邪辟之说灭息,然后统纪可一而法度可明,民知所从矣。⑤

董仲舒一方面看到专制主义中央集权需要在政治上和思想上树立君主的绝对权威,另一方面也隐隐觉察到不受限制的君主权力一旦为所欲为,也会给国家和社会带来意想不到的灾难。于是又在君主之上精心设计了一个天神,希望利用它来对君主的活动加以约束:"且天之生民,非为王也,而天立王以为民也。故其德足以安乐民者,天予之;其恶足以贼害民者,天夺之。"⑥这里,董仲舒要求君主安民乐民的愿望是真诚的,自然也值得肯定。不过,他借助天神的威力限制君主滥用权力的希冀,只不过是一相情愿而已。天的佑护毕竟靠不住,董仲舒于是更多地把注意力集中在"贤才"的选

---

①董仲舒:《春秋繁露·制度》。
②董仲舒:《春秋繁露·深察名号》。
③董仲舒:《春秋繁露·王道三通》。
④⑤《汉书·董仲舒传》。
⑥董仲舒:《春秋繁露·尧舜不擅移汤武不专杀》。

取、培植和任用上。他深知贤才对国家兴亡有着至关重要的作用,"任非其人,而国家不倾者,自古及今,未尝闻也。……任贤臣者,国家之兴也"①。他对当时官场出现的"廉耻贸乱,贤不肖浑殽","主德不宣,恩泽不流","暴虐百姓,与奸为市"②等现象痛心疾首,要求选任官吏"毋以日月为功,实试贤能为上,量材而授官,禄德而定位",反对"累日以取贵,积久以致官"③的论资排辈恶习和任子制度,提出"兴太学"、"举贤良",在社会上广泛选取德才兼备的知识分子为官吏,以扩大统治基础。这些观点是值得肯定的。董仲舒反对政府对劳动人民一味施以严刑峻法,主张治民以德教为主,以刑罚为辅。他说:"王者承天意以行事,故任德教而不任刑。刑者不可以任以治世,犹阴者不可以任以成岁也。为政而任刑,不顺于天,故先王莫之肯为也。"④他敢于面对现实,以比同时代人更敏锐的眼光揭露"富者田连仟陌,贫者无立锥之地"⑤的贫富对立的事实,指出劳动人民"或耕豪民之田,见税什伍","常衣牛马之衣,食犬彘之食"⑥的悲惨境遇,与贵族富豪们"戴高位","食厚禄"⑦,"食利而不肯学义",横暴骄逸,形成了鲜明的对比。针对此,董仲舒提出了一系列缓和阶级矛盾和社会矛盾的主张。如"限民名田,以澹不足,塞并兼之路。盐铁皆归于民。去奴婢,除专杀之威"⑧等,这是两汉历史上第一个关于解决土地、奴婢问题的改良方案。又提出"不与民争利",放弃盐铁国营,禁止官吏经营工商业以及"薄赋敛,省徭役"等经济政策,反映了他对汉代社会矛盾和阶级矛盾的清醒认识和解决矛盾的积极态度。

以上内容表明,董仲舒创立的新儒学在许多方面继承了先秦原始儒学的基本思想、范畴、概念,如孔子、孟子关于天命的理论和仁爱、仁政、德教、任贤、仁、义、礼、智、信等内容,以及缓和社会矛盾、适度减轻剥削的"民本"思想,等等,大大强化了其儒家思想的外观。同时,也大量吸收融合了先秦诸子中其他学派的一些内容。如吸收了邹衍的阴阳五行学说,作为他构筑天人感应的神学目的论和循环历史观的重要思想资料;吸收了法家的法制主义理论,作为构筑他阳爱阴刑思想的重要资料;吸收了墨家关于"尚同而

---

①董仲舒:《春秋繁露·精华》。
②③④《汉书·董仲舒传》。
⑤⑥⑦⑧《汉书·食货志》。

下不比"的理论,作为他构筑专制主义中央集权的思想资料,等等。他特别根据汉皇朝专制主义中央集权的需要,对原始儒学作了很多修正。例如,孔子虽然讲"天命",但却怀疑甚至否定鬼神的存在,"子不语怪、力、乱、神"①,"敬鬼神而远之"②,"未知生,焉知死"?"未能事人,焉能事鬼"③?董仲舒却大肆宣传阴阳灾异迷信,并将其作为构筑天人感应体系的主要内容。孔子主张恢复周礼:"周兼于二代,郁郁乎文哉,吾从周。"④孟子主张实行井田制,制民恒产。董仲舒却强调"更化",主张限田限奴,基本上脱掉了复古的外衣,而把注意力集中到对现行政策的调整。孔、孟等先秦儒家都主张"贤人"政治,"仲弓为季氏宰,问政,子曰:'先有司,赦小过,举贤才。'"⑤又讴歌禅让制,认为尧、舜、禹之间的更替就是禅让制的典型体现。在君民关系上,主张"民为贵,社稷次之,君为轻"⑥。在君臣关系上,讲究对等原则:"君之视臣如手足,则臣视君如腹心;君之视臣如犬马,则臣视君如国人;君之视臣如土芥,则臣视君如寇仇。"⑦董仲舒则维护并神化绝对君权,以"三纲五常"的道德信条作为君臣、君民和其他人伦关系的准则,使君臣、君民和其他人伦关系更适应趋于凝固化的封建等级制度。虽然经过董仲舒刻意塑造的孔子形象较前更加崇高伟大,光彩夺目,但也离开了历史的真实,变成了涂满油彩的偶像,人性少而神性多了。

董仲舒改造了传统儒学,将其发展到一个新阶段。他创立了今文经学,开启了儒学神学化、儒家宗教化、孔子教主化的进程,为封建统治找到了较为理想的意识形态。他的学说为稳定和巩固大一统的专制主义中央集权的统治起了重要作用,对于形成以汉族为主体的中华民族的心理特征产生了不可估量的积极影响。他与汉武帝一起作为西汉鼎盛时代的代表是当之无愧的。

发端繁荣于齐鲁的儒学,经过历代儒学大师的努力,特别是经过董仲舒的精心改造以后,一跃而成为封建社会的统治思想并且独占鳌头达 2000 年

①《论语·述而》。
②《论语·雍也》。
③《论语·先进》。
④《论语·八佾》。
⑤《论语·子路》。
⑥《论语·尽心下》。
⑦《论语·离娄下》。

之久,原因何在? 简而言之,是因为儒学既获得统治者的青睐,又得到被统治者的认可,是中国宗法农业社会最适宜的意识形态。

因为它倡导大一统,鼓吹"夷夏之防",反映了以汉族为主体的中华各族人民对祖国的认同,蕴涵着深厚的爱国主义,形成了强大的民族凝聚力。此一凝聚力与时间的积累成正比,历时愈久,力量愈强。

因为它倡导尊君爱民,鼓吹等级秩序,君民皆易于接受。正如梁启超在《论中国学术思想变迁之大势》一文中所分析,儒学"严等差,贵秩序,而措而施之者,归结于君权","于帝王驭民,最为适合"。它"说忠孝,道中庸,与民言服从,与君言仁政,其道可久,其法易行"①。

因为它倡导三纲五常的伦理学说,给封建社会的人际关系罩上一层温情脉脉的纱幕,反映了中国宗法农业社会中君主、臣僚和百姓对道德伦理的认同。

因为它有着强烈的民本主义的政治文化意识。儒学虽然反对"犯上作乱",但它重视百姓的利益,关心百姓的冷暖,强调"民为邦本,本固邦宁","民贵君轻","得乎丘民为天子",而且承认百姓有权诛杀夏桀、商纣之类的"独夫民贼"。要求对百姓行"仁政",施"德治",从皇帝到百官都要加强自身的修养,以身作则,率己正人。这种"好皇帝"和廉政意识,长期得到百姓的拥护。

因为它具有博大深广的人道主义精神。儒学提倡"仁爱"、"立人"、"达人"、"推己及人",反对损人利己,以邻为壑。要求每个人都设身处地地为别人着想,自己活,也让别人活;自己活得好,也希望并帮助别人活得好,以爱心和亲情建立友爱和谐的人际关系。这种思想在封建社会里虽然不无理性化的成分,实行起来也非常困难,但这种美好的理想对大多数人还是有吸引力的。

因为它提倡积极进取的人生态度,鼓吹独立不移的大丈夫精神。儒学一贯关心国家和民族的命运,以"修身、齐家、治国、平天下"为己任,在任何艰难困苦和挫折面前不悲观,不气馁,认定目标,勇往直前。为了真理和正义,"知其不可而为之","杀身成仁,舍生取义",以头颅和热血去捍卫自己

---

①梁启超:《饮冰室合集·文集之七》,《饮冰室合集》第1册,中华书局1989年版。

的理想。这种积极进取的人生态度具有永恒的价值。同时,儒学还一贯提倡"富贵不能淫,贫贱不能移,威武不能屈","三军可夺帅,匹夫不可夺志"的大丈夫精神,呼唤崇高的人格和良知,自尊自信,自立自强,以"达则兼济天下,穷则独善其身"的人生信条策励自己,苦筋骨,劳心志,"慎独"自励,无怨无悔,承天下大任,"养浩然之气",在任何时候都保持自己高洁的品性,决不向恶势力投降,更不与之同流合污。这种人生态度和精神品质,对中华民族的精英,特别是广大知识分子具有永恒的吸引力。

因为它一贯重视教育。孔子、孟子、荀子、董仲舒以及其他数以千百计的儒家学者,几乎无一例外地以教师为职业,把"得天下英才而教育之"作为人生最大的乐事。儒学重视教育,全身心地投入教育,使我国文化、教育和学术事业得以延续和发展,其功至伟,不可磨灭。

因为它具有开放性的学术品格。儒学从其诞生那天起就不断地从历史文献,从现实社会,从所有有知识的人那里吸纳知识,丰富和发展自己。它不是一个自满自足、故步自封、自我封闭的僵化的体系,而是以开放的心态,海纳百川的博大胸怀,"苟日新,又日新,日日新"的积极进取意识,不断地、广泛地吸收其他学派的思想、观念,根据社会的需要,改造自己的学说。孔子的儒学一变而为思孟与荀学,又一变而为董学,在这一过程中,先秦诸子百家中的墨、名、法、道、阴阳等学派的许多思想观念,都被悄悄地吸纳,从而使儒学越来越博大精深,不断增强了它对社会和人生需求的适应能力。

反观先秦以来的其他学派,虽然各有其特定内涵,各有其优长之处,各有其存在价值,各有其对中国传统思想文化的独特贡献,然而,除了法家思想在秦朝取得了公认的主导地位,以黄老名世的新道家在西汉初年有着近60年作为统治思想的辉煌外,其余各家思想,在两千多年的封建社会中,或者销声匿迹,或者作为主流思想的补充而存在,谁也未能像儒学那样,以统治思想长期左右封建政治的运行。其原因在于,与儒学相比,它们本身所固有的缺失无法适应不断变化的社会对主流思想文化的诉求。

墨家曾是战国前期与儒家相抗衡的影响巨大的学派。然而,在秦朝以后,它却销声匿迹,在汉初一度活跃的诸子余绪中也找不到它的身影。原因在于,(1)它的某些思想观念,如"尚同"之类,已被新儒学吸纳。(2)它提倡的"兼相爱,交相利","爱无等差"等学说,纯粹是不切实际的幻想,不可能被社会普遍认同。(3)其"节用"、"节葬"、"非乐"等思想,尽管反映了当时的个体生产者对社会贫富不均的不满情绪和提高生活水平的愿望,但又有着这种小生产者的明显局限。它认为人们的衣食住行的各种消费应以满足基本的生理需要为前提,超过这个界限,就是奢侈淫僻,所以,美好的饮食、华美的房舍、美丽的衣服、动听的音乐,一概是不必要的。它把人们的消费水平固定为一个最低标准的模式,并要求社会上所有的阶级和阶层共有这个模式。这种平均主义的保守的消费观念不利于生产的发展和人民生活水平的提高,是一种一相情愿的空想。司马迁批评它"简而难尊","其事不可遍循"①,是很有道理的。墨家思想最后从社会上消失,是因为剥削者和被剥削者都认为它难以遵行。

名家在战国时期曾名噪一时,但因其学说着重于形式逻辑,缺乏完整的政治、社会、经济和伦理思想,就是形式逻辑的一些论题也陷于诡辩,所以司马迁批评它"苛察缴绕,使人不得反其意,专决于名而失人情","使人简而失真"②。它只是一种思维的工具,当然没有资格成为统治思想。

法家有一套完整的由法、术、势组成的专制主义中央集权的政治理论和以耕战为手段,以"富国强兵"为目的的经济理论,易于操作,立竿见影,因而受到列国统治者的青睐。秦始皇以此理论为指导,不仅完成了中国的统一,而且建立起强大的中央集权的国家,充分显示了法家理论的效用。然而,法家理论也有它致命的弱点。第一,它迷信武力和刑政,将其视为唯一的夺权和治国的手段。第二,它把人与人之间的关系看成纯粹的利害关系。君臣、父子、兄弟、夫妻、朋友、买者和卖者、地主与农民,无一不是利害关系。人与人之间不存在丝毫的道义和亲情,一切都是互相争夺、互相利用、互相坑害。对于统治者来说,法家理论有成功之道却乏长治久安之术。秦朝二世而亡的教训引起汉初君臣的深刻反思,他们明白,法家理论只能作为统治思想的一个组成部分加以应用,却千万不能将其作为旗帜树立起来。所以,在秦朝以后中国两千年的封建社会里,法家思想的命运是被统治者明骂而暗用。

以老子、杨朱、庄周等为代表的道家思想虽然清醒地看到了人类文明的

---

① ②《史记·太史公自序》。

发展带来的社会矛盾、贫富分化、压迫剥削等不公平现象,鼓吹自由自在、保身全性的生活,具有一定的积极意义。但是,道家思想的局限也十分突出鲜明。第一,他们对人类社会的发展持悲观态度,认为人类最美好的时代是文明出现前的史前时期,主张社会倒退到"小国寡民"甚至"同与禽兽居,族与万物并"①的时代。第二,他们追求绝对的精神自由,反对一切制度和礼法,倡导"无为而治",实际上要把社会推向无政府状态。第三,他们强调"任自然"、"保身全性"、"拔一毛利天下而不为",放弃对国家、社会和民族的责任。以黄老名世的新道家尽管与原始道家已有很大的不同,但其"无为而治"的放任理论不利于国家实施干预政策,因而只能在汉初的特殊历史条件下成为主流思想辉煌一时。在中国封建社会的历史上,道家思想虽然没有像墨家那样消亡,但它只能作为儒家的同盟军,作为主导思想的补充而存在。

发端于齐国的阴阳家偏重于哲学思想,其政治、经济和伦理方面的内容甚少或根本没有涉及,因而不具备成为统治思想的条件。况且,由于它成为董仲舒构筑新儒学的重要资料,实际上已经融入新儒学之中,阴阳家自己也就失去争当统治思想的愿望了。

其他学派,如农家的小农的平均主义空想,根本不具备实践的品格。纵横家只看重纵横捭阖的政治外交斗争策略,理论上十分贫乏。兵家虽有丰富的战略战术思想,但政治经济社会伦理思想相对薄弱,它们也没有条件单独争夺统治思想的宝座。只有经过董仲舒改造过的儒学,既保留了原始儒学那博大精深的内涵,又有选择地吸收了其他学派的理论和方法,并且基本上消除了原始儒学"博而寡要,劳而少功","迂远而阔于事情"等弊端,成为内容最丰富,涉及政治、经济、思想、伦理、文化教育等社会生活的方方面面,最贴近百姓生活,最易为百姓所了解,又较易操作的学说。尤其重要的是,它适应中国宗法农业封建社会的特点,尽量照顾到社会上各个阶级和阶层的利益,找到了剥削者与被剥削者、统治者与被统治者利益的结合点,成为他们双方都乐于接受的理论和学说。一句话,经过改造的儒学,最适应社会的需要,最具备实践的品格,最善于顺世变异,因而能够拔出同列,登上统治

―――――――――――――

①《庄子·马蹄》。

思想的宝座,成为中国封建社会主流文化的核心和主要组成部分。尽管两千多年间,世事不断变迁,思想文化波澜起伏,外来文化强烈冲击,儒学的统治地位却一直稳如泰山,没有丝毫的动摇。

(三)西汉经学中的齐鲁儒生

汉武帝实行"罢黜百家,独尊儒术"的政策以后,经过董仲舒改造的新儒学以经学的形式成为封建国家的指导思想。"经"最早泛指一切著作,战国以后,它成为儒家所编书籍的统称。汉武帝以后,它进而变成由中国封建皇帝钦定的儒家经典的总称。随着历史的发展,"经"的领域逐渐扩大,五经、六经、九经、十三经①等名目陆续出现。知识分子对"经"的阐发和议论成为封建社会一门独特的学问——"经学",在两汉时期它成为占统治地位的思想形式。

在西汉的齐鲁儒生中,有几个比较突出的人物,除了前面讲到的叔孙通外,再就是公孙弘、主父偃、贡禹和匡衡了。

公孙弘(前200—前121年)是淄川薛邑(今山东青州北)人。他40岁以后才开始研读《春秋》,60岁、66岁两次参加举贤良文学对策,得到武帝的赏识。最后荣登相位,封平津侯,位极人臣。不过,公孙弘在儒学的理论创新方面鲜有贡献。《汉书·艺文志》记有《公孙弘》18篇,已佚。《汉书》本传所载的那些对策、上书之类,所展示的思想也只是老生常谈。尽管如此,在中国儒学史,特别是两汉经学史上,公孙弘仍然占有特殊的地位。首先,公孙弘因治《春秋》,以举贤良文学起家,在耄耋之年由博士而左内史,而御史大夫,而丞相封侯,因此,他本身就成为汉皇朝向全国儒生发出的强有力的信息:读经是出仕的门径,进身的阶梯,由此使"天下之学士靡然乡风矣"②。出仕后的公孙弘也的确时刻关注着儒生的利益,在升任丞相的元朔五年(前124年),即向汉武帝提出了为太学博士置弟子、复其身和以学业状况任官的一整套建议,得到了武帝的首肯。这样,儒生出仕就有了比较

---

①五经指《诗》、《书》、《礼》、《易》、《春秋》,六经加《乐》,已佚。九经指《诗》、《书》、《礼》、《易》、《周礼》、《仪礼》、《礼记》、《春秋公羊传》、《春秋谷梁传》、《春秋左氏传》。十三经指九经外加《论语》、《孟子》、《孝经》、《尔雅》。
②《汉书·儒林传》。

规范化的途径。随着同刘邦一起创业的武力功臣从政坛上消失，汉初的布衣将相之局成为历史陈迹。一批又一批的儒生跻身汉帝国的庙堂，由此使西汉官吏"彬彬多文学之士"，文化素质大大提高。这对承担越来越繁重的政务，提高行政效率是有积极意义的。其次，经过卫绾、公孙弘等人的努力，使西汉的统治思想基本上完成了由黄老之学到儒学的转变，实现了儒学与政治的结合。此一转变，对此后两千多年中国封建社会的历史产生了极其深远的影响。如果说，在孔子、孟子和荀子生活的春秋战国时代，儒学与政治的结合还仅仅是大师们可望而不可即的理想，那么，到西汉建国伊始，儒学与政治的结合就逐步迈出了实质性的步伐。叔孙通制朝议，张苍定章程，使刘邦从实用的层面上认识了儒学的价值，因而才出现刘邦以太牢之礼曲阜朝圣的场面。但此后高后、文、景时期由于黄老之学的兴盛，导致了儒学与政治结合的暂时中断。不过，由于汉初一批儒学大师的努力，更由于变化了的形势的需要，使儒学的勃兴成为不可阻挡之势。而在董仲舒之手推出的新儒学使汉武帝认识到它巨大的思想价值，由此，导致了一个"罢黜百家，独尊儒术"的思想文化政策的出台。在推动这一政策出台和此后实现儒学与政治结合的过程中，公孙弘以丞相之尊发挥了别人不可替代的作用，比如，前面提到的元朔五年的上书，他的作用就是举足轻重的。再如，他"习文法吏事，缘饰以儒术"，推动了儒学与刑法的结合。此后在两汉司法实践中盛行的"《春秋》决狱"，他应该是重要的启诱推动者之一。汉武帝时期执掌司法大权的张汤就以公孙弘为老师，时时请教之。尽管公孙弘有以上贡献，但是，由于他在理论上缺乏创造，出道时又已是垂垂老者，因而在儒学思想史上的地位不仅难以同董仲舒相比肩，就是与在他前后活跃于思想界的陆贾、贾谊、兒宽、京房、刘向、刘歆等相比，也逊色多了。

　　主父偃是公孙弘的同乡。他先学"长短纵横术，晚年乃学《易》、《春秋》、百家之言"，思想和学术都比较驳杂。他曾长期周旋于各诸侯王国，但久久不得重用。直到在长安投大将军卫青之门，通过上书得到武帝的赏识，他才找到进身之阶。一岁四迁，由郎中、谒者、中郎到中大夫，成为武帝身边的重要谋臣。主父偃竭诚为武帝服务，提出了两项具有重大意义的建议。一项是诸侯推恩分封弟子：

古者诸侯地不过百里,强弱之势易制。今诸侯或连城数十,地方千里,缓则骄奢易为乱,急则阻其强合从以逆京师。今以法割削,则逆节萌起,前日晁错是也。今诸侯子弟或十数,而嫡嗣代立,余虽骨肉,无尺地之封,则仁孝之道不宣。愿陛下令诸侯得推恩分子弟,以地侯之,彼人人喜得所愿,上以德施,实分其国,必稍自销弱矣。[①]

主父偃的建议被武帝采纳,自此长期困扰汉朝中央的诸侯王问题基本得到解决。汉朝中央与诸侯王国的矛盾关系到皇室贵族财产和权利的再分配问题。诸侯王都是皇帝的至亲骨肉,应该使他们得到相应的财产权利但又不使其构成对皇朝中央的威胁,这就需要符合实际的制度和政策。经过景帝平定吴、楚七国之乱以后,诸侯王国的力量已经大大削弱了,主父偃的建议得到实施以后,已经变小的诸侯王国中又凭空划出不少小的侯国,表面上是皇帝的推恩,实际上是进一步分割其土地和权力。至此,诸侯王国再也无力向汉朝中央叫板,汉皇帝与诸侯王国之间建立起了彼此利益各得其所的关系。主父偃提出的第二项建议是徙豪民于京师附近的武帝的寿陵茂陵周围居住:"茂陵初立,天下豪强兼并之家,乱众民,皆可徙茂陵,内实京师,外销奸猾,此所谓不诛而害除。"[②]他的这个建议谈不上创新,因为秦朝和西汉高帝、景帝时期都有迁豪徙民之举,在此之前,武帝也曾迁豪茂陵。主父偃无非是强调了此项政策的重要性罢了。不过,他的建议正值地方豪强兼并之家势力蒸蒸日上之时,武帝采纳他的建议,使此一政策进一步强化,增强了打击豪强兼并之家的力度。

主父偃的建议与武帝相契合,加上他在揭露、审理藩王谋逆事件中发挥了重要作用,因而得到武帝的特别信任,使其在朝中的地位迅速攀升。"大臣皆畏其口,赂遗累千金"。他也得意忘形。接着,他惩办齐王,逼使其自杀。此事被赵王告发,主父偃惨遭族诛。在两汉时期的齐鲁思想家中,主父偃是一个"另类"。他出道晚,升迁快,一时宠贵,锋芒毕露,令群僚侧目。他一朝权在手,即肆无忌惮,收取贿赂,惩办诸侯,做事不顾后果。一旦犯案,落井下石者多,施以援手者少,最后落得十分悲惨的下场。他缺乏的是

①②《汉书·主父偃传》。

儒家提倡的品格修养,为官后的所作所为带有浓重的暴发户暴戾恣睢的特点。其悲惨的下场尽管有政敌排陷的因素,但在很大程度上还是咎由自取。

贡禹(前124—前44年),字少翁,琅邪(今山东诸城)人。他先后从嬴公、眭孟学习《公羊春秋》,同时又是《论语》重要的传人之一,"以明经絜行著闻",被宣帝征为博士,后转任凉州刺史,因病去官。不久,举贤良,任河南令。一年后,"以职事为官府所责",被罚"免冠谢"。贡禹十分生气地说:"冠已免,安可复冠也!"毅然辞官而去。此一事件显示了他是一个性格倔强,不以官位为依归的儒生。宣帝死后,继位的元帝"雅好儒术",他没有忘记性格刚直、经学素养出众的贡禹,下令征召其为谏议大夫,"数虚已问以政事"。贡禹鉴于当时"年岁不登,郡国多困"的政况国势,以古今对比的手法,尖锐批评了当时社会上从上到下,尤其是皇室、贵族和官僚中存在的奢靡之风:

> 后世争为奢侈,转转益甚。……今大夫僭诸侯,诸侯僭天子,天子过天道,其日久矣。……故时齐三服官输物不过十笥,方今齐三服官作工各数千人,一岁费数钜万。蜀广汉主金银器,岁各用五百万。三工官官费五千万,东西织室亦然。厩马食粟将万匹。……东宫之费亦不可胜计。天下之民所为大饥饿死者,是也。今民大饥而死,死又不葬,为犬猪所食。人至相食,而厩马食粟,苦其大肥,气盛怒至,乃日步作之。……武帝时,又多取好女至数千人,以填后宫。及弃天下,昭帝幼弱,霍光专事,不知礼正,妄多藏金银财物,鸟兽鱼鳖牛马虎豹生禽,凡百九十物,尽瘞藏之,又皆以后宫女置于园陵,大失礼,逆天心,又未必称武帝意也。昭帝晏驾,光复行之。至孝宣皇帝时,陛下恶有所言,群臣亦随故事,甚可痛也!故使天下承化,取女皆大过度,诸侯妻妾或至数百人,豪富吏民蓄歌者至数十人,是以内多怨女,外多旷夫。及众庶葬埋,皆虚地上以实地下。其过自上生,皆在大臣循故事之罪也。

面对社会上层集团如此严重的奢侈之风,贡禹认为挽救之道在于元帝"从我做起",为全社会做出榜样:

> 唯陛下深察古道,从其俭者,大减损乘舆服御器物,三分去二。子

产多少有命,审查后宫,择其贤者留二十人,余悉归之。及诸园陵女无子者,宜悉遣。独杜陵宫人数百,诚可哀也。厩马可无过数十匹。独舍长安南苑地以为田猎之圈,自城西南至山西至雩皆复其田,以与贫民。方今天下饥馑,可亡大自损减以救之,称天意乎? 天生圣人,盖为万民,非使自娱乐而已也。①

这篇洋洋洒洒近千言的上书,充分体现了贡禹对国家、社会和百姓的责任感以及不计个人利害的高尚品格。他既没有封建制度下佞臣阿意顺旨的媚态,也没有一般老于世故臣子的圆滑与狡黠,有的只是一个敢于直面现实的忠贞之士的质直、诚心和坚毅。因为他明白,面对一个对他有着生杀予夺大权的皇帝来说,直言敢谏等于拂逆鳞,意味着丢官、下狱甚至族灭的大祸。所幸此时刚刚登上帝位的汉元帝还没有离开理性的思考,他知道驱使贡禹抨击包括自己在内的权贵集团奢靡淫逸的是一颗热切希望汉皇朝长治久安的忠心,因而不仅没有对贡禹治罪,反而部分地接受了他的建议,"天子纳其忠,乃下诏令太仆减食谷马,水衡减食肉兽,省宜春下苑以与贫民,又罢角抵诸戏及齐三服官"②,还将贡禹晋升为光禄大夫。不过,此时的贡禹已经年逾八十,"血气衰竭,耳目不聪明",感到自己很难承担繁重的官务,于是向元帝提出了"乞骸骨"、"生归乡里"的要求。元帝赞扬了贡禹的杰出品格,称其有"伯夷之廉,史鱼之直,守经据古,不阿当世,孳孳于民,俗之所寡"③,要求他留在京师,以应王命。一个月后,任命贡禹为长信少府。不久,又让其代病逝的陈万年为御史大夫,跻身于三公之列。贡禹一方面感念元帝的信任,一方面想到自己来日无多,于是频频上书,恨不能将自己所有的谏议一天之内全部献出,以示老成谋国的耿耿忠心。在他"书数十上"的谏言中,涉及减轻赋算口钱、重本抑末、削减诸宫卫士和奴婢、禁止官吏经商与民争利以及除赎罪之法、去卖官鬻爵之制、严格法纪等许多重要问题。贡禹对武帝以后政风与社会风气的每况愈下痛心疾首,认为政府出台的赎罪卖官之法是政风和社会风气败坏的根源,并对其进行了毫不留情的抨击:

孝文皇帝时,贵廉洁,贱贪污,贾人赘婿坐赃者皆禁锢不得为吏,赏

---

① ② ③《汉书·贡禹传》。

善罚恶,不阿亲戚,罪白者伏其诛,疑者以与民,亡赎罪之法,故令行禁止,海内大化,天下断狱四百,与刑错亡异。武帝始临天下尊贤用士,辟地广境数千里,自见功大威行,遂从嗜欲。用度不足,乃行壹切之变,使犯法者赎罪,入谷者补吏,是以天下奢侈,官乱民贫,盗贼并起,亡命者众。郡国恐伏其诛,则择便巧史书习于计簿能欺上府者,以为右职;奸轨不胜,则取勇猛能操切百姓者,以苛暴威服下者,使居大位。故亡义而有财者显于世,欺谩而善书者尊于朝,悖逆而勇猛者贵于官。故俗皆曰:"何以孝悌为? 财多而光荣。何以礼仪为? 史书而仕宦。何以谨慎为? 勇猛而临官。"故黥劓而髡钳者犹复攘臂为政于世,行虽犬彘,家富势足,目指气使,是为贤耳。故谓居官而置富者为雄杰,处奸而得利者为壮士,兄劝其弟,父勉其子,俗之败坏,乃至于是! 察其所以然者,皆以犯法得赎罪,求士不得真贤,相守荣财利,诛不行之所致也。①

为此,贡禹提出了根除积弊的办法:"今欲兴至治,致太平,宜除赎罪法。相守选举不以实,及有赃者,辄行其诛,亡但免官,则争尽力为善,贵孝悌,贱贾人,进真贤,举实廉,而天下治矣。"贡禹的建议元帝不可能全部接受,他只能择其自认可行者予以实施:"令民产子七岁乃出口钱……又罢上林宫馆希幸御者,及省建章、甘泉宫卫卒,减诸侯王庙卫卒省其半。"②这对减轻百姓负担,节约政府开支还是有好处的。

　　贡禹的建议既表现了他醇儒的赤诚和理性主义,又表现了他醇儒的"迂阔"和不切实际。他坚信儒学义理的正确性,以三代盛世作为现实政治应该追求的理性。在其谏议中有不少不切实际的虚枉之论。如反对人们对财富的追求,要求取消货币,恢复物物交换等,就是典型的社会倒退论,是违背历史前进方向的乌托邦之论。不过,贡禹的态度是真诚的,对社会丑恶现象的揭露与抨击是毫无顾忌的。他接连不断上书,毫无哗众取宠之心,而饱含竭诚为君爱民之意。元帝时期,刚刚从"昭宣中兴"的辉煌中走过来,虽然某些方面已呈衰颓之象,但表面的繁荣仍然使臣子们有理由为"大好形势"献上声情并茂的颂歌。可是,贡禹却从繁盛中看到危机,从灿烂中窥见

①②《汉书·贡禹传》。

阴霾。他敢于直面现实,不欺人,不自欺,披肝沥胆,揭示真相,同时献上救助之策。展示了他对君王、国家和百姓的强烈责任感。他任御史大夫不过数月,而上书即达数十通,可见他在自己生命的最后时刻,想到的完全是君王的安危和百姓的疾苦。尽管他的上书中不乏迂腐之气,但迂腐中透出的却是坦荡和真诚。可笑或许有之,但一丝一毫的可厌却找不到。正是从这里显示出贡禹的思想价值和人格魅力。当然,从儒学发展的角度看,贡禹在理论上的最大不足是缺乏创新。而他的可贵之处在于以儒家的理论为指导,锐敏地观察社会,揭露弊端,并提出疗救之策。他对当时政治、国家和社会状况的描述,作为珍贵的历史资料,为后世学者提供了理解和认识那个时代的不可多得的文献。在当时汉元帝的群臣中,贡禹是感觉最锐敏,观察最深入,责任感最强烈的一个政治家,他的生命是在接近终点时达到了辉煌的顶点。贡禹在做御史大夫数月后无疾而终。元帝感念他的忠心,一面赐钱百万,荫其一子为郎,一面将他建议的"罢郡国庙"、"定迭毁之礼"付诸实行,至此,贡禹也算达到他人生境界的生荣死哀了。

匡衡,字稚圭,东海承县(今山东枣庄峄城)人,世代务农。匡衡少时家贫,但好学不倦,留下了"凿壁偷光"的动人故事。为了求学,他曾"庸作以供资用",学问日益长进。后与萧望之等人一同师事同郡的经学大师后仓,并专攻《诗》学,形成了自己独特的学术风格,成为远近闻名的学问家,受到士林广泛赞誉:"诸儒为之语曰:'无说《诗》,匡鼎来;匡说《诗》,解人颐。'"①尽管匡衡有真才实学,但在仕途上却屡遭挫折,一直做地位很低的平原文学之类的小史。直到对儒学有偏好的元帝继位,他才经大司马史高推荐做了博士、给事中。他利用接近元帝的机会,上书痛陈时弊,对政风败坏、"天下俗贪财贱义"以及赋敛过重,"百姓乏困,或至相食"的政况世事进行揭露和抨击。不过,匡衡对当时社会矛盾和阶级矛盾的揭露,只是较多地涉及了法律和道德的层面。因为他除了指出赋敛过重外,其他如土地集中、小农破产沦为奴婢、达官贵人贪赃枉法、地方豪强武断乡曲等造成当时社会矛盾和阶级矛盾激化的原因则很少涉及,最后,他开出了这样一些救治之方:"减宫室之度,省靡丽之饰,考制度,修外内,近忠正,远巧佞,放郑卫,进

①《汉书·匡衡传》。

《雅》、《颂》,举异材,开直言,任温良之人,退刻薄之吏,显洁白之士,昭无欲之路,览《六艺》之意,察上世之务,明自然之道,博和睦之化,以崇至仁,匡失俗,易民视,令海内昭然咸见本朝之所贵,道德弘于京师,淑问扬于疆外,然后大化可成,礼让可兴也。"①这些原则性的谏议,基本上都是传统儒学理论的衍义,看起来面面俱到,实际上重点不突出,针对性不强,可操作性较差,因而效果也就不易显现了。不过,由于元帝"好儒术文辞",匡衡的奏章正投其所好,所以匡衡也就很快升为光禄大夫、太子少傅。不久,匡衡再一次上书,针对元帝宠爱嫔妃、庶子甚于皇后和太子的倾向,委婉地提醒元帝"尽人物之性",以"赞天地之化","审己之所余,而强其所不足",审慎地处理好六戒:"聪明疏通者戒于大察,寡闻少见者戒于雍蔽,勇猛刚强者戒于大暴,仁爱温良者戒于无断,湛静安舒者戒于后时,广心浩大者戒于遗忘。"②显然,这六戒大体上也是从孔子思想演化而来,基本上属于个人修养的范畴,但充溢着"中庸"的辩证意识。最后,匡衡要求元帝"动静游燕,所亲物得其序","不依私恩害公义"。这一劝诫可能对元帝发生了作用,终其一生,他没有废立皇后和太子的动议。这对维护皇室乃至整个社会的稳定是有好处的。

如同贡禹一样,匡衡在儒学义理上也缺乏创新,但由于他身居高位,不断以奏疏的形式达到用儒术附议政治的目的,这就进一步扩大了儒学的影响,巩固了儒学作为统治思想的地位。事实上,当董仲舒构筑的理论框架形成以后,框架内的创新已经比较困难了,突破框架的创新就更加困难。此时的儒学只要能够时时与政治结合,关注国家政治、社会和民生,并且不断校正政治的偏颇使之在正常的轨道上运行,也就是最大的功用了。

元帝晚年,匡衡升任御史大夫和丞相。在他为官期间,为国家和百姓办了一些好事,如襄赞韦玄成、贡禹等人力主罢郡国庙,同时正南北郊祀与罢淫祀,减轻了百姓的负担,为国家节省了财政开支。此外,在思想上他也能坚守儒学的阵地,强化了儒学对政治的影响。然而,作为职任御史大夫和丞相的高官,他的政绩并不突出。这一方面是因为元、成时期的腐朽政治限制了他的作为,另一方面是因为他人品的缺陷。他私心太重,一事当前,首先

①②《汉书·匡衡传》。

考虑个人得失。因而他不仅依附元帝时的奸佞之辈中书令石显,而且参与了石显排陷立功西域的甘延寿、陈汤的阴谋。成帝继位后,他眼见石显失势,又转而上疏弹劾石显。还有"专盗土地"400多顷的劣迹。事发后,被免去丞相职务。最后以一介平民寂寞地死于故乡。贡禹与匡衡都是以儒学起家而跻身三公,位极人臣的。二人都熟读经书,执著于儒家的理想,为官期间也都为国家和百姓办了一些好事,不失为齐鲁思想文化史上的佼佼者。不过,二人也有明显差异。贡禹是一个醇儒,人品几乎无懈可击,他真诚地相信儒家的理想并为之不懈地奋斗。匡衡攻读经书更多地是为了个人的功名利禄,因而官品和人品均不及贡禹。对他来说,免相为庶人并得以寿终应该是最好的结局了。应该看到,儒生中的大部分人接近于匡衡,所以贡禹之类人物就更显得难能可贵了。

下面简述五经传授系统中的主要齐鲁儒生。

在《易》的传授系统中,汉初的齐人田何是一个承上启下的人物。其后,《易》学施、孟、梁丘三家之中,都不乏出自齐鲁的传人。

沛(今江苏沛县)人施雠创施氏《易》。其传人中有琅邪人鲁伯,官至会稽太守。他授泰山毛莫如、琅邪邴丹,都有清名。毛莫如官至常山太守。

东海兰陵(今山东苍山)人孟喜创孟氏《易》,比较重视阐发阴阳灾异,曾举孝廉,历任曲台署长、丞相掾等小官。其弟子中有东海人白光,任博士。

琅邪诸(今山东诸城)人梁丘贺创梁丘《易》。他是京房的传人。重术数,善卜筮。宣帝时任太中大夫、给事中,升迁至少府。梁丘贺传其学于梁丘临。梁丘临"学精孰,专行京房法",曾"奉使问诸儒于石渠",官至少府。其弟子中有琅邪王骏,任御史大夫。平陵(今山东章丘)人士张孙,官至扬州牧、光禄大夫、给事中。齐郡衡咸,王莽时官至讲学大夫。

东莱(今山东莱州)费直创费氏《易》,官单父令。其学"长于卦筮,亡章句,徒以彖象系辞十篇文言解说上下经"①。其弟子中有琅邪人王璜。

《尚书》传自济南伏生。伏生传千乘(今山东博兴)欧阳生,欧阳生传同乡儿宽,儿宽还从孔安国学习古文《尚书》,官至御史大夫。儿宽熟读儒家经典,先为小吏,得廷尉张汤赏识,而受武帝青睐,擢为中大夫、左内史,执掌

---

① 《汉书·儒林传》。

京师行政大权。在左内史任上，他"劝农业，缓刑罚，理狱讼，卑礼下士，务在于得人心；择用仁厚士，推情与下，不求名声，吏民大信爱之"，又"表奏开六辅定水令以广溉田，收租税，时裁阔狭，与民相假贷，以故租多不入"①。这显然是一位关心民瘼、行政有方的好官。当时，汉武帝准备行封禅大礼，询及儒生 50 余人，但人人言殊。问及兒宽，他建议由天子自定。他的回答，突出表现了儒学中的齐学一派通权达变、灵活地为政治服务的特点。他也因此博得武帝的欢心而荣任御史大夫。后来，兒宽又教授欧阳生的儿子，使《尚书》一经在欧阳家世代相传。至欧阳生曾孙欧阳高，任博士。欧阳高之孙欧阳余地也任博士，曾参加石渠阁会议，元帝时官至少府。经过几代人的努力，欧阳《尚书》成为经学中重要的一派。欧阳高的弟子济南林尊，先任博士，参加石渠阁会议，后官至少府、太子太傅。他的弟子平陵平当，官至丞相。

《尚书》中的大、小夏侯之学，传自济南张生。齐鲁士人周堪、孔霸均师大夏侯。周堪参加石渠阁会议，任太子少傅，升光禄勋。孔霸任太中大夫教授太子。太子即位，是为元帝，因赐孔霸爵号褒成君。孔霸传其学于子孔光，孔光官至丞相。另有平陵人吴章、齐人炔钦皆以治《尚书》有名于时。

夏侯建传小夏侯《尚书》，他的弟子平陵人张山先为博士，参加石渠阁会议，官至少府。其弟子中有平陵李寻、郑宽中，山阳（今山东金乡）张无故等。张无故"善修章句"，做过广陵王太傅。郑宽中以博士授太子，成帝即位后，赐爵关内侯，升光禄大夫，领尚书事。李寻学习《尚书》，"独好《洪范》灾异，又学天文月令阴阳"②，善于以灾异比附人事，向当权者屡屡进谏。他以自然界的灾异为引子，针对哀帝时的政况国势，提出了要求排拒"母后与政乱朝"、尊贤士、放佞人和"尊天地，重阴阳，敬四时，严月令"等的建议。这些意见尽管都是通过天人感应加以表述，但不少意见切中当时政治的弊端，表现了他对社会现实的清醒认识。哀帝时常就国家大事垂询李寻，并任命他为骑都尉，使之护卫河堤。但后来，由于李寻参与夏贺良导演的哀帝改元再受命的闹剧而被流放敦煌。

《诗》由齐人浮丘伯承传，鲁人申公、兰陵王臧、鲁人孔安国、瑕丘江公、

---

① 《汉书·兒宽传》。
② 《汉书·李寻传》。

鲁人许生等皆为《鲁诗》的有名传人。鲁国邹县(今山东邹城)人韦贤,师事江公与许生,学习《鲁诗》,并兼通《礼》《尚书》《鲁论语》等,历任博士、大鸿胪、丞相。他的四个儿子都继承家学,精通《鲁诗》。其少子玄成更是聪明过人,历任谏大夫、大河都尉、河南太守、少府、御史大夫、丞相等职。韦玄成的侄子韦赏以《诗》授哀帝,官至大司马车骑将军。东平新桃(今山东东平)人王式,师事免中徐公及许生,学习《鲁诗》,为昌邑王刘贺师。昭帝病逝,无子,霍光等议立刘贺为帝。因其淫乱,立27日即废。昌邑王群臣皆牵连下狱论诛,只有中尉王吉、郎中令龚遂因力谏于前免死。王式也在论死之列。治狱者审问他:"师何以无谏书?"他从容答对说:"臣以《诗》三百五篇朝夕授王,至于忠臣孝子之篇,未尝不为王反复诵之也;至于危亡失道之君,未尝不流涕为王深陈之也。臣以三百五篇谏,是以无谏书。"[1]因回答得较得体,免死归家。山阳张长安、东平唐长宾及沛郡褚少孙都师事王式,后任博士。张长安参加石渠阁会议,官至淮阳中尉。唐长宾官至楚王太傅。由是,《鲁诗》有张、唐和褚氏之学。张长安的侄子张游卿为谏大夫,以《诗》传授元帝,其门人琅邪王扶为泗水中尉。齐人辕固也以治《诗》有名于时,景帝时任博士。齐人以治《诗》显贵者,皆其弟子。其中夏侯始昌任昌邑王太傅。东海郯(今山东郯城)人后仓,师事夏侯始昌,官至少府。其弟子中有东海兰陵萧望之,官至前将军。有东海承县(今山东枣庄峄城)人匡衡,官至丞相。匡衡弟子中有琅邪师丹,官至大司空。

《韩诗》一派的创始人为燕人韩婴。琅邪皋虞(今山东即墨)王吉为其传人。他"少时好学明经",以郡举孝廉为郎,曾任云阳令。后任昌邑王国中尉,对"好游猎,驱驰国中,动作无节"的昌邑王数次犯颜直谏。昭帝病逝后,昌邑王入继大统,因淫乱遭废,王吉因谏诤于前不予治罪。后出任益州刺史、博士、谏议大夫等职。他上书宣帝,对当时的政治提出建议,内容涉及慎选近臣、健全礼制、选贤任能、重本抑末、节俭去奢等诸多问题。这些建议虽然没有超出儒学的传统理念,但仍显示了他"致君尧舜"的情怀。《韩诗》的传人还有泰山栗丰、淄川长孙顺、山阳张就、东海发福等,皆取得较高的官位,有着众多的弟子。

---

[1]《汉书·王吉传》。

《礼》传自鲁人高堂生,另一鲁人徐生熟悉礼仪规范,其子孙徐延、徐襄传其学。《礼》的传人中有瑕丘萧奋,官至淮阳太守。其弟子东海孟卿,传《礼》于后仓和鲁人间丘卿。后仓又传沛人闻人通汉,梁人戴德、戴圣,沛人庆普等。因戴德号大戴,戴圣号小戴,"由是《礼》有大戴、小戴和庆氏之学"。

《公羊春秋》传自齐人胡母生,齐人学《公羊春秋》者皆是他的传人。兰陵人褚大、东平人嬴公传其学。褚大任梁国相,嬴公任昭帝谏大夫,他的弟子中有东海孟卿和鲁人眭弘。眭弘任符节(今四川合江)令时,泰山莱芜山有巨石自立,上林苑中有枯柳再生。他于是以《春秋》推演灾异,通过友人内官长上书昭帝,要求他"求索贤人,禅以帝位,而退自封百里"①。他的执著换来的是"大逆不道"的罪名,他为自己的大胆建言丢掉了脑袋。他的弟子有东海下邳(今江苏邳县南)人严彭祖和薛(今山东枣庄)人颜安乐,二人创《公羊春秋》的严、颜之学。严彭祖的门人琅邪王中,元帝时官至少府。王中的弟子琅邪公孙文和东门云,分别任东平王太傅和荆州刺史,弟子众多。颜安乐官至齐郡右守丞。其弟子淄川任公,官至少府。另外,《公羊春秋》的传人还有琅邪人贡禹和兰陵人疏广,他们的传人有琅邪筦路、泰山冥都等。

鲁申公传《谷梁春秋》,瑕丘江公传其学。其弟子鲁人荣广、皓星公继之。当时《公羊春秋》大盛,《谷梁春秋》势稍弱。宣帝以后,《谷梁春秋》学大兴。传人中房凤为琅邪不其(今山东即墨南)人,历官光禄大夫、五官中郎将、青州牧,曾与刘歆等一起校书中秘,创《谷梁春秋》房氏之学。

从西汉初年始,张苍、贾谊等人治《春秋左氏传》。以后,承传不断。至平帝时立为学官,是古文经学的代表性经典。不过,终西汉之世,很少有人治此经典。

自从汉武帝实行"罢黜百家,独尊儒术"的思想文化政策以后,儒学便以经学的形式成为统治思想。正如《汉书·儒林传》所说:

> 自武帝立五经博士,开弟子员,设科射策,劝以官禄,讫于元始,

---

① 《汉书·眭弘传》。

百有余年,传业者浸盛,枝叶蕃滋,一经说至百余万言,大师众至千余人,盖利禄之路然也。初,《书》唯有欧阳,《礼》后,《易》杨,《春秋》公羊而已。至孝宣世,复立大小夏侯《尚书》,大小戴《礼》,施、孟、梁丘《易》,《谷梁春秋》。至元帝世,复立京氏《易》。平帝时,又立《左氏春秋》、《毛诗》、《逸礼》、古文《尚书》,所以网罗遗失,兼而存之,是在其中矣。

经学成为统治思想,从一定意义上说,也是齐鲁文化成为主流文化的标志,而齐鲁儒生在西汉经学中更占有举足轻重的地位。首先,经学源自齐鲁,经学的创始人百分之九十以上出自齐鲁,传经的学者也大部分出自齐鲁。可以毫不夸张地说,经学也就是齐鲁之学。其次,因为经学成为利禄之路,从而为齐鲁儒生开启了较广泛的出仕门径。在西汉一世,由治经学而荣任九卿以上官吏者人数众多,贵为三公者也有一大批。公孙弘、兒宽、王骏、贡禹、匡衡、萧望之、孔光、师丹等,就是其中的佼佼者。再次,齐鲁儒生虽然以人数众多的整体优势在西汉经学史上占据了绝对优势的地位,但在思想上却没有产生出具有创新意识的大师。他们中的任何一个人在思想和学术上的分量都无法与陆贾、贾谊、董仲舒、司马迁、刘向、刘歆相比。尽管如此,他们在思想学术史上的贡献仍然是别人无法替代的。这些贡献主要表现在他们保存和整理了儒家的绝大部分经典,并通过注释阐发了经学的基本观点,又通过持续的聚徒讲学活动在全国范围内广泛地传播了儒家思想,从而为构建汉民族的民族意识作出了不朽的贡献。而他们整理和注释过的经书,作为中华民族传统文化的元典,作为中华民族精神的重要载体,将继续对中华民族思想文化的发展作出贡献。

四、东汉时期的齐鲁经学和社会批判思潮

(一)东汉经学中的齐鲁儒生

自西汉武帝以后,经学成为官方的统治思想,儒家经典在太学中被立为学官,由博士传授。从博士受经的弟子考试合格,可以做官。家学与私学出身的儒生,经举贤良文学对策等途径,亦可做官。由此出现了"公卿大夫士

吏彬彬多文学之士"①的局面。然而,思想领域的斗争是永远存在的。如果说,在汉武帝定儒一尊之前,汉初思想领域的斗争表现为诸子余绪的一度活跃及其互相辩诘,那么,在"罢黜百家,独尊儒术"的思想文化政策实行以后,思想领域的斗争就表现为经学内部的分裂和异端思想的突起。其突出的事例是经学上的今古文之争。

汉武帝时立于学官的只有《诗》、《书》、《礼》、《易》、《春秋》五经博士。后来逐渐增加,到西汉后期已有五经十四博士。这些博士所传的经书都是用当时通行的文字隶书写成的,后来称之为今文经。今文经在传授过程中,特别是在汉武帝以后,取得了越来越崇高的地位,以《春秋》决狱,以《禹贡》治河,以《洪范》察变,以三百篇当谏书,迎合了统治者的需要,对政治产生了越来越大的影响。今文经学也越来越多地与谶纬迷信相结合,使儒家宗教化,经学神学化,孔子教主化。它以"微言大义"随心所欲地解释经典,神化统治者,使自己在一定程度上变成了政治的婢女。同时,由于今文经在传授中必须遵守严格的师法和家法,经学博士们为了形成对所传经典的垄断,对经的解释越来越烦琐,"一经说至百万言"②。有个叫秦延君的《书经》大师,解释"尧典"两个字用了十多万字,解释"曰若稽古"四个字用了三万多字。一个人从幼年开始学习一经,往往要到满首白发才学会说经。尽管如此,众多的博士弟子依然孜孜不倦地追随自己的老师"皓首穷经",其秘密就在于它是当时重要的一条"利禄之路"。

正当今文经学垄断教育和学术,在西汉后期达到鼎盛局面的时候,新崛起的古文经学对它的地位提出了严峻的挑战。西汉中期以后,一批用古籀文(秦统一以前的东土文字)书写的经书如古文《尚书》、《逸礼》、《周官》、《毛诗》和《春秋左氏传》等,逐渐被发现并在民间传授。由于这些经书是用秦以前的文字写成,所以称为古文经。其实,今文与古文的区别,主要还不在于书写文字的差异,而在于基本观点的不同。以《春秋》的《左传》和《公羊传》为例,对"春王正月"的解释,古文经的《左传》是:"元年,春,王正月。不书即位,摄也。"而今文经的《公羊传》则是:"元年者何? 君之始年也。春者何? 岁之始也。王者孰谓? 谓文王也。曷为先言王而后言正月? 王正月

---

①②《汉书·儒林传》。

也。何言乎王正月？大一统也。"又如对"春用田赋"的解释，《左传》是："十二年，春，王正月，用田赋。"而《公羊传》的解释则是："何以书，讥。何讥尔？讥始用田赋也。"①十分明显，古文经偏重于史实的解释，而今文经着眼的却是"挖掘"其中的"微言大义"②。

成帝河平中，刘歆受诏与其父刘向校领秘书，据说看到了许多古文经传。到哀帝建平年间，刘歆受到重用，便上书要求把古文《尚书》、《逸礼》、《周官》、《毛诗》和《春秋左氏传》等立于学官。同时猛烈攻击今文经："因陋就寡分文析字，烦言碎辞，学者罢老且不能究其一艺，信口说而背传记，是末师而非往古……抱残守缺，挟恐见破之私意，而无从善服义之公心，或怀妒嫉，不考情实，雷同相从，随声是非。"③刘歆的上书在朝野引起了一场轩然大波。今文经大师、光禄大夫龚胜以"乞骸骨"相要挟，大司空师丹则在奏章中给刘歆加上了"改乱旧章，非毁先帝所立"的罪名，大张挞伐。其他今文经师也群起鼓噪，形势对刘歆十分不利。为了摆脱困境，他只得请求到外地出任郡守。在这场争论中，双方虽然都打着弘扬圣人法术的招牌，但骨子里却是两派知识分子对"利禄"的争夺。不久，哀帝死去，平帝即位，王莽以大司马大将军的官职秉政。刘歆受到特别重用，成为协助他篡政的理论策士。王莽为了寻找篡政的理论根据和取得广大知识分子的支持，于是接受建议，下令将古文经立于学官。王莽对古文经的《周礼》特别重视，其新政中的不少措施都从那里寻找历史根据。他对古文经的其他经典也很垂青。例如，他引证《古文尚书·嘉禾》篇记载的"周公居摄"作为自己"居摄践祚"的依据，引证《春秋左氏传》的"刘氏为尧后"以证明他这个"虞帝之苗裔"有代汉的充分权力。不过，王莽并不用排斥今文经学的办法来抬高古文经学。他篡汉以后，不仅没有取消今文经学的官学地位，而且还大力利用今文经学中一切对他有用的东西。例如，他"放《大诰》作策"而讨翟义，引《康诰》作为自己称"假皇帝"的依据，依《王制》加以损益制定公、侯、伯、子、男五等爵位制和封地四等制。以上经典都属于今文。在王莽新朝中，治今文与治古文的经师们一样出将入相。显然，王莽对今古文采取了兼收并

---

① 见《春秋三传》之"隐公元年"。
② 周予同：《〈经学历史〉序言》，载皮锡瑞：《经学历史》，中华书局1959年版，第3页。
③ 《汉书·楚元王传》。

蓄的态度。即使如此,今文经师们也对将古文经立于学官愤愤不平。左将军公孙禄就斥责刘歆"颠倒《五经》,毁师法,令学士疑惑",要求"诛此数子,以慰天下"①。在新莽末年的农民战争中,"天下散乱,礼乐分崩,典文残落",不少经学大师"怀协图书,遁逃林薮"②,经学一度呈现寥落的局面。东汉皇朝建立后,太学生出身的光武帝刘秀十分重视经学的复兴,今文经的十四博士很快立于学官。为了反对王莽之所为,取消了古文经立于学官的资格。但是,这时候的古文经在朝野已有相当大的势力,治古文经的学者们迫切要求将古文经立于学官,以取得与今文经同等的地位。建武初年,尚书令韩歆上书要求为古文的《费氏易》和《春秋左氏传》立博士,结果引起今文经师范升等的激烈反对,双方互相辩诘,形成了颇为热闹的一场论战。《春秋左氏传》虽然暂时得以立学官,但因今文经师的极力反对,不久复又废弃。不过,经过这场辩论以后,朝野相信古文经的人数逐渐增多,享有至尊地位的皇帝也对古文经显示出浓厚的兴趣,此后,今古文经之间的辩难时断时续。章帝时古文经师贾逵与今文经师李育以《春秋左氏传》为对象反复辩诘。建初四年(73 年)白虎观会议就是要论证五经的异同。会后,章帝诏"高才受古文《尚书》、《毛诗》、《谷梁》、《左氏春秋》,虽不立学官,然皆擢高第为讲郎,给事近署"③。古文经的地位进一步提高。到桓、灵时期,今文学家何休作《春秋公羊解诂》,"与其师傅羊弼追求李育意,以难二传,作《公羊墨守》、《左氏膏肓》、《谷梁废疾》"④。古文大师郑玄针锋相对,作《发墨守》、《针膏肓》、《起废疾》,把何休驳得体无完肤。到东汉后期,今文经学的黄金时代一去不复返,而古文经的势力已经蔚为大观了。尽管今文经学一直被立为学官,始终处于官方学术的位置,但由于它越来越与谶纬迷信相结合,假造符命,神化孔子,挖空心思地为当时的黑暗政治辩护,学术气味愈来愈淡,在正直的知识分子中日益失去吸引力。同时,也由于今文经学大师解说经文支离蔓衍,烦琐不堪,不仅引起一般经生的厌恶,连某些最高统治者也感到繁难不便。光武帝就曾命博士删削章句。正因为存在以上两大缺陷,因而纵使今文经学地位显赫,弟子如林,但终东汉之世始终没有产生几个像样的大师,也没有出现有影响的著作。与今文经学相反,古文经学反对

①《汉书·王莽传》。
②③④《后汉书·儒林列传》。

谶纬迷信,反对神化孔子。古文经学大师桓谭、尹敏、王充、张衡、荀爽、荀悦等人,都能从朴素唯物论观点出发,坚决批判谶纬神学,从而在今文经学布下的神道迷信的恶浊氛围中吹进了一股清新的空气,使不少知识分子精神为之一振。另外,因为古文经学家"通训诂","举大义","不为章句",其经师博通群经,在学问上远胜于今文经学家。《白虎通义》基本上是今文经师讨论五经异同的纪要,而其经师中竟然找不到一个有能力执笔整理的人,只能以古文经师班固代劳。古文经学在传播的过程中,涌现出一批著名的大师。贾逵著《左氏传解诂》、《国语解诂》、《今古文尚书异同》、《齐、鲁、韩诗与毛诗异同》、《周官解诂》。许慎著《五经异义》、《说文解字》等,显示了古文经师坚实的基础和渊博的学识。马融注《孝经》、《论语》、《毛诗》、《周易》、《三礼》、《尚书》,使古文经学"到达完全成熟的境地"①。马融的学生郑玄,对今古经兼收并蓄,遍注群经,达百万余言②,成为古文经师中成就最大的学者。由于今文经学出自自身的原因走向没落,而古文经学的大师们又以其博大精深的著作显示了为今文经学不可比拟的优势,更由于郑玄淹博宏富,混一古今,从而吸引了大量对今文经学厌倦的儒生们改学古文经学,古文经学中的郑玄一派一时几乎独占鳌头。至此,长达二百多年的经今古文之争也接近结束。《后汉书·郑玄列传》在总结这一争论时说:

> 自秦焚六经,圣文埃灭。汉兴,诸儒颇修艺文;及东京,学者亦各名家。而守文之徒,滞固所禀,异端纷纭,互相诡激,遂令经有数家,家有数说,章句多者或乃百余万言,学徒劳而少功,后生疑而莫正。郑玄括囊大典,网罗众家,删裁繁诬,刊改漏失,自是学者略知所归。

这一结论大体上是符合事实的。今古文经在两汉时期虽然进行着激烈的斗争,但是,作为地主阶级的意识形态,它们又并非水火不相容,而是有着许多共同特点。首先,它们都尊孔子为圣人,视儒家经典为神圣不可侵犯的教条;都以经书作为思想资料来阐发自己的全部理论,采取了经学笺注这一特殊形式。其次,在政治上,它们都鼓吹专制主义中央集权的大一统理论,维

---

① 范文澜:《中国通史简编》第 2 编,人民出版社 1958 年版,第 227 页。
② 《后汉书·张曹郑列传》。

护封建王朝政治上的统一和封建帝王的绝对权威;同时又向被统治者宣扬"王道"、"仁政"一类虚幻的理想,还要求统治者实行轻徭薄赋、节俭省刑等缓和阶级矛盾的措施,为封建统治筹措长治久安之策。再次,在社会伦理思想方面,它们都提倡三纲、五常、六纪等封建道德信条,以维护四大绳索(政权、族权、神权、夫权)对宗法制度下的中国人民,主要是农民的统治。最后,它们都重视教育,今古文经师们无论在朝在野都积极兴办教育,聚徒讲学,传授知识。通过他们之手,培养了一代又一代的经生,形成了一个较为稳定的知识分子群体。他们在国家社会的政治生活、文化教育与学术活动中起了别人无法替代的作用。正是在经学今古文之争的大背景下,齐鲁文化在东汉时期又有了新的发展。

汉武帝实行"罢黜百家,独尊儒术"的思想文化政策以后,以儒学为代表的齐鲁文化由地域文化上升为主流文化,因而,西汉的经学大师绝大部分是齐鲁之人。经过武帝以后约一个半世纪的发展,经学在全国各地都得到了较广泛的传播。在《后汉书》中立传的 60 多位经师中,出生于齐鲁者只有 10 多人,仅占总数的 20%。而河南的经师却超过 20 人,占了总数的 30% 以上。另外,出生于四川和关中的经师也显著增加。南至苍梧,北至代郡,西至扶风,东南至会稽,西南至犍为,都有经师在《儒林列传》上留下自己的事迹。这表明,中原地区逐渐成为儒生荟萃之地,儒学已由齐鲁一隅播扬于华夏的四面八方。尽管如此,作为儒学发源地的齐鲁仍然是儒学的重镇,一大批成绩卓著的经学大师支撑着东汉经学的半壁江山。下面仅将郑玄与何休之外的齐鲁经师作一简要介绍。

济阴成武人孙期,字仲彧,"少为诸生,习《京氏易》、《古文尚书》。家贫,事母至孝,牧豕于大泽中,以奉养焉。远人从其学,皆执经垄畔以追之,里落化其仁让。"①由于他的人品学问影响越来越大,郡府举他方正,遣官吏携羊酒登门相请,孙期却坚决予以拒绝,驱豕入草不顾。后来,司徒黄琬又给他以"特批"的殊荣,他仍坚持不就,以布衣学者终老于家。他显然是一个"儒隐"型的纯正学者,此类人物在当时犹如凤毛麟角,他们将自我价值定在"为学问而学问"上。

---

① 《后汉书·儒林列传》。

乐安千乘(今山东高青北)人欧阳歙,字正思,是传伏生《尚书》的欧阳生的八世孙。祖上世传《尚书》,八世皆为博士。欧阳歙既传祖业,而又谦恭好礼让,因而在官场上一帆风顺。王莽新朝时任长社(今河南长葛东)宰,更始政权建立后,任原武(今河南原阳)令。刘秀平定河北时,路经原阳,见他将该县治理得很有条理,即晋升他为河南都尉,不久即行太守事。建武元年(25年)刘秀称帝,欧阳歙升任河南尹,封被阳侯。五年后"坐事免官"。第二年再起用他为扬州牧,转汝南太守。他在任上"推用贤俊,政称异迹",获得良好声誉。建武九年(33年),更封夜侯。欧阳歙在汝南一面执行政务,一面聚徒讲学,前后有弟子数百人。建武十五年(39年)正月,升为大司徒。然而,就在这一年的十一月,发现他在汝南太守任上贪赃千万,入狱定成死罪。由于他作为经学大师弟子满天下,影响巨大,所以消息一经传出,"诸生守阙为歙求哀者千余人,至有自髡者"。欧阳歙的学生平原礼震,只有17岁,"闻狱当断",立即"自系,上书求代歙死",其辞曰:

> 伏见臣师大司徒欧阳歙,学为儒宗,八世博士,而以臧咎当伏重辜。歙门单子幼,未能传学,身死之后,永为废绝,上令陛下获杀贤之讥,下使学者丧师资之益。乞杀臣身以代歙命。[1]

其辞哀切动人,表现了师生之间的生死之谊。但当该书奏达刘秀手中时,欧阳歙已毙死狱中。此一案件扑朔迷离,大司徒掾、著名经师陈元上书为之讼冤,"言甚切至"。大概刘秀也感到惩罚过度,于是"赐棺木,赠印绶赙缣三千匹",以此向士林表白自己尊师重道,但对该案的真相一直没有一个明白的交代。欧阳歙是东汉治今文《尚书》最有影响的大师,他的门人济阳曹曾也以治今文《尚书》有名于时,有弟子3000人,官至谏议大夫。

乐安临济(今山东高青南)人牟长,字君高,生活于两汉之际。少年时学习《欧阳尚书》,坚决不仕王莽。建武二年(26年)经大司空宋弘特辟,任博士,不久转升河内太守,后因垦田不实免官。他在任博士与河内太守期间,一直收徒讲学,弟子达千人。著有《尚书章句》一书。其子牟纡继承父业,一直隐居教授,门生也达千人。

---

① 《后汉书·儒林列传》。

　　济阴定陶人张驯，字子儁，少时在太学读《春秋左氏传》，后以《大夏侯尚书》教授乡里，声名渐著，被公府辟举，任议郎，与大学者蔡邕"共奏定《六经》文字"。不久任侍中，典领秘书近署，甚见信用。后任丹阳太守，有惠政于百姓。光和七年(即中平元年，184年)回京师任尚书，旋升大司农，初平年间，死于任上。张驯虽在经学上无突出建树，但在东汉末年政治极其黑暗的时代，不失为一个好官。

　　鲁国人孔僖，字仲和，为孔子后裔孔安国的后人，世传《古文尚书》和《毛诗》。少时与名门之后崔骃同在太学学习《春秋》。一次二人读到吴王夫差反胜为败的史实，感慨万千。孔僖叹息说："若是，所谓画虎不成反为狗者。"崔骃由此联想到汉武帝前后不同的表现说："然。昔孝武皇帝始为天子，年方十八，崇信圣道，师则先王，五六年间，号胜文、景。及后恣己，忘其前之为善。"此一议论，涉及当今皇帝的祖先，触犯忌讳，被同学告发。崔骃"诣吏受讯"，孔僖也自知难以幸免，于是抢在被捕前上书汉章帝，为崔骃和自己讼冤：

　　　　臣之愚意，以为凡言诽谤者，谓实无此事而虚加诬也。至于孝武皇帝，政之美恶，显在治史，坦如日月。是为直说书传实事，非虚谤也。夫帝之为善，则天下之善咸归焉；其不善，则天下之恶亦萃焉。斯皆有以致之，故不可诛于人也。且陛下即位以来，政教未过，而德泽有加，天下所具也，臣等独何讥刺哉？假设所非实是，则固应悛改；傥其不当，亦宜舍容，又何罪焉？陛下不推原大数，深自为计，徒肆私忿，以快其意。臣等受戮，死即死耳，顾天下人心，必回视易虑，以此事窥陛下心。自今以后，苟见不可之事，终莫复言者矣。臣之所以不爱其死，犹敢极言者，诚为陛下深惜此大业。陛下若不自惜，则臣何赖焉？齐桓公亲扬其先君之恶，以唱管仲，然后群臣得尽其心。今陛下乃欲以十世之武帝，远讳实事，岂不与桓公异哉？臣恐有司卒然见构，衔恨蒙枉，不得自叙，使后世论者，擅以陛下有所方比，宁可复使子孙追掩之乎？谨诣阙伏待重诛。①

---

　　①《后汉书·儒林列传》。

孔僖的上书,是一个积极入世的儒生将自己的生命置之度外,披肝沥胆、椎心泣血地对皇帝献出的忠诚。他认为实事求是地评价祖先与当今皇帝,指出他们的过失,不能说是诽谤。作为万民之主的皇帝,为了自己江山社稷的长治久安,也应该正视现实与历史,应该有容忍臣民敢言直谏的雅量,正确总结经验教训,免蹈前人失败的覆辙,使后世子孙不必为掩饰自己的错误而绞尽脑汁。所幸此时的章帝是一个头脑比较清醒的明君,他本来就无意惩罚这两个心地纯正的太学生,披阅奏章,更为其赤胆忠心所感动,立即下诏免予惩办,同时任命孔僖做了兰台令史。元和二年(84年)春天,章帝东巡狩,车驾过鲁城,亲至阙里,以太牢之礼祭祀孔子及七十二弟子,大会孔子后裔男子20岁以上者63人,并命儒生讲《论语》。随行的孔僖向他致谢。章帝问他:"今日之会,宁与卿宗有光荣乎?"孔僖回答:"臣闻明王圣主,莫不尊师贵道。今陛下亲屈万乘,辱临敝里,此乃崇礼先师,增辉圣德,至于光荣,非所敢承。"由于回答得体,甚得章帝赏识,遂任命其为郎中,校书东观。当年冬天,孔僖被任命为临晋(今陕西大荔东)令。临行前,崔骃为他卜筮,认为不吉,劝他不去赴任。孔僖坦然回答说:"学不为人,仕不择官,凶吉由己,而由卜乎?"在该县任职三年死于任上。孔僖一介儒生,其身上展现的恰恰是儒者不计个人安危、积极用世的对国家社会的强烈责任感。他的两个儿子也颇有乃父遗风,都继承家学,不慕荣利。长子长彦好章句之学,二子季彦谨守家业教授门徒数百人。延光元年(122年),河西地方大雨雹。大者如斗。安帝"诏有道术之士极陈变眚",因为孔季彦颇有声望,就被召到德阳殿询问灾变的原因。他如实相对说:"此皆阴乘阳之征也。今贵臣擅权,母后党盛,陛下宜修圣德,虑此二者。"①这的确讲到了当时政治问题的症结,因为自和帝以后,外戚擅权已成为东汉政治黑暗的重要原因。无奈他的实话引起擅权者的厌恶,他们兄弟也就与官场无缘了。

平原般县(今山东乐陵南)人高诩,字季回,生当两汉之际,以父任荫为郎中,世传《鲁诗》,"以信行清操知名"。王莽篡政后,父子弃官而逃,坚决不仕新朝。刘秀即位后,因大司空宋弘推荐,征为郎,任符离(今属安徽)长。中间曾去官,后又征拜博士。建武十一年(35年)升任大司农,"在朝以

---

① 《后汉书·儒林列传》。

方正称"，是一个政声清明的好官。两年后，死于任上。

任城（今山东济宁）人魏应，字君伯，少年时即特别好学。建武初至太学习《鲁诗》，他"闭门诵习，不交僚党"，备受称赞。后归乡做郡吏，不久举明经，任济阴王文学。后因病去官，在乡里聚徒讲学，有弟子数百。永平初，征为博士，旋即升为侍中。永平十三年（70年）升任大鸿胪。十八年转任光禄大夫。建初四年（79年）任五官中郎将，受章帝命教授千乘王刘伉。魏应"经明行修"，声名远播。章帝看重他的学问，数次召见，"论难于前"，受到特别赏赐。建初四年十一月章帝大会诸儒于白虎观，"讲论《五经》同异"，命魏应"专掌难问"，使之成为此次会议的风头人物。第二年，出任上党太守，再征拜骑都尉，最后死于任上。

琅邪东武（今山东诸城）人伏恭，字叔齐。其叔父伏湛官至司徒；另一叔父伏黯治《齐诗》，作《解说》九篇，官至光禄勋。因无子，过继伏恭为后。伏恭少时从伏黯学《齐诗》，以父荫为郎。建武四年（28年）起任剧县令13年，"以惠政公廉闻"。青州举荐他"尤异"，经太常考试第一，升任博士，不久出任常山太守。在任期间，他"敦修学校，教授不辍，由是北州多为伏氏学"①。永平二年（59年）代梁松任太仆。永平四年，明帝亲临辟雍，在举行典礼时任命伏恭为司空，儒生们皆引以为荣。伏恭虽从青年时代起就进入官场，但一直没有停止授徒讲学活动，曾将其父所作章句删繁就简，定为20万言，方便弟子学习。伏恭任司空9年，以病辞归，在家颐养天年，直到元和元年（84年）以90高龄辞世。章帝下诏附葬显节陵。作为儒生出身的官吏，这不能不说是一种殊荣了。

东海（今山东郯城）人卫宏，字敬仲，少时即喜好古文经。后从古文经师九江谢曼卿学习《毛诗》，作《毛诗序》。又从大司空杜林学习《古文尚书》，作《训旨》。卫宏还作《汉旧仪》四篇，记载不少西汉时期的逸事，特别在政治制度方面可补正史的不足。由于杜林、卫宏等的提倡，古文经在东汉时期逐渐兴盛起来。

山阳东缗（今山东金乡）人丁恭，字子然，生活于两汉之际。少年时学习《公羊严氏春秋》，后授徒讲学，常有数百弟子随侍在侧。州郡征召他出

___

①《后汉书·儒林列传》。

来做官,他坚决予以拒绝。建武初年,他应召出山,任谏议大夫、博士,封关内侯。十一年(35年)升任少府。为官期间仍坚持授徒讲学,来自四面八方的弟子达数千人,被世人尊为大儒。当时朝廷的一些权要,如太常楼望、侍中承宫等皆出自他的门下。建武二十年(44年),他被任命为侍中祭酒、骑都尉,与另一大儒侍中刘昆随侍光武帝左右,成为光武帝在文化教育方面的主要顾问。

北海安丘人周泽,字稺都,少年时学习《公羊严氏春秋》,后隐居教授,有门徒数百人,在地方上有一定声望。建武末年,征辟大司马府,代理议曹祭酒。数月后,征试博士。中元元年(56年)任黾池(今河南渑池西)令。他为官"奉公克己,矜恤孤赢,吏人归爱之"①。永平五年(62年)升右中郎将,五年后再升太常。周泽在朝廷为官,不仅自持清廉,而且"果敢直言",在京师口碑甚好。后来,北地太守廖信因贪污下狱治罪没收财产。明帝为表彰廉吏,特下令将所没赃物赏赐他们。朝中官吏只有周泽等三人获此殊荣。明帝这一举措影响很大,当时京师翕然,在位者咸自勉励。北海安丘人甄宇,字长文,清静少欲。少年时学习《公羊严氏春秋》,后居家教授,常有弟子数百人。建武中期,辟为州从事,不久又征拜博士,最后任太子太傅,死于任上。他的儿子甄普、孙子甄承都继承家学,尤其是甄承,自少年起即立志笃学,"未尝视家事",门下生徒常数百人,"诸儒以承三世传业,莫不服之"②。建初中,举孝廉,官至梁国相,死于任上。

曹褒,字叔通,鲁国薛(今山东枣庄)人。他的父亲曹充学《庆氏礼》,建武中任博士。光武帝晚年封禅泰山,曹充为之制定相应礼仪。以后,又受诏议定七郊、三雍、大射、养老等礼仪。明帝即位后,他上书说:"汉再受命,仍有封禅之事,而礼乐崩阙,不可为后嗣法。五帝不相沿乐,三王不相袭礼,大汉当自制礼,以示百世。"③明帝欣赏他的见解,任命他为侍中,但制礼之事却未具体进行。曹褒少时聪慧,笃志向学,"有大度,结发传充业。博观疏通,尤好礼事"。他深感东汉建立后礼制未备,自己热望像叔孙通一样为制礼作出贡献。为此,他"昼夜研精,沉吟专思,寝则怀抱笔札,行则诵习文书,当其念至,忘所之适",足见其投入与执著。不久,举孝廉,被任命为圉

①②《后汉书·儒林列传》。
③《后汉书·曹褒传》。

县(今河南杞县)令。他在县行政,"以礼理人,以德化俗"。一次,临郡逃到该县五名盗贼,被捕获。曹褒的上司马严听到消息,立即指示他将五人杀掉。他拒不执行,并对负责该案的司法官说:"夫绝人命者,天亦绝之。皋陶不为盗制死刑,管仲遇盗而升诸公。今承旨而杀之,是逆天心,顺府意也,其罚重矣。如得全此人命而坐之,吾所愿也。"①因此得罪马严,结果被免去县令之职,放归本郡做了功曹。因为他对《礼经》素有研究,不久,又征拜博士,赴洛阳任职。很快,他应章帝之命,制定《汉礼》,"撰次天子至于庶人冠婚吉凶制度,以为百五十篇"。但因章帝突然去世,他制作的礼仪被束之高阁。和帝时,曹褒升任射声校尉,后转河南太守,为百姓办了不少好事。曹褒"博物识古,为儒者宗",是东汉最有学问的经师之一,特别是在《礼经》的研究方面达到很高的水平。他著有《通议》12篇、演经杂论12篇、《礼记》49篇传世,是庆氏礼学的主要传人,既有理论,又有制作,他制定的《汉礼》是叔孙通等所制定的《汉仪》的进一步改进与完善。虽然当时未能实行,但很可能为后来胡广制定的《汉仪》提供了重要资鉴。今载于《后汉书·礼仪志》中的各种礼仪,可能有曹褒的一份功劳。

东汉时期,今文经学日益与谶纬迷信相结合,因而推演灾异的阴阳之术也就大行其道。此期的齐鲁产生了两个以善风角、星算、天文阴阳之术著名的人物,一个是郎顗,一个是襄楷。郎顗字雅光,北海安丘人。他的父亲郎宗学《京氏易》,"为诸儒表",被任为吴县(今江苏苏州)令。不久自动辞职,终身不仕。郎顗自幼传父业,"兼明经典",隐居海畔,聚徒讲学为生,常有弟子数百人随侍就读。他"昼研精义,夜占象度,勤心锐思,朝夕无倦"②,声望越来越高。州郡辟召,举有道、方正,皆不应征。顺帝时,灾异频仍,阳嘉二年(133年)正月,以公车征郎顗至京师,听取他对朝政的意见。郎顗借此机会,抨击时政,提出登用贤良、罢斥贪酷、为百姓减负、去奢逸、防羌患等救助措施。郎顗作为终生隐逸之人,虽然不热衷功名利禄,但还保留着对国家和社会的责任感。他的上书展示的是一个关心国家民命的儒生的忠君忧民之心。

襄楷,字公矩,平原隰阴(今山东临邑西)人。与郎顗相似,他也"好古

---

①《后汉书·曹褒传》。
②《后汉书·郎顗传》。

博学,善天文阴阳之术"。一生不曾入仕,但对朝廷和社会怀有强烈的责任感,其思想和理念都体现在他的上书中。桓帝在位时期,宦官专政,"政刑暴滥",天灾连连发生,桓帝的儿子也频频夭折。襄楷看在眼里,急在心头。即于延熹九年(166年)诣阙上书,借天象变异,抨击朝廷"仁政不修,诛罚太酷"①,为无辜而遭冤杀的太原太守刘瓆、南阳太守成晋鸣不平。奏疏呈送十余日不见回音,于是再次上书,要求桓帝改变"狱多冤结,忠臣被戮"的黑暗局面,迅速"理察冤狱",为冤杀的忠臣良吏平反。同时限制宦官的权力和地位,节制自己奢侈多欲的生活方式。面对襄楷对桓帝毫不客气的尖锐批评,尚书建议对襄楷严加惩罚。桓帝虽然没有糊涂到将襄楷处以死刑,但还是判了他两年徒役。灵帝时,太傅陈蕃为襄楷辨冤。中平年间,朝廷征召他为博士,被拒绝。襄楷一生与官位无缘,始终是一介平民,但他"位卑未敢忘忧国",自动冒死犯难,诣阙上书,显示的是书生报国的崇高精神境界。

郎颛和襄楷是东汉时期数以千百计的以天象变化附会符瑞灾异的经术之士的典型代表,是经学日益谶纬化的产物。此二人之所以值得重视,就在于他们对国家和社会有着强烈的责任感,在于他们敢于冒死犯颜直谏,敢于对当时政治社会的弊端进行毫不留情的揭露与抨击。他们与东汉后期日益高涨的社会批判思潮相呼应,在迷信的外衣下透出理性思考的光芒。

东汉一代,以儒学为核心的齐鲁文化已经牢牢地占据了主流文化的位子。正因为如此,齐鲁儒生在全国儒生中所占的比重反而有所下降。因为经学不仅成了统治思想,而且成为利禄之路,致使全国学子共逐一鹄,造成八方汇集,精英荟萃。但是,在整个东汉时期,齐鲁仍不失为儒学的重要基地。这是因为,第一,尽管齐鲁儒生所占比例下降,但与其他地区相比,仍处于前列。第二,齐鲁儒生不仅绝对数量较多,而且有一批顶尖的大师级别的学者,如今文经的何休和古文经的郑玄,就分别占据了他们各自领域的制高点。所以从总体上讲,西汉时期的齐鲁儒学以不可比拟的优势促成了"罢黜百家,独尊儒术"的政策的出台,为齐鲁文化跃升为主流文化作出了巨大贡献。东汉时期的齐鲁儒学则为巩固这一主流文化的地位作出了不可替代的贡献。在中国思想文化这一发展变化的过程中,齐鲁儒生作为一个巨大

---

① 《后汉书·襄楷传》。

的群体,发挥了千古不磨的历史作用。

(二) 《太平经》的思想倾向

在东汉时期的思想史上,出现了一部宗教经典《太平经》。因为它后来成了黄巾起义军的教科书,所以其思想内涵很值得探索一番。《太平经》的起源可以追溯到西汉成帝时期。当时一个名叫甘忠可的方士创作了《天官历包元太平经》,鼓吹用异想天开的第二次再受命,挽救汉室的危机,结果被下狱处死。哀帝当国时,甘忠可的弟子夏贺良再上献此书,结果演出了哀帝变成"陈圣刘太平皇帝"的受命喜剧。然而,夏贺良也因其术无效验,遭到自己老师同样的命运。东汉时,传说于吉得"神书百七十卷"号《太平清领书》。顺帝时,由其弟子宫崇献给朝廷。据李贤注,该书就是《太平经》,"后张角颇有其书焉"①。事实是,张角不仅"有其书",而且其传道起事都与该书有着密切的联系。《太平经》说,"太平道,其文约,其国富,天之命,身之宝。近出胸心,周流天下,此文行之,国可安,家可富。"②这应该是太平道教义的根据。《太平经》谈天道、地道、人道和天神、地神、人神,又称三神为三公,这大概是张角、张梁、张宝分别称天公将军、地公将军和人公将军的根据吧。其实,找出《太平经》与太平道和黄巾起义的关系并不困难,问题的症结在于说明,一部宗教的经典为什么变成了农民起义的教科书?

《太平经》的前身是《太平清领书》,从西汉成帝到东汉顺帝,在民间流传了一百多年的时间。在这一漫长的历史进程中,它肯定被许多人加工过,这些加工虽然没有改变这部宗教经典的神学体系,但即使从其在民间争取信徒的角度出发,它也会加上某些反映劳动人民愿望并为劳动人民所乐意接受的东西。这样,呈现在后世读者面前的《太平经》就成为一个十分复杂而又矛盾的体系。它一方面有一个精心构制的有天神、地神、人神的系统的神学体系,充满着阴阳五行的图谶怪异之说,还夹杂着民间巫祝的宗教迷信,以及求神仙、寻仙药以及炼丹服食等方术;另一方面又有着元气论的唯物主义因素。一方面有着董仲舒式的五德终始和"天不变道亦不变"的形

---

①《后汉书·襄楷传》。
②王明:《太平经合校》,中华书局 1960 年版,第 697 页。

而上学;另一方面又有着"阴极当反阳"、"下极当反上"的辩证法因素。一方面大力推崇汉德,称颂汉代皇帝为"圣明天子",把实现"太平盛世"的愿望寄托在当权的统治者身上,表现了维护封建统治的原则立场;一方面又以土德胜火德为根据,祈盼一次改天换地的大变革,去实现农民的均平理想等等。由于农民小生产者的局限性,他们比较容易接受宗教有神论的宣传。更由于东汉后期日益沉重的阶级压迫和剥削,他们希望从茫茫苍天那里找到救星。《太平经》中那些曲折反映劳动人民愿望和要求的东西,使他们在无涯的苦海中仿佛瞥见遥远天际那一线微明的晨曦。在《太平经》描绘的天国里,阴阳调和,生产发展,生活富裕,"无有刑,无穷物,无冤民"①,没有盗贼,没有夷夏之别,没有战争,国家兴盛,所有的人,从一般普通百姓到封建帝王都"可竟天年,各得其所"。这种理想描绘得愈美妙和谐,地狱般黑暗的社会现实——"风雨不调,行气转易","阴气蔽日","人民恐惧,谷少滋息,水旱无常","家事大小,皆被灾殃"——就愈加令人愤慨而难以容忍。在理想与现实的对比映照中,推翻现实凶恶污浊社会的革命热情自然会被激发出来。《太平经》认为,自然界和人类社会是由元气的三种形体——太阳、太阴、中和相互变化而成。天、地、人,日、月、星,山、川、土,父、母、子,君、臣、民"使同一忧,合成一家,立致太平"。而社会所需要经常解决的三件大事是吃饭、男女和穿衣。为了解决这三件大事,《太平经》提出"大平均"的思想,"天地施化得均,尊卑大小得一"。"平者,言治大平均。凡事悉治,无复不平","调和平均,使各从其愿,不夺其所安"。比较可贵的是,在对均、平的解释中,提出了"财物共有"和"人人劳动"的思想。《太平经》卷六十七"六罪十治诀"明确指出:"积财亿万,不肯救穷周急,使人饥寒而死,罪不除也。"其中还说:

> 或有遇得善富地,并得天地中和之财,积之乃亿亿万种,珍物金银亿万,反封藏逃匿于幽室,令皆腐涂。见人穷困往求而不予,既予不即许,必求取倍增也。而或但一增,或四五乃止。赐于富人,绝去贫子,令使其饥寒而死,不以道理,反就笑之。与天为怒,与地为咎,与人为大

①王明:《太平经合校》,中华书局 1960 年版,第 206 页。

仇,百神憎之。所以然者,此财物乃天地中和所有,以共养人也。此家但遇得其聚处,比若仓中之鼠,常独足食,此大仓之粟,本非独鼠有也;少内(内应作府)之钱财,本非独以给一人也,其有不足者,悉当从其取也。愚人无知,以为终古独当有之,不知乃万户之委输,皆当得衣食于是也。①

这种财产共有的思想,谴责了包括皇帝在内的少数富人,揭露了他们积累亿万金银财物和粮食、自己独享甚至任其腐烂而不肯让别人分享的丑行,直斥这种人不过是仓中的大老鼠,是罪不容诛的。这里提出的天下财应共养天下人的主张,尽管还不是废除私有制,但它反对富人对穷人的过分剥剥,呼吁"周急救贫",表现了对高压下的劳动人民的同情,这很自然地能够引起劳动人民心灵的共鸣。《太平经》还宣称,"男者,乃天之精神也。女者,乃地之精神也","至于长老巨细,当随其力而求其食,故万物尚皆去其父母而自衣食也。""女之就夫家,乃当相与并力同治生,乃共传天地统,到死尚复骨肉同处,当相与并力,而因得衣食之"②。"耕田得谷独成实多善者?用心密,用力多也"③,"凡事相须成事者,皆两手也"④。"凡财物可以养人者,各当随力聚之","不肯力为之"而向人"求索","皆为强取人物,与中和为仇,其罪当死"⑤。这种任何人都要靠自己的劳动而求得生活资料的主张,实际上是否定了剥削的合理性。它要求人们将相互关系建立在劳动的基础上,也就是要求将劳动者之间的关系推广到整个社会。此外,《太平经》针对豪族地主垄断选举、任人唯亲的情况,提出举贤使能的主张。针对东汉后期刑罚残酷、诛杀无辜的情况,提出"无刑而自治"的主张。认为"教其无刑而自治者,即其上也","教其小刑治之者,即其大中下也,多数功伪,以虚为实,失其法,浮华投书,治事暴用刑罚,多邪文,无真道可守者,即是其下霸道之效也"⑥。它要求减轻刑罚,即使死罪亦不要"尽灭杀",更不要"罪及家小比伍"。针对当时社会"多贱女子而反杀之"的残害妇女的状况,

①王明:《太平经合校》,中华书局1960年版,第246—247页。
②同上,第34—35页。
③同上,第415页。
④同上,第518页。
⑤同上,第243页。
⑥同上,第140页。

提出男人继承天统,女人继承地统,杀害妇女是"断绝地统"、"灭人类"的逆天悖地之行。针对当时贵族官僚和豪族地主的奢侈腐化,提出男女衣食外,"其余皆伪之物"的禁欲主义主张。针对当时厚葬、淫祀和饮酒成风的倾向,提出了薄葬和节俭的主张。这些思想虽然不无偏颇之处,但无疑可以得到广大劳动人民的欢迎。

从以上分析可以看出,在《太平经》的宗教神学体系中,的确有不少涂抹着浓烈宗教色彩的合理内核。这些思想和主张,对当时处于死亡线上奋力挣扎的劳动人民,自然会产生巨大的吸引力。对自己苦难生活的愤怒和对未来太平世界的向往,使他们团结在张角为首的太平道旗帜下,演出了一幕反对封建压迫和封建剥削的威武雄壮的活剧。

(三) 何休与郑玄的经学

何休,字邵公,任城樊县(今山东济宁东)人,是东汉时期治《公羊春秋》影响最大的今文经学大师。他出身名门,父亲何豹官至少府。何休自小聪明好学,长大后"为人质朴讷口,而雅有心思,精研《六经》,世儒无及者"①。后以父荫召拜郎中,在朝中服务。但他对做官了无兴趣,不久即辞职返家读书。桓帝时,太尉陈蕃辟何休在自己府上服务,参与政事。不久,"党锢之祸"发生,陈蕃被免职,所谓党人被治罪。何休因属于陈蕃的门生故吏之列,自然也遭禁锢。他本来就不热衷官场,禁锢中正好发挥自己潜心学问的长处。他精心研读《公羊学》,"覃思不窥门,十有七年"②。著有《春秋公羊解诂》,又注训《孝经》、《论语》等。他标新立异,不囿于成说,发明不少新意,所以他的著作"皆经纬典谟,不与守文同说"。他还以《春秋》驳《汉书》所载事有误者六百多条,"妙得《公羊》本意"。何休对历法和算学也深有研究,但他的主要贡献是在东汉今文经学江河日下的情况下,力图重振今文经学,尤其是公羊学的雄风。他与师傅、博士羊弼合作,上承今文学家李育"以公羊义难贾逵"的余绪,写下了三篇大文章。一是《公羊墨守》,极力捍卫《公羊学》的观点,"坚信《公羊》之义不可改,如墨翟之守城"。二是《左氏膏肓》,攻击《春秋左氏传》病入膏肓,无可救药。三是《谷梁废疾》,攻击

①②《后汉书·儒林列传》。

《春秋谷梁传》犹如废疾之人,气息奄奄。尽管何休使出浑身解数,竭尽全力捍卫公羊学的观点,但他的努力却收效甚微,因为在今文经学处于整体衰颓的形势下,个别精英人物的奋斗无法挽狂澜于既倒,何休只能眼睁睁地看着今文经学"无可奈何花落去"了。党禁解除后,何休又被辟到司徒府任职,最后升至谏议大夫。为官期间,他虽"屡陈忠言",但由于此时的东汉皇朝已经彻底腐朽,失去了对忠言的感应能力,人微言轻的何休的忠言对当权者不啻耳畔清风,是不会产生什么影响的。光和五年(182 年)何休以 54 岁之年死于任上①。

如果说,西汉最大的公羊学家是董仲舒,那么,东汉最大的公羊学家就是何休。何休是一个比较纯正的学者,善于治学而疏于治事。他之冷漠官场而执著于学问,恰恰是他对自己的准确定位。他著作甚多,但完整保留下来的只有《春秋公羊解诂》。不过,作为何休的代表作,他经学的精华集中于该书,思想的精华亦集中于该书。有此一部书留传下来,何休作为公羊学巨子的地位就是不可动摇的。

《春秋公羊解诂》一书是东汉今文经学的代表作,它充分发挥董仲舒创设和系统化了的天人感应的神学目的论,大量吸收谶纬神学的内容,对春秋时期的自然现象、政治变化进行随心所欲的解释。尽管其中不乏谴责帝王荒唐行径、同情百姓疾苦等理性思想的内容,但从总体上看,它超脱不了唯心主义和有神论的窠臼,这一方面值得肯定的内容不多。《春秋公羊解诂》最值得珍视的是它所展现的何休的政治与伦理思想的内容。如他上承董仲舒,从"天人合一"的哲学的高度,论证了"大一统"的神圣性与合理性。他要求树立君王本位的原则,做到"一法统,尊天子","重本尊统",维护以天子为中心的专制主义中央集权的绝对权威。为了做到这一点,天子必须加强自我修养,在天下臣民中树立起威严而又慈善的良好形象,时时想到上天的监视警戒作用,不要为所欲为,更不要胡作非为。身正的天子是无言的榜样,同时也是震慑权臣的无形的力量。他要求毫不妥协地反对和制止贵戚专政和大臣擅权,实际上是对东汉后期外戚专权自恣、州牧郡守分裂割据的影射抨击。这突出反映了今文经学家,尤其是公羊学家对现实的热切关照。

---

① 《后汉书·儒林列传》所载何休卒年可能有误。见《中国史研究》2002 年第 3 期孟祥才《〈后汉书·儒林列传〉所记何休卒年献疑》,推断其卒年当在中平年间。

不过,何休的"大一统"理论也有明显的局限,即将君权绝对化,失去了孟子思想中君臣对等的原则。

何休继承孟子的"仁义"和荀子的礼乐思想,并将其与"大一统"紧密结合。他认为"仁义"应是从帝王到臣民共同遵循的伦理原则,每一个人都必须按照"仁义"的原则从事符合自己身份地位的活动:"有帝王之君,宜有帝王之臣,有帝王之臣,宜有帝王之民。"①即要求君为"仁义"之君,臣为"仁义"之臣,民为"仁义"之民。他要求"大一统"之君必须首先成为"仁义"之君,以自己恪守"仁义"的行动成为臣民的表率。同时君主还必须对百姓实行"仁政"和"德治","尊老爱民",像对待自己的父兄子弟一样对待臣民百姓:"上敬老,则民益孝;上尊齿,则民益弟。是以王者以父事三老,兄事五更。……先王之所以治天下者五:贵有德为其近于道也,贵臣为其近于君也,贵老为其近于父也,敬长为其近于兄也,慈幼为其近于弟也。"②他严厉抨击那些不修文德,穷奢极欲,对百姓进行横征暴敛的君王和诸侯的无耻行径,大力张扬儒家传统的"民本"意识,要求国君和诸侯都要时刻关心民瘼,忧百姓之急,缓刑罚,薄赋敛,节制剥削。当百姓遭遇水旱等自然灾害时,应千方百计使他们获得食物,免遭死亡:"民食不足,百姓不可复兴,危亡将至,故重而书之,明当自减省,开仓库,赈振之。"③他继承传统儒学关于"汤武革命"的观点,将祸国殃民、残害百姓的暴君直视为独夫民贼,肯定人民有加以诛讨的权力。最后,何休强调限制兼并、节俭省刑、轻徭薄赋,更希望生产者有一定数量的生产资料。在这个问题上,他也像许多儒家学者一样,寄希望于"井田制"的恢复。这虽然是一相情愿的"迂阔之论",但反映的却是他期望百姓安居乐业的真诚愿望。

何休重视礼治,他认为要想维护社会的稳定,使社会上的各个阶级与集团和睦相处,礼乐是不可须臾离开的东西:

> 故乐从中出,礼从外作也。礼乐接于身,望其容而民不敢慢,观其色而民不敢争。故礼乐者,君子之深教也,不可须臾离也。君子须臾离

---

①《春秋公羊解诂·僖公二十二年》。
②《春秋公羊解诂·桓公四年》。
③《春秋公羊解诂·宣公十年》。

礼,则暴慢袭之;须臾离乐,则奸佞入之。①

何休阐发了不同性质的许多礼制,其基本精神是维护以"君主本位"和"父本位"为核心的封建的等级名分和等级秩序。

何休也重视乐"风化天下"之移风易俗的潜移默化的社会功能:

> 夫乐本起于和顺,和顺积于中,然后荣华发于外。是故八音者,德之华也;歌者,德之言也;舞者,德之荣也;故听其音可以知其德;察其诗可以达其意;论其数可以正其荣。荐之宗庙足以享鬼神,用之朝廷足以序群臣,立之学官足以协万民。②

以上认识基本上是传统儒学思想的复述与衍义,但其中还是蕴涵着不少合理的内容和观念。另外,何休对传统儒学的孝悌观念、诸夏夷狄观念都有所发挥,大大丰富了今文经学的内容。

尽管从总体上看,东汉的今文经学呈衰颓之势,何休的努力也无法挽救它。但是,由于何休的努力,今文经学,尤其是公羊学毕竟展示了它关心国计民生、干预现实政治的优良传统。《春秋公羊解诂》一书颇多创新之处,是董仲舒之后公羊学发展史上最具创造性的总结性成果,对研究两汉经学,尤其是公羊学具有重要意义,是经学史研究者不能跳过去的著作。特别重要的是,何休的著作在整个中国经学史上起了承前启后的作用。尽管东汉以后,历经魏晋南北朝、隋唐五代、宋辽金元、明和清朝前期,经学领域几乎一直是古文的天下,但是,总有少数治今文经的学者继续着何休的事业,使公羊学在寂寞中代有传人,不绝如缕,从而为清朝晚期今文经学的再度崛起做了资料和学术的准备。这其中,何休的著作发挥了不可替代的作用。

郑玄(127—200 年),字康成,北海高密人,两汉经学的集大成者。他自幼聪慧,13 岁诵读《五经》,16 岁已是博学多识,被乡里目为神童。20 岁时被任命为乡啬夫,但很快辞职,开始了纯正学者的生涯。"玄少为乡啬夫,得休归,常诣学官,不乐为吏,父数怒之,不能禁,遂造太学受业"③。进入太学后,他如鱼得水。先师事京兆第五元,学习《京氏易》、《公羊春秋》、《三统历》、《九章算术》。又师事东郡张恭祖,学习《周官》、《礼记》、《左氏春秋》、《韩诗》、《古文尚书》。这一阶段的刻苦攻读,使他熟悉了今古文经的主要经典,为以后会通今古文经打下了坚实的基础。后又拜师古文经大师马融,学问大进。数年后,当他辞师东归时,马融也叹息他的学问被郑玄带到了东方。他返回故里,"家贫,客耕东莱,学徒相随已数百千人"。不久,"党锢之祸"发生,尽管郑玄没有参与官僚和太学生反对宦官的斗争,但因为他与原北海相杜密有旧,也被牵连进去,遭禁锢14年。对于官欲熏心的人来说,这14年肯定是痛苦难熬的日子,但郑玄却将其变成排除干扰、潜心学问的美好岁月。他"隐修经学,杜门不出",并通过与今文经学大师何休的论战,进一步壮大了古文经学的声威,使古文经学压倒了今文经学。《后汉书·郑玄传》记载:

> 时任城何休好《公羊》学,遂著《公羊墨守》、《左氏膏肓》、《谷梁废疾》,玄乃发《墨守》、铖《膏肓》、起《废疾》。休见而叹曰:"康成入吾室,操吾矛,以伐我乎!"初,中兴之后,范升、陈元、李育、贾逵之徒争论古今学,后马融答北地太守刘瑰及玄答何休,义据通深,由是古学遂明。①

黄巾起义爆发后,党锢解除。郑玄受到地方官和朝廷的极大礼遇,屡次被征召,都被他婉言谢绝。最后朝廷征他为大司农,他虽勉强赴任,但很快"以病令还家"。建安五年(200年)六月,他以74岁高龄辞世。消息传出,其受业弟子同声悲悼,"自郡守以下尝受业者,缞绖赴会千余人"。作为一介儒生,郑玄的确是生荣死哀了。

郑玄是两汉经学的最后一位大师,也是结束两汉经学的一位里程碑式的伟大人物。

两汉经学发展到东汉后期,一方面是立于学官的今文经学沿着迷信化、谶纬化、烦琐化和极度僵化的路子走进死胡同,一方面是古文经学在同今文经学的斗争中不断发展壮大,并逐渐在学术上占据优势。然而,无论是今文经还是古文经,都是学派林立,师法与家法森严,对经文的解释更是歧义纷

---

① 《后汉书·张曹郑列传》。

呈。这不仅削弱了它们服务于政治的效力，而且给青年士子的学习带来不少困难、困惑与麻烦。因此，无论是从政治的需要还是从学术的发展看，今文经与古文经的走向统一都是十分必要的。而恰在此时，郑玄出现了。他虽然宗古文经，但在今文经方面也有相当高的素养，在今古文领域都有丰厚的积累。他学识渊博，涉猎广泛，几乎熟悉当时的各种知识门类；他眼光锐敏，识断精审，能理性地超越学派、家法、师法的樊篱，择善而从。因而既能"述先圣之元意"，又能"整百家之不齐"，较好地完成了统一经学的历史使命。

郑玄的学识，突出表现在他对群经的注释。据《后汉书·郑玄传》记载，郑玄注释的经典有《周易》、《尚书》、《毛诗》、《仪礼》、《礼记》、《论语》、《孝经》、《尚书大传》、《中候》、《乾象历》等。其他著作如门人撰述的郑玄答弟子问《五经》，依《论语》模式所作的《郑志》以及《天文七政论》、《鲁礼禘祫义》、《六艺论》、《毛诗谱》、《驳许慎五经异义》、《答临孝存周礼难》等，也显然与注经有密切的关系。郑玄注经的最显著特点，一是对经书文本进行整理，用今古文互校、不同版本互校的办法，整理出一个在文字上比较可信的定本。二是力摈门户之见，不盲从师说，广采群言，出以己意，兼采古今，择善而从。他一反今文经师深为周纳、极端烦琐的章句式注经模式，力求简明扼要、融会贯通，把重点放在要点难点上，使注文简洁明晰，因而比较便于经生的学习。今日翻检《十三经注疏》中保留郑笺的《毛诗》、《周礼》、《仪礼》、《礼记》等，都能看到这一特点，即其中的"笺"远远少于"疏"的文字。如《周礼·天官冢宰》中"体国经野"四个字，郑笺 45 个字，贾公彦疏 400 多字。又如《礼记·有司彻》经文共 4790 字，郑注只有 3356 字。《礼记》中的《学记》、《乐记》二篇经文共 4695 字，郑注也只有 5533 字。①

由于郑玄混一古今，遍注群经，既吸收前人精华，又断以己意，多有创新，就使那些固守今古文樊篱、死守一经、不敢越师法家法半步的经师们相形见绌。郑玄通过注经，展示了自己极其渊博的学识，诸凡历史、文学、哲学、法律、制度、风俗、礼仪，乃至自然界的动植物、医药疾病、科学迷信等，他样样涉猎，几乎囊括了所有的知识领域，展现了一个百科全书式学者的风范，受到士林广泛的赞誉与推崇，"当时之学，名冠华夏，世为儒宗"②。因为

①王振民主编：《郑玄研究文集》，齐鲁书社 1998 年版，第 12 页。
②《三国志·魏书·少帝纪》注引华歆语。

郑玄所注经书被士子们普遍接受,风行于世,此前各守门户的今古文经师们注释的经书就不可避免地被摈弃和淘汰。由是"郑学"一统天下,结束了两汉近 300 年的今古文之争。他的经注,作为中国传统文化元典的最权威的诠释,在此后近 2000 年间为传播传统文化立下了不可磨灭的功勋。

不过,郑玄的贡献主要表现在学术文化的承传方面,他对经书的注释和解读基本上没有超出儒学的范畴。在对今文经学的迷信、虚妄和烦琐加以扬弃的同时,也抛弃了今文经学以"微言大义"架设的密切联系政治的桥梁;学术气息虽然空前浓厚,但调节现实社会政治生活的功能却大大削弱了。这样,郑玄的经学就与时代日益澎湃的批判思潮严重脱节,不能对当时重大的社会政治问题作出有力的回应,因而在思想史上没有提供多少有价值的成果。所以有的学者对他作了这样比较中肯的评论:"尽管郑玄的经学宏通博大,无所不包,对经文字义的训诂远远超过了前辈经师,但是,贯串在汉代经学特别是今文经学中的浓郁的生活气息以及跳动着的时代精神,却是消失不见了。从思想史的角度看,所谓'郑玄虽盛而汉学终衰'这种转变的意义,只是标志着自汉武帝以来阴阳术数与经义结合的时代思潮至郑玄而终结。郑玄的经学,可以说是旧的时代思潮的掘墓人,却不能算作新的时代思潮的催生婆。"①

(四) 东汉末年的社会批判思潮

自和帝以后,东汉的历史就在外戚和宦官交替擅权中行进,政治黑暗,民不聊生,内忧外患交织,阶级矛盾和社会矛盾日益激化,农民造反此起彼伏。面对此情此景,一批具有强烈政治社会责任感的知识分子发出了对当时政况国势的猛烈抨击,形成了颇具规模和声势的社会批判思潮。徐干和仲长统就是其中的杰出代表。

徐干(171—218 年),字伟长,北海剧(今山东昌乐西)人。少时聪慧过人,博览群书。灵帝之后,董卓带兵入洛阳,挟持皇室去长安。关东地方军阀联合讨伐董卓,长安、洛阳一线狼烟四起,血雨腥风。徐干隐居不仕,以读书自娱。建安年间,曹操统一北方,政治渐上轨道。建安十三年(208 年)

①余敦康:《内圣外王的贯通——北宋易学的现代阐释》,上海学林出版社 1979 年版,第 480 页。

前，徐干应曹操之邀，出任司空军谋祭酒掾属、五官中郎将文学。当时曹丕任五官中郎将，徐干作为建安七子之一在他麾下服务。因为都喜好文学，彼此结下了深厚的情谊。但徐干淡泊功名利禄，热衷于读书思考，写下了《中论》二卷20篇。建安二十二年（218年），发生大的疾疫，徐干和建安七子中的陈琳、应玚、刘桢一时俱逝。曹丕评价他"怀文抱质，恬淡寡欲，有箕山之志，可谓彬彬君子矣。著《中论》二十余篇，辞义典雅，足传于后"①，显示了他的知人之明。

徐干对富贵利禄有自己的看法。他认为在"邦有道"的政治清明的时代，德才兼备的有志之士应该出仕并获得高官厚禄。而在"邦无道"的时代，出仕并获得高官厚禄则是一种耻辱："文武之教衰，黜陟之道废，诸侯僭恣，大夫世位，爵人不以德，禄人不以功，窃国而富者有之，窃地而富者有之，奸邪得愿，仁贤失志，于是则以富贵相诟病矣。故孔子曰：'邦无道，富且贵焉，耻也。'"②在徐干的心目中，他所处的东汉末年就是一个"邦无道"的时代。在《中论·亡国》篇中，他借"亡国"政象的描绘，影射当时的社会现实：

> 粗秽暴虐，馨香不登，谗邪在侧，佞媚充朝，杀戮不辜，刑罚滥害，宫室崇侈，妻妾无度，撞钟舞女，淫乐日纵；赋税繁多，财力匮竭，百姓冻饿，死殍盈野，矜己自得，谏者被诛，内外震骇，远近怨悲。则贤者之视我，容貌也如魍魉；台殿也如狴犴，采服也如衰绖，弦歌也如号哭，酒醴也如潲滫，肴馔也如粪土，从事举措，每无一善。彼之恶我也如是，其肯至哉？

面对如此昏暗的时代，特别是面对一些卓尔不群的才华之士惨死于军阀的屠刀下，徐干显然激发不出从政的热情。他认为在这样的时代取得高官厚禄是一种耻辱，但他本人既无力改变这种现状，也不愿与这个社会的统治阶层决裂，他只能将自己的冷峻思考留给世人，传于后世。

徐干的《中论》内容丰富，涉及生命观、富贵观、言论观、辩论观以及学习的意义和方法等许多问题，但比较集中的还是对清明政治和君子人格修

①《三国志·魏志·王卫二刘传》。
②《中论·爵禄》。

养的论述。在他看来,政治清明与否关键在于国君是英明还是愚暗,二者的区分在于是"务本"还是"详于小事而略于大道,察于近物而暗于远数"①。一个英明的君主必须眼光远大,胸怀四海,其所务必在"大道、远数":

> 为仁足以覆帱群生,惠足以抚养百姓,明足以照见四方,智足以统理万物,权足以变应无端,义足以阜生财用,威足以禁遏奸非,武足以平定祸乱;详于听受,而审于官人;达于兴废之原,通于安危政分。如此,则君道毕矣。②

这就是说,一个英明的君主必须致力于中正之道和长远谋略。为此,要求他们仁德足以覆盖生民,慈惠足以抚养百姓,光明足以照耀四方,智慧足以管理万物,机变足以应付无穷变化,道义足以丰富财物器用,威严足以应付奸邪不法,雄武足以敉平灾祸混乱。同时,还要求他明达国家治乱兴废的原因,熟知社会安定与危殆的区别。而且,他还应该能够虚心详尽地听取他人的意见,审慎地选取和任用人才。这里,徐干为他心目中的"圣明天子"立下了一个标准。这个标准基本上涵盖了传统儒学对一个英明君主的要求,其中包括了他的品格修养、智慧才能、威严气度和用人准则。徐干明白,尽管一个"务本"的"圣明天子"是清明政治的首要条件,但一个清明政府的运作却必须由成千上万的贤才组成的官吏队伍去完成。所以,选取和任用忠贞睿智的宰辅去领导整个国家机器的运转就十分重要了。在《中论·审大臣》中,他一再阐明大臣是"治万邦之重器",任用得人是良好政治的关键:

> 大臣者,君之股肱耳目也,所以视听也,所以行事也。先王知其如是也,故博求聪明锐哲君子,措诸上位,执邦之政令焉。执政聪明锐哲,则其事举;其事举,则百僚莫不任其职;百僚莫不任其职,则庶事莫不致其治;庶事莫不致其治,则九牧之民莫不得其所。

为了选取符合要求的执政大臣,君主不仅要看"众誉",而且必须"亲察",犹如文王之识姜尚,齐桓公之拔擢宁戚。徐干还特别指出,"众誉"往往反映的是流俗之见。因为大贤一般都居于"陋巷",不去刻意迎合流俗。如果君

---

①②《中论·务本》。

主"非有独见之明,专任众人之誉,不以己察,不以事考",就难以发现他们,就会失之交臂。徐干认为,大贤不但有着独特的品格和才干,而且也有着自己独特的行事原则,"诚非流俗之所豫知"。不过,只要他们执政秉权,国家就能得到治理,社稷就会得到安宁:

> 大贤为行也,衷然不自见,偏然若无能,不与时争是非,不与俗辩曲直,不矜名,不辞谤,不求誉,其味至淡,其观至拙。夫如是,则何以异乎人哉? 其异乎人者,谓心统乎群理而不缪,智周乎万物而不过,变故暴至而不惑,真伪丛萃而不迷。故其得志,则邦家治以和,社稷安以固,兆民受其庆,群生赖其泽,八极之内为一。①

这里,徐干的观点隐含着对东汉末年浮华交会之风和通过清议臧否人物的否定。徐干进而认为,"圣明天子"在选取大贤之人为辅弼之臣的同时,还应该虚心纳谏,随时听取那些公忠体国的真知灼见。因为国君地位显赫,众目睽睽,经常需要面对来自方方面面的言论,因而就有一个取舍问题。他不同意"明君舍己而从人,故其国治以安;暗君违人而专己,故其国乱以危"的观点。在他看来,明君之明不在于"舍己而从人",暗君之暗也不在于"违人而专己",而在于接受什么言论和排拒什么言论。他说:"凡安危之势,治乱之分,在乎知所从,不在乎必从人也。"②因为事实上绝对不听从别人意见的国君是不存在的,可是有的却造成社会的动荡不安,这是因为他听从的意见是不正确的;完全不拒绝他人意见的国君也是不存在的,可是有的却能使社会安定不乱,这是因为他知道应该拒绝什么样的意见。圣明的国君所亲近信任的都是符合大道的坚贞、贤能、聪明睿智的仁人君子,他们的言论都是符合大道的仁德信义忠诚之类,所以听从就安宁,不听从就动荡;反之,那些昏庸的国君亲近信任的都是奸佞邪恶、愚昧无知的宵小之辈,他们的言论都是奸恶邪僻、阿谀奉承之论,听从这样的言论怎么能够使社会安定,不听从又怎么会使社会混乱呢? 因此,国君对言论必须有一个取舍的标准,取其当取,舍其当舍。徐干认为,听从他人的意见并不难,鉴别意见的正确与否而

①《中论·审大臣》。
②《中论·慎所从》。

决定取舍却十分困难。因为不少佞臣都是巧舌如簧,天花乱坠,极能迎合国君心理,所以国君往往对其言听计从,最后招致灭国破家。骨鲠之臣的忠言谠论一般都是逆耳之言,国君不易听从,因而极易失去良策善谋。

总起来看,徐干的政治思想没有超越传统儒学的框架,但他希望有一个"圣明天子",选取几个"大贤"的宰辅,主持一个高效运作的官府,创造一个清明的政治局面的思想还是有进步意义的。因为他的理想同当时昏乱的政治局面恰恰成为鲜明的对比映照,势必引起人们的深沉思索,启迪人们改变现状的愿望。

徐干《中论》的另一个论述重点是君子人格。东汉末年,清议盛行,士林浮华交会成为时尚。士子对皓首穷经已失去兴趣和耐心,希冀在浮华交会中通过名流品评一举成名,身价百倍。整个知识界弥漫着浮躁、矫饰的风气。徐干对这种风气十分痛心。他认为古代人们之所以不事交游,努力工作,原因在于当时政治清明,人人各安其位,各得其所,升迁制度完备合理,人人都能得到及时晋升。可是,后来世道衰微,国君是非不明,臣下黑白不分;录取士人不由乡党举荐,考察德行不根据功德阅历;帮衬多的人就是贤才,帮衬少的人就是不肖;安排爵位听从没有验证的言论,颁发俸禄依据州郡的歌谣。这种风气自然就成了浮华交会盛行不衰的土壤:

> 民见其如此,知富贵可以从众为也,知名誉可以虚哗获也,乃离其父兄,去其邑里,不修道艺,不治德行,讲偶时之说,结比周之党,汲汲皇皇,无日以处,更相叹扬,迭为表里。梼杌生华,憔悴布衣,以欺人主、惑宰相、窃选举、盗荣宠者,不可胜数也。既获者贤己而遂往,羡慕者并驱而追之,悠悠皆是,孰能不然者乎!桓、灵之世,其甚者也!自公、卿、大夫、州牧、郡守,王事不恤,宾客为务,冠盖填门,儒服塞道,饥不暇餐,倦不获已;殷殷沄沄,俾夜作昼,下及小司,列城墨绶,莫不相高以得人,自矜以下士,星言凤驾,送往迎来,亭传常满,吏卒传问,矩火夜行,阍寺不闭,把臂椓腕,扣天矢誓,推托恩好;不较轻重,文书委于官曹,系囚积于囹圄,而不遑省也。详察其为也,非欲忧国、恤民、谋道、讲德也,徒营己、治私、求势、逐利而已,有策名于朝而称门生于富贵之家者,比屋有之;为之师而无以教,弟子亦不受业,然于其事也,至乎怀丈夫之容,而

袭婢妾之态;或奉货而行赂以自固结,求志属托,规图仕进,然掷目指掌,高谈大语。若此之类,言之犹可羞,而行之者不知耻。嗟乎! 王教之败,乃至于斯乎!①

此一段对东汉末年士林风气的描绘,特别是对热衷仕进的知识分子心灵的揭示和行为的剖析,实在是入木三分,淋漓尽致! 徐干痛心于士林的堕落,希望儒生们恢复传统的君子人格。为此,他特别强调知识分子的人格修养。他认为,要达到人格的完善,具备高尚的道德,就必须抓住根本。这就要从四个方面下工夫。首先是严于律己,宽以待人,学习别人长处,去掉自己短处:"君子之于己也,无事而不惧焉:我之有善,惧人之未吾好也;我之有不善,惧人之未吾恶也;见人之善,惧我之不能修也;见人之不善,惧我之必若彼也。"②一生兢兢业业,不断反省自己,做到日新又日新,"故君子不恤命之将衰,而忧志之有倦"。其次,要言行一致,言信行果,"君子务以行前言"。再次,见微知著,从小事做起,从自我做起,处处时时以君子人格要求自己,只有积小才能致大,"朝为而夕求其成","行一日之善而求终身之誉",纯粹是小人的心理和行为。最后,一生修养,一生为善,不求福必至,而求心之安。不能因为个别人为善得祸就弃善而不为,更不能因为个别人为恶而得福而去为恶。君子修养抓根本,就是着重练内功,在练内功的同时,也要注意自己的仪表容貌、言行举止,即"正容貌,慎威仪",因为它是一个人内在操行的外在表现。而一个"威而不猛,泰而不骄"的君子,"无尺土之封而万民尊之,无刑罚之威而万民畏之,无羽龠之乐而万民乐之,无爵禄之赏而万民怀之"③。因此,他必须使自己的言谈举止合乎礼法,不管在孤身独处的时候,还是在颠沛穷困的时候,都不要忘记自己的君子身份,都要随时检点自己的言行,做到"立必磬折,坐必抱鼓,周旋中规,折旋中矩,视不离乎结袴之间,言不越乎表著之位,声气可范,精神可爱,俯仰可宗,揖让可贵,述作有方,动静有常,帅礼不荒,故为万夫之望也"④。徐干进而认为,君子人格还表现在虚怀若谷,永不自满,时时检点自己的短处,学习别人的长处。一

---

①《中论·谴交》。
②《中论·修本》。
③④《中论·法象》。

个人最可贵的品质不在于他有超常的才智和能力,而在于他能不断学习别人的长处和改正自己的错误:"君子之善于道也,大则大识之,小则小识之,善无大小,咸载于心,然后举而行之;我之所有,既不可夺,而我之所无,又取于人;是以功常前人而人后之也。故夫才敏过人,未足贵也;博辩过人,未足贵也;勇决过人,未足贵也;君子之所贵者,迁善惧其不及,改过恐其有余。"只要"鉴于人以观得失",就会目光宏远,"见邦国之表","闻千里之外",使"我之聪明无敌于天下"①。

徐干将君子与孜孜不倦的学习联系在一起。他说:"昔之君子,成德立行,身没而名不朽,其故何也? 学也。学也者,所以疏神、达思、怡情、理性,圣人之上务也。"②而能否学有所成,关键在于有正确的态度和方法。首先,必须有坚持不懈、锲而不舍的精神。因为学如"登山","动而益高";学如"窬寐","久而愈足"。所以君子必须"不懈犹上天之动,犹日月之行,终身亹亹,没而后已"③。其次,必须立下大志,自强不息,认定目标,全力以赴。再次,兼收并蓄,触类旁通。最后,学大义,择名师。不要学鄙儒只能"务于物名,详于器械,矜于训诂,摘其章句,而不能统其大义之所极"④。这些关于学习态度和学习方法的论述,有针对性地批评了当时经师们僵化烦琐的教学方法,要求恢复孔孟时代生动活泼的教学方法,显示了徐干在教育思想上的进步倾向。

显然,在东汉末年政治极度昏乱的时代,徐干的《中论》展示了一个清醒士人的冷峻思考。他既不满意清议士人的浮华交会,又不满意经生们的皓首穷经。希望恢复儒家知识分子关心国家民族命运的传统,共同创造一个天子圣明、宰辅贤良、百官尽职、百姓安乐的政治局面。然而,他的理想在当时不过是一相情愿而已。与同时代人相比,徐干对东汉末社会的批判锋芒远逊于王符、仲长统,在经学上的造诣也远不及何休、郑玄,唯有对士风的思考和对君子人格的呼唤显示出他的个性特色,这恰恰是他立足于思想之林的最重要的条件。

仲长统,字公理,山阳高平(今山东滕州)人。生于灵帝光和三年(180年),卒于魏文帝黄初元年(220年),只活了40岁。他生活的年代,政治上

---

① 《中论·虚道》。
②③④ 《中论·治学》。

是东汉经由黄巾起义导入三国分裂割据的转折时期，思想上是两汉经学经由清议、清谈导入玄学的转折时期。一生目睹了连绵不断的农民起义、羌人反叛、鲜卑寇边、武陵蛮乱、外戚宦官肆虐、军阀割据称雄的混乱，以及决定历史走向的官渡之战和赤壁之战。加上他博览群书，熟谙历史，又能以旁观者的身份冷静理智地观察现实，审视人生，因而其思想就表现得特别深邃、洞彻和独具慧眼。《后汉书》本传记载他"少好学，博涉书记，赡于文辞"，是一个早熟的才子型人物。20 多岁游学青、徐、并、冀之间，凡接触到的人都对他博异的才华表示惊诧与感佩。在并州（今山西太原南）时，他对袁绍的外甥、并州刺史高干说："君有雄志而无雄才，好士而不能择人，所以为君深戒也。"①自视不凡的高干对他的劝诫不屑一顾。仲长统见其不可理喻，知其必败，为避免祸连于己，即离并州南下。建安十一年（206 年），并州被曹操攻取，高干死于非命。此一事件，使并、冀一带的士人无不佩服仲长统的知人之明。大概在此前后，他被时任尚书令的荀彧举荐为尚书郎，参与丞相曹操的军事活动。公元 207 年曹操破乌桓之役，208 年赤壁鏖兵之役，210 年西征韩遂、马腾之役，他可能都躬于其事。不过，估计此时仲长统在军中的事务仅限于书记文牍之类，既不可能参与重要军事机密，亦不可能身先士卒冲锋陷阵，更不可能在军事上建立丰功伟绩。所以，史书对他参与的军事活动没有什么记载，这表明军事非仲长统之所长。知人善任的一代英雄曹操理应知道仲长统的优长缺失，并尽量用其所长，但他没有这样做。其中的缘由可能与荀彧有关。荀彧是曹操身边有数的几个洞悉世事、明察舆情、多谋善断的政治家。当他投到曹操麾下时，已被视为张良式的智谋之士。此后，他一直深受倚重，在曹操统一北中国的政治军事斗争中立下不世之功。然而，由于他对曹操的日益专横不满，对其显露篡政之念的加九锡之议投了反对票，由此失去了曹操的信任，终使他以 50 之年自杀于忧愤之中。荀彧是仲长统的长辈，在政治上他们可能有较多的共同语言。既然荀彧对曹操的僭越不予认同，仲长统极有可能与之采取同一立场。如此一来，荀彧之死，就使仲长统失去相知相亲的有力奥援，他也就被曹操借机打入另册。在曹操的权势如日中天的情况下，仲长统的晋升之路也就彻底堵塞了。从

①《后汉书·王充王符仲长统列传》。

213—219 年他的活动失载,估计他在仕途上不是无所作为,就是辞官闲居。他的主要著作应该是在这一时期完成的。他的代表作是《昌言》,据《后汉书》本传记载,该著作共 34 篇,10 余万言,可惜后来大部分遗失了。本传保留的残篇和收入《群书治要》中的辑佚文字虽然数量远少于原作,但也是评述仲长统思想的主要依据了。

综观仲长统的思想,可用儒道互补概之。他生活的年代尽管经学已呈衰颓之象,但在思想界仍居于主导地位,仲长统不能不受其影响。同时由于其时政治特别黑暗,两次"党锢之祸"使儒生的精华受到致命打击。加上战乱频仍,前途迷茫,儒生们对政治由热衷到冷漠,其趋时的舆论也就由"清议"转向"清谈"。空灵且闪烁着智慧之光的道家思想,因其鄙薄世俗政治、向往自然、珍视生命而受到苦闷中的知识阶层的垂青。这种时代特点在仲长统身上反映出来,就使其在思想上呈现儒道互补的倾向。

仲长统的哲学、政治、经济、社会等思想以及伦理观念等,更多显示的是儒家思想的特征。他继承儒家传统的注重人事,反对鬼神迷信的唯物论思想,提出了"人事为本,天道为末"的观点,旗帜鲜明地反对祈祷鬼神以避祸。他以刘邦、刘秀创建帝业,萧何、曹参、丙吉、陈平、霍光等建立不世勋业的事实为根据,得出了"惟人世之尽耳,无天道之学焉"的结论。进而还指出,所谓用天道,不是祈求上天神祇的佑护,而是使自己的活动不违背并顺应自然规律:"所贵于用天道者,则指星辰以授民事,顺四时而兴功业。"因为政治的好坏,社会的安危,关键在于统治者。国君必须尽人道,明是非。其大要是:"王者官人无私,惟贤是亲;勤恤政事,屡省功臣,赏赐期于功劳,刑罚归于罪恶。政平民安,各得其所。则天地将自我而正矣,休祥将自应我而集矣,恶物将自舍我而亡矣。"王者如反其道而行之,"所官者非亲属则崇幸也,所爱者非美色则巧佞也,以同异为善恶,以喜怒为赏罚……虽五方之兆不失四时之礼,断狱之政不违冬日之期,蓍龟积于庙门之中,牺牲群于丽碑之间,冯相坐台上而不下,祝史伏坛旁而不去,犹无益于败亡也。以此言之,人事为本,天道为末,不其然与? 故审我已善,而不复恃乎天道,上也;疑我未善,引天道以自济者,其次也;不求诸己而求诸于天者,下愚之主也。"[①]

---

① 《全汉文》卷八十九,中华书局 1958 年版。

这些论断,显示了仲长统唯物主义无神论的立场和清醒的现实主义态度。它出现在谶纬神学弥漫、符瑞灵异之说盛行的东汉末年,是十分难能可贵的。仅此而言,东汉末年唯物论旗手的桂冠也非他莫属。

仲长统的许多思想,集中体现在他提出的十六条纲领中:

> 明版籍以相数阅,审什伍以相连持,限夫田以断兼并,定五刑以救死亡,益君长以兴政理,急农桑以丰委积,去末作以一本业,敦教学以移性情,表德行以厉风俗,核才艺以叙官宜,简精悍以习师田,修武器以存守战,严禁令以防僭差,信赏罚以验惩劝,纠游戏以杜奸邪,察苛刻以绝烦暴。①

这十六条纲领,既是仲长统政治、经济、军事、教育、教化、伦理思想的总汇,也是他为挽救东汉皇朝颓势而开的药方。他对自己的纲领信心十足,自诩道:"审此十六者以为政务,操之有常,课之有限,安宁勿懈惰,有事不迫遽,圣人复起,不能易也。"实在说来,这十六条纲领基本上都是儒家传统思想的归纳与复述,创新之处并不多,但反映了他强烈的社会责任感与对国家政务的参与意识。正因为如此,他特别关注东汉末年社会的各种弊端,对其揭露之大胆,剖析之深入,抨击之猛烈,当时思想界实无一人能望其项背。比如他揭露和抨击皇室奢侈淫乱之风,宦官专权之害,外戚擅政之患,以及豪族势力膨胀引起的阶级矛盾和社会矛盾的激化,不仅犀利、辛辣、深刻、准确,字字击中要害,生动而形象地揭示了东汉皇朝走向灭亡的必然性,而且以强烈的使命感,深沉的忧患意识,提出了一系列的救治之方。他要求加强对皇室子弟的教育,使他们成为品格高尚、率己正人、勤政爱民的表率,以担负起统治万民、管理国家的重任。他力倡建立严格的选士制度,真正把社会的精英选拔出来,以组织一支高效廉洁的国家官吏队伍,并以高薪养廉的办法保证他们衣食无虞,以使之毫无后顾之忧地投入到政务活动中去。同时要求朝廷任人以专,赋权以重,使之大胆决策,果断行政,从而实现国家行政的高效有序运作。他提倡德刑并用,既反对轻德重刑,又反对弃刑而只靠教化,甚至主张恢复肉刑以达到对犯罪者的威慑。在经济上,他看到土地私

---

① 《后汉书·王充王符仲长统列传》。

有、土地买卖,尤其是皇室、豪民兼并土地给社会特别是给社会下层百姓带来的危害,极力主张恢复井田制。这些主张尽管反映了那个时代相当一批知识分子从解决土地问题入手抑制贫富分化的热望,但展示的却是他们带有迂腐气息的幻想。仲长统对东汉朝廷日益恶化的财政状况忧心如焚,认为这一切都是三十税一的轻税政策造成的。他主张限制土地兼并,让无地少地的农民耕种无主荒地,发展生产,培养税源,同时恢复什一税制,以解决朝廷财政能力弱化的问题。这里,仲长统不仅认识到财政能力对国家行政的至关重要的意义,而且也认识到轻税政策的弊端。此点与荀悦对两汉税制的评判是一致的。

仲长统最具创意的是他对历史的认识。中国文明社会的历史即使从夏朝算起,到东汉也已经2300多年。历史发展的某些规律在治乱相循中不时闪现,从而被一些高明的政治家和历史学家所发现和认识。五德终始、三统、三正的观念,虽然就其体系而言并不科学,但其中蕴涵的对改朝换代必然性的认识,应该说比较接近历史的真实。仲长统有意识地总结历史上治乱兴亡的规律,对一个又一个朝代的创立、兴盛、衰颓直至灭亡的历程作了比较接近历史实际的描述:

> 豪杰之当天命者,未始有天下之分也。无天下之分,故战争者竞起焉。于斯之时,并伪假天威,矫据方国,拥甲兵与我决才智,程勇力与我竞雌雄,不知去就,疑误天下,盖不可数也。角智者皆穷,角力者皆负,形不堪复伉,势不足复较,乃始羁首系颈,就我之衔继耳。夫或曾为我之尊长矣,或曾与我为等侪矣,或曾臣虏我矣,或曾执囚我矣。彼之蔚蔚,皆匈罟腹诅,幸我之不成,而以奋其前志,讵肯用此为终死之分也?
>
> 及继体之时,民心定矣。普天之下,赖我而得生育,由我而得富贵,安居乐业,长养子孙,天下晏然,皆归心于我矣。豪杰之心既绝,士民之志已定,贵有常家,尊在一人。当此之时,虽下愚之才居之,犹能使恩同天地,威侔鬼神。暴风疾霆,不足以方其怒;阳春时雨,不足以喻其泽;周、孔数千,无所复角其圣;贲、育百万,无所复奋其勇矣。
>
> 彼后嗣之愚主,见天下莫敢与之违,自谓若天地之不可亡也。乃奔其私嗜,骋其邪欲,君臣宣淫,上下同恶。目极角觚之观,耳穷郑、卫之

声,入则耽于妇人,出则骋于田猎。荒废庶政,弃亡人物,澶漫弥流,无
所底极。信任亲爱者,尽佞谄容说之人也;宠贵隆丰者,尽后妃姬妾之
家也。使饿狼守庖厨,饥虎牧牢豚,遂至熬天下之脂膏,斮生人之骨髓。
怨毒无聊,祸乱并起,中国扰攘,四夷侵叛,土崩瓦解,一朝而去。昔者
为我哺乳之子孙者,今尽是我饮血之寇仇也。至于运徙势去,犹不觉悟
者,岂非富贵生不仁,沉溺致愚疾也? 存亡以之迭代,政乱从此周复,天
道常然之大数也。①

以上论述,大体上可以看做对夏、商、周三代,秦、西汉、东汉三朝等几个朝代
创、兴、衰、亡历程的总结。尽管这一论述还停留在对历史表象进行描述的
浅层次上,但已不是就事论事,而是尽其所能作了初步的概括与抽象。在中
国历史哲学的发展演变中,作出了超越前人的独特贡献。仲长统追忆春秋
战国时期近500多年的战乱,秦汉之际七八年的血雨腥风,以及两汉之际长
达30年之久的殊死搏战,面对黄巾起义以后地方割据势力无休止的厮杀,
他陷入了难以排解的困惑,对历史发展的前景得出了悲观的结论:"昔春秋
之时,周氏之乱世也。逮乎战国,则又甚矣。秦政乘并兼之势,放虎狼之心,
屠裂天下,吞食生人,暴虐不已,以招楚汉用兵之苦,甚于战国之时也。汉二
百年而遭王莽之乱,计其残夷灭亡之数,又复倍乎秦、项矣。以及今日,名都
空而不居,百里绝而无民者,不可胜数,此则又甚于亡新之时也,悲夫! 不及
五百年,大难三起,中间之乱,尚不数焉。变而弥猛,下而加酷,推此以往,可
以尽矣。"②仲长统认定,已经过去的历史证明,社会发展的规律是"乱世长
而化世短"。之所以出现如此结局,原因就在于"小人贵宠,君子困贱":"当
君子困贱之时,跼高天,蹐厚地,犹恐有镇厌之祸也。逮至清世,则复入于矫
枉过正之检。老者耄矣,不能及宽饶之俗;少者方壮,将复困于衰乱之时。
是使奸人擅无穷之福利,而善士挂不赦之罪辜。"③至此,仲长统最后把历史
上的治乱兴废归结为君子小人之争,而得志的总是小人,受害的往往是君
子。这其中,不可否认有着仲长统自己的身世沧桑之感,但却是对历史的最
肤浅的解释,没有超脱此前历史学家们的思维定式,还在旧框架中盘旋。不

①②③《后汉书·王充王符仲长统列传》。

过，从总体上看，仲长统不失为那个时代最清醒的社会批判思潮的代表。他的历史认识虽然充溢着难以抑止的悲观情绪，但其深沉的思考展示的却是他对历史与现实的认真的实事求是的解读。他没有粉饰，没有谎言，没有对当权者违心的阿谀，更没有给百姓进入天国的承诺。有的只是一介书生忧国忧民的赤心和矢志报国的热诚。这里显示，仲长统身上高扬的正是儒家积极进取的人生态度和奋发有为的入世精神。

然而，积极入世的仲长统在仕途上却没有一帆风顺地步步攀升，而是在小小的郎官位子上就走到了尽头。当荀彧于建安十七年在曹操的淫威下自杀身亡的时候，32岁的仲长统就知道自己的仕途已经画上了遗憾的句号。这对于满腹经纶、才华横溢、睥睨天地的一代才子来说，不消说是一次致命的打击。大概从此以后，仲长统身上潜在的道家意识就开始升腾，并逐渐占据了主导地位，他的头脑也重点转向关于个人命运与人生价值的思考了。与此同时，险象环生的汉末社会大环境也在促使部分醉心于经学的士人猛醒：忠而见疑，信而遭谤，忧国忧民、愤而与恶势力拼死抗争的忠贞之士，得到的却是身死族灭的下场。"党锢之祸"引发的惊悸还未消失，一批恃才傲物、卓尔不群的优秀士人就又被各地割据称雄的军阀们送上了断头台：建安十三年（208年），建安七子之一的孔融被曹操处死。建安十五年，时任丞相主簿的杨修也因才情过人死于曹操的屠刀之下。另外，祢衡之被杀于江夏太守黄祖，田丰之遭诛于冀州牧袁绍，血淋淋的事实使不少士子们明白，现在已经是"邦无道"的时代，神圣的经学给积极参与政治斗争的士子们带来的并不是荣华富贵，而是令人不忍卒睹的悲惨结局，何必向着刀口呈英雄呢？既然"清议"招来杀身之祸，那就转向"清谈"。"清谈"不涉及政治，不臧否人物，变成显示个人学识、智慧和机敏的竞技；既然仕进无望，抗争招祸，何不远离官场，摈弃是非，或隐居闹市，或遁逸山林，在优游岁月中享受生活的乐趣？在这种形势下，道家思想自然就派上了用场，变成了一些失意儒生的信仰。仲长统之转向道家学说，并对其倾注满腔的深情，实际上是为了让自己那躁动一时的心灵恢复平静，使自己的生命有一个回归的家园。大概就在此时，他写了两首才气纵横、构思奇特的诗篇。诗中充满着浪漫的想象，荡漾着超尘拔俗、乘云骋风的理想，甚至不惮"叛散《五经》，灭弃《风》、《雅》"，以火焚尽百家之学。其对儒学的决绝态度，前后判若两人。

然而所有这一切,都只能在幻觉中存在,在梦境中恍惚,在醉意朦胧中体味。只要回到现实中来,这一切全都烟消云散。不过,道家者流还有一种对付现时的真实手段,这就是隐逸。与众不同的是,仲长统心目中的隐逸生活已经排除了庄子的贫困,要的是富足、闲适和随心所欲:

> 使居有良田广宅,背山临流,汤池环匝,竹木周布,场圃筑前,果园树后。舟车足以代步涉之艰,使令足以息四体之役。养亲有兼珍之膳,妻孥无苦身之劳。良朋萃止,则陈酒肴以娱之;嘉时吉日,则烹羔豚以奉之。蹰躇畦苑,游戏平林,濯清水,追凉风,钓游鲤,弋高鸿。讽于舞雩之下,咏归高堂之上。安神闺房,思老氏之玄虚;呼吸精和,求至人之仿佛。与达者数子,论道讲书,俯仰二仪,错综人物。弹《南风》之雅操,发清商之妙曲。消摇一世之上,睥睨天地之间。不受当时之责,永保性命之期。如是,则可以陵霄汉,出宇宙之外矣。岂羡夫入帝王之门哉!①

其实,仲长统笔下这种美妙的隐逸生活,不过是东汉时期已经大量存在的田庄地主生活的诗化。至此,可以明白,仲长统理想的超尘拔俗的生活还是建筑在现实的基础之上。

仕以儒学,隐以道学;外以儒学,内以道学。儒道互补,进退有据。此后中国封建社会的不少知识分子都采取这样的生活态度,而仲长统则是开其端绪的人物之一。

(五) 孔融与祢衡的思想

孔融(153—208 年),字北海,东汉后期鲁国(今曲阜)人。出生于名门望族,为孔子 20 世孙。他自幼聪慧,年四岁即在七兄弟中留下了"让梨"的故事。灵帝时任侍御史、司空掾、虎贲中郎将。献帝时转任北海相、青州刺史、将作大匠、少府,成为九卿之一的高官。孔融继承了乃祖孔子对于国家和社会的责任意识,渴望建功立业。在《杂诗》第一首中,他以吕望、管仲自比,抒发自己匡扶汉室的大志和宏图未酬的怅然之情:

---

① 《后汉书·王充王符仲长统列传》。

岩岩钟山首,赫赫炎天路。高明曜云门,远景灼寒素。昂昂累世士,结根在所固。吕望老匹夫,苟为因世故。管仲小囚臣,独能建功祚。人生有何常,但患年岁暮。幸托不肖躯,且当猛虎步。安能苦一身,与世同举厝。由不慎小节,庸夫笑我度。吕望尚不希,夷齐何足慕?

孔融不慕伯夷、叔齐,表明他的入世思想异常坚定。在东汉末年世事变化无常,儒隐、道隐之人呈上升之势的情况下,他不放弃建功立业的志向,说明传统儒家昂扬向上、以服务国家社会为己任的人生态度在他身上占了主导地位。孔融一直以复兴汉室为己任,与专权自恣的曹操发生矛盾,多次与他对着干,引起曹操的疑忌与不满。当曹操以邺城(今河北磁县南)为自己的封地,全心经营之时,孔融抛出了《请准古王畿制》的上书:

臣闻先王分九圻以远及近,《春秋》内诸夏而外夷狄。《诗》云:"封畿千里,惟民所止。"故曰天子所居,必以众大言之。周室既衰,六国力征受略,割裂诸夏。镐京之制,商邑之度,历载弥久,遂以暗昧。秦兼天下,政不遵旧,革划五等,扫灭侯甸,筑城万里,滨海立门。欲以六合为一区,五服为一家,关卫不要。遂使陈项作难,家庭临海,击柝不救。圣汉因循,未之匡改,犹依古法,颍川、南阳、陈留、上党,三海近郡,不封爵诸侯。臣愚以为千里国内,可略从周官六乡六遂之文,分比北郡,皆令属司隶校尉,以正王赋,以崇帝室。役自近以宽远,徭华贡献,外薄四海,揆文奋武,各有典书。[1]

从政治学的观点看,孔融的王畿千里制不啻痴人说梦,没有丝毫的价值。但他的目的却是明确的,即让献帝通过直接控制王畿千里的土地改变自己的傀儡无权状态。曹操听出了这个上书的弦外之音,借机免去他的少府之职,并警告孔融不要以"浮华交会"评议时政。否则,他就不客气了。但孔融对曹操的警告置若罔闻,仍然广交士林,"宾客日盈其门","海内英俊皆信服之"。曹操决心除掉孔融,就指使亲信郗虑和路粹诬陷孔融"谤讪朝廷",不孝父母,"下狱弃市"。

---

[1]《全汉文》卷八十三,中华书局1958年版。

　　孔融出身名门,年纪轻轻便暴得大名,很快就成为士林领袖。过多的颂扬使他飘飘然,懵懵然,把什么事情都看得十分容易。他名士派头十足,举手投足,锋芒毕露,事无大小,率性而行。加之他长曹操两岁,在学识与士林之誉上又超过曹操,因而对曹操不屑一顾,处处与之作对,时不时地冷嘲热讽。他过高地估计了自己的地位和影响,总认为曹操对他无可奈何。其实,孔融不过虚有其表,除了文化修养略可骄人外,他不懂军事,政治才能平平,特别不善于保护自己,在复杂多变的政治环境中缺乏应付的本领。他的朋友也大多是无拳无勇的文人,而得罪的却是老谋深算的军阀与政客。尤其是他将自己的命运与皇位岌岌可危的汉献帝联在一起,而把权倾朝野的曹操视为不共戴天的仇敌。这样一来,他的人生悲剧就不可避免了。当然,孔融的优点也很突出。他心地善良,直率坦诚,好才爱士,疾恶如仇,为官清正,佑护百姓,注重文教,乐于助人,提携后进。如当曹操以太尉杨彪与袁术有姻亲关系而决定将其杀戮时,孔融"不及朝服",往见曹操,据理力争,以《周书》之"父子兄弟,罪不相及"为由,坚持要求赦免杨彪。最后以"挂冠"为筹码,救了杨彪一条老命。不过,总起来看,孔融虽是一个古道热肠、个性鲜明的文士,却不是一个机敏睿智的政治家;是一个心雄万丈的理想主义者,却不是一个足智多谋的政治军事干才。他忠于汉室,却看不清汉祚将尽;他戏侮曹操,却不明白他正是当时中国北方秩序的救主;他学识渊博,却窥不透历史的走向;他的气质、才情根本就不适宜从事政治活动,但他偏偏热衷此道。正是这种错位的选择,铸就了他合家死灭的悲剧。孔融56岁被曹操枉杀前写下了一首绝命辞《临终诗》:

　　　　言多令事败,器漏苦不密。河溃蚁孔端,山坏由猿穴。涓涓江汉流,天窗通冥室。谗邪害公正,浮云翳白日。靡辞无忠诚,华繁竟不实。人有两三心,安能合为一? 三人成市虎,浸渍解胶漆。生存多所虑,长寝万事毕。①

这首诗是孔融临终前生命的绝唱,其中虽有自责,但更多的是对"谗邪害公正"的黑暗的社会制度和社会风气的控诉。其中,内疚伴着愤怒,悔意掺着

---

　　①俞绍初辑校:《建安七子集》,中华书局1989年版。

血泪,悲哀和着无可奈何的达观,展示的是一个生命即将结束的天才的极其复杂的心态。

与孔融同时代、同命运的还有一个祢衡。祢衡(173—198 年),字正平,平原般(今商河北)人。"少有辩才,而尚气刚傲,好矫时慢物"。建安(196—219 年)初,他来到许都(今河南许昌)。当时曹操刚将汉献帝抓到自己手上,"挟天子以令诸侯",以澄清天下为己任,广泛招揽天下贤才,使"贤士大夫四方来集",许下人才之盛,为其他任何军事集团不可比拟。但祢衡看上的却寥寥无几。"或问衡曰:'盍从陈文长、司马伯达乎?'对曰:'吾焉能从屠沽儿耶!'又问:'荀文若、赵稚长云何?'对曰:'文长可借面吊丧,稚长可使监厨请客。'"①以上四人都是许下政坛上的名流,其中陈群任治书侍御史,司马朗任丞相主簿,荀彧任尚书令,赵稚长任荡寇将军。祢衡当时不过是一个 20 多岁的读书人,竟对这四人如此鄙薄,其狂傲之态可以想见。祢衡对许下名流看得上眼的只有二人,即孔融和杨修。他经常在人前称赞二人说:"大儿孔文举,小儿杨德祖。余子碌碌,莫足数也。"此二人的确才华灼灼,非等闲之辈,祢衡与他们在气质和才情上比较接近,惺惺相惜,彼此视为知己。但二人的结局也是悲剧,他们先后死于曹操的屠刀之下。祢衡与孔融特别投契,尽管年龄相差 20 多岁,但互相倾慕,成了忘年交。后来,曹操的丞相军谋祭酒路粹在向曹操诬告孔融时,指责二人互相吹捧:"祢衡谓融曰:'仲尼不死。'融答曰:'颜回复生。'"②这不见得实有其事,但二人由衷地互相欣赏是可以肯定的。正因为如此,孔融就利用自己的地位和影响不遗余力地上书汉献帝,实际上向曹操推荐祢衡期望他得到重用,一展才华。在《荐祢衡疏》中,孔融将祢衡简直吹到了九天之上:

> 淑质贞亮,英才卓砾。初涉艺文,升堂睹奥。目所一见,辄诵于口;耳所瞥闻,不忘于心。性与道合,思若有神。弘羊潜计,安世默识,以衡准之,诚不足怪。忠果正直,志怀霜雪。见善若惊,疾恶若仇。任座抗行,史鱼厉节,殆无以过也。鸷鸟累百,不如一鹗。使衡立朝,必有可观。飞辩骋辞,溢气坌涌,解疑释结,临敌有余。昔贾谊求试属国,诡系

---

① 《后汉书·文苑传·祢衡》。
② 《后汉书·孔融传》。

单于;终军欲以长缨,牵致劲越。弱冠慷慨,前世美之。……如得龙跃天衢,振羽云汉,扬声紫薇,垂光虹霓,足以昭近署之多士,增四门之穆穆。①

这里,孔融对祢衡的赞誉显然是太过了。不过,由于孔融等的一再宣扬,祢衡在朝野的名声越来越大。爱才的曹操于是传话召见他。谁知一身傲骨的祢衡不买账,先是拒不应召,后虽赴召,却又演出了"击鼓骂曹"的令曹操十分尴尬的一幕。曹操看透了祢衡不过是一个大言炎炎的年轻名士,并没有多少经国治军的才能,于是将他送给荆州刺史刘表。刘表鉴于祢衡的名声,"甚宾礼之,文章言议,非衡不定"②。但不久,祢衡又"侮慢于表"。刘表于是又将他送给性急而不能容人的江夏太守黄祖,意欲借黄祖之手惩罚祢衡。果不其然,祢衡到江夏不久,就在一次黄祖宴请宾客的宴会上"言不逊顺",当众羞辱黄祖,最后被黄祖砍了脑袋。

祢衡是一个早熟的天才。他惊人的记忆力,出众的文才,特行独立的品性,自由奔放的心态,蔑视权贵、放言无忌的行径,在当时一部分知识分子中引起了强烈的共鸣。因而声名远播,享誉士林。因为他的思想和行动反映了部分知识分子要求冲破儒学所倡导的伦理道德观念的愿望,在一定程度上具有思想解放的意义。祢衡的思想和行为如果只在知识分子圈子里展示,那倒没有什么危险,因为对其言行不论认同与否都不会引发对他的惩罚。这就需要祢衡必须守住在野的底线。然而,祢衡偏偏没有守住这一底线。他热望到官场立身扬名,对他特别欣赏的一些人如孔融也认为他应该在官场展示才能,所以千方百计向朝廷和权臣推荐他。这也难怪,因为在当时大多数士人的心目中,只有身入官场才能体现人生的价值,官位越高人生的价值越大。可是,祢衡恃才傲物、率性而行的品性却特别不适宜在官场的生存,这就注定了他悲剧的结局。官场一方面是富贵利禄的竞技场,一方面又是泯灭人性的地方。你想得到富贵利禄,就必须付出牺牲个性的代价。你既然进入官场,你就必须调适自己适应这里的规则。祢衡的悲剧在于,他一方面想获得富贵利禄,赢得官场和士林的赞颂,一方面又不想牺牲自己的

①《全后汉文》卷八十三,中华书局 1958 年版。
②《后汉书·文苑传·祢衡》。

个性,还是任意而行,这就必然与官场的长官意志和不受约束的权力发生冲突。但祢衡意识不到这一点,特别是羞辱曹操、侮慢刘表都没有受到惩罚,使他产生了严重的错觉,认为无论对权势者如何嬉笑怒骂都是安全的。岂不知,当权者的忍耐是有限度的。他们一时的宽宏大量不过是收揽人心的权宜之计,以刀俎对付异己者才是他们屡试不爽的惯技。祢衡认识的误区使他付出了生命的代价。在权力面前,独立思考者的命运是十分脆弱的。才华横溢的祢衡犹如一颗美丽的彗星,在发出了耀眼的光芒之后很快消失在汉魏之际思想的天空。

祢衡基本上不是一个思想家,而只是一介文士。但在他留下来的一赋、一文、二碑文中,还是迸发出一些珍贵的思想火花。如《鲁夫子碑》表达了对孔子和颜回无限崇敬的心情,《吊张衡文》则借对张衡的生不逢时的愤慨与悲叹寄寓自己的身世之感:

> 南岳有灵,君诞其姿。清和有理,君达其机。故能下笔绣辞,扬手文飞。昔伊尹值汤,吕望过旦。嗟矣君生,而独值汉。苍蝇争飞,凤凰已散。元龟可霸,河龙可绊。石坚而朽,星华而灭。惟道兴隆,悠永靡绝。[1]

《鹦鹉赋》是祢衡的代表作,也是他在文学史上占有一席之地的最重要的根据。该赋作于章陵太守黄射举行的一次宴会上。当时有人送来一只鹦鹉,黄射要求祢衡以此为题作赋。祢衡援笔而作,一气呵成,"文无加点,辞采甚丽"。在赋中,祢衡以饱含感情的笔触,描绘了这只来自西域的美丽、高洁、"辩慧"、"聪明"的鹦鹉的体貌、风姿和性灵。这只鸟儿一旦误入人们精心张构的罗网,就只能听任命运的残酷安排,远涉万里,来到陌生的地方,变成了人们的玩物:"尔乃归穷委命,离群丧侣,闭以雕笼,剪其翅羽,流飘万里,崎岖重阻,逾岷越障,载罹寒暑",失却自由才知自由之可贵,离开故乡才知故乡之可亲,"眷西路而长怀,望故乡而延伫","痛母子之永隔,哀伉俪之生离"。最后,他发掘鹦鹉秋暮冬至的感受,特别写出它安于被囚的命运,"尽辞效愚",以报不杀之恩的期许:

---

[1] 《全后汉文》卷八十七,中华书局1958年版。

若乃少昊司辰,蓐收整辔,严霜初降,凉风萧瑟。长吟远慕,哀鸣感类,音声凄以激扬,容貌惨以憔悴。闻之者悲伤,见之者陨泪。放臣为之屡叹,弃妻为之歔欷。感平生之游处,若壎篪之相须。何今日之两绝,若胡越之异区。顺笼槛以俯仰,规户牖以踟蹰,想昆山之高岳,思邓林之扶疏。顾六翮之残毁,虽奋迅其焉如? 心怀归而弗果,徒怨毒于一隅。苟竭心于所事,敢背惠而忘初。托轻鄙之微命,委陋贱之薄躯。期守死以报德,甘尽辞以效愚,恃隆恩于既往,庶弥久而不渝。①

这一段是全赋写得最精彩的部分。它以深沉的情感,写出鹦鹉面对"严霜初降,凉风萧瑟"的哀鸣和对往昔自由的无尽怀念,以及"六翮残毁"、想奋飞而力不从心的悲叹。最后又回到现实中来,表现自己死心塌地、安于笼中被囚禁的生活。不仅丝毫不怨恨囚禁它的主人,而且决心"死守报德",以求在苟延残喘中等待生命的结束。鹦鹉最后向命运的屈服,特别是它对自己悲剧命运制造者的感恩戴德,是一种欲哭无泪的乞哀告怜,产生了震撼人心的巨大力量。这里显示的是一个傲世的天才向命运低头,向周围环境、向现实制度妥协的无可奈何的心态。表面上,写的是鹦鹉,实际上,反映的却是祢衡自己此时内心的感受。祢衡期望进入官场展示自己的才华,实现自己的抱负和人生价值。然而,进入官场数年以来,他深感自己已经陷入曹操、刘表、黄祖等权势人物和制度构筑的囚笼。在这个囚笼中,他无力抗争也无法抗争。他希望自己抑制自我,像鹦鹉一样以牺牲自由、泯灭天性换取生存的权利。但是,他的特行独立的品格和自由奔放的天性终久难以自抑,在这种性格与环境的冲突中,他的生命与自由最后还是被一同扼杀了。《鹦鹉赋》在一定意义上可以看做祢衡的内心独白,在写作此赋的时候,他已经觉悟到自己误入囚笼,可他还贪恋着官场的富贵利禄,没有勇气毅然离开这个名利场。结果自己的命运连鹦鹉也不如,囚笼中苟且偷生的希冀到头来变成囚笼中的苟且死亡。造成祢衡悲剧的当然是当时的制度,但在一定程度上祢衡自己也有不可推卸的责任。后退一步,离开官场,黄祖是没有理由也没有必要将他送上断头台的。

---

① 《全后汉文》卷八十七,中华书局 1958 年版。

第三章　魏晋南北朝时期的山东思想文化

一、概述

魏晋南北朝时期(220—581 年)的三个半多世纪的悠长岁月,是中国历史继秦汉近四个半世纪的统一之后又一次由大分裂、大动荡走向新的统一的时代。220 年,魏文帝曹丕以"禅让"的方式改变皇统,灭东汉建立魏朝,在黄河流域建立起自己的统治。第二年,刘备称帝,在以今之四川为中心的西南地区建立以继承东汉皇统相标榜的蜀汉政权。第三年,孙权称帝,在长江下游包括今之江南大部分地区建立东吴政权。历史由此进入中国历史编纂学上的三国时期。此时的山东属魏国,魏在此设立青州、兖州和徐州进行管理。265 年晋武帝司马炎也以"禅让"的方式改变皇统,灭魏而建立晋朝。此前一年,魏灭蜀汉,277 年晋灭东吴,中国又归于短暂统一,史称西晋,至313 年晋亡于少数民族入侵,山东的行政区划基本没有变化。西晋灭亡后,司马氏后裔南渡,在长江流域和江南地区延续晋的皇统至 419 年,史称东晋。此时的北中国陷入所谓"五胡十六国"的混乱状态。统治山东的少数民族政权先后有后赵、前燕、前秦、后燕、南燕。420 年,宋武帝刘裕灭东晋建立宋朝,差不多同时,鲜卑人拓跋氏在黄河流域建立北魏政权,历史进入南北朝时期。从此至 581 年隋朝在北方取代北周政权并于 589 年灭掉南方的陈朝,中国历史是在一个历史学家称之为南北朝的时期运行的。这一时期,南方经历了宋、齐、梁、陈四个朝代,北方经历了北魏的短暂统一和东魏、西魏、北周、北齐的分裂以及北周的又一次统一。这一时期的山东,曾一度在宋的统治下,以后依次在北魏、东魏、北齐和北周的统治下。由于政权变动频繁,这一时期山东的行政区划也不断变化。如北魏时期这里曾设光州、青州、南青州、齐州、济州、兖州、徐州,东魏和北齐时期除设光州、青州、南青州、齐州、济州、兖州外,又设胶州、北徐州和沧州。这一时期,山东的自然环境变化不大,两汉时期多次泛滥成灾的黄河,一方面由于东汉王景、王吴领导的治理工程发挥了效益,一方面由于少数民族入侵造成的黄河中上游不少地区由农业区回返畜牧区,从而减少了水土流失,反而长时间安澜无灾。这应该算作此一时期不幸中的一幸吧。

　　由于魏晋南北朝社会处于大分裂、大动荡时期,频繁的政权更替和不断的战乱,一方面使政府难以关注教育的正常发展,思想文化在很大程度上靠世家大族以家学的形式传承延续;另一方面,人口迁移,民族融合,佛教大盛,玄学勃兴,打破了经学三百多年一统天下的局面,思想文化进入多元化的时代。这一时期,山东的世家大族和出自他们家族的一大批经学家、思想家在思想文化的传承和创造方面作出了不可替代的贡献。曲阜孔氏、琅邪颜氏和王氏、清河崔氏、泰山羊氏以及其他世家大族,无论是留在本地还是南渡,都作为思想文化的载体承担起传播和发展文化的重任。三国和西晋时期,以王肃和荆州学派以及其他山东经学家为代表的经学占据着主流意识形态的地位,而王弼成为正始玄学的旗帜,张湛则以东晋最后一个玄学家为魏晋玄学的终结画上了一个圆满的句号。北朝时期,经过五胡十六国的混乱之后,历史在北魏时期出现相对和平的局面,经过民族融合的北朝政权逐渐发现汉族文化的魅力,开始重用汉族知识分子,留在山东的经学家又开始聚徒讲学,从事著述,接续东汉经学创造了经学的一个称不上繁荣的复兴局面,并形成了"渊综广博"的学术风格。追随晋室南渡的山东经学家,更多地受魏晋玄学风格的影响,打破师法、家法的樊篱,大大拓展了义疏之学,形成了"清通简要"①的学术风格。无论南朝还是北朝,经学虽然都不能一统思想文化,而只是作为多元文化的一元存在和发展,但其对政治的影响却远远超过玄学和佛学。这显然是因为经学所阐发的政治伦理思想深深扎根于中华民族,尤其是汉族广大民众的心灵深处,同时也是统治者治国平天下最基本的指导理论。这恰恰是玄学和佛学所不具备和薄弱的。

---

①刘义庆:《世说新语·文学》。

二、山东世族与世族文化

(一)山东世族的形成与地理分布

在魏晋南北朝时期,山东世族作为思想文化的重要载体,在这一时期的文化传承和发展中起了特别重要的作用,作出了不可替代的独特贡献。

在文献中,世族又称"士族"和"势族"。他们一般都有较显赫的家世,其中不少是经学世家,绝大多数累代世宦。无论为官为民,都有很高的社会地位。由他们组成的这一社会阶层,长期垄断高级官位,成为封建王朝的当权派,给这一时期的政治生活打上了深深的印记。山东世族的形成经历了很长的时间,其来源是多头的。东汉时期的"名士"形成的名门望族是重要组成部分。所谓"名士"是指在朝野有名望的人物,他们或从名师学习经术,成为精通某一学派学说的儒士,或者凭家学渊源成为父子相传的累代经师,由于聚徒讲学而拥有一大批门生故吏。这些人在两汉实行的"征辟"、"察举"的选官制度中,就成为"贤良"、"孝廉"等科目的举荐对象,从而与做官从政结下了不解之缘。积以时日,他们就成为累代世宦之家。如汉魏之际的华氏家族就是这样的名门望族,其开基祖华歆是汉末名士,先是通过举孝廉任官郎中,后被大将军何进征为尚书郎。在汉末政治军事斗争交织,各政治军事集团互为消长,不断兴盛死灭的险恶形势下,华歆审时度势,巧妙地周旋于太傅马日磾、江东军阀孙策、丞相曹操之间。在任尚书令和曹操魏国的御史大夫期间,不惜背叛汉朝,自觉协助曹氏父子完成了改易皇统的重大变革。建立魏朝后,他做了新朝的第一任相国。其后子孙在魏晋南朝世代做高官,成为数百年长盛不衰的"阀阅之家"。山东世族的另一重要来源是具有旧族渊源的大家族,他们大都由西汉的经学世家延续而来。琅邪王氏和诸葛氏、高平郗氏、泰山羊氏、平昌伏氏就是其中的主要代表。琅邪王氏是西汉武帝的谏议大夫王吉之后,其子骏、孙崇都官至御史大夫。王崇之后,虽门户渐衰,但整个家族仍保持着文化上的优势。至东汉末年,其裔孙王仁又进入高官之列,做到青州刺史。他的孙子王祥以孝闻名天下,被后世尊为二十四孝之一。他先仕东汉,为徐州别驾,继仕曹魏,官至太尉。魏、晋易代,又仕晋,拜太保。其宗族后人王戎、王衍、王导等在西晋和东晋都任过三公的高官,是皇族之外的第一权势家族,故有"王与马,共天下"的时誉。南朝时，王氏家族也一直处于政治文化的中心地位，直至隋唐时期，他们家族仍然不断有名人雅士赢得朝野的赞誉。与琅邪王氏相伯仲的还有诸葛氏，其祖诸葛丰汉元帝时官至司隶校尉。三国时，他们家族在魏、蜀、吴都有人做较高的官吏，如诸葛亮在蜀汉，诸葛瑾在东吴，诸葛诞在曹魏，都有清名。晋和南朝，诸葛氏的后人也一直在宦海浮沉。高平郗氏的创业之祖是郗虑，曾在郑玄门下攻读经传，汉献帝时官至御史大夫。后代继承家学，至玄孙郗鉴，在东晋初年参与枢机，为稳定当时的政治局面作出重大贡献，官至太尉。其后代终东晋之世几乎代有显官，成为东晋门阀政治的重要支柱之一。泰山羊氏自西汉起就成为显宦世家，家族中有多人做二千石的高官。羊祜在西晋初年官至征南大将军、开府仪同三司。其后代在东晋和南朝也世历显宦，成为顶尖的大家族之一。平昌伏氏的创业之祖是做过秦朝博士、后来成为西汉经学大师的伏生（即伏胜），他是今文《尚书》的创始人。原籍济南（今邹平），后迁平昌安丘。他家累世经学，自汉至魏晋南北朝，子孙中不断有经学大师名世，是中国历史上延续最久的经学世家和文化家族。山东世族中还有比以上两类历史更悠久的大家族，他们就是先秦时期儒家学派的创始人孔子及其弟子的家族。在两汉魏晋南北朝时期，孔、颜两家子孙绳绳，始终以文化上的优势维持着世家大族的地位。以上三类家族组成了山东世族的主体。除此之外，还有自寒门因军功硬挤进世族的一批家族，他们以兰陵萧氏为代表。从魏晋至南朝，由于世家大族把持了选官的权力，朝廷的"清要之官"即所谓"清流官"尽皆为其垄断。这些官位地位显要，俸禄丰厚，但官务轻松，不必付出巨大的努力和克服险重的困难。相反，那些官位卑微，责任重大，官务繁剧的所谓"浊流官"，就由"寒门"出身的人士担任。然而，有一利必有一弊。担任"清流官"的世家大族的子弟们由于一直处于养尊处优的地位，得不到艰难险重工作的锻炼，才能日益萎缩；而出身"寒门"的"浊流官"却在承担艰险繁剧事务的工作中得到锻炼和考验，提高了能力，增长了才干。这样一来，在行政治军的关键岗位上工作的绝大多数人都是出自"寒门"。"寒门"因功，特别是因军功逐渐上升到高位以后，他们自然要求与原来的世家大族平起平坐，获得相同的地位和特权。积以时日，他们的家族也就为社会所认可，他们也就挤进了世家大族的圈子。兰陵萧氏就是这种类型的代表。随晋室南渡的萧氏自称是西汉开国丞相萧何的后裔,在东晋一百多年的岁月里,除南渡始祖萧整做过淮阴令这样的小官之外,萧氏家族没有出现有影响的人物。直至晋宋易代之时,萧源之、萧思和、萧惠开、萧承之等人才进入高官显贵之列。他们的后辈萧道成和萧衍竟成为齐、梁两个朝代的开国君主。山东世族还有一种类型是由汉代诸侯王的后裔发展起来的。如平原高唐刘氏是东汉济北王刘寿的后裔。西晋时,其族人刘寔历官至太尉,其后裔几乎代代都有高官和文化名人,成为晋代和南朝的著名世族。平原刘氏还有胶东王刘康的后裔,他们的族人南渡后于刘宋时期发达起来,出了几位刺史、将军之类高官,最突出的是出了刘孝标为代表的一批有影响的学者、文学家,使他们的家族成为世人瞩目的文化世家。

从上面的叙述可以看出,山东各家世族的历史虽然有长有短,渊源也不尽相同,但到魏晋之际,大都在社会上具有相当的影响,政治上具有比较稳固的地位。他们基本上集中聚居于相对富庶的沿海和大河流域。如沿海的琅邪(今山东临沂一带)有王氏、颜氏、诸葛氏,琅邪国属下的东莞莒(今山东莒县)有刘氏、臧氏,东莞姑幕(今山东诸城)有徐氏,平昌(今山东安丘)有伏氏。同处沿海的东海(今山东郯城、苍山一带)有王氏、徐氏、鲍氏、何氏、萧氏。沿济水、大清河的乐安博昌(今山东博兴)有任氏,北海剧(今山东寿光)有王氏,清河东武城(今山东武城)有崔氏和张氏,清河高唐有崔氏、华氏、刘氏,平原有房氏、刘氏。沿洙水、泗水的鲁(今山东曲阜)有孔氏,高平(今山东嘉祥、金乡一带)有郗氏、檀氏、王氏,泰山(今山东新泰)有羊氏,东平有吕氏,济阴冤句(今山东菏泽)有卞氏,濮阳鄄城有吴氏。所有这些世家大族发迹的原因虽各有不同,但有两点是共同的。一是他们生活的地域都是当时山东相对富庶的地方,经济比较发达,他们的家庭也相对比较富裕。二是他们都有一定的家学渊源,重视教育,长期受到齐鲁文化,尤其是儒学的熏陶和影响,这就保证了他们能够以长期保持的家族文化优势获得稳固的社会地位,进而进入高官显贵之列,获得稳固的社会地位。

(二) 世族教育与世族文化

两汉时期,由于实行"罢黜百家,独尊儒术"的思想文化政策,以中央的太学和地方郡县官立学校为主的教育系统居于教育的主流地位,散布城乡的各类私学是官立教育的补充。汉魏之际,战乱频繁,官立和私立的学校废弛,"兵乱以来,经学废绝"①。西晋虽然恢复了短暂的统一,洛阳的太学也稍复旧规,但因为时未久,影响不深。"故东汉以后学术文化,其重心不在政治中心之首都,而分散于各地之名都大邑。是以地方之大族盛门乃为学术文化之所寄托"。"故论学术,只有家学之可言,而学术文化与大族盛门常不可分离也"②。由此,学术文化的中心就移于家族,汉魏以来经学传家的世家大族自然也就成为文化传承的主体。正如《梁书·儒林传》所说:

> 汉末丧乱,其道遂衰。魏正始以后,仍尚玄虚之学,为儒者盖寡。……自是中原横溃,衣冠殄尽,江左草创,日不暇给,以迄于宋、齐,国学时或开置,而劝课未博,建之不及十年,盖取文具,废之多历世祀,其弃也忽诸。乡里莫或开馆,公卿罕通经术,朝廷大儒,独学而不肯养众,后生孤陋,拥经而无所讲习。

既然汉以来的国学博士授业制度名存实亡,经学的传授就成为"家人父子之世业"。东汉以来经学传家的世家大族也就肩负起文化传承的使命,在魏晋南北朝三百多年的动乱岁月里为文化教育和学术的延续和发展作出了独特的贡献。不过,这一时期的世族教育与两汉时期父子代代相传的以经学为主要内容的"家学"教育有着较大的差异。因为自东汉末年以来,随着经学的衰落,思想文化领域呈现多元化的趋势,玄学与佛教的兴起和迅速发展,打破了儒学定于一尊的局面。山东世族之家,不论是留在故地,还是随晋室南渡,其家学教育传授的内容,除传统的经学之外,玄学、佛学、文学、史学、艺术、科技等内容也占有相当的比例。有些家族专以某一学科为主要传授内容,如琅邪王氏,自王衍、王戎以儒入玄后,儒玄兼修就成为他们的家学传统。而自王导以后,又修书画,从而造就了王羲之、王献之父子在中国书法史上泰山北斗的地位。泰山羊氏、清河崔氏也兼传书法,他们族人中也有多人以书法名世。平原高唐华氏、崔氏和刘氏等以治史传家,他们家族产生

---

①《三国志·魏志·明帝纪》。
②陈寅恪:《隋唐制度渊源略论稿》,生活·读书·新知三联书店2001年版,第147—148页。

了一批著名的史学家。

尽管魏晋南北朝呈现思想文化多元化的趋势,世家大族家学的内容也兼容多种学问,但山东世族的经学传统基本上保持下来。生活于鲁地的颜回后裔就较好地保持了这种传统。颜含随晋室南渡后,官至右光禄大夫。他"雅重行实,抑绝浮为"①,一言一行都恪守儒学的信条。他对王导享有的高出其他群臣的礼遇不以为然,认为人臣必须遵守臣子的道德规范,所有言行都不能超越礼的规定。曾经领导晋军北伐的桓温一度功盖群臣,权倾朝野,朝中几乎所有的人都讨好攀附他。可当他慕颜氏家族的清名提出与之联姻时,颜含却毫不犹豫地加以拒绝,因为他看不惯桓温及其家族居功自傲、飞扬跋扈的行为。还有一个善卜筮闻名的郭璞,时人都以能找到他算命为荣。他因倾慕颜含的为人主动上门为之卜算,但被严词拒绝。因为在颜含看来,"子不语怪力乱神"所展示的儒家的清醒的理智是应该与卜筮绝缘的。颜含这种坚守儒学理念,言行一致、刚正不阿的思想和作风对南渡颜氏后裔产生了深远的影响。到刘宋时期,颜含的曾孙颜延之"好读书,无所不览。文章之美,冠绝当时",被举为博士。后官至金紫光禄大夫、领湘东王师。他精通儒经,"居身清约,不营财利",成为世所敬仰的卓荦之士。他的儿子颜竣官至丹阳尹、中书令后,"权倾一朝,凡所资供,延之一无所受,器服不改,宅宇如旧。常乘羸牛笨车,逢竣卤簿,即屏往道侧"②。显然是与乃祖一样的一个棱角分明的人物。

为了家族的文化传统得以顺利传承,东汉以来的山东世族之家,都重视以家诫教育自己的子弟。颜延之的《庭诰》,特别是颜之推的《颜氏家训》,成为我国历史上家诫类著作的典型代表。在《庭诰》中,颜延之以自己的亲身感悟,谆谆教育儿孙为人处世的道理。要求他们"捐情反道,合公屏私","以天地为心","树德立义",待人宽,对己严,戒奢侈,节嗜欲,讲信义,急人难,慎交友,远恶习,善待仆妾,不鄙稼穑,不恋恋于禄位,不戚戚于贫贱,一言一行,都不离儒家的道德信条。被后代誉为家训之祖的《颜氏家训》,内容驳杂,从社会到人生,从修身齐家到治国平天下,从家庭琐事到音韵训诂等各科学问,几乎无所不包。其基本思想仍是儒学指导下的立身处世之道。

①《晋书·孝友·颜含传》。
②《宋书·颜延之传》。

颜之推是颜延之的玄孙,历经坎坷,九死一生。先仕梁朝,遭遇侯景之乱,侥幸不死,又逢梁朝败亡。被掳入西魏,再寄身于北齐。故国难归,勉事北朝。在灵魂的痛苦煎熬中度过了自己最后的岁月。他垂暮之年写出的《颜氏家训》,显然凝聚着他一生对社会家国的思索。由于他历经战乱,目睹了南渡衣冠在养尊处优中日益走向腐败衰颓的历史,深悟家族的庇荫不是永恒的,因而劝勉儿孙勤学修身,自立自强,只有努力读书,学得一身本领,才能自立于社会,对任何变乱应付裕如:

> 人生在世,会当有业:农民则计量耕稼,商贾则讨论货贿,工巧则致精器用,伎艺则沉思法术,武夫则惯习弓马,文士则讲议经书。多见士大夫耻涉农商,羞务工伎,射则不能穿札,笔则才记姓名,饱食醉酒,忽忽无事,以此销日,以此终年。或因家世余绪,得一阶半级,便自为足,全忘修学;及有吉凶大事,议论得失,蒙然张口,如坐云雾;公私宴集,谈古诗赋,塞默低头,欠伸而已。……
>
> 梁朝全盛之时,贵游子弟,多无学术,至于谚云:"上车不落则著作,体中何如则秘书。"无不熏衣剃面傅粉施朱,驾长檐车,跟高齿屐,坐棋子方褥,凭斑丝隐囊,列器玩于左右,从容出入,望若神仙。明经求第,则雇人答策,三九公宴,则假手赋诗。……及离乱之后,朝市迁革,铨衡选举,非复囊者之亲;当路秉权,不见昔时之党。求诸身而无所得,施之世而无所用。……鹿独戎马之间,转死沟壑之际。当尔之时,诚驽才也。有学艺者,触地而安。自荒乱以来,诸见俘虏。虽百世小人,知读《论语》、《孝经》者,尚为人师;虽千载冠冕,不晓书记者,莫不耕田养马。……
>
> 夫明《六经》之指,涉百家之书,纵不能增益德行,敦厉风俗,犹为一艺,得以自资。父兄不可常依,乡国不可常保,一旦流离,无人庇荫,当自求诸身耳。谚曰:"积财千万,不如薄伎在身。"伎之易习而可贵者,无过读书也。……爰及农工商贾,厮役奴隶,钓鱼屠肉,饭牛牧羊,皆有先达,可为师表,博学求文,无不利于事也。
>
> 古之学者为己,以补不足也;今之学者为人,但能说之也。古之学者为人,行道以利世也;今之学者为己,修身以求进也。夫学者犹种树

也,春玩其华,秋登其实;讲论文章,春华也;修身利行,秋实也。①

从以上内容,我们似乎可以窥见颜氏家族虽历经离乱和贫富交替而数世不衰的秘密,这就是他们不仅训诫子孙时刻注意做人为学的道德修养,以读书向学保持家族的文化优势,而且不鄙视农、工、商等行业的从业人员,认为那是一种合理的社会分工,从而使后代子孙即使沦落到社会下层也有生存的本领。

与颜氏家族稍有不同,琅邪王氏在崇尚儒学的同时,对当时流行的玄学、佛教、道教以及文学、书法、绘画等才艺都采取了兼收并蓄的态度,由此使他们家族的子孙不排拒任何新的知识、学问和技艺,从而具备丰厚的文化素养,能够与时俱进,在多个文化学术领域取得令世人瞩目的成就。

王氏家族的奠基人是以孝闻名天下的王祥,在宋代编辑的《二十四孝图》中他也是入选者之一。在魏晋南北朝改朝换代频繁、政局变化令人眼花缭乱的情况下,王祥及其子孙采取了顺时应变、不忠于一家一姓而以维护家族利益为旨归的灵活态度。魏朝时,他任太常,封万寿亭侯,受到崇高的礼遇。晋代魏,他又毫无愧怍地转事新朝,"拜太保","进爵为公"。他的作为成为后世子孙的榜样,王衍、王导在东晋初建之时,为稳定司马氏政权立下大功,成为东晋一朝的第一显贵家族,赢得了"王与马,共天下"的时誉。后来,宋、齐、梁、陈四朝易代,都没有影响王氏家族的显贵。这显然与自王祥开始形成的以维护家族利益为旨归的家风有关。请看他临终前"著遗令训子孙"的话吧:

> 夫言行可覆,信之至也;推美引过,德之至也;扬名显亲,孝之至也;兄弟怡怡,宗族欣欣,悌之至也;临财莫过乎让。此五者,立身之本。②

在儒家学说中,忠、孝、节、义是"人伦之大本",而"君为臣纲"作为三纲之首,突出了"忠"字作为封建纲常首要信条的地位。可在王祥的这个训子孙的"遗令"中,却压根不提"忠"字,而是强调信、德、孝、悌、让这五种道德信条为"立身之本",这显然不是他的疏忽,而是他的精心杜撰。面对迅速变

①《颜氏家训·勉学》。
②《晋书·王祥传》。

化如棋局的改朝换代,王祥认为自己和后世子孙没有必要以生命博取忠贞臣子和大义烈士的美名。后来的历史证明,王氏子孙基本上都遵循了他的遗训,强调孝悌传家,固守家族本位,因而在南朝数百年间保持了名门望族的声威和地位。其后,王氏子孙,无论官位大小,大都能够清廉自守,孝悌传家,注重加强自己的道德文化修养,以清誉获得很高的社会声望。

两晋时期,儒学作为主流意识形态的地位虽然没有动摇,但因时局动乱,不仅一般老百姓的生存环境恶化,就是上流社会和知识分子的处境也变幻莫测,风雨飘摇。这种社会状况为玄学的发展和佛教的传播提供了适宜的土壤。魏晋名士信佛谈玄成为时尚。这种社会风气自然也影响了王氏族人的思想倾向。他们尽管服膺儒学,在政治上坚守儒学修身、齐家、治国、平天下的理论,但他们在思想上却兼容玄学和佛教,并且将其作为应对复杂政治局面、佯狂避祸的手段。如王戎为玄学重镇"竹林七贤"的成员,王衍更以善清谈而成为当时名士的领袖之一。王衍身居高位,面对司马氏皇族内部和权臣之间争权夺利、纷争不已的政局,"不以经国为念,而思自全之计","口不论世事,唯雅咏玄虚而已"①。当赵王司马伦篡位成功,他不愿表态拥戴,故意装嘲卖傻,甚至砍伤婢女,伪装疯癫,以消除司马伦的疑忌和迫害。王氏后人,如王导、王羲之等,也都是儒、玄兼修。由于他们的故乡琅邪是道教的发源地,王羲之、王凝之父子还信仰道教,"羲之雅好服食养性","与东土士人尽山水之游,弋钓为娱。又与道士许迈共修服食,采药石不远千里,遍游东中诸郡,穷诸名山"②。王氏家族钟情佛教自王导始。他的从弟王潜、裔孙王珣都出家为僧,成为佛教界颇有名气的高僧。后世子孙中不少人无论为官还是做名士,也多与当时的名僧密切来往,建立了十分亲密的关系。王导的裔孙王褒在其所著的《幼训》中记述了他们家族的文化传统,其中说:

> 儒家则尊卑等差,吉凶降杀,君南面而臣北面,天地之义也;鼎俎奇而笾豆偶,阴阳之义也。道家则堕支体,黜聪明,弃义绝仁,离形去智。释氏之义,见若断习,证灭循道,明因辨果,偶凡成圣。斯虽为教等差,

①《晋书·王衍传》。
②《晋书·王羲之传》。

而义归汲引。

　　吾始乎幼学，及于知命，既崇周、孔之教，兼循老、释之谈。江左以来，斯业不坠。①

　　清河东武城的崔氏也是魏晋南北朝时期的名门望族。东汉末年，崔琰、崔林是他们家族有名于时的两个代表人物。他们追随曹操，颇受赏识。入魏后，崔琰官至中尉，崔林官至司空。晋室南渡后，这个家族的嫡系子孙大部分留在北方，在北朝做官，成为北朝的世族之首。其后裔崔玄伯、崔浩等仕北魏，做到宰辅级的高官。崔氏家族以儒学为立身之本，经学传家，历久不衰。同时对"百家之言"兼容并蓄，其子弟在书法、医学和术数等领域都取得了显著成就。最突出的是崔浩，他"少好文学，博览经史，玄象阴阳、百家之言，无不窥"②，是崔氏家族中顶尖的高官和学问家。留在北方的世家大族还有高唐华氏。华歆仕曹魏，是协助曹丕策划"禅让"喜剧从而完成以魏代汉的主要人物之一。其后世子孙以儒学传家，一直保持文化上的优势。华歆之孙华峤父子以史学传家，为《后汉书》的编纂作出了重要贡献。

　　如果说山东的世族文化在秦汉时期的影响主要还限于齐鲁及其周围地区，那么，到三国魏晋南北朝时期，随着山东世族的大量南迁，其影响也就遍及长江流域，从巴蜀到荆楚，从徽州到吴越，到处闪现着山东士人的身影，到处播撒着齐鲁文化的种子，对江南文化的发展，特别是对江南在文化上向主流意识形态的提升起了巨大的积极作用。

　　东汉末年和三国时期，山东有一大批士人及其家族为躲避战乱迁至吴越地区。据《三国志·吴书》所载，在吴国的文臣武将中，有15位来自山东。其中，著名学者、北海（今山东昌乐）人刘熙，琅邪阳都（今山东沂南）人诸葛瑾，莱州人刘繇、刘基、太史慈，平原人刘惇，北海人是仪、滕胤、孙邵，琅邪人徐盛、潘璋等，都是具有重要影响的人物。如刘熙在东汉末建安年间避地交州，设馆授徒，著书立说，为吴、蜀两国培养了一大批经史方面的人才。诸葛瑾是诸葛亮的兄长，他"少游博学，有孝德"③，得到孙权的赏识，官至吴

---

①《全后周文》，中华书局1958年版。
②《魏书·崔浩传》。
③《三国志·吴书·诸葛瑾传》裴松之注引《吴书》。

国大将军,领豫州牧,曾参与吴国许多重大军国事务的决策。孙邵曾任吴国丞相,封阳羡侯。是仪任尚书仆射。滕胤历任丹阳、吴郡、会稽太守,最后官至太常,尚吴公主,封都亭侯,成为掌管吴国文化教育方面的最高官员。这些人在吴国的活动,特别是他们任职丞相和太常等高官,对吴国的政治和思想文化建设发挥了积极作用。

以琅邪阳都(今山东沂南)人诸葛亮(181—234 年)为代表的山东士人及其家族,随刘备迁至蜀地,对蜀汉政权的建立、巩固和发展发挥了无可替代的作用。诸葛亮是中国传统文化陶冶出来的优秀政治家,在他身上更多展现出来的是儒家的政治理念和人生价值观。他生逢汉末大乱,"苟全性命于乱世,不求闻达于诸侯",透出的是"邦有道则仕,邦无道则隐"的处世原则。但他并不如道家者流真的忘情于世事。他饱读诗书,胸怀大志,"自比管仲、乐毅",时刻关注政治形势的发展,随时准备为国家和社会贡献自己的聪明才智。刘备三顾茅庐后,他"许以驱驰",以著名的"隆中对"向刘备贡献出未来蜀汉的建国方略。他明知刘备是当时三大军事集团中最弱的一个,但由于刘备有着皇叔的招牌,诸葛亮就认定他是复汉兴刘的一面旗帜。在跟定刘备后的 27 年中,他始终以复兴汉室为己任,视曹操父子为危及汉室的不共戴天之仇。初出草庐,他"受任于败军之际,奉命于危难之间",面对曹操 20 多万大军兵临长江的咄咄逼人之势,使出浑身解数,促成孙、刘联盟,夺取了赤壁鏖兵的胜利,奠定了三国鼎立的局面。之后,他辅佐刘备,取巴蜀,夺汉中,建立起复兴汉室的基地。曹操胁迫汉献帝封其为魏王后,他立即鼓动刘备晋位汉中王。曹丕篡汉自立,他又不失时机地拥戴刘备蹑足九五,登上帝位,以接续炎汉皇统。不久,刘备不听他的规劝,执意伐吴,导致夷陵之败和永安托孤。诸葛亮以此为契机,恢复吴、蜀联盟,全力对付曹魏。在他生命的最后 7 年,仍以蜀汉百万百姓微薄的人力物力,以数万将士微小的军力,六出岐山,七次搏战,为恢复汉室的理想进行了最后的艰苦卓绝的奋斗。尽管他知道此时的曹魏占据着黄河流域的广土众民,猛将如云,谋臣如雨,已是无法撼动的参天大树,但他依然尽上自己最大的主观努力,向这个庞然大物不停地发起挑战,最后病死在伐魏的最前线——五丈原的军营中。诸葛亮复兴汉室的最终目标虽然没有实现,但追求这一目标的努力却伴随他的终生。诸葛亮对信仰的坚定执著,凸现了他践履忠君观念的道德完人的形象。这一形象在与曹操"汉贼"形象的映照对比中越发显得光彩无际。

诸葛亮是一个高瞻远瞩、才智超群的政治家。他的政治才能首先表现在对汉末政治军事形势的洞悉与把握。"隆中对"对历史走势的预测,孙、刘联盟战略的坚持,出兵南中,协和汉夷,调和巴蜀土著和外来人员关系,稳定后方的决策,都表现了他卓越的经国治军理政的才能。针对刘璋治蜀时法制废弛导致豪强骄纵不法、横行无忌的状况,他反对赦宥,厉行法制,赏罚分明,收到良好效果。对此,他解释说:

> 刘璋暗弱……德政不举,威刑不肃,蜀土人士,专权自恣,君臣之道,渐以陵替。宠之以位,位极则贱;顺之以恩,恩竭则慢。所以致弊,实由于此。吾今威之以法,法行则知恩;限之以爵,爵加则知荣。荣恩并济,上下有节。为治之要,于斯而著。①

诸葛亮的人才观表现在他特别注意不分地域背景,不拘一格地选拔人才。最初跟随刘备打江山的荆楚之人,如蒋琬、费祎等固然得到重用,益州土著如张裔、杨洪、马忠、王平、句扶、张翼、李恢等也都先后被拔擢为二千石的高官,就是降将姜维等也被委以军国重任。诸葛亮在用人上不求全责备,而是扬长避短,尽力发现人之所长而用之。如他赞扬马超"兼资文武,雄烈过人,一世之杰",称颂蒋琬为"社稷之器,非百里之才",将法正看做对刘备特别有影响能力的人,叹息其早逝,未能阻止刘备伐吴等等。诸葛亮选拔的人才绝大部分都忠勇可靠,在其去世后基本上执行了他的既定政策,使蜀汉政权又延续了十多年的岁月。由于诸葛亮治理的蜀国政治清明,社会安定,陈寿由衷地赞扬说:"科教严明,赏罚必信。无恶不惩,无善不显。至于吏不容奸,人怀自厉。道不拾遗,强不侵弱,风化肃然也。"②

诸葛亮的经济思想突出地表现在他推行的一系列"务农积谷"的政策上。他攻取汉中后,即将此地视为伐魏的前哨基地,迅速地组织士卒和募民屯田。这一措施不仅保证了数万军队的粮食供应,减轻了百姓的负担,而且

---

① 《三国志·蜀书·诸葛亮传》注引郭冲五事。
② 《三国志·蜀书·诸葛亮传》。

也使汉中地区得到了开发。为了发展农业生产,诸葛亮自入蜀伊始就重视兴修水利。他设置堰官,征丁 1200 人,保护和维修最大的水利工程都江堰,使之继续发挥效益。在汉中,他也特别注重在汉江及其支流上兴建堰渠陂池。水利的开发,促进了蜀汉辖区航运和农田灌溉事业的发展,再加上赋役相对减轻,提高了百姓的生产积极性,促进了农业的发展和经济的繁荣。晋朝袁准称颂"亮之治蜀,田畴辟,仓廪实,器械利,蓄积饶,朝会不华,路无醉人"①,恐非过誉之词。诸葛亮对手工业和商业也比较重视。他长于巧思,对兵器和运输工具的制造和改进尤为关注。他自作《作斧教》《作钢铠教》《作匕首教》,督责提高武器的质量。他又亲自设计木牛流马,以改进军事运输。为了发展经济和增加财政收入,他设立盐校尉,专门管理井盐并兼管铁器的制造与买卖。同时还大力提倡植桑养蚕织锦,精心组织蜀锦对魏、吴和周边国家与地区的输出,由此,蜀锦就成为蜀汉政权最重要的财政来源和对曹魏长期战争的财政支柱。

诸葛亮又是一位谋略超群、智勇兼备的军事家,他的军事思想不仅表现在他具有宏远的战略眼光,更表现在他精审、谨慎、细密、娴熟的战场指挥艺术。他总是从政治的高度确定战略方针,使战略服务于联吴抗曹的总的政治目标。他进军巴蜀,夺取益州,出征南中,协和汉夷,敦睦东吴,都是为了建立一个与曹魏对战的巩固的战略后方。他洞悉敌情,更知悉自己的优长与不足。他深知仅凭蜀汉那点军事力量和财富支撑,决不能同时对曹、吴两面作战,所以他始终坚持将攻击的矛头指向曹魏。这不仅与他一贯坚持的政治目标相一致,在军事上更是明智的抉择。他从不打无准备之仗,夺取巴蜀、汉中后,他先进兵南中,运用"攻心"战略使孟获为代表的蛮夷等少数民族心悦诚服地接受蜀汉的统治。在后方巩固安定以后,诸葛亮就统帅蜀军主力进驻汉中,精心谋划,不断出击,与魏军在秦岭、太白山南北展开激战。首次出战,即使曹魏朝野震动,天水、南安、安定三郡归降,取得了伐魏之战中最辉煌的战果。由于蜀军与魏军力量对比过于悬殊,所以他用兵特别谨慎,宁可不取胜也不能使自己的军力遭受大的损失。因此,诸葛亮指挥的对魏战争就没有扭转敌强我弱战略形势的大胜之役,更缺少以少胜多、改变总

①《三国志·蜀书·诸葛亮传》注引《袁子》。

体力量对比的关键之战。以致陈寿对他的军事才能评价不高,认为"应变将略,非其所长"。后人对他未能采取魏延出奇兵直捣长安的建议亦加非议。其实,明智如诸葛亮并非不知道此一建议中的军事冒险有几分成功的可能,但他更知道此一冒险一旦失败,灭亡的命运即刻就会降临蜀汉。孰轻孰重,作为当国丞相的诸葛亮较其他人有着更深的思考:他不能拿国家的命运孤注一掷。"诸葛一生惟谨慎",显示的是他对军国重任的承担意识和责任意识。诸葛亮从政的 27 年基本上是在战争中度过的,他的军事生涯大多数时间也都与胜利相伴,即使失利受挫,他也能沉着应对,使损失减少到最小程度。就在其病逝五丈原之时,他仍然能将后事安排得井然有序,使蜀军毫发无损地退入汉中,以致司马懿"案行其营垒"时不由惊叹其为"天下奇才"。战争最容易展示一个将帅的智慧和谋略。诸葛亮的料事如神、欲擒故纵、出奇制胜、指挥若定的军事才能,不仅展现在他谋划指挥的那些胜利的战役中,也凸现于那些受挫失败的战役中。著名的"空城计"(有些学者认定此属子虚)是他在街亭失守,大敌当前,而自己身边又没有蜀军主力的情况下走出的一步险棋,这步险棋在手握 20 万大军且颇有谋略的魏军统帅司马懿的眼皮底下居然走通了。在三国时代的各路英豪中,敢于如此弄险的,也只有诸葛亮一人而已。

诸葛亮最为当时和后人称道的是他忠公体国、清正廉明的品格。平定巴蜀后,即使在刘备生前,他也已是大权在握,全盘主持蜀汉的政务和军事;刘备死后,他更是权倾朝野,成为蜀汉政权的实际当国者。然而,他功高不震主,权大不僭越,刘备、刘禅父子都没有感到他的威胁,对他的信任几乎是绝对的。刘备永安托孤时,甚至说他可以取代自己的儿子为两川之主。这里的原因非常简单,就是因为诸葛亮自出山后,就表现了对刘备集团的绝对忠贞。他忠于刘家两代君主,更忠于复兴汉室的理想。他一生真正做到了"竭股肱之力,效忠贞之节","鞠躬尽瘁,死而后已"。他做的任何事情,都表现出为国为君的一片至诚和大公,而没有掺杂丝毫的个人私利。他在为蜀汉服务的 27 年中,一直"夙兴夜寐",兢兢业业,勤勤恳恳,精心谋划,事必躬亲,"自校簿书,流汗终日"。他作风正派,处事公正,用人赏罚,一出于公。正如张裔所赞誉的:"公赏不遗远,罚不阿近,爵不可以无功取,刑不可以贵势免。"①因而赏功不引来非议,罚罪也使当事人心服口服。他位高权大,言出事遂,但为官行政,总是虚心纳谏,广采博取。他经常教导部下"集众思,广忠益",因而在决策时较少失误。如征南中诸蛮时就采纳马谡"攻心为上"、"心战为上"的建议,获得了极大的成功。特别可贵的是,他头脑清醒,从不护短,严于律己,待人以宽。街亭之败,自贬三等,以惩戒自己用人失察之责。诸葛亮明白,处在自己的位子上,极易被来自部下庸俗的歌功颂德搞得昏昏然,飘飘然,忘乎所以,因而坚决抵制下属的阿谀逢迎。如第一次进兵关陇取得三郡归降的战绩,贺者重至,诸葛亮回答贺者说:"普天之下,莫非汉民,国家威力未举,使百姓困于豺狼之吻。一夫有死,皆亮之罪,以此相贺,能不为愧!"②又如建兴七年(229 年),刘禅下诏恢复诸葛亮的丞相职务,李严乘机致书劝他加九锡,晋爵为王。他立即回书,严加拒绝:

> 吾与足下相知久矣,可不复相解! 足下方诲以光国,戒之以勿拘之道,是以未得默已。吾本东方下士,误用于先帝,位极人臣,禄赐百亿。今讨贼未效,知己未答,而方宠齐、晋,坐自贵大,非其义也。
>
> 若灭魏斩叡,帝还故居,与诸子并升,虽十命可受,况于九邪!③

诸葛亮一生持身廉洁,自奉简约,公私分明。他在《自表后主》中说:

> 成都有桑八百株,薄田十五顷,子弟衣食,自有余饶。至于臣在外任,无别调度,随身衣食,悉仰于官,不别治生以长尺寸。若臣死之日,不使内有余帛,外有赢财,以负陛下。④

正由于诸葛亮一身清正,治国有良策,御敌有奇谋,使三国中面积最小、人口最少、兵微将寡、僻处西南一隅的蜀汉政权成为治理得最有条理的地方。这里生产发展,社会安定,百姓也过上相对安定的生活。因而上下一致,官民协和,在与强大的魏国的对峙中存在了近 30 年。如此政绩,表明诸葛亮已将自己的主观能动性发挥到了极致。

---

①《三国志·蜀书·张裔传》。
②《三国志·蜀书·诸葛亮传》注引郭冲五事。
③《三国志·蜀书·李严传》。
④《三国志·蜀书·诸葛亮传》。

正因为诸葛亮在诸多方面展示了中国古代传统文化所称许的忠公体国、大智大勇、简约自持、清正廉明的品格,显示了无与伦比的人格魅力,在当时就获得了蜀汉君臣广泛的赞誉。如刘备欣喜地将得到他喻为"如鱼得水",刘禅颂扬他"体姿文武,明睿笃诚,受遗讬孤,匡辅朕躬,继绝兴微,志存靖乱;爰整六师,无岁不征,神武赫然,威震八荒,将建殊功于季汉,参伊、周之钜勋。"①蜀汉的彭羕誉其为"当世伊、吕"②,邓芝誉其为"一时之杰"③,吕凯泽称颂他"英才挺出,深睹未萌,受遗讬孤,翊赞季兴,与众无忌,录功忘瑕"④。就是曹魏和吴国的一些官员,也对诸葛亮发出由衷的赞美,如魏国的大鸿胪刘晔称其"明于治而为相"⑤,吴国派往蜀汉的使者陈震称赞他"德威远著","信感阴阳,诚动天地"⑥。吴国大鸿胪张俨则誉其为"匡佐之才":"孔明起巴蜀之地,蹈一州之土,方之大国,其战士人民,盖有九分之一也,而以贡赞大吴,抗对北敌。至使耕战有伍,刑法整齐,提步卒数万,长驱祁山,慨然有饮马河、洛之志。"⑦到晋朝陈寿撰《三国志》时,对诸葛亮作了全面的评价,除对其"应变将略"稍有微词外,通篇都是颂扬的调子:

诸葛亮之为相国也,抚百姓,示仪轨,约官职,从权制,开诚心,布公道;尽忠益时者虽仇必赏,犯法怠慢者虽亲必罚,服罪输情者虽重必释,游辞巧饰者虽轻必戮;善无微而不赏,恶无纤而不贬;庶事精练,物理其本,循名责实,虚伪不齿;终于邦域之内,咸畏而爱之,刑政虽峻而无怨者,以其用心平而劝戒明也。可谓识治之良才,管、萧之亚匹矣。⑧

在以后的历史上,诸葛亮更是受到了众多政治家、思想家和文学家的一致褒扬,赞颂的诗文积案盈箱。积累至写《三国演义》的罗贯中,他笔下的诸葛亮的人格魅力更是令三国群雄黯然失色,达到了登峰造极的程度。这恰恰是诸葛亮受到各阶层人民广泛而持久敬慕和爱戴的原因。

与诸葛亮一同入蜀的山东士人还有官至秉忠将军的北海(今潍坊)人

①⑧《三国志·蜀书·诸葛亮传》。
②《三国志·蜀书·彭羕传》。
③《三国志·蜀书·邓芝传》。
④⑤《三国志·魏书·刘晔传》。
⑥《三国志·吴书·孙权传》。
⑦《三国志·蜀书·诸葛亮传》注引《默记·述佐篇》。

孙乾,官至昭文将军的山阳(今邹城)人伊籍,官至车骑将军的鲁(今曲阜)人刘琰,他们与诸葛亮一起,为齐鲁文化在蜀地的传播作出了贡献。

从东汉末年到两晋之际,大量山东世族的南迁,在中国思想文化史上是具有积极意义的大事。首先,由于大量士人带着他们的家族随晋室南渡,这些占领了当时思想文化制高点的群体就支撑起偏安的东晋皇朝继续维持其中国"正统"的地位。因为士人和他们的家族将中国最传统的思想文化带到了长江流域并使之生根和继续发展。琅邪王氏的掌门人、大政治家王导当时已经看到了这一层的深意。他在一篇对司马睿的上疏中说:

> 自顷皇纲失统,礼教陵替,颂声不兴,于今二纪。……先进渐忘揖让之容,后生唯闻金革之响,干戈日寻,俎豆不设,先王之道弥远,华伪之风遂滋,非所以习民靖俗,端本抑末之谓也。殿下以命世之资,属当倾危之运,礼乐征伐,翼成中兴,将涤秽荡瑕,拨乱反正。诚宜经纶稽古,建明学校,阐扬六艺,以训后生,使文武之道,坠而复兴。……苟礼义胶固,纯风载洽,则化之所陶者广,而德之所被者大,义之所属者深,而威之所震者远矣。由斯而进,则可朝服济河,使帝典阙而复补,王纲弛而更张,饕餮改情,兽心革面,揖让而蛮夷服,绥带而天下从,得乎其道者,岂难也哉。故有虞舜干戚而三苗化,鲁僖作泮宫而淮夷平,桓、文之霸,皆先教而后战。今若聿尊前典,兴复教道,使朝之子弟,并入于学,立德出身者咸习之而后通。德路开而伪涂塞,则其化不肃而成,不严而治矣。选明博修礼之士以为之师,隆教贵道,化成俗定,莫尚于斯也。①

王导上疏后,紧接着又有人上疏赞同他的主张。他们都强烈地意识到,相对安定下来的东晋皇朝,必须尽快恢复学校教育,在广大百姓尤其是青少年中传授儒家经典。只有这样做,才能在江南维系中原的思想文化传统,移风易俗,形成社会风气。也只有这样做,才能使偏安的东晋政权凭借思想文化上的优势,吸引广大百姓尤其是知识分子,强化其作为中华正统的向心力。

其次,北方士人及其家族的大量南迁,既促进了南北世族的融合,也促进了南北思想文化的交流。王导为代表的北方士人南迁后,主动结交江南

①《宋书·礼俗志一》。

世族陆、顾等著姓,一方面通过缔结姻亲拉近彼此的距离,另一方面则以宽容的心态学习江南的文化,从而使南北文化在双向交流中逐渐融合为一体。既使江南文化在潜移默化中得到大的提升,也为日后隋唐时期中国文化空前的繁荣和发展创造了条件。

最后,由于南迁的士人和他们的家族在曹魏和西晋时期已经在崇儒的同时加强了对玄学的研习,而在佛教和道教广泛传播的情况下,他们也注重对佛、道义理的学习和吸纳。他们对儒、释、道兼收并蓄的学风也影响了江南的士风和社会风气,从而使南朝的玄学以及佛教和道教都获得了空前的发展。

晋室南渡后,北方少数民族鲜卑、匈奴、羯、氐、羌等陆续入主中原地区,相继建立了数以十计的割据政权,史称"五胡十六国"。由于各种原因滞留本地的山东世族和后来发展起来的山东世族,对北朝思想文化的发展和胡汉民族的融合发挥了无可替代的积极作用。

清河东武城(今淄博东南)的崔氏家族是山东世族的代表。该世族发迹于东汉末,曹魏和西晋时期历任高官。晋室南渡后,他们滞留原地。尽管对频繁更迭的北方少数民族政权心存鄙视,但为了整个家族的利益,他们只能对这些政权采取合作的态度。崔氏子孙一辈接一辈地在后赵、前燕、苻秦、西凉、后燕、北魏做官。如崔琰的四世孙遇仕后赵石虎,任特进,五世孙瑜任黄门郎。崔林的四世孙悦与崔遇同朝,任司徒左长史,封关内侯。崔琰的六世孙逞仕前燕慕容暐、后燕慕容垂,任吏部尚书。崔林的五世孙潜任前燕慕容暐的黄门郎,六世孙玄伯任苻秦的冀州从事、著作佐郎。后仕后燕慕容垂,任吏部郎、尚书左丞、高阳内史等官。崔琰的五世孙琼、六世孙辑以及其兄崔霸的后人崔遵、崔整等也都仕后燕慕容垂,做到太守之类高官。北魏统一北中国后,崔林的六世孙崔玄伯及其子崔浩居官显要,为北魏政权的巩固和发展作出了重大贡献。崔玄伯是魏道武帝的重臣,拜天部大人,晋爵为公,"势倾朝廷"。他以儒家的政治社会理论为指导,为北魏制定制度,劝告当国者推行"以安民为本"的政策,竭力将这个少数民族政权引导到中国传统政治的轨道。崔玄伯死后,被谥文贞公,赠司空,备极荣衰。他的儿子崔浩"少好文学，博览经史，玄象阴阳，百家之言，无不窥；综研精义理，时人莫及"①，但"性不好黄老之书"，毕生崇尚和追求儒家的政治理想。魏道武帝时期任著作郎，明帝时任博士祭酒，经常给皇帝讲授经书，"恒与军国大谋"，"朝廷礼仪，优文策诏，军国书记，尽关于浩"。如神瑞二年（415 年），他成功地阻止了太史令关于北魏由平城（今山西大同）迁都邺（今河北临漳邺城镇）的建议，避免了一次大的折腾。泰常元年（416 年）东晋大将刘裕进军讨伐关中的姚泓，群臣议论北魏的因应方略，各种意见争论不休。崔浩主张静观其变坐收渔人之利。事后证明他的见解完全正确：刘裕灭姚泓后无力坚守，北魏乘机进兵关中和中原，为进一步统一北中国奠定了基础。崔浩还接续他的父亲，为北魏的"制度科律"建设作了不少贡献。正因为崔浩对北魏的巩固和发展作出了巨大贡献，因而最后升至司徒的高官，被明元帝称誉为"德冠朝列，言为世范"、"才略之美，当今无比"的顶尖人才。然而，到魏太武帝拓跋焘当国时，崔浩却因主持撰修的国史引来鲜卑贵族的激烈反对而遭到灭族的大祸。

　　与清河崔氏相伯仲的滞留北方的山东世族还有泰山羊氏。西晋灭亡后，泰山羊氏的大部分家族都随晋室南渡了。只有羊祉一支留了下来。羊祉的父亲羊规之曾为刘宋的任城（今济宁）令，后投降魏太武帝。历仕六朝，立下赫赫战功。羊祉颇有乃父遗风，勇猛酷烈，官至平北将军、兖州刺史。羊祉的儿子羊深"学涉经史"②，官至侍中、车骑大将军、中书令，为北魏名将，战功卓著。羊祉的小儿子羊侃也以勇武著称，被任命为泰山太守。羊祉弟灵引的儿子羊敦，官至卫将军、广平太守。他"治有能名，奸吏蹦蹐，秋毫无犯"③，尤其自己为官清廉，自奉简约，同情百姓疾苦，遇有难乎为继的人家，甚至"解衣质米以供之"。如此视民如子的好官，自然得到百姓的拥戴，所以当其死于广平任所时，"吏民奔哭，莫不悲恸"。其事迹被载入《良吏传》。羊祉另一个弟弟灵珍的儿子羊烈，"好读书，能言名理，以玄学知名"，官至北齐骠骑将军、义州刺史。其弟羊修，任北齐尚书左丞。羊修的儿子羊玄正，由北齐入隋，任官民部侍郎。

---

①《魏书·崔浩传》。
②《北史·羊祉传》附传。
③《魏书·羊敦传》。

在五胡十六国和北朝时期的两个半世纪的悠长岁月中,北朝也兴起了一批新的世家大族。如北海剧(今寿光)县的王氏家族。他们祖先为战国时期的齐国贵族田氏,秦朝灭齐后,田氏后裔被称为王家子孙。其中一支流落到魏郡(今河北大名)。北朝时该家族出了一位名人王猛。他"博学好兵书",两晋之际,隐居华阴山。东晋大将桓温北伐时,曾请他南归,王猛未从。王猛颇有名士派头,率性而为,不拘小节,留下"扪虱而谈"的著名故事。后人前秦苻坚幕中,为之谋划杀苻生夺帝位。苻坚称帝后,王猛任中书侍郎。苻坚对王猛的才干极为佩服,认为自己得遇王猛犹如刘备之遇孔明,"亲宠愈密,朝政莫不由之"[1],几乎到了言听计从的程度。很快升任尚书左丞、咸阳内史、京兆尹。紧接着,又在一年中五次迁升,从吏部尚书、太子詹事、尚书左仆射、辅国将军,直至司隶校尉加骑都尉。时年36岁的王猛已经是"权倾内外",令贵戚和群僚侧目的人物了。尽管朝廷大臣不断在苻坚面前诋毁王猛,但苻坚不仅对他毫不疑忌,反而信任有加,并升任其为尚书令、太子太傅,加散骑常侍。后以军功、政绩,升任丞相,晋爵清河郡侯。《晋书·苻坚载记》评述他的功绩说:

> 猛宰政公平,流放尸素,拔幽滞,显贤才,外修兵革,内崇儒学,劝课农桑,教以廉耻,无罪而不刑,无才而不任,庶绩咸熙,百揆时叙。于是兵强国富,垂及升平,猛之力也。

在王猛有力的辅佐下,苻坚建立的前秦政权经过不断的东征西讨,终于统一了北方,成为与东晋对峙的强大力量。王猛临终前留下遗言,劝诫苻坚专意巩固北方,切不可觊觎江南,冒险对东晋开战。但王猛死后,苻坚自恃国富兵强,将王猛的忠告全然丢在脑后,发动了大规模的对东晋的战争,结果招致淝水之战的惨败和前秦政权的瓦解。王猛的后人一直在北朝为官。其子王永,任苻丕丞相,另一子王休任河东太守,王休之子王宪官至北魏的上谷太守,晋封北海公,子孙世袭。王宪曾孙王昕仕北魏,官至东莱太守、秘书监。入北齐,任七兵尚书、银青光禄大夫。王宪另一曾孙王晞,在北魏时享有文名。入齐后官至大鸿胪,监修起居注。齐亡后入北周,再未仕进,于隋

---

[1]《晋书·苻坚载记》。

初离世。他一生不太看重官位名利，喜爱登临山水，朋友欢宴，在自然美景和亲朋吟咏中享受生活。

在五胡十六国和北朝时期，新兴的山东世族还有绎幕（今淄博南）房氏，东平（今阳谷南）吕氏，东武城（今淄博东南）张氏。房法寿兄弟九人仕北魏，均官至太守。吕显及其子吕温、孙吕罗汉均仕北魏，官至太守、将军、刺史。张彝仕北魏，官至侍中、尚书、将军，并撰有《历帝图》五卷，是魏帝经常阅读的通史著作。

无论是滞留故乡的山东世族，还是南渡后又返回的山东世族，以及在北朝时期新兴起的山东世族，由于他们世代具有文化上的不可比拟的优势，同时又在北方的百姓中有着崇高的威望，所以入主中原建立政权的少数民族，只要他们希望自己的政权巩固地存在和发展，就必须任用这些世族的英才担任朝廷和地方的官员。这样做，一方面是通过他们吸引、安抚被统治的汉人，另一方面是为了利用他们的政治经验和文化知识建立、改造和完善自己政权的政治法律制度，同时提高自己民族的汉文化素养。北朝的统治者主要通过吸收山东世族知识分子做官从政，让他们在为自己服务的过程中，逐步认识和接受汉文化的熏陶，逐步认同中国传统思想文化的基本理论和价值观念，从而加速了自己民族的汉化过程，加速了整个北方各民族的融合过程。这一时期，山东世族的主要贡献体现在以下几个方面。

第一，由于山东世族都是文化世家，他们本身就是中国传统思想文化的载体。在北方陷入长期战乱，由政府掌控的文化教育机构无法正常运作的情况下，正是因为他们的存在和发展，才使中国的传统思想文化得以维持不坠并继续发展和传播。尔后，又是他们协助北朝统治者逐步恢复和重新建立起文化教育制度。

第二，山东世族在北朝政权的做官从政，成为联系北朝统治着和汉族百姓的桥梁。他们以传统思想文化对当权的少数民族统治者的影响和改造，减缓了这些少数民族统治者对汉族百姓的屠杀政策，对为汉族百姓逐渐营造一个过得去的生产和生活环境作出了不可磨灭的贡献。

第三，更重要的是，山东世族通过自己政治和文化的示范与影响，逐步将各少数民族政权纳入了中国传统政治文化的轨道，这主要表现在这些政权在其存在的岁月里，都自觉不自觉地实行汉化政策，最后导致北魏孝文帝时期推行全面的汉化政策。

第四,两个半世纪的北朝是中国民族融合的大熔炉。当隋朝在 589 年再一次完成中国统一大业的时候,那些曾经纵横驰骋于北中国的剽悍的少数民族都融合到汉族中。而这个大熔炉的不息的炉火,就是中国传统的思想文化。这一段历史证明了马克思主义的一个真理:征服先进民族的落后民族最后一定被先进民族的文化所征服。

三、山东经学与经师

(一) 魏晋时期的山东经学

汉魏之际,战乱频仍,社会动荡,汉代从中央到地方的官方经学传授系统瘫痪,经学只能在世家大族中以家学的形式传授。魏晋时期,随着北中国及全国的统一,官方经学得以恢复,这时在经学上影响最大的是王肃为代表的王学。王肃(195—256 年),字子雍,东海郯(今山东郯城)人。其父王朗,曾师事"齐学"《欧阳尚书》传人、太尉杨赐,成为著名经学家。东汉末年,拜谏议大夫、参司空军事,继任魏郡太守、少府、奉常、大理、御史大夫。魏代汉,任司空,进封乐平乡侯。魏明帝继位,进封兰陵侯,转任司徒。"著《易》、《春秋》、《孝经》、《周官》传,奏议论记,咸传于世"[1]。王肃"年十八,从宋忠读《太玄》,而更为之解"[2]。历任黄门侍郎、散骑常侍、领秘书监、广平太守、太常、河南尹、中领军。王肃坚持传统儒家的政治理念,曾多次上书魏帝,对当时的朝政加以匡正。如黄初四年(223 年),魏大司马曹真统兵攻蜀,他上书劝阻,使魏文帝曹丕取消了这次对蜀战争。不久又上书,要求精简官吏,明确职责,循名责实,事禄相当,节约政府开支:

> 除无事之位,损不急之禄,止因食之费,并从容之官;使官必有职,职任其事,事必受禄,禄代其耕,乃往古之常式,当今之所宜也。官寡而禄厚,则公家之费鲜,进仕之士劝。各展才力,莫相倚仗。敷奏以言,明试以功,能之与否,简在帝心。

---

[1] 《三国志·魏书·王朗传》。
[2] 《三国志·魏书·王朗传》附《王肃传》,下引同。

魏明帝时,针对"宫室盛兴,民失农业,刑杀仓卒"的现实,他再次上书,希望皇帝节俭爱民,减省徭役,奖励农耕,使民以时:

> 大魏承百王之极,生民无几,干戈未戢,诚宜息民而惠之,以安静遐迩之时也。夫务蓄积而息疲民,在于省徭役而勤稼穑。今宫室未就,功业未讫,运漕调发,转相供奉。是以疲于力作,农者离其南亩,种谷者寡,食谷者众,旧谷既没,新谷莫继。斯则有国之大患,而非备御之长策也。

接着,他要求魏明帝"深愍役夫之疲劳,厚矜兆民之不赡",爱惜民力,不延役期,不杀无辜,省无用之靡费,"诸鸟兽无用之物,而有刍谷人徒之费,皆开蠲除"。这些上书显示,王肃是一个关心政治、心系百姓疾苦的政治家。

王肃的经学在魏晋时期曾代替汉末占统治地位的郑玄经学,《三国志》本传在论及他的经学成就时说:"初,肃善贾、马之学,而不好郑氏,采会同异,为《尚书》、《诗》、《论语》、《三礼》、《左氏》解,及撰定父朗所作《易传》,皆列于学官。其所论驳朝廷典制、郊祀、宗庙、丧纪、轻重,凡百余篇。"王肃的经学,高举反对郑学的旗号,攻击郑学"违错者多"。在《圣证论》一书中,他针对郑学以古文经为主、兼综今文的特点,一面以贾逵、马融的古文经驳郑学中带有今文倾向的观点,一面又以汉代今文经驳郑学古文经的见解。同时抬出在流传中经多人多年整理、修改、补充的《孔子家语》,以其中记载的孔子及其子孙的言论,对郑玄进行全面反驳。尽管王肃的驳郑的确触及了郑玄的某些失误,但与体大思精、网罗宏博的郑学相比,王学还是略逊一筹。不过,王学也有超过郑学的地方,这突出表现在义理的阐释。王肃把道家思想引入儒学,倡导无为而治,鼓吹"无为而物成"是天道,要求统治者效法自然,顺应天道,行"善政",为"善行",将国家治理好,使百姓安居乐业。从"无为"理念出发,他竭力弱化儒家伦理观中的功利色彩,说什么"唯能不忧世之乱,而患身之不治者,可与言道矣","能有天下者,必无以天下为者也;能有名誉者,必无以名誉为者也,达此则其利心外矣"。他甚至期望当权者能够"生不足以喜之,利不足以动之,死不足以禁之,害不足以怨之"①。他推出的政治理想是"上见尧舜之德,下见三王(指禹、汤、文王)之义,忽不

---

①《孔丛子·抗志》。

知忧患与死也"①,其实仍然是儒家理想化了的所谓尧、舜、文、武的古代"盛世"。他期望达到"以天下为一家,以中国为一人"的和谐社会的境界,在这个理想的社会里,有十项道德信条能够规范所有人的行动:"父慈、子孝、兄良、弟悌、夫义、妇听、长惠、幼顺、君仁、臣忠。"②这不过是王肃对儒家传统道德信条的整合排序。他认为只要所有人都在这个排序中找到自己的位置并不折不扣地悉力遵行,和谐社会的境界也就实现了。其实,王肃笔下这个不乏脉脉温情的社会,只能是皇帝专制的严格的等级社会。

王肃还是当时著名的礼学专家。他特别重视礼的教化作用,认为它与法的强制性规范作用可以良性互动。尽管"法无私而令不苟且"③,但"无礼则无以为众法,无以合聚众"④,二者缺一不可。王肃的礼法论反映了魏晋统治者要求重建礼法制度的愿望,可以视为当权者的政治哲学。晋朝建立后,果然建立起一套新的礼法制度。

王肃经学的出现,与其说是知识的贡献,毋宁说是学风的转变。他援道入儒的结果,打破了郑学一统天下的局面,具有思想解放的作用,为玄学的出现创造了适宜的环境。不过,当时所谓"王学出而郑学衰"的局面之所以出现,主要并不是因为王学对郑学在学术上的超越,而是凭借司马氏集团的政治权力的运作。所以到东晋南朝时期,郑学的声势又超过了王学。

魏晋时代的经学虽然以王学风头最劲,独占官学鳌头,但却没有形成一统天下的局面。原因在于此时儒、释、道三足鼎立的多元化倾向已经初现,经学上也出现了师心自用的多元化倾向,学派林立,异彩纷呈。其中先于王学并足以与王学抗衡的是刘表治下的荆州学派。刘表(142—208 年),字景升,东汉末山阳高平(今邹城西南)人,为汉宗室贵族。少年时师事同郡著名经学家、南阳太守王畅,具有较高的经学素养,名闻士林,与范滂、张俭等"号八俊"。灵帝时"以大将军掾为北军中候"。灵帝死后,代王叡任荆州刺史。献帝初,经过一番征伐,"南收零、桂,北据汉川,地方数千里,带甲十余万"⑤,成为雄踞长江中游的地方割据势力。他尽管奉献帝正朔,名义上是

①《孔丛子·论书》。
②《孔子家语·礼运》。
③《孔子家语·贤君》。
④《孔子家语·论礼》。
⑤《三国志·魏书·刘表传》。

汉朝的荆州牧,实际上与曹操、袁绍一样,是一个相对独立的地方政权。由于他与袁绍结盟,采取保境安民的方略,避免与其他军阀发生大的冲突,使荆州在近 20 年间成为军阀混战中一片和平的绿洲。四方学士纷纷来归,一时成为人文荟萃之地:"万里肃清,大小咸悦而服之。关西、兖、豫学士归者盖有千数。"①刘表在荆州实行"爱民养士"的政策,开设学校,创立学宫,安置来归的士人,"五载之间,道化大行。耆德故老綦毋闿等负书荷器自远而至者,三百余人"②。在荆州的形势基本稳定以后,刘表就决定贯彻他以"经术"治理社会的方针。对此,《刘镇南碑》有如下记载:

> 武功既亢,广开雍泮,设俎豆,陈罍彝,亲行乡射,跻彼公堂,笃志好学,吏子弟受禄之徒,盖以千计。洪生巨儒,朝夕讲诲,闾阎如也。虽洙泗之间,学者所集,方之蔑如也。深愍末学远本离质,乃令诸儒改定五经章句,删划浮辞,芟除烦重,赞之者用力少,而探微知机者多。又求遗书,写还新者,留其故本。于是古典坟集,充满州间。及延见武将文吏,教令温雅,礼接优隆,言不及军旅之事,辞不迁官曹之文。上论三坟八索之典,下陈辅世忠义之方。内刚如秋霜,外柔如春阳,不伐其善,不有其庸,如彼川流,每往滋通,可谓道理玉才,命世稀有者也。③

刘表亲自担任讲学的经师,其他经师有宋衷(忠)、綦毋闿、司马徽等人,皆一时之选。来此游学的士人和从学弟子也多为时之俊彦,其中的庞统、徐庶、诸葛亮、石广元、孟公威、尹默、李仁、向朗、王粲、傅巽、刘廙、潘濬等人,大多成为三国时代政治文化方面的重量级人物。这些人也就成为荆州经学的代表。刘表着意改变汉代经学烦琐、支离的弊端,培育简约清晰、阐明义理的新学风。荆州诸儒改定《五经章句》的经学新作《五经后定》是荆州学派的代表作,可惜后来散佚了。以刘表为代表的荆州学派,发扬孔、孟、荀等原始儒学关心政治,关注民生,崇事功,尚致用,以治国平天下为己任的社会责任意识和昂扬向上的积极进取精神,在当时社会上产生了广泛而深刻的影响。所以唐长孺认为,"荆州学校的规模和制度远远逸出郡国学校的范

①《后汉书·刘表传》。
②《艺文类聚》卷三十八,《礼部》上《学校》引王粲《荆州文学记官志》。
③《全三国文》卷五十六,中华书局 1958 年版。

畴,不妨说是洛阳太学的南迁",而荆州学宫则是"效法洛阳太学而设置的,乃是全国唯一的官学"①。刘表死后,曹操入据荆州,荆州学派的代表人物各奔东西。宋衷(忠)、王粲等入魏,影响了王肃经学的形成和发展,对王弼玄学的产生也起了促进作用。入蜀的诸葛亮等人,不仅以卓越的事功支撑起蜀汉的偏安之局,而且使这里成为仅次于洛阳的儒学传习中心,对提升蜀地的文化水准起了积极作用。不过,西晋建立后,随着玄学的兴起,荆州学派由于人才散落各地,更由于没有产生足以影响全局的大师,也就逐渐声光消歇,走向没落了。

除王肃和荆州学派的经学家外,魏晋时期的山东还有一批有名于时的经学家,如东莱(今莱州)人王基(?—261 年),历任曹魏郎中、征南将军、都督荆州诸军事。在经学上宗郑学,对王肃以《孔子家语》驳郑之举进行了坚决反击。"散骑常侍王肃著诸经传解及论定朝仪,改易郑玄旧说,而基据持玄意,常与抗衡"②。所著《毛诗驳》散佚。乐安(今博兴西南)人孙炎为郑玄的再传弟子,他不应曹魏之征,专意学术,对王肃以《圣证论》讥评郑玄之短进行了有力驳斥。他著述颇丰,曾为《周易》、《春秋例》、《毛诗》、《礼记》、《春秋三传》、《国语》、《尔雅》作注,另有十余篇著作,惜皆佚,今有《玉函山房辑佚书》辑本尚可窥见其经学的某些内容。北海高密人郑小同(196—259 年),为郑玄的嫡孙。他官至曹魏的侍中,曾为魏帝高贵乡公曹髦讲经。他最后做了曹氏与司马氏斗争的牺牲品,被司马昭鸩杀。他家学渊源,继承郑学而又有所创造,"郑玄以笺注师汉,而禅代之仪卒集于小同"③。他著的《礼义》4 卷已佚,《礼记难问》11 卷有辑本 3 卷传世。泰山平阳(今新泰)人高堂隆,曾为魏明帝的师傅。他恪守儒家"仁政"、"民本"等理念,对明帝的用法深刻、奢靡浪费等屡加谏诤,临终还遗疏劝谏明帝节俭省刑、任贤使能、厉行德政、亲睦宗室,使曹魏历久兴隆。鲁国邹(今邹城)人唐彬(234—294 年),出身世族之家,师事东海人阎德,学成后居家教授,常有弟子数百人。他"敦说经史,尤明《易经》"④。西晋时,历仕州郡,

①唐长孺:《汉末学术中心的南移与荆州学派》,《荆阳师专学报》1989 年第 2 期。
②《三国志·魏书·王基传》。
③《河东先生集》卷二十一,《裴瑾崇丰二陵集礼后序》。
④《晋书·唐彬传》。

后升广武将军,监诸巴东军事,参与王濬指挥的伐吴之役,屡立战功。再后任右将军、监幽州诸军事,领护乌桓校尉,全力主持对乌桓、鲜卑的军事和外交事务。由于处理得体,维持了北部边境的和平局面。他的经国治军的才能深得晋武帝的器重。平原高唐人刘寔(217—308 年),字子真。他是西晋政治舞台一个非常活跃的人物,历事三帝,任过少府、尚书、司空、太尉等高官。他好学不倦,"自少及老,笃学不倦,虽居职务,卷弗离手"①。他博古通今,尤精《春秋三传》,极力倡导"明臣子之体",期望通过正名分,建立君臣父子关系的新秩序,以纠正由于魏晋两朝皆由篡弑而帝所形成的"忠君"意识极度淡薄的风气,其维护司马氏皇统的意向是十分鲜明的。刘寔躬身实践传统儒家的道德修养,"清身洁己,行无瑕玷"。他目睹当时士风日下,世族门阀操控选举,人们为了出仕升官无所不为,"廉逊道缺",特别写了《崇让论》一文。他痛斥当时"推让之风息,争兢之心生","高才守道之士日退,驰走有势之门日多"的境况,大力提倡"崇让"之风,使真正的贤才能够得以出仕和晋升。目的是希望打破世族门阀对选举的垄断,为庶族才士开一仕进之门。高平昌邑(今金乡)人虞溥,历官郎中、鄱阳内史等职。在地方官任上,他建立学校,广招学徒,从学者达 700 余人。他的主要著作是为《春秋经》和《春秋传》作的注以及《江表传》等文章诗赋数十篇。济南东平(今东平北)人刘兆,是一个多次拒绝朝廷和官府征召,"安贫乐道,潜心著述,不出门庭数十年"②的学者。在经学上走综合贯通的路子,不依傍一家一派。他著的《春秋左氏解》(又名《全综》)就是对《春秋》三传"合而通之"的一部著作。另外两部著作《春秋调人》和《周易训注》同样在总结前人成果基础上以求贯通,显示了鲜明的特色。济北卢(今长清)人氾毓也是多次拒绝朝廷和官府征召,"安贫有志业","不蓄门人,清静自守"③的学者。他的著作《春秋三传注》、《春秋释疑》、《肉刑论》等都显示通学的特点,可惜都没有流传下来。高密淳于(今安丘东北)人徐苗(？—302 年),出身于"累世相承,皆以博士为郡守"的世族之家,但至其父辈,家境已败落。他自

①《晋书·刘寔传》。
②《晋书·儒林·刘兆传》。
③《晋书·儒林·氾毓传》。

幼好学不倦，"昼执锄耒，夜则吟诵"①，博览群书，在学问上打下了坚实基础。20 岁与弟弟一起拜济南人、博士宋钧为师，潜心学习儒家经典。他一生不应官府征召，以教授和著述为业，终成一代儒宗。有著作《五经同异评》、《周易筮占》、《玄微论》名世。东莞姑幕（今诸城）人徐邈（343—397年），"姿性端雅，勤行励学，博涉多闻，以慎密自居"。他曾任中书舍人，为晋孝武帝的侍读学士。他为学重义理，"开释文义，标明指趣"②，别具一格。主要著述有《春秋穀梁传》、《毛诗音》、《周易音》、《古文尚书音》、《礼记音》、《春秋左传音》等。他的弟弟徐广（352—425 年），更是一个好学不倦，老而弥笃，"百家数术无不研览"③的饱学之士。东晋时历任秘书郎、中军参军、领军长史、骁骑将军、领徐州大中正、大司农、领著作。所著《车服杂注》、《毛诗背隐义》、《礼论答问》等，均佚。鲁国（今曲阜）人孔衍（267—320 年），是孔子的 22 代孙。他自幼好学，12 岁即通晓《诗》、《书》。随晋室南渡后，历任中书郎、领太子中庶子、广陵太守等官。由于孔衍"经学深博，又练识旧典"，为礼仪制度的建设贡献良多，"朝仪轨制多取正焉"④。作为经学大师，孔门家学的继承人，他一生读书著述不辍，留下《春秋公羊传集解》、《春秋穀梁传集解》、《凶礼》等 16 种著作，可惜都没有流传下来。

（二）南朝时期的山东经学

南北朝时期，由于南北对峙，文化背景各异，南朝直承魏晋，北朝延续汉学传统，南北经学便显出明显的地域特征："北人学问渊综广博"，"南人学问清通简要"⑤，"南人约简，得其英华；北学深芜，穷其枝叶"⑥。南朝经学传习的内容主要是山东经学。如《周易》，曹魏时王弼引老庄入《易》，注《易》上下经，撰《周易略例》，摒弃象数，淡化阴阳灾异、谶纬迷信，充分发挥义理，自出新意，开《易》学研究的新风。晋室南渡后，施氏、梁丘氏、孟氏、京氏、费氏等派的《易》学，不是亡佚，就是没有传人，只有郑玄和王弼的

①《晋书·儒林·徐苗传》。
②《晋书·儒林·徐邈传》。
③《晋书·徐广传》。
④《晋书·儒林·孔衍传》。
⑤刘义庆：《世说新语·文学》。
⑥《隋书·儒林传》。

《易》学得以流传。后来颜延之为国子祭酒,推尊王肃,贬斥郑学,只置王弼《易》注为博士,造成南朝《易》学中玄风弥漫。如《尚书》,东晋时,众家或亡或消歇,只郑玄和伪《孔传古文尚书》立为博士,而流传开来的仅是伪《孔传古文尚书》。从后人对其"辞富而备,义弘而雅"①的评价看,也是明显的魏晋学风的路数。如《春秋》三传中,南朝时《公羊传》和《穀梁传》已无师说,服虔和杜预二家的《左传》虽立于学官,但由于他们继承的是汉儒学风,因而不为当时人所重视,影响甚微。如《诗》,西汉即立于学官的鲁、齐、韩三家在南朝不亡则衰,只有《毛诗郑笺》得以传授。如《论语》,南朝时郑玄与何晏的《论语集解》虽同列于学官,但何晏以道释儒、阐发义理、提升思维层次的著作使烦琐、僵化的郑注相形见绌,因而广受欢迎,极尽风光。如《三礼》,南朝列于学官的是郑注。这与南朝世族门阀等级森严、恪守礼法的制度和风气息息相关,因为这里容不得自由思想的驰骋。以上史实表明,南朝经学形成了与汉学决然不同的特色。它打破家法师说,人人自由思考,个个标新立异,由此出现了自由开放、生动活泼的局面。由于此时玄风大炽,佛帆高扬,玄学释家追求玄远义理、探索自然社会最终本原的思辨学风深深影响了经师们的治经路径,形成了"清通简要,融会内外"②,"言约旨远"的治学风格。在这种情况下,经学家的著作就一改汉儒以章句注释经典词意,更多地以义疏的形式阐发经典义理,正如皮锡瑞所说:"夫汉学重在明经,唐学重在疏注;当汉学已往,唐学未来,绝续之交,诸儒倡为义疏之学,有功于后世甚大。……唐人五经之疏未必无本于诸家者。"③由于受当时的社会政治和学术风尚的影响,南朝经学中凸现两大重点,即《易》学和《三礼》,形成学者辈出,著作如林的盛况。《易》学的繁荣是因为它是玄学的最重要的经典,《三礼》的繁荣是因为世族门阀严格等级礼制的需要。

南朝里籍为山东的经学家构成了南朝经学的主体。琅邪临沂(今临沂兰山区)人王准之(377—433年),家学渊源,刘宋时官至都官尚书,领吏部。以礼学名家,"究识旧仪,问无不对"。永初元年(420年),他向初登帝位的刘裕提出厘定"三年之丧"的建议,获得刘裕的首肯,所著《仪注》也为朝廷

---

①吴承仕:《经典释文序录疏证》,中华书局1984年版,第268页。
②汤用彤:《汤用彤学术论文集》,中华书局1983年版,第230页。
③《经学历史》,中华书局1959年版,第186—187页。

遵用。这说明他在刘宋的礼制建设中发挥过举足轻重的作用。其弟王逡之(？—495年),官至南齐光禄大夫,加侍中,参与制定朝廷仪礼。任国子博士时,建议朝廷重建太学。所著《礼义制度》、《丧服世行要记》均佚。濮阳鄄城人吴苞,"善《三礼》及《老》、《庄》",不应朝廷征召,以讲学终其一生。平昌安丘人伏曼容(420—502年),自幼好学,以专精"三玄"《周易》、《老子》、《庄子》见长。他为人倜傥奔放,放言无忌,对当时的玄学权威何晏不屑一顾,"何晏疑《易》中九事,以吾观之,晏子不学也。故知平叔有所短"①。后来他与司马宪、陆澄一起撰定《丧服义》。再后即居家教授,生徒经常达上百人。所著《周易》、《毛诗》、《丧服集解》、《老子》、《庄子》、《论语》义疏均未流传下来。伏曼容的儿子伏暅、孙子伏挺,都是有名的经学家。济阴冤句(今菏泽)人卞华,幼年"孤贫好学",14岁补国子生,即通晓《周易》。成年"遍治群经"。任梁朝的国子助教、《五经》博士,史称他"博涉有机辩,说经析理,为当时之冠。江左以来,钟律绝学,至华乃通焉"②。清河东武城(今武城西北)人崔灵恩,幼从名师,聪慧好学,通晓《五经》,尤精《三礼》、《三传》。先仕北魏,后归梁为国子博士,聚徒讲学,听者众多。著有《集注毛诗》等100多卷,惜未流传下来。清河武城人张讥,"幼聪俊,有思理",14岁通晓《孝经》、《论语》。梁武帝在文德殿讲《周易》,他参与讲筵,并与梁武帝辩难。在侯景围台城的危急时刻,他还在武德后殿从容为哀太子讲《老子》、《庄子》。入陈后任东宫学士,国子博士,著有《周易义》等近200卷,均佚。平原鬲(今平原西北)人明山宾(442—527年),自幼聪慧,13岁即博通经传,任梁朝学官,教授著述终生,有《吉礼仪注》等200多卷名世,惜未流传下来。

(三) 北朝时期的山东经学

五胡十六国时期的北中国,"二都鞠为茂草,儒生罕有或存,坟籍灭而莫纪,经沦学废,奄若秦皇"③,"宇内分裂,礼乐文章,扫地以尽"④。直到北

---

①《南史·伏曼容传》。
②《梁书·儒林·卞华传》。
③《晋书·苻坚载记》。
④《北史·儒林传》。

魏建国后,经学才得以逐渐复兴。这是因为,一方面,入主北中国的少数民族统治者为了适应他们统治汉民族的需要,必须实行汉化政策,接受汉族人民长期形成的主流意识形态。儒学"笃父子"、"正君臣"、尊君爱民的理念正适合了他们的胃口。另一方面,留在北方的世家大族明白一时复兴汉族政权无望,为了自己家族的利益,他们只得与少数民族的统治者合作。希望凭借自己在文化上的优势,习礼诵经,传播儒学,以达到"以夏变夷"的目的。这样,少数民族的统治者和留在北方的世家大族找到了共同利益的结合点,北方经学的复兴就具有必然性,山东的经学家也找到了用武之地。

北朝山东经学受玄学影响较少,传经为学基本沿袭汉儒学风,推尊郑玄之学,"(郑)玄《易》、《诗》、《书》、《礼》、《论语》、《孝经》,(服)虔《左氏春秋》,(何)休《公羊传》大行于河北"①。如《周易》、《尚书》,就以郑氏为宗。《春秋》之《公羊》、《穀梁》两传不为北朝重视,杜预《春秋左氏经传集解》仅在齐地流行。其余各地传《春秋》者皆宗服虔《左氏》注,而该书多取郑说。其他《诗》宗《毛诗郑笺》,《三礼》、《论语》、《孝经》亦遵郑氏。就是诸儒讲经的义疏,也大都沿袭郑学。这样,北朝山东经学的传习在很大程度上就展现出汉学的特色。如对经典的传习固守汉儒师说,基本摒弃清谈玄风,较多地着重章句、名物、典章的训诂解说。同时经典的传习内容远比南朝广泛丰富,几乎所有经典都得到传授,而经学大师们治经也多具通学的特点,正如刘义庆的点睛之评:"北人向学,渊综广博。"②不过北朝经学与南朝也有相近之处,即同样钟情义疏之学,这大概是时代对提升思辨水平的要求促成的吧。

北朝的山东经学家形成一个庞大的群体。乐陵(今乐陵南)人王欢"安贫乐道,专精耽学",甚至讨饭也不忘诵《诗》,以致他的妻子"焚毁其书而求改嫁"③。但他终于学有所成,成为北方著名通儒,被前燕主慕容暐征召为国子博士,后晋升国子祭酒。北魏东清河绎幕(今平原)人房景先(475—518年),幼时家贫无钱读书,赖母亲传授《毛诗》、《曲礼》,终于学有所成,累官至步兵校尉,领著作郎,齐州中正。著《五经疑问》,展示了繁富的内容

---

①《北史·儒林传》。
②刘义庆:《世说新语·文学》。
③《晋书·儒林·王欢传》。

和渊博的学识,惜没有流传下来。前面提到的崔浩是北魏儒学的最重要的代表人物,他少年时代即博览群书,文学经史,玄象阴阳,百家之言,无不关注,训释章句,探索义理,几乎无人能及。他对道家的代表作《老子》抨击不遗余力,直斥其为"矫诬之说,不近人情"①。魏明元帝初年,他任博士祭酒,时常为其讲授儒家经典,得到明元帝的赏识,受命注释《急就章》、《尚书》、《春秋》、《礼记》、《诗经》、《论语》、《孝经》、《周易》等经典,他兼综汉晋,独出新意,被时人称赞,认为比马融、郑玄、王肃、贾逵所注《六经》更精微。崔浩的经学著作适应了北魏拓跋贵族致力于汉化的要求,为北方各民族的融合作出了巨大贡献。可惜由于他的被杀,大量著作未能流传下来。北齐平原人张买奴,是一个备受时人推重的大儒,历任太学博士,国子助教,名下生徒多达千人。

在魏晋南北朝三个半世纪的漫长岁月里,尽管玄学和佛学成为显学,谈玄、崇佛、入道成为时尚,使儒学受到严重冲击,打破了经学在思想文化领域一统天下的局面,但是,由于玄学微妙玄远,高深莫测,只能在高级知识分子中传播,在下层百姓中影响甚微;佛教、道教虽然在下层百姓中广泛传播,但由于它们一个鼓吹出世,一个宣扬升天和享乐,与现实政治扞格较多,所以都难以与执著于修身、齐家、治国、平天下的儒学相抗衡。因此,玄学和佛学以及道教始终不能取代儒学在政治和社会生活中的主导地位。无论是南方的汉族政权,还是北方的胡人政权,他们几乎无一例外地崇尚儒学,将经学定为官学。正是在这样的背景下,势力强大的山东经学一直受到南北当权者的青睐,山东儒生也就以此为资本,不断介入南北朝的政治,发挥了不可替代的重要作用。例如,曹魏时期,曹操在创业之时虽然重视法家学说,甚至说不忠不孝只要有本事就可得到重用,但在基本统一中原地区后,立即下令郡国建立学校传授儒学,并以天子的名义征召山东籍的经学家王朗和高堂隆,儒学教育家王烈、管宁、邴原,任用郑玄弟子国渊、崔琰、崔林等,这些人在曹操幕中对其政策走向产生了显著影响。尤其是平原高唐的大名士华歆,入曹操幕后,很快任尚书令、御史大夫,后协助曹丕代汉立魏,官至太尉,成为魏朝的开国元勋,对曹魏的思想文化政策向崇儒方向的发展起了积极

①《魏书·崔浩传》。

作用。曹丕称帝后,立即下诏封孔子后裔孔羡为宗圣侯,命"鲁郡修起旧庙"。黄初五年(225 年),下诏"立太学,制五经课试之法,置《春秋穀梁》博士"①。此后,终曹魏之世,崇儒诵经的传统就成为几代国君坚持的国策。晋朝建立后,进一步尊崇儒学。晋武帝改封宗圣侯孔震为奉圣亭侯,命太学和鲁国四时祭祀孔子。又让太子讲《孝经》、《诗》、《礼记》、《论语》,并以太牢之礼祠孔子。晋承魏制,置博士 19 人,立国子学,置国子祭酒、博士、助教,教授生徒。永嘉之乱虽然对儒学造成重大冲击,但东晋开国不久即恢复和增置经学博士,开展经学教育。尽管此后玄风荡漾,佛学盛行,经学作为官学的正宗地位却没有动摇。南朝时期,刘宋官方一直提倡儒学。南齐也一直将提倡儒学作为基本国策,建立从中央到地方的教育机构,同时加强国学建设,重视文献的收集整理,编辑了《四部要略》、《七志》和《元徽四部书目》等典籍。梁朝 50 多年间是南朝儒学的鼎盛时期,一方面由于宋、齐两朝的崇儒势头延至梁朝更加强劲,一方面由于梁朝统治者大力提倡,于是崇儒之风空前兴盛。梁敬帝"口诵六经,心通百氏"②,在臣民中起到表率作用,同时朝廷诱以官禄的措施更是吊起了臣民的胃口。梁武帝在天监八年(505 年)公布了这样一个奖励儒士的规定:"其有能通一经,始末无倦者,策实之后,选可量加叙录。虽复牛监羊肆,寒门后品,并随才试吏,勿有遗隔。"③这自然鼓舞了士庶读经的热情。陈朝仅 30 余年,且一直动荡不安,经学上有成就者基本上来自前朝,陈朝自己没有培育出什么新人。

　　五胡十六国和北朝时期,一方面由于少数民族统治者的有意提倡和奖掖,一方面由于汉族儒生以儒学介入政治的努力,经学反而较南朝兴旺发达。如后赵石虎"虽昏虐无道,而颇慕经学"④。他即位后就下令郡国增设国子博士助教,并派人到洛阳写石经,校中经于秘书,将国子祭酒聂熊注的《穀梁春秋》列于学官。前燕慕容皝、慕容皝也重用经学名士,慕容皝每月亲临东庠,考核学生经术,"其经通秀异者,擢充近侍"⑤。前秦的苻坚重用汉族儒士,广修学宫,还颁定《简学生受经诏》,要求"太子及公侯百僚之子,

①《三国志·魏书·文帝纪》。
②《梁书·敬帝纪》。
③《梁书·武帝纪》。
④《晋书·石季龙载记上》。
⑤《晋书·慕容皝载记上》。

皆就学受业"①,甚至连后宫、太监和女隶都纳入经学教育的范围。史书高度赞扬了苻坚崇儒兴学的政绩:"自永嘉之乱,庠序无闻。及坚之僭,颇留心儒学,王猛整齐风俗,政理称举,学校渐兴,关陇清晏,百姓丰乐。"②前秦之后的十数个少数民族政权也都以崇儒兴学为基本国策。北魏平定中原后,很快下令立太学,置五经博士,北方经学名士得到重用。赵翼对北朝经学较南朝发达的原因作了这样的说明:"北朝偏安窃据之国,亦知以经术为重。在上者既以此取士,士亦争务于此应上之求。故北朝经学较南朝稍盛,实上之人有以作兴也。"③应该承认,北朝少数民族统治者在制度和政策上大力提倡儒学、重用经学名士,是不可多得的明智之举。因为由此开始,加速了北朝统治民族的汉化过程。在不断提升统治民族汉化的进程中,更加速了北方各民族的融合,并相应提升了整个北方各民族的文化层次。当北方各民族的畛域几乎抹平的时候,中国又一次大统一的时代已经届临,一个文化上的空前盛世——盛唐盛世正露出地平线并向中华民族发出诗意的微笑。山东经学为这个时代的届临作出了无可替代的伟大贡献。

四、魏晋时期的山东玄学

(一)正始玄学与王弼、管辂

当东汉中期以后政治日趋腐败、国势每况愈下的时候,这个皇朝的理论基础经学也正不可避免地走向衰败。因为它日益烦琐而僵化,日益与谶纬迷信结合而神学化,从而使其服务政治的功能日益弱化。在这种情况下,统治者希望寻找一种新的意识形态更好地为自己服务,于是玄学和佛学就应时而起,作为经学的有力竞争者走上思想文化的舞台。玄学的领军人物是两个少年英才,一个是山东的王弼,一个是南阳的何晏。

玄学是魏晋时期出现的一股哲学思潮。在汉末社会大乱,朝廷中央失去控制社会的能力,大小军阀割据混战不已,儒学所标榜的政治和道德准则失坠的情况下,意识形态领域开启了禁锢的闸门,展现在广大士人面前的是前所未有的思想自由的空间。先秦时期就存在的道家经典《周易》、《老

---

① ② 崔鸿:《十六国春秋》卷三十七。
③ 赵翼:《二十二史劄记》卷十五,《北朝经学》。

子》、《庄子》以其对抽象世界的玄妙思辨,对思想自由的热情讴歌,对规制礼法的无情嘲讽,引起了少年才俊的强烈共鸣。这三部书就成了他们创造新的哲学思想的最重要的资料,从对其注解诠释中不断生发出新的思想的火花,并终于创造出以"玄学"名世的新的思想流派,在魏晋思想文化的广阔天幕上缀上光芒四射的彗星,为提升中华民族的思维水平作出了巨大贡献。任何新思想的创造都是以对传统思想的叛逆开始的。当一批年轻名士云集京师洛阳,交游结党,互相标榜,鄙薄儒经,不遵礼法,掀起一股浮华交会之风的时候,不仅魏明帝对其发出了禁断"浮华交会"的诏书,后世史家也对其发出了否定的评价。顾炎武直斥"年少不复以学问为本,专更以交游为业;国士不以孝悌清修为首,乃以趋势求利为先"[1]。夏曾佑则认为从此"六艺隐而老庄兴,经师亡而名士出"[2]。其实,玄学派的代表人物并不是仅仅以破坏礼法、否定旧的道德准则和价值标准为能事,而是期望在老子无为而治的政治哲学指导下,重建新的道德准则和价值标准,以协调人类社会中存在的各种矛盾。在魏朝后期曹氏皇室贵族集团和司马氏权势集团的斗争中,以夏侯玄、何晏、王弼等为代表的玄学派的士人群体,是为曹氏皇室贵族集团服务的。不过他们使用的不是直白的政治语言,而是隐晦玄妙的哲学语言。由于玄学形成于曹魏齐王曹芳当国的正始(240—248 年)年间,所以称"正始之音"[3],历史上称正始玄学。顾炎武曾对"正始之音"作过这样的评论:

> 一时名士风流,盛于雒下。乃其弃经典而尚老庄,蔑礼法而崇放达,视其主之颠危,若路人然,即此诸贤为之倡也。自此以后,竞相祖述。如《晋书》言:王敦见卫玠,谓长史谢鲲曰:"不意永嘉之末,复闻正始之音!"沙门之遁,以清谈著名于时,莫不崇敬以为造微之功,足参诸正始。《宋书》言:羊园(玄)保二子,太祖赐名,曰咸曰粲谓园(玄)保曰:"欲令卿二子有林下正始余风。"王微与何偃书曰:"卿少陶园(玄)风,淹雅修畅,自是正始中人。"[4]

---

[1]顾炎武:《日知录》卷十三,《两汉风俗》。
[2]夏曾佑:《中国古代史》,三联书店 1955 年版,第 388 页。
[3]刘义庆:《世说新语·文学》、《世说新语·赏誉》。
[4]黄汝成:《日知录集释》卷十三,《正始》,上海古籍出版社 1985 年版。

这里顾炎武虽然表达了对"正始之音"的否定态度,但他也承认正始玄学对后世具有很大的影响,在南朝的许多名士中不乏何晏、王弼的仰慕者。

王弼(226—249 年),字辅嗣,山阳高平(今山东金乡西北)人。出身名门望族,高祖王龚、曾祖王畅都做过汉朝的司空,祖父王凯是荆州牧刘表的女婿,父亲王业官至谒者仆射,其兄王宏官至司隶校尉。他们家族具有深厚的文化传统,王龚、王畅是汉末清议的领军人物,族叔王粲是"建安七子之冠冕"①,同时也是儒、道兼综的学者。聪慧过人的王弼在这样的文化世家中生活,从小就博览群书,具备了很高的文化素养。史书记载,"弼幼而察慧,年十余,好《老氏》,通辩能言"。时任吏部尚书的何晏惊异王弼的才情,惊叹不置:"仲尼称后生可畏,若斯人者,可与言天人之际乎!"②他与何晏等友善,在魏晋之际动荡不安的政治形势的刺激下,在经学衰而老庄兴的社会思潮的影响下,以其思想上卓越的创新,成就为出类拔萃的玄学理论家。王弼是一个早熟的天才,死时年仅 23 岁,但却留下了极为丰硕的著述。见于著录的就有《老子注》、《老子指略》、《周易注》、《周易略例》、《论语释疑》等。王弼入老入易,以老解易,以道释儒,一方面发挥老子的哲学义旨,突出强调"无"作为万事万物之源的基础地位,一方面又发挥儒家的政治人伦原则,会通儒道,将儒家的名教置于道家自然无为的基础之上,使名教与自然统一起来,从而建构起自己完整的玄学理论体系。

王弼玄学本体论思想体系的核心是"贵无论"。在《老子注》一书中,在对"无名天地之始,有名万物之母"和"天下万物生于有,有生于无"的注释时,他写下如下两段话,将他"以无为本"的宇宙观作了经典性的表述:

> 凡有,皆始于无。故未形无名之时,则为万物之始;及其有形有名之时,则长之,育之,亭之,为其母也。(《老子注》第一章)
> 天下之物皆以有为生。有之所始,以无为本。将欲全有,必反于无也。(《老子注》第四十章)

为了会通儒道,王弼提出了"圣人体无"的理念。他认为孔子虽然没有说出

---

① 《三国志·魏书·钟会传》注引《博物记》。
② 刘勰:《文心雕龙·才略》。

"贵无"的话,但已经能够"体无",即能够在心灵深处体味"无"的本体地位,比老子反复论证"无"的本体地位更高明。不仅如此,他还提出"圣人有情而无累于物"的观点,即圣人虽然坚持"以无为本"的宇宙观,但这个"无"并不否定"有",而是与"有"构成体和用的关系。由此生发开来,自然与名教、性与情、意与言、道与儒的关系,都涵盖其中。再进一步,王弼又提出"崇本息末"的命题,即既能"体无"——崇本,又能"息末"即"应物而不累于物",使体与用完美地结合起来。王弼在《老子指略》中对"崇本息末"命题的重要性作了画龙点睛式的说明:

> 《老子》之书,其几乎可一言而蔽之。噫,崇本息末而已矣。观其所由,寻其所归,言不远宗,事不失主。文虽五千,贯之者一;义虽广瞻,众则同类。解其一言而蔽之,则无幽而不识;每事各为义,则虽辨而愈惑。

沿着"崇本息末"的学术路径,王弼援道入儒,以老解易的进路在《周易略例》一书中得到集中体现:

> 夫象者,出意者也;言者,明象者也。尽意莫若象,尽象莫若言。言生于象,故开寻言以观象;象生于意,故可寻象以观意。意以象尽,象以言著,故言者所以明象,得象而忘言;象者所以存意,得意而忘象。犹蹄者所以在兔,得兔而忘蹄;筌者所以在鱼,得鱼而忘筌也。然则,言者,象之蹄也;象者,意之筌也。是故,存言者,非得象者也;存象者,非得意者也。象生于意而存象焉,则所存者乃非其象也;言生于象而存言,则所存者乃非其言也。然则,忘象者,乃得其意也。得意在忘象,得象在忘言。故立象以尽意,而象可忘也;重画以尽情,而画可忘也。是故触类可为其象,合义可为其徵。义苟在健,何必马乎?类苟在顺,何必牛乎?爻苟合顺,何必坤乃为牛?义苟应健,何必乾乃为马?而或者定马于乾,案文责卦,有马无乾,则伪说滋蔓,难可纪矣。互体不足,遂及卦变,变又不足,推致五行。一失其原,巧愈弥甚。纵复或值,而义无所取。盖存象忘义之由也。象以求其义,义斯见矣。

这种"忘象以求其意"的方法,为王弼找到了注释《周易》的广阔的自由空间。他否定汉代易学象数派的烦琐形式,抛弃其宇宙论的理论根据,硬是把《周易》的根基安放在一个"无"的本体之上。同时他又摒弃了老庄哲学对于国家社会的虚无之论,将儒家的政治人伦、国计民生纳入自己的视野,从而将自然(本)与名教(末)有机地结合起来,完成了儒道会通的理论整合,为曹魏统治集团找到了因应当时政治与社会形势的意识形态,也为战乱中苦苦寻找安身立命之道的士人提供了一个心灵的家园,一时间受到广泛而热烈的欢迎,成为绵延近百年的时代思潮。

"王弼的'贵无'论标志着由汉代的宇宙生成论向本体论、由神学经学向思辨哲学的转变,它代表并影响了一个时代的学术思想的发展方向"①,极大地提升了中华民族的思维水平,在中国思想发展史上产生了广泛而深远的影响。

在正始玄学的学者群中,王弼之外,还有一个山东人管辂(210—256年)。他是平原人,《三国志·魏书·管辂传》记其"容貌粗丑,无威仪而嗜酒,饮食言戏,不择非类,故人多爱之而不敬也"。但他自幼聪慧、专注,具有好奇而求索的性格,因而后来成为一个知识渊博的学问家:

> 辂年八九岁,便喜仰视星辰,得人辄问其名,夜不肯寐。父母常禁之,犹不可止。自言:"我年虽小,然眼中喜视天文。"常云:"家鸡野鹄,犹尚知时,况于人乎?"与邻比儿共戏土壤中,辄画地作天文及日月星辰。每答言说事,语皆不常,宿学者人不能折之,皆知其当有大异之才长。及成人,果明《周易》,仰观、风角、占、相之道,无不精微。②

管辂历任郡文学掾、文学从事、治中别驾、少府丞等职。在正始名士中,他的《易》术占有重要一席地位。据《三国志》本传记载,他的占卜之术特别灵验,如卜魏郡太守钟毓的生日,卜何晏的归宿,几乎都准确无误。贵为吏部尚书的何晏在遭诛前十多日问管辂:"闻君著爻神妙,试为作一卦,知位当至三公不?"又问:"连梦见青蝇数十头,来在鼻上,驱之不肯去,有何意故?"管辂回答说:

---

① 安作璋、王志民主编:《齐鲁文化通史·魏晋南北朝卷》,中华书局2004年版,第228页。
② 《三国志·魏书·管辂传》裴松之注引《辂别传》。

履道休应,非卜筮之所明也。今君侯位重山岳,势若雷电,而怀德者鲜,畏咸者众,殆非小心翼翼多福之仁。又鼻者艮,此天中之山,高而不危,所以长守贵也。今青蝇臭恶,而集之焉。位峻者颠,轻豪者亡,不可不思害盈之数,盛衰之期。①

管辂的回答应该说是十分高明的。他已经看出,当时曹氏集团与司马氏集团的斗争正处在白热化,而司马氏集团的势力明显压倒曹氏集团,作为曹氏集团的骨干分子,何晏的地位已是危如累卵,他的归宿应在意料之中。所以才借"圆梦"讲了这么一段意味深长的话。管辂也特别善于清谈,史载冀州牧裴徽"才理清明,能释玄虚",对玄学经典《易》和老、庄情有独钟。了解管辂的学识后,即将他辟为文学从事。"一相见,清论终日,不觉罢倦。天时大热,移床在庭前树下,乃至鸡向晨,然后出"②,由此可见他们谈锋之健。显然,管辂学问的主轴尽管是《易》的象数之学,但其中清论的成分也明显增多,在推动汉象数易向魏晋义理易的转化中作出了自己的贡献。

(二) 东晋玄学与张湛《列子注》

永嘉之乱后,西晋灭亡,大批北方士人随晋室南渡。盛行于中原地区的玄学清谈之风也随之南下,开启了东晋玄学盛极一时的局面:

有晋中兴,玄风独振,为学穷于柱下,博物止乎七篇。驰骋文辞,义单乎此。自建武暨乎义熙,历载将百,虽缀响联辞,波属云委,莫不寄言上德,托意玄珠。③

玄学自曹魏时期诞生以来,经历了何晏、王弼等为代表的以说理见长的曹魏正始玄学,郭象为代表的以调和名教与自然的关系为的鹄的西晋元康玄学和张湛等为代表的以"清谈"为胜的东晋玄学。在"述而不作"、以"清谈"为雅兴的东晋玄学氛围中,唯一留传下来的一部玄学的著作是张湛的《列子注》。

---

①《三国志·魏书·管辂传》。
②《三国志·魏书·管辂传》裴松之注引《辂别传》。
③《宋书·谢灵运传》。

张湛,字处度,高平(今山东金乡)人。出生于世宦之家,祖、父皆做官从政,他本人官至中书郎。据《新唐书·艺文志》记载,他的著作除《列子注》外,还有《养生要集》、《养性集》、《古今箴铭集》等三部书,可惜这三部书没有流传下来。

张湛的《列子注》,上承"正始之音",通过援佛入玄,构筑了一个完整的理论体系,使东晋玄学展现了一个新的境界。《列子注》深入探索有无的关系,推出了他的二元论的宇宙观。他认为世界是由"太虚之域"的无和"有形之域"的有组成的。这个"太虚之域"是一个非物质的、人类的感觉无法感知的而又是绝对存在的世界。在注释《列子·天瑞篇》"夫有形生于无形"一句话时,他写下如下一段文字:

> 谓之生者,则不无;无者,则不生。故有无之不相生,理既然矣,则有何由而生?忽尔而自生。忽尔而自生,而不知其所以生;不知所以生,生则本同于无。本同于无,而非无也。此明有形之自形,无形以相形者也。
>
> 生者不生而自生,故虽生而不知所以生。不知所以生,则生不可绝;不知所以死,则死不可御也。

这里,张湛以"生者则不无,无者则不生",将"无"和"有"划分为两个世界。这两个世界互相依存,相对立而存在。尽管无的"太虚"是宇宙生成的本原,是万事万物的根,但却不能进入"有形之域"。而这个"有形之域"是人的感觉可以察知的,这里的万事万物都是按照自然规律生成、发展和变化的:

> 夫巨细舛错,修短殊性,虽天地之大,群品之众,涉于有生之分,关于动用之域,存亡变化,自然之符。
>
> 阴阳四时之节,变化之物,而夫属于有生之域者,皆随此陶运;四时而不停,万物化而不息者也。①

张湛承认"有形之域"有自己的运行规律,至少在这里排除了"天人合一"论

---

① 《列子·天瑞篇》注。

者所坚持的至上神的天对自然界和人类社会的干预,为唯物论留下了一片领地。

历史上所有的思想家都有他们自己对人生的思考。儒家强调个人对国家、社会、民族的责任感,积极进取,奋发向上,"知其不可而为之",追求"立德、立言、立功"三不朽的人生境界。道家鼓吹自然人生,强调个体生命的价值,主张清静无为,乐天知命,顺应自然,淡化责任意识,甚至对"拔一毛利天下而不为"的极端的个人主义倾向也持肯定态度。道教强调人生的享乐意识,追求长生不老,羽化登仙。张湛的人生哲学基本上属于道家一派,但又作了深入的理论探索。他认为最为理想的人生态度是无心而顺天理,无为而任自然。因为在他看来,人同万物一样是自然界的组成部分,"人与阴阳通气,身与天地并形"。既然自然界的运行有自己的规律,人们也只能顺应和服从这个规律。否则,违背规律刻意追求自己的目标,一定事与愿违,轻则徒劳无功,重则遭灾招祸。与其追求功名利禄而耗尽精神气力,还要在险象环生的境遇中提心吊胆地生活,不如无所追求,远离名利场,在和平安宁的生化中去品味人生。张湛希望构筑一个与污浊的现实社会相对立的超凡脱俗的理想的人生意境,使人们在对人生的体悟中升华个体生命的价值。但是,应该承认,张湛追求的生命境界只存在于精神中,在现实社会中是不存在的。因为每个生活于真实社会中的人,都需要衣食住行的物质保证,他只能处于一定的社会关系中才能获得这种保证。而只要处在社会关系中,他就必然与组成这种关系的人与组织发生矛盾和解决矛盾。清静无为、淡泊安宁、乐天知命、与世无争,又谈何容易? 说穿了,张湛所理想的这种生活境界,只有拥有良田万顷、广厦千间而又不从事直接管理的那些有钱又有闲的人才可以做到。

顺着对人生价值的追寻,张湛对每一个人最后谁也逃脱不掉的死亡也进行了自己的思索。其实,对死亡的思索大概从人类存在的那天起就开始了。儒家学说从生命延续的角度消解人们对死亡的恐惧。它认为作为个体生命,任何人都无法抗拒死亡的降临,但个体生命作为子孙绳绳的人类生命的一个环节,都是在完成了承前启后的使命后消失的。从大处说,个体生命融入了人类整体的生命,从小处说,他融入了自己子孙的生命。所以也可以说,个体生命并没有消失,他还在子孙的身上延续着。儒家希望用这种理论抚慰那些必死的灵魂,因而鼓吹孝道,讴歌"慎终追远",宣扬"不孝有三,无后为大"。同时,儒家学说还鼓励人们追求流芳百世的"名",让人们在对"三不朽"的不倦追求中为国家、社会、民族建立辉煌功业,以便在历史的记忆中达到"虽死犹生"、永垂不朽的境界。应该说,对中华民族影响最大的就是这种死亡观。老庄道家学说宣扬的是"泯物我,齐生死"的观念。庄子认为人与永恒的大自然浑然一体,"天地与我并生,而万物与我为一",个体生命只是大自然的一分子,因而生与死只是这一分子的不同的运动状态,所以生不必喜,死也不足悲。庄子的妻子死后,他鼓盆而歌的怪异之行从这里可以得到理解。老庄学派其实是用绝对相对主义的理论抹平生与死的界限,希图以此消解人们对于死的恐惧。东汉末年传入的佛教,以"生死轮回"、"善恶相报"给人们开出廉价地进入天国的门票。张湛对生死有自己的理解:

> 夫万物与化为体,体随化而迁。化不暂停,物岂守故?故向之形生非今之形生,俯仰之间,已涉万变,气散形朽,非一旦顿至。而昧者操必化之器,托不停之运,自谓变化可逃,不亦悲乎?[1]
>
> 夫死生之分,修短之期,咸定于无为,天理之所制矣。但愚昧者之所惑,玄达者之所悟也。[2]

这就是说,生死是万事万物生化迁革的规律,是任何个人的力量无法抗拒的,所以面对生死,只能听天由命,顺其自然。更进一步,张湛要求人们摆脱从人自身对生死的观察,而是超越生死,站在宇宙万物的立场上投放视角,那就完全是一重新的境界了:

> 聚则成形,散则为终,此世之所谓终始也?然则聚者以形实为始,以离散为终;散者以虚漠为始,以形实为终。故迭相为终始,而理实无终无始者也。
>
> 生之不知死,犹死之不知生。故当其成也,莫知其毁;及其毁也,亦何知其成?[3]

---

[1][2][3]《列子·天瑞篇》注。

这里,张湛用"生死不相知"、"成毁不相及"的论说虽然将死提升到一种新的境界,但因为死毕竟与生是根本不同的两回事,所以仅说至此还不能消除人们对死亡的恐惧,于是他又把道家的"齐生死"和佛教的"涅槃"结合起来,将有限的人生最后的归宿指向超越有形世界的"寂然至虚凝一而不变"的"太虚之域"。然而,这一指向毕竟太抽象、太虚乎缥缈,对于注重现实的中国人没有多大说服力。于是他再借助中国传统的"周而复始"的循环论和佛教的"生死轮回"说,给人们指出了消解死亡恐惧的另一条路:

> 夫生死变化,胡可测哉? 生于此者,或死于彼;死于彼者,或生于此。而形生之生,未尝暂无。是以圣人知生不长存,死不永灭,一气之变,所适万形,万形万化而不化者,存归于不化,故谓之机。机者,群有之始,动之所宗,故出无入有,散有反无,靡不由之也。
>
> 存亡往复,形气转续,生死变化,未始绝灭也。①

这样,张湛终于找到了易于为中国大多数人所乐于接受的死亡观。既然生与死处于永不停息的轮回中,死亡只是又一次生的开始,死亡又有什么可怕呢? 在这种意识支配下,那些被疾病折磨的人甚至甘愿速死以尽快转生了。不能不说张湛开出的抚慰死亡的药方对大多数中国百姓具有疗效,但这个药方毕竟是对死亡的非科学的说明,较之儒家的"三不朽"论,其积极意义就差了一大截。不过,张湛是一个清醒的现实主义者,他知道,无论将死亡说得多么轻忽,那到底是人们无奈面对的一个并不乐意、但不得不接受的现实。所以,最可靠的还是使生命在"顺性"和"肆情"中愉快地度过:

> 夫生者,一气之暂聚,一物之暂灵。暂聚者终散,暂灵者归虚。而好逸恶劳,物之常性。故当生之所乐者,厚味、美服、好色、音声而已耳。而复不能肆性情之所安,耳目之所娱,以仁义为关键,用礼教为衿带,自枯槁于当年,求余名于后世者,是不达乎生生之趣也。②

这里,张湛提倡的现世享乐的人生观,既是对魏晋以来上层社会毫不遮掩的

---

① 《列子·天瑞篇注》。
② 《列子·杨朱题注》。

现世享乐风气的积极回应,又是对这种现世享乐的理论证明,对当时社会的奢侈浮华之风起了推波助澜的作用。

(三) 性情各异的玄学家和清谈家

魏晋南北朝时期,山东除了王弼与张湛两位名震一时的玄学家之外,还有一大批玄学家和清谈家活跃在政治和思想文化领域,构成了这一时期政治和思想文化领域辉煌的一翼。玄学家是指那些在理论上具有较高造诣并有著作名世的人物。清谈家则是指那些经常聚集一起、就当时各种思想流派进行谈说辩论的名士。玄学家一般都是卓越的清谈家,而清谈家却不一定就是玄学家。东晋袁宏作《名士传》,将夏侯玄、何晏、王弼称为"正始名士",将阮籍、嵇康、山涛、向秀、刘伶、阮咸、王戎称为"竹林名士",将裴楷、乐广、王衍、庾子嵩、王承、阮瞻、卫玠、谢鲲称为"中朝名士"。这些名士的最大特点是具有惊世骇俗的"魏晋风度":

> 他们思想解放,谈吐新异,蔑视礼教,行为超常,性格洒脱;他们涂脂抹粉,宽衣缓带,倜傥风流,服药行散,手执麈尾,口吐玄言;他们聚隐竹林,弹琴吟诗,饮酒长啸,甚至言语癫狂,举止乖张,蓬头散发,裸袒箕踞,与猪共饮;他们不营物务,潇洒人生,寄情山水,栖心玄远。[1]

清谈家们的清谈是一种思想交流的形式,有点类似欧洲近世的"沙龙"。每一次交流都是一场思想辩难,往往碰撞出真理的火花。清谈中的论题除"三玄"的哲理外,还有《世说新语》中记载的"才性四本"、"声无哀乐"、"养生"、"言尽意"等[2]。

下面让我们对王弼、张湛之外的山东玄学家和清谈家检阅一番。

琅邪临沂(今临沂兰山区)人王戎(234—305 年),出生于世家大族的琅邪王氏。其祖、父皆做过刺史之类高官。他生活于魏晋之际,不修威仪,胆识过人,极善清谈,与阮籍、嵇康等相友善,是"竹林七贤"之一。他仕途顺利,晋武帝时任荆州刺史,惠帝时升任尚书左仆射、司徒,位列三公。"竹

---

① 安作璋、王志民主编:《齐鲁文化通史·魏晋南北朝卷》,中华书局 2004 年版,第 253 页。
② 刘义庆:《世说新语·文学》。

林七贤"玄谈的主要论题是名教与自然的关系。在这个问题上,王戎与阮籍、嵇康"越名教而任自然"的激进观点不同,而是与向秀一样主张"名教同于自然"。史书记载:"(阮瞻)见司徒王戎,戎问曰:'圣人贵名教,老庄明自然,其旨同异?'瞻曰:'将无同。'戎咨嗟良久,即命辟之。时人谓之'三语掾'。"①王戎所以持这种观点,显然是他集达官显贵与清谈名士于一身的地位的反映。作为世家大族的代表人物,他一直在高官显宦的圈子中生活。虽位极人臣,却很少专注政务。不少应身体力行的行政事务,他都交给下官去做,自己则在清谈和山水间优游岁月。他长期掌管选官事务,但目光只及世家大族的子弟。他洞悉世事,八面玲珑,巧于在各种政治势力间周旋,所以在魏晋易代和晋室内部血雨腥风的斗争中他也能毫发无损。王戎还极端贪财好利,做官后,"广收八方园田水碓,周遍天下,积实聚钱,不知纪极,每自执牙筹,昼夜算计,恒若不足。而又俭啬,不自奉养,天下谓之膏肓之疾"②。

同是琅邪临沂人的王衍(256—311 年)为王戎的从弟,他是西晋后期的玄谈领袖。少年时代即以"神情明秀,风姿祥雅"③,闻名遐迩。青年时代又以聪慧练达、敢作敢为闻名士林。外戚杨骏曾慕名要将女儿嫁给他,他因耻于这桩婚事,就以装疯卖傻躲过了这个一般人求之不得的联姻。由于在青少年时期就受到山涛、王戎等名人的出格品评,所以在出仕前他已经在上流社会享有盛誉了。与他同时有名的人物还有乐广,史称"广与王衍俱宅心事外,名重于时。故天下言风流者,谓王、乐为称首焉"④。王衍推崇王弼、何晏的"贵无论",但对其中的哲学意蕴却停留在一知半解。尽管是名震士林的玄谈领袖,却没有留下一个字的著述。这其中的原因,大概主要是 30岁出头即爬到司空、司徒的高位而"口未尝言钱",风度翩翩而能"妙善玄言",由此被士林仰慕和推尊。在他周围,麇集着一批不务实事,奢侈享乐,唯以空谈玄虚为能事的"矜高浮诞"之人。其中的核心是所谓"四友"王敦、谢鲲、庾子嵩、阮修,"八达"谢鲲、胡毋之、阮放、毕卓、羊曼、桓彝、阮孚和光

---

① 《晋书·阮籍传》附《阮瞻传》。
② 《晋书·王戎传》。
③ 《晋书·王戎传》附《王衍传》。
④ 《晋书·乐广传》。

逸,他们大都不学无术,放浪形骸,玩世不恭,疏狂颓放,以纵酒为乐,以偷鸡摸狗为能,以勾引别人妻女为风流,对当时的士风产生了极其恶劣的影响,严重败坏了社会风气。尽管王衍平时装得清高豪放,超凡脱俗,"口不论世事",以清谈玄虚为务,但实际上处处为自己打算。在"八王之乱"和"永嘉之乱"中,他"不以经国为念,而思自全之计",任人唯亲,大搞"狡兔三窟"之计。但最后也没有逃脱被杀的命运。永嘉五年(311年)他南逃时被羯族酋帅石勒俘获。他卑躬屈膝,乞求活命,甚至劝石勒篡位称帝,为石勒所鄙视,毅然将他送上不归路。临刑前,他痛悔说:"呜呼!吾曹虽不如古人,向若不祖尚浮虚,戮力以匡天下,犹可不至今日。"①人之将死,其言也真,他最后总算说了点实话,但已经于世无补、与己无益了。

同是琅邪临沂人的王导(276—339年),是一个"少有风鉴,识量清远"②的人物。永嘉元年(307年)九月,琅邪王司马睿正是"用王导计,始镇建邺"③,走出了建立东晋的关键一步。东晋建立后,王家几乎世世任清要之官,对维护东晋政权起着极其重要的作用,所以时人有"王与马,共天下"的判词。不过,王导做丞相后,尽管也装出尽瘁国事的样子,如《世说新语》所载:"过江诸人,每至美日,辄相邀新亭,藉卉饮宴。周侯(周顗)中坐而叹曰:'风景不殊,正自有山河之异。'皆相视流涕。"④只有王导发出努力为国,共匡时艰的壮语。其实他并未接受西晋清谈误国的教训,励精图治,改变东晋偏安江南一隅的局面,而是"爱老庄,尚玄谈",继续西晋清谈的风流余润。他任用一批美姿容、精言语的谈客为重臣,时时在互访、聚会的清谈中优游岁月。《世说新语》比较详细地记载了由他召集,有殷浩、桓温、王濛、王述、谢尚参加的一次清谈盛会:

> 殷中军(殷浩)为庚公(庚亮)长史,下都,王丞相为之集。桓公(桓温)、王长史(王濛)、王兰田(王述)、谢镇西(谢尚)并在。丞相自起解帐带麈尾,语殷曰:'身今日当与君共析理。'既共清言,遂达三更。丞相与殷共相往返,其余诸贤,略无所关。既彼我相尽,丞相乃叹曰:'向

---

① 《晋书·王戎传》附《王衍传》。
② 《晋书·王导传》。
③ 《资治通鉴》卷八十七,《晋纪九·怀帝永嘉元年》。
④ 刘义庆:《世说新语·言语》。

来语,乃竟未知理源所归,至于辞喻不相负。正始之音,正当尔耳!'明旦,桓宣武语人说:'昨夜听殷、王清言甚佳,仁祖亦不寂寞,我亦时复造心,顾看两王掾,辄翼如生母馨。'①

你看,王导与这帮清谈客们,"共相往返","遂达三更",兴趣是多么的浓烈!他们念兹在兹的是"正始之音",头脑里哪还有家国沦丧之悲!据《世说新语》记载,这时王导与其谈客们清谈的内容,集中在嵇康的"声无哀乐论"、"养生论"和欧阳坚石的"言尽意论"等论题上,与"正始之音"论辩的"有""无"、"本""末"已经大异其趣了。

同是琅邪临沂人的王敦(266—324 年),子处仲,是王导的从兄。在《晋书》中列入《叛逆传》。该传记述了他一个残忍无情的故事:

> 敦少有奇人之目,尚武帝女襄城公主,拜驸马都尉,除太子舍人。时王恺、石崇以豪侈相尚,恺常置酒,敦与导俱在坐。有女伎吹笛,小失声韵,恺便殴杀之。一坐改容,敦神色自若。他日又造恺,恺使美人行酒,以客饮不尽辄杀之。酒至敦、导所,敦故不肯持,美人悲惧失色,而敦傲然不视。导素不能饮,恐行酒者得罪,遂勉强尽觞。导还欢曰:"处仲,若当世心怀刚忍,非令终也。"

《世说新语》还记载了他一个愚笨呆痴的故事:

> 王敦初尚主,如厕,见漆箱盛干枣,本以塞鼻,王谓厕上亦下果,食遂至尽。既还,婢擎金澡盘盛水,玻璃碗盛澡豆,因倒著水中而饮之,谓是干饭。群婢莫不掩口而笑之。②

如此近于痴呆而又自作聪明的一介武夫,但由于他娶公主为妻,当即被任为驸马都尉、太子舍人,很快升任给事黄门侍郎、青州刺史、扬州刺史。因为他与王导在拥戴司马睿建立东晋的运作中有功,所以东晋开国伊始,他就升任镇东大将军、都督江、扬、荆、湘、交、广六州诸军事、江州刺史,镇守武昌(今湖北鄂城),成为举足轻重的封疆大吏。王敦与忠于晋室的王导不同,他是

---

① 刘义庆:《世说新语·文学》。
② 刘义庆:《世说新语·纰漏》。

野心勃勃的政治家,在辖地广阔、手握重兵之后,野心急剧膨胀,骄纵不法,为所欲为,最后发展到起兵叛乱,被朝廷剖棺戮尸,为自己的一生画上了一个罪恶的句号。王敦也是当时有名的清谈家,与谢鲲、阮修、庾子嵩"号为四友"①,但究其实,他之清谈,不过是武夫附庸风雅的做作而已。他只听说何晏、王弼在正始年间的风光,以为能够清谈一番也就是"正始之音"的再现了:

> (卫)玠至武昌,见王敦,与之谈论,弥日信宿,敦谓其僚属曰:"昔王辅嗣吐金声于中朝,此子今复玉振于江表,微言之绪,绝而复续,不悟永嘉之中,复闻正始之音。何平叔若在,当复倾倒。"②

卫玠通过同王敦短暂的接触,就知道他徒有虚名,没有什么真本事,根本不是清谈的对象:

> 卫玠始渡江,见王大将军。因夜坐,大将军命谢幼舆。玠见谢,甚说之,都不复顾王,遂达旦微言,王永夕不得豫。③

除以上诸人外,当时山东籍的清谈放诞之人还有琅邪临沂的王澄、王羲之,泰山奉高(今泰安)的胡母之父子,平昌安丘的伏滔等人。

从魏延至两晋的玄学和清谈思潮,展示了思想文化领域由两汉的经学一统到魏晋的思想多元的风貌。玄学虽然为思想解放和提升中华民族的思维水平作出了不可磨灭的贡献,但由于它专注的论题既抽象又神秘,既不贴近群众也不贴近生活,根本不具备实践和普及的品格,所以只能在世族高级知识分子中传播。因此,在儒、释、玄、道思想多元的时代,它既不能独立承担主流意识形态的重任,亦不能担当盟主的角色,只能作为儒学为盟主的主流意识形态的配角而存在。这一时期,儒学一统天下的局面尽管不复存在,但它作为主流意识形态的地位还没有动摇。原因就在于儒学既贴近百姓又贴近生活,既具备实践的品格又具备普及的品格,既为统治者所需要又能被百姓所接受。

---

①《晋书·王敦传》。
②刘义庆:《世说新语·文学》。
③刘义庆:《世说新语·赏誉》。

第四章　隋唐五代时期的山东思想文化

一、概述

　　隋唐五代(618—959年)近三个半世纪的历史,特别是唐代(618—906年)近300年的历史,是继两汉以后中国封建社会的第二个发展高峰。公元618年,在隋末农民战争的烽火中崛起的关陇地主集团的代表李渊,作为隋朝的地方大吏太原留守乘机取代故主的皇位,做了唐朝的第一代国君,他就是唐高祖。9年之后,他被儿子李世民逼下龙座,退居太上皇的虚位。李世民成为唐朝的第二代国君,他就是创造了历史上享有盛誉的"贞观之治"的唐太宗。其后,经过高宗、中宗、睿宗、武后(其中有15年改国号为周称帝),再经中宗、睿宗,至玄宗的开元、天宝(713—755年)年间,唐朝的经济文化发展到顶峰。755年爆发的"安史之乱"是唐朝由盛及衰的转折点,再后爆发的黄巢领导的农民大起义,敲响了这个辉煌一时的皇朝的丧钟。最后,在藩镇割据混战的刀光剑影中,这个皇朝的最后一个皇帝哀帝李柷被降唐的黄巢部将朱温取代,朱温就成为后梁(907—923年)的开国之君。这个局促于中原地区的皇朝仅仅存在了17个年头,就被李存勖建立的后唐(923—936年)所取代,而这个皇朝仅仅存在了14个年头,就被石敬瑭建立的后晋(936—947年)所取代。这个后晋同样是一个短命皇朝,它在维持了12年后被刘知远建立的后汉(947—950年)代替。这个皇朝是五代时期,也中国历史上寿命最短的皇朝,它只存在了4个年头就寿终正寝。五代最后一个皇朝是郭威建立的后周(950—960年),它也仅仅存在了11个年头,就被它的权臣赵匡胤以"黄袍加身"的陈桥驿兵变从孤儿寡母手上夺取了皇位。五代共经历了 54 个年头,这是继"五胡十六国"之后中国历史上又一个混乱时期。在中原皇朝频繁地更替的同时,在其他地区还相继建立了10 个割据政权,它们是:杨行密在长江中下游地区建立的吴国,李昇在长江下游的东南地区建立的南唐,王建在四川和甘龙地区建立的前蜀,孟知祥取代前蜀建立的后蜀,钱镠在今浙江地区建立的吴越,马殷在今之湖南和广东、贵州部分地区建立的楚国,王审知在今之福建建立的闽国,刘龑在今之两广地区建立的南汉,高季在今之湖北西部建立的南平,刘崇在今之山西地区建立的北汉。五代十国时期由于中国处于分裂割据状态,战乱频仍,各地的统治者对百姓发疯般地巧取豪夺,致使生产凋敝,民不聊生。但战乱中统一的因素在增长,到后周时期,郭威和周世宗柴荣重用贤才,厉行改革,严惩贪官,废除苛捐杂税,奖励生产,使中原地区又展现蓬勃发展的生机,统一的形势形成,最后导致北宋的又一次统一。

隋朝时期的山东地区设立了东莱、高密、北海、琅邪、齐郡、鲁郡、济北、东平、济阴、渤海、平原、清河、武阳等郡。唐朝时期山东地区属河南道,设立了登州、莱州、密州、青州、淄州、齐州、济州、兖州、沂州、郓州、曹州等州,部分地区在徐州、宋州、濮州境内,另外的棣州、德州、博州、魏州属于河北道。五代时期的山东一直在中原皇朝的管辖之下,所设州县基本延续了唐朝的行政区划。

隋唐五代,特别是唐代,思想文化的发展呈现空前繁荣的局面。无论是思想、哲学、经学等学术领域,还是文学艺术的各个门类,都是气象万千,绚丽多姿,美轮美奂,灿烂辉煌,留下了一大批具有永恒魅力、万古不朽的文化珍品,标志着我国思想文化史进入了一个新阶段。隋唐五代时期的齐鲁文化同样呈现空前繁荣发展的局面,它既是这一时期思想文化的重要组成部分,又对这一时期思想文化的发展产生了巨大影响。这一时期的齐鲁文化之所以获得长足发展,一是得益于山东经济的迅速恢复和发展。尽管山东经济在隋末的战乱中遭受严重破坏,但到唐太宗时期,由于和平的环境和各项促进生产发展政策的实施,经济已经展现繁荣的景象:"商旅野次,无复盗贼,囹圄常空,马牛布野,外户不闭。又频至丰稔,米斗三四钱,行旅自京师至于岭表,自山东至于沧海,皆不赍粮,取给于路。入山东村落,行客经过

者,必厚加供待。"①到玄宗的开元、天宝年间,山东经济就与全国一样达到
发展的顶峰。王维在一篇文章中描述郓州的社会经济文化状况时说:"予
昔仕鲁,盖尝之郓,书社万室,带以鲁山济水,旗亭千隧,杂以郑商周客,有邹
人之风以厚俗,有汶阳之田以富农。齐纨在笥,河鲂登俎,一都会也。"②李
白在《兖州任城县令厅壁记》对任城(今济宁)的繁荣也作了热情的讴歌:
"万商往来,四海绵历,实泉宝之橐籥,为英髦之咽喉。"③经济的发展和繁
荣,为文化的发展和繁荣提供了最重要的基础。二是得益于山东四通八达
的交通条件。李白在同一篇文章中写道:"鲁境七百里,郡有十一县,任城
当其要冲,东盘琅邪,西控巨野,北走厥国,南驰互乡。"④当时,山东陆路西
通长安、洛阳,北达幽州,南连扬州。水路交通更加便利,境内河流纵横,黄
河、济水、菏水、泗水、沂水、沭水、汶水、淄水、潍水、白浪河皆可通航。山东
有3000公里的海岸线,有登州等良港,不仅可与中国南北沿海各地通航,也
能够与日本、高丽、新罗、百济等国架起经济文化交流的桥梁。便利的交通,
加上齐鲁悠久而厚重的文化积累,吸引全国乃至外国的文人雅士前来游学,
与山东的士人交流、切磋、辩诘,既有利于各地文化的交流融合,也有利于丰
富齐鲁文化的内涵和提高齐鲁文化的水平,更有利于扩大齐鲁文化的传播
和影响。三是得益于齐鲁厚重的儒学传统。即使在战乱频仍的魏晋南北朝
时期,无论是南渡的山东士人,还是留守的山东士人,都坚守儒学传统并加
以发扬光大,不仅维持儒学传统于不坠,而且极大地影响了南北朝的统治
者,从而为这一时期儒学的复兴奠定了基础。

如果说齐鲁文化对隋代政治基本上还没有发生显著影响,那么,齐鲁文
化对唐代政治的影响就日益彰显了。在隋、唐易代之际,山东的一批著名人
物如齐州临淄的房玄龄、段志宏,曹州离狐(今山东东平)的李勣,齐州历城
(今山东东阿)的程知节,清河茌平的马周等,都在唐初,尤其是唐太宗时期
留下了可圈可点的文治武功。房玄龄、秦叔宝、程知节、段志宏等参与了
"玄武门之变",为李世民荣登大宝立下不世之功。房玄龄等为唐朝初年的
制度和礼仪建设作出了巨大贡献。颜师古撰写《五经正义》,为南北经学的

---

①《贞观政要·政体》。
②王维:《送郓州须昌冯少府赴任序》,《全唐文》卷三二五。
③④《全唐文》卷三四九。

统一奠定了基础。房玄龄等在唐太宗时期又为修订《唐律》和颁布新礼乐作出了不可替代的贡献。由于隋唐时期的齐鲁文化主要在士族中传承,一批历久不衰的世家大族就成为思想文化的载体。清河崔氏,琅邪王氏和颜氏,兰陵萧氏等,就是这些世家大族的典型代表。他们在儒学上的成就成为唐代思想文化的重要组成部分,同时对其他地区思想文化的发展产生了巨大而深远的影响。

二、山东的世族、庶族及其文化

(一) 山东的世族与世族文化

魏晋南北朝时期之所以是世家大族最风光的时期,一是因为他们大都拥有雄厚的经济基础,无论北朝还是南朝,世家大族几乎都有着含山带湖的大庄园。二是因为"九品中正"制的选官制度使他们长期占据清要官位,保持了政治上的优势。三是因为他们大都是经学传家,保持了文化上的优势。到了隋唐时期,实行科举制度,世家大族难以垄断清要官位,"全无冠盖"[1],政治上的优势渐失;而长期战乱又使他们经济上遭受打击,一些家族甚至衰落到"身未免贫贱"[2]的程度。但是,他们在隋唐时期依然名"著于州间"[3],并未完全声光消歇。究其原因,除了大多数还有相当的经济实力外,最主要的是保持了家族文化上的优势,一方面使自己的子弟能够较多地通过科举的门径进入官场,继续在一定程度上保持政治上的优势;另一方面以深厚的礼法伦理传统维系慈孝悌顺的家教门风。正如钱穆所指出:

> 一个大门第,决非全赖于外在权势与财力,而能保泰持盈达于数百年之久;更非清虚与奢汰,所能使闺门雍睦,子弟循谨,维护此门户于不衰。当时极重家教门风,孝弟妇德,皆从西汉传来。[4]

下面,让我们检视山东世族之家及其家风与文化传统。

山东首屈一指的世族之家是清河崔氏。他们的始祖是齐国的创立者姜太公的后裔,因食邑于崔而以之为姓。传至唐代已是繁衍至 10 房的大家

---

①《旧唐书·高士廉传》。
②③《唐会要》卷八十三《嫁娶》。
④钱穆:《国史大纲》第 18 章《变相的封建势力》,商务印书馆 1998 年版。

族,居于山东的是南祖房、清河大房、清河小房和清河青州房。唐代的世族之家尽管基本被排除在特权阶层之外,但崔氏一家却有不少人跻入朝廷和地方的高级官吏圈子,光宰相就出了23位,其中清河崔氏有10位。清河崔氏在唐初的代表人物是崔义玄,他参加了李渊、李世民父子创建唐皇朝的军事活动,官至御史大夫。其子崔神基以门资出仕,官至宰相。另一子崔神庆以明经出仕,官至并州长史,其三子皆荣膺高官,门庭显赫。唐中期以后,科举成为官吏的主要进身之阶,崔氏凭借其家族的文化优势,在科考中占尽先机。崔邠、崔鄯、崔郾、崔郸等兄弟6人皆登进士第,其子孙绳绳跟进,登第甚众,不少人进入高官系列,"历位台阁",兄弟"冠族闻望,为时名德"①。刘禹锡在《崔氏神道碑》中写尽了他们家族的显赫声光:

> 言兄弟者,许为人瑞。崔氏之门六人,皆入南宫,赐金紫。其间三人历入侍郎。统而论,四卿一相,两连率,二翰林学士,一执金吾,言冠冕者,许为世雄。与姑臧李、范、杨、卢,世为婚媾,入于婚党,无第二流,言门阀者,许为时表。……文业甚富,而孝谨不衰,猗欤!君子之泽,其所从来,远而有光已。②

从一定意义上讲,崔氏家族在唐代历久不衰的风光,得益于他们家族礼法持家、儒学传家的门风。这个家族具有悠久深厚的文化传统,他们世代崇儒、业儒,不仅恪守儒家的伦理观念,而且实践儒家"学而优则仕"的理想,积极进取,以修、齐、治、平为己任。前面提到的崔义玄就有良好的儒学修养,"少爱章句之学,五经大义,先儒所疑及音韵不明者,兼采众家,皆为解释,傍引证据,各有条疏"③。其子弟后辈也大都精于儒学,崔郾曾任侍讲学士,在皇帝身旁随时备问经义,并与同列诸人共撰《诸经纂要》,供皇帝省览。崔氏子弟大都恪守儒家伦理道德,注重自己的君子人格的修养,追求高尚的品格和辉煌的事功。如宪宗时期的崔群直言敢谏,反对聚敛之臣对百姓的巧取豪夺,揭露度支使皇甫镈勾结权奸、图谋宰相之位的奸佞嘴脸,即使遭到排挤诬陷也在所不惜。在论及安史之乱的原因时,他指出主要是玄宗用

---

①《旧唐书·崔邠传》。
②《全唐文》卷六一〇。
③《旧唐书·崔义玄传》。

人的失误:

> 安危在出令,存亡系所任。玄宗用姚崇、宋璟、张九龄、韩休、李元
> 纮、杜暹则理,用林甫、杨国忠则乱。人皆以天宝十五年禄山自范阳起
> 兵,是理乱分时,臣以为开元二十年罢相张九龄,专任奸臣李林甫,理乱
> 自此已分矣。用人所失,所系非小。①

崔从在宪宗时任御史中丞,他忠于这个监察官的职守,不仅"正色立朝,弹奏不避权贵",而且敢于"抗章论列"②,在皇帝面前叫板。他的儿子崔慎由"聪敏强记,宇量端厚,有父风",宣宗赞扬他"继美德门,承家贵位,缙绅伟望,礼乐上流"③。崔彦昭文武兼备,"事母至孝",为政清廉,多次任职州郡主官,都政绩斐然,在百姓中留下怀念,唐僖宗誉其"修乃文可以兴文教,励乃武可以成武功","清能壁立,政乃风行"④。其他如崔邠、崔鄯、崔郾、崔郸兄弟更是"冠族闻望,为时名德","当时言治家者推其法","兄弟六人至三品,邠、郾、郸凡为礼部五,吏部再,唐兴无有也"⑤。宣宗称赞他们一家"可为士族法",《旧唐书》给他们家的颂词是:"如筼如篪,不通不介,士行之美,崔氏诸子有焉。"⑥当然,崔氏家族的德行之美与唐代前中期的整个政治环境较好不无关系。由于崔氏一族并非铁板一块,在政治环境日益恶化的情况下,其族人中的某些人同流合污也是正常现象。如唐末做到宰相的崔昭纬就与宦官和藩镇相勾结,欺君罔上,最后被昭宗处死。崔胤"所悦者阉茸下辈,所恶者正人君子"⑦,为时人和后世所不齿。

琅邪王氏是魏晋南北朝时期的第一名门望族,东晋时期,曾有"王与马,共天下"的说辞。进入唐朝,王氏家族虽然还具有文化上的优势,但随着南朝的灭亡,作为南朝臣子的王氏就失去了原有的政治优势;再加上后来北迁,失去南方多年培育的社会基础,其声光与崔氏家族相比,就有点自惭形秽了。不过,毕竟"瘦死的骆驼比马大",王氏家族在唐朝不仅出了几个

---

① 《旧唐书·崔群传》。
② 《旧唐书·崔从传》。
③ 《旧唐书·崔慎由传》。
④ 《旧唐书·崔彦昭传》。
⑤ 《旧唐书·崔邠传》。
⑥ 《旧唐书》卷一五五史臣曰。
⑦ 《旧唐书·崔胤传》。

宰相,在文化上也有颇可称道的成就。琅邪王氏儒学传家,信、德、孝、悌是其弟子世代遵行的家规。自西晋至南北朝,王家涌现出王祥、王览、王导、王羲之、王俭等政治文化名人。唐朝时期琅邪王氏中最出类拔萃的人物是王方庆。他"博学好著书,所撰杂书凡二百余卷。尤精《三礼》,好事者多询访之。每所酬答,咸用典据,故时人编次,名曰《礼杂答问》。"①他家"聚书之多,不减秘阁",可见文化积累的丰厚。他历任越王府参军、广州都督,武则天时期跃升宰辅。他任广州都督时,与来这里贸易的外国商人建立了良好的关系,既不敲诈勒索,更不贪财受贿,是唐代中外贸易最好的时期之一。他还严格约束自己的僚属,对那些贪纵不法、残民害物者一一绳之以法,从而为百姓创造了良好的社会秩序和生产生活环境,时论认为有唐一代治理广州无出王方庆之右者。王方庆之后,子孙为官者近百人,其中有王玙和王搏两位宰相。唐朝灭亡后,王氏家族也声光消歇,再也没有耸动视听的名人展现风采了。

琅邪颜氏家族也是历史悠久的名门望族,世代业儒,名人辈出。颜之推之后,颜氏家族更是进入了发皇期,在唐代形成了一个在思想文化上影响广泛的人才群落。颜之推三个儿子都以儒学有名于时。其孙颜师古撰写的《五经正义》,对以后千年的中国思想文化都产生了广泛而深刻的影响。颜师古的三弟颜勤礼,训诂与书法双精。他的儿子颜昭甫苦肖乃父而过之,为伯父颜师古所激赏。昭甫的儿子元孙也是"名动海内"的文化名人,历任太子舍人和州刺史。他的五个儿子也都才名籍籍,以文章书法轰动上流社会。其中颜真卿更是五兄弟中的佼佼者。他在《颜公大宗碑》一文中自述身世说:

> 早孤,太夫人殷氏躬自训育,公承奉慈颜,幼有老成之量,家贫屡空,布衣粝食,不改其乐。余力务学,甘味道艺,五经微言,及百世精理,无所不究。既闻之,必行之,尤工文词,善隶书。②

颜真卿历官三院御史、兵部员外郎、节度采访观察使、侍郎右丞、御史大夫、尚书,是颜氏宗族中官位和影响最大的一个人物。

颜氏一家不仅以经学和书法传世,更以满门忠义赢得了时人和后世的

①《旧唐书·王方庆传》。
②《全唐文》卷三三九。

赞誉。他们家族特别重视对后辈进行儒学传统伦理道德忠、孝、节、义、仁、礼、智、信的教育,因而其子孙中涌现出不少忠臣义士,其中颜杲卿和颜真卿双双为国捐躯的英雄壮举,为颜世家族树起了两面永垂不朽的忠贞之旗。

颜杲卿是颜之推的五世孙,性情刚正,才能卓越。在魏州录事参军任上,就创造了"政称第一"的政绩。天宝十四年(755年),他任度支判官兼摄常山(今河北真定)郡太守,他的堂弟颜真卿任平原太守。这年十一月,安史之乱爆发。此前,他们二人已经觉察安禄山可能谋逆,就秘密战守准备,以便"断贼北道","挫贼西锋"①。安史之乱爆发后,颜杲卿督兵一举攻取叛兵占据的土门,生擒叛将蒋钦凑、高邈,河北诸州郡有的斩杀伪官,有的婴城自守,军民士气大振,严重威胁了叛军的后方。安禄山于是命史思明督率平卢精兵围攻常山,在敌众我寡、粮尽井竭、军资不继的情况下,颜杲卿率全城军民与敌血战六昼夜,城陷被俘,拒不降敌。在敌人以斩杀其子和外甥的威胁面前,他也丝毫不为所动。爱子颜季明和外甥卢逖牺牲后,他被送到安禄山的"大燕国"的国都洛阳。安禄山厉声责问:"我拔擢你为太守,为何反我?"颜杲卿怒目而视,义正词严地回击安禄山:"汝营州牧羊羯奴耳,窃荷恩宠,天子负汝何事,而乃反乎?我世唐臣,守忠义,恨不斩汝以谢上,乃从而反耶?"②安禄山气得发疯,即命人将颜杲卿缚于天津桥柱上,节解生吞其肉。颜杲卿忍受常人难以忍受的剧痛,痛骂不绝。安禄山钩断他的舌头,问他还能不能骂?颜杲卿在含糊的骂声中气绝而死,时年56岁。他的宗子近属同时遇害。三年后的乾元元年,唐肃宗追赠颜杲卿为太子太保,并颂扬他"以人臣大节,独制横流","威烈既冠于当时"③。颜杲卿在面临自己和亲人身首异处的情况下宁死不屈的精神,"精贯日月,义形宗社",谱写了惊天地、泣鬼神的人间正气歌。

颜真卿的事迹与他的从兄颜杲卿同样壮烈感人。安史之乱前夕,时任武部员外郎的颜真卿因不党附于奸臣杨国忠,被排挤出朝任平原太守。他看到安禄山谋逆日滋,乃"以霖雨为讬,修城浚池,阴料丁壮,储廪实;乃阳会文士,泛舟外池,饮酒赋诗"④,以麻痹安禄山。安史之乱爆发后,由于唐

---

① ②《新唐书·颜杲卿传》。
③颜真卿:《颜公(杲卿)神道碑》,《全唐文》卷三四一。
④《新唐书·颜真卿传》。

政府军防务空虚,河朔很快沦于敌手,只有颜真卿据守的平原一城屹立不动,成为敌后一面迎风飘扬的战旗。当时河北 17 郡共推颜真卿为统帅,指挥 20 万兵马,"横绝燕赵",与叛军展开了激烈搏战。但因叛军来势凶猛,河北诸城逐次失陷,颜真卿只得于至德元年(756 年)十月放弃平原,渡河回到肃宗驻守的凤翔,被任为宪部尚书兼御史大夫。由于屡进忠言,多次遭贬。代宗朝转任刑部尚书兼御史大夫,但不久又遭宰臣元载诬陷,被贬至抚州(今属江西)、湖州(今属浙江)做刺史,在地方为百姓办了不少好事。大历(766—779 年)末年,权奸伏诛后,他又被征还京师任刑部尚书。德宗时,本拟任其为相,但因为权臣所忌,只担任一个没有实权的荣誉职务太子太师。不久淮南藩镇李希烈公开与朝廷叫板,督兵攻陷汝州(今河南临汝)。权奸卢杞施借刀杀人之计,建议派颜真卿前去宣慰。颜真卿至淮南,见到李希烈,立即被他的上千党徒持刀包围,漫骂呼叫,颜真卿岿然不动,并严厉斥责他们背叛朝廷的悖逆之举。其时几个藩镇的使者在场,建议李希烈"速正大位",以颜真卿为宰相,利用他的威望欺骗百姓,被颜真卿严词拒绝。他慷慨激昂地发出誓言:"吾今年向八十,官至太师,守吾兄(颜杲卿)之节,死而后已!"①在这掷地有声的誓言面前,众叛将无一人再敢置嘴。颜真卿被囚三年多,始终坚贞不屈,最后被叛军杀害于汝州的龙兴寺,结束了他 76 年的生命航程。后朝廷平定淮南,德宗下诏表彰颜真卿,谥"文忠"。《新唐书》的史臣赞颂他是"如严霜烈日"般的"可畏而仰"英雄烈士,令狐恒在《颜真卿墓志铭》中对他作了中肯的评价和赞扬:

> 当朝则汲黯之正也,莅下则廉范之通也。蕴是具美,行乎至俭。强暴莫敢冲,千飚不能动。大义久废,公起之;醇风久醨,公还之。非贤人之业,何以臻此。然虚己下士,不以名位自高。……介操所至,不迁其守。刚而中礼,介而容众,静而无闷,动而有光。便于己,希权幸不为也;君有命,蹈汤火不辞也。心在弭乱不在功,志图报国不图生。故其杀身成仁,视死如归!②

---

①《旧唐书·颜真卿传》。
②《全唐文》卷三九四。

显然,无论从事功还是从品格,在有唐一代的颜氏宗族中,颜真卿都是一个峰巅式的人物。

兰陵(今山东苍山)萧氏是南朝至隋唐时期的名门望族。其发迹于与刘宋皇室的联姻,萧氏子弟遂任职州郡,成为地方大员。其后辈不仅在齐、梁两朝登上皇帝的高位,而且逐渐在经学道德、文章词采方面崭露头角,成为有影响的文化世家。昭明太子萧统是萧氏在文化方面的杰出代表。《梁书》本传记述他说:

> 三岁受《孝经》、《论语》,五岁遍读《五经》,悉能讽诵。……性宽和容众,喜愠不形于色。引纳才学之士,赏爱无倦。恒自讨论篇籍,或与学士商榷古今;闲则继以文章著述,率以为常。于时东宫有书几三万卷,名才并集,文学之盛,晋、宋以来未之有也。①

绵延至唐朝,萧氏家族人才济济,风光无限。这一方面得益于门荫,一方面得益于深厚的家族文化传统使其子弟在科考上的竞争优势。致使他们家族光宰相就出了 10 位,他们是萧至忠、萧邺、萧瑀、萧嵩、萧华、萧俛、萧倣、萧复、萧寘、萧遘。但随着世族门阀制度的瓦解,萧氏在唐晚期也届临"无可奈何花落去"的衰落局面了。

萧氏与其他世族之家一样,不仅保持了经学传家的传统,而且保持了儒家伦理道德的门风。在官场上的萧氏族人,绝大多数都能贞亮正直,忠于职守,严格执法,善恶分明。如萧瑀就是"鄙远浮华"、"端正鲠亮",处理政务"抑过绳违无所惮","不能容人短"。大概唐太宗作为皇帝更明白"人之清则无徒"的道理,所以认为他"善恶太明"②并不全是优点。萧华治家谨严,"绰有家法"。后世子孙,谨遵门风。其孙萧俛性格"介独,持法守正","志嫉奸邪","不以声利自污"。在宰相任上,"孜孜正道,重慎名器"。有一个叫王播广的人,希冀通过贿赂权奸取得宰相之位,萧俛将其丑行宣示中外,打破了他的如意算盘。萧俛的从弟萧倣也是一个"气劲论直,同列忌之"③的人物,他在广州刺史和岭南节度使任上的时候,更凸现了耿介廉直的品

---

① 《梁书·昭明太子传》。
② 《旧唐书·萧瑀传》。
③ 《旧唐书·萧倣传》。

格。这里地处南海，物产丰饶，珠玉珍奇，在在多有。可他除俸禄之外，其余赠馈一概不取。一次家人病了，医生开的药方中有乌梅，下人顺便从官府仓库中取用。他知道后，立即命令奉还，所需乌梅到市上采买。其他萧复、萧遘等无论做官为人，皆以"志砺名节"①、"风采峭整"②闻名士林。

　　萧氏家族具有深厚的文化传统，在崇尚儒学的同时，也兼采佛学，显示了这一时期不少家族在文化上的包容性和灵活性。如梁武帝萧衍就特别崇信佛教，太子萧统更是"崇信三宝，遍览众经"，并在宫内设佛殿，经常招引众多僧人，讲论佛教经典。他"自立二谛，法身义，并有新意"③。萧家后世子孙也大都儒、佛兼修，以儒为主。如萧瑀既以"孝行闻"④，"爱经术"⑤，"聚学属文"⑥，又"好释氏，常修梵行"⑦，经常与僧人辨析佛经义理。由于他熟知历代典章制度，所以在唐初国典朝仪的制定中起了重要作用。萧复"少秉清操"，一点也没有沾染舆马轻裘的贵族公子习气，而是"独居一室，习学不倦，非词人儒士不与之游"⑧。萧嵩、萧华、萧俛、萧倣祖孙四辈共出了四个宰相，原因就在于他们家"谨重方雅，绰有家法"⑨，子弟都受到系统严格的儒学教育，笃信和实行儒家的修、齐、治、平理论。到萧倣为官的时候，甚至改变了他们家族兼治佛学的传统。唐懿宗是一个以佞佛出名的皇帝，萧倣上疏规谏，认为佛教是外来宗教，"名归象外，理绝尘中，非为帝王之所能慕"，作为皇帝是不应该沉迷其中的。只有儒学"以仁义为首，相沿百代，自则千年，至盛至明"⑩，是不可须臾离的宝典。要求懿宗牢记儒学的宗旨，"发挥王道，恢益帝图"，使唐帝国重振雄风，恢复昔日的繁荣昌盛。

　　综上所述，可以看出，唐代的山东世族身上比较突出地体现了齐鲁文化的特点。这些世族本身就是齐鲁文化的载体，他们文化底蕴丰厚，累世不衰，人才辈出，绳绳不绝。崔、王、颜、萧四大姓，犹如四株根深叶茂的参天大树，伴随着唐朝 200 多年的风风雨雨，以无与伦比的文化创造，在经学、思想、书法、文学、艺术等诸多方面作出了不可替代的贡献，再一次使齐鲁文化

①⑧《旧唐书·萧复传》。
②《旧唐书·萧遘传》。
③《梁书·昭明太子传》。
④⑥⑦《旧唐书·萧瑀传》。
⑤《新唐书·萧瑀传》。
⑨《旧唐书·萧华传》。
⑩《旧唐书·萧倣传》。

绽放出绚烂的光辉。不过,唐代的山东世族与其他地方的世族一样,他们都没有躲过唐末农民大起义的一劫。在"内库烧为锦绣灰,天街踏尽公卿骨"①的浩劫中,他们人、财尽失,有的甚至满门灭绝。接着是朱温代唐,更是大杀残存的世族衣冠。至此,魏晋南北朝以来数百年在政治和文化上极尽风光的世家大族就退出了历史舞台。他们将辉煌留给了历史,将后辈抛到平民百姓的队伍中。

(二)山东的庶族与庶族文化

在唐代,与山东世族相对应的还有人数更多的山东庶族。这些人出身寒微,富而不贵,没有世族享有的身份特权,在九品中正的选官制度下,他们在政治上获取的资源远远少于世家大族。大概正因为如此,激励了他们的拼搏奋斗精神,使他们中的一部分人在魏晋南北朝后期在政治上崭露头角。当隋朝废除九品中正的选官制度而以科举制遴选人才的时候,就进一步为他们打开了政治上的进身之阶。

如果说隋代山东庶族的力量还比较微弱的话,那么,到唐代,山东庶族就形成了一支举足轻重的政治力量。隋朝末年的社会动乱给山东庶族代表人物的崛起提供了一个重要契机,他们以自己敏锐的政治嗅觉和卓越的政治军事才能积极投身当时的政治军事斗争,为唐朝的建立、巩固和发展作出了重大贡献,从而也使自己获得了较高的政治地位。山东庶族的代表人物房玄龄、李勣、秦叔宝、程知节、段志宏等人通过不同途径云集李渊、李世民父子周围,成为"佐命协力"的第一批功臣宿将。如齐州临淄的房玄龄自幼随父亲博览经史,时刻关注政治形势的变化,在隋末天下大乱、士人迷惘的情况下,他就看出李渊父子是未来中国之主的前景,毅然投身秦王李世民麾下,做了他的渭北道行军记室参军,即相当于秘书长的官职。在这里,房玄龄如鱼得水,政治才能得以充分显现。他"每军书表奏,驻马立成,文约理赡,初无稿草"。每次战争结束后,当众人竞求金银财宝、奇物珍玩的时候,只有他将俘获的敌营的优秀人才收罗到秦王的幕府,由此使秦王府人才济济,为再一次统一中国、策划"玄武门之变"和后来创造"贞观之治"的辉煌

---

①韦庄:《秦妇吟》。

政治局面储备了人才。如后来与房玄龄同为宰相的杜如晦的被重用和升迁，就是由于房玄龄的举荐。正是在贞观年间，他们二人共掌朝政，制定和完善了唐朝的台阁规模和典章文物。房玄龄也因此被"论者称为良相焉"①，是唐太宗下令图形凌烟阁的 24 位创业功臣之一。曹州离狐（今山东东明）人李勣，本姓徐名世勣，归唐后赐姓李名勣。出身豪强地主，先参加瓦岗起义军，后归唐在李世民麾下服务，在统一中国、征伐东突厥的征战中屡立奇功。他任并州总管 16 年，使突厥不敢侵犯，维持了边境较长时期的安宁，被李世民喻为国之长城，也是图形凌烟阁的 24 位创业功臣之一。后转任宰相，被委以辅佐太子的重任。高宗继位后，先拜济州刺史，继而再任宰相。他支持高宗立武则天为皇后，进一步彰显了庶族地主的利益。总章元年（668 年）任辽东道行军总管，率军攻克朝鲜平壤，扩大了中国文化在朝鲜半岛的影响。齐州历城（今山东济南）人秦叔宝、济州东阿人程知节都是李世民麾下的战将，曾分别任左、右武卫大将军，驰骋疆场，屡立战功，双双图形凌烟阁。齐州临淄人段志宏，最早随同李渊父子在太原起兵反隋，是秦王李世民帐下最得力的将军之一。唐太宗时官至左骁卫大将军，也是图形凌烟阁的 24 位创业功臣之一。

　　以上诸人，不论为文还是经武，都有着相近似的经历，即都是较早追随李渊父子的开国功臣。山东另一个庶族的代表人物马周与他们相比则有显著的不同。马周是清河茌平人，他少年孤贫好学，精通儒家经典《诗》、《传》。高祖时开始做博州助教之类的小官，因饮酒使气，放荡不羁，受到刺史责罚，他拂袖而去，游历曹、卞等地，最后辗转来到首都长安，成为中郎将常何的门下客。贞观三年（629 年），唐太宗令百官上书言得失，马周为常何起草的奏章得到太宗的赏识，得以谒见，历官监察御史、太子舍人等官。他多次上书，对唐朝的政治、经济政策提出许多重要建议并为太宗所接受，从而保证了贞观中、后期唐朝政治沿着贞观前期的正确轨道继续前进。

　　如果说唐朝前期庶族势力已经进入核心领导层并发挥了重要影响的话，那么，从高宗到玄宗时期（650—755 年）的 100 多年间，庶族势力得到进

---

　　①《旧唐书·房玄龄传》。

一步的发展,势头超过了世族精英。但此期的山东庶族仅通过科举涌现了一批刺史之类的地方官员,对朝廷中央的决策没有产生重大影响。安史之乱后,山东庶族中又出现了张镐、刘晏、张建树、李自良、伊慎、吕元膺等为代表的一批重要人物,在朝廷决策、平叛和平息割据的藩镇的活动中都发挥了显著作用。博州(今山东聊城东北)人张镐,少年时拜著名史学家吴兢为师,博涉经史。后在玄宗朝"自褐衣拜左拾遗",肃宗朝"致位宰相",却能"居身清廉,不营资产,谦恭下士"。在安史之乱的艰难岁月,张镐应肃宗之命,兼任河南节度使,持节指挥淮南诸道兵马进行平叛的军事行动,此间他曾杖杀不服调遣的濠州刺史闾丘晓。唐军收复长安、洛阳后,陷于困境的叛将史思明请降以延缓唐军的进攻。张镐对于史思明这样反复无常的叛将心存疑忌,就手书密表,提醒肃宗不要接受史思明的请降:"思明凶竖,因逆窃位,兵强则众附,势夺则人离。包藏祸心,禽兽无异,可以计取,难以义招。伏望不以威权假之。"①肃宗不听,接受了史思明的请降要求,结果上当受骗。这说明张镐对史思明有着深入的了解和准确的判断。曹州南华(今山东东明)人刘晏,七岁以神童名世,授秘书正字。玄宗时历任县令、侍御史、度支郎中。之后,从肃宗上元元年(760年)至代宗大历十四年(779年)的20年间,刘晏长期担任度支、盐铁、转运等使,掌管唐帝国的财政事务,保证了唐帝国的行政、军事和文化发展的需要,"任事十余年,权势之重,邻于宰相,要官重职,颇出其门"。"当大历时,事贵因循,军国之用,皆仰于晏"②。安史之乱以后,唐帝国昔日的繁荣一去不复返。财政入不敷出,物资匮乏,物价飞涨;加之漕运破坏,关中时时遭遇粮荒。刘晏作为唐政府财政的主要负责人,呕心沥血,惨淡经营,通过改进漕运和盐法、平抑物价等革除积弊、建立新的制度和政策等措施,使唐朝的财政走出了困境,同时也培养了一批理财专家。虽然后来刘晏于建中元年(780年)由于杨炎的诬陷而冤死,但他培养的那些理财专家仍然保证了唐政府的行政运转和对藩镇斗争的财政需要。兖州泗水人李自良是一位智勇双全的将军,在讨伐藩镇和叛将的战争中屡立军功,官至右龙武大将军,长期以太原尹、北都留守等职务驻守太原,为唐帝国北部边境的安定立下了不朽功勋。同为兖州人的伊慎也是一位智勇双全的

①《旧唐书·张镐传》。
②《旧唐书·刘晏传》。

将军,在讨伐反叛的岭南节度使哥舒翰和淮西节度使李希烈的战争中,他身先士卒,屡陷敌阵,立下赫赫战功。历任连州长史、安州刺史等地方大吏。另一兖州人张建树,历任寿州刺史、徐州刺史、礼部尚书和检校右仆射等官职,在对叛将淮西节度使李希烈的战争中发挥过重要作用。

唐代的山东庶族尽管没有世族那样深厚的文化底蕴,但他们知道保持家族文化上的优势是提升门第和获取官位的重要条件,所以他们之中出了不少博涉经史、致力著述的儒者。如明克让"少好儒雅,善谈论,博涉书史,所览将万卷,《三礼》礼论,尤所精研,龟策历象,咸得其妙"①。房玄龄父子也都是属文、工书、博览经史的具有很高文化素养的人。马周精于《诗》、《传》,路敬淳"遍览坟籍",王元感所撰《尚书纠谬》被著名经学家魏知古誉为"五经之指南"②。有些不通文墨、尚武任侠、以武功博取功名的庶族人士,一旦荣登高位,也是注意"修家法",谆谆告诫他们的子弟努力学习经史,保持良好的门风。因经史学问而博取官位的人士更重视家学家风的传承。如房玄龄告诫诸子不可"骄奢沉溺",不可以地望盛气凌人,他将古今圣贤家诫书于屏风,勉励子弟时时警惕,为学做人都不要辱没家风。又如李勣在临终前还语重心长地对其弟李弼留下遗言:"我见房玄龄、杜如晦、高季辅辛苦作得门户,亦望垂裕后昆,并遭痴儿破家荡尽。我有如许豚犬,将以付汝,汝可防察,有操行不伦、交游非类,急即打杀,然后奏知。"③然而,就像历史的发展不以人的意志为转移一样,庶族宦门子弟的未来走向也不以他老子的意志为转移。况且,即使这些子弟完全按照老子的嘱托行事,他们也很难在复杂的政治斗争中恰到好处地掌控自己不陷入其中。再加上文化的积累需要较长时日,他们的后代也不见得能持之以恒。所以房玄龄、李勣、马周传至第二代就衰败了。不过,由于科举制度的有序运行,唐代的山东庶族前仆后继地在这条路上竞奔,衰败者不时退出历史舞台,而崛起者更是不断涌现,他们就是这样参与着中国历史和文化的创造。

①《隋书·明克让传》。
②《旧唐书·王元感传》。
③《旧唐书·李勣传》。

三、思想成就

（一）吕才的哲学思想

在隋唐五代近 400 年的历史上，齐鲁大地涌现出来的思想家在许多领域都取得了骄人的成就。其中吕才的哲学思想、房玄龄和马周的政治思想以及刘晏的经济思想，在中国思想史上占有重要地位。

吕才（600—665 年）是博州清平（今山东临清）人，生活于隋末唐初那个改朝换代、社会动荡的年代。他"少好学，善阴阳方伎之书"，在哲学、科技、军事、历史、文学、音乐诸多方面都有很高的造诣，特别擅长音律。就是地理、逻辑，乃至五行、历算、医药、象戏、制图等方面，都有专门的著述和创造。不过他一直生活在民间，没有机会在上流社会展示才华。贞观三年（629 年），因唐太宗令祖孝孙增损乐章，访求能者，吕才因温彦博、王珪和魏征等人的推荐，才得以进入弘文馆，其学识和才干终于为世人所知。但作为一个思想家，吕才出身贫寒，虽然满腹经纶，却不被重用，只做过位卑言轻的小官，一生在寂寞和穷愁潦倒中度过：

> 子方毅，七岁能诵《周易》、《毛诗》。太宗闻其幼敏，召见，奇之，赐以缣帛。后为右卫铠参军。母终，哀恸过礼，竟以毁卒。布车载丧，随辂车而葬。友人郎余令，以白粥、玄酒、生刍一束，于路隅奠祭，甚为时人之所哀惜。[1]

吕才学识渊博，涉猎广泛，几乎涉及当时各个学科门类，是一个百科全书式的学者。从他的论敌口中展示的也是一个卓然不群的具有批判精神的大学问家的风貌：

> 吕奉御以风神爽拔，早擅多能；器宇该通，凤彰博物。弋猎开坟之典，钩深坏壁之书。触类而长，穷诸数术。振风飚于辩圃，擂光华于翰林。骧首云中，先鸣日下。五行资其笔削，六位仁其高谈。一览太玄，应问便释，再寻象戏，立试即成，实晋代茂先，汉朝曼倩，方今蔑如也。

---

[1]《旧唐书·吕才传》。

既而翱翔群路,绰有余功。而敬慕大乘,凤敦诚信,比因友生戏尔,忽复属想"因明",不以师资,率已穿凿,比决诸疏,指斥求非,喧议于朝廷,形言于造次。①

由于吕才具有儒、释、道等多方面的修养,在其参与的辩论中能够旁征博引、左右逢源,稳操胜券。他一生著述甚多,据新旧《唐书》、《佛藏》以及《全唐文》的记载,有《三局象经图解》、《阴阳书》、《方域图》、《文思博要》、《姓氏录》、《因明注解立破义图》、《白雪歌词》等,可见其著述之宏富。不过这些著作在以后的流传过程中逐渐散失,今天能够看到的也就是《全唐文》收录的8篇残文了,我们只能凭借这些文章窥视吕才思想的概貌。

吕才的哲学思想突出体现在他的本体论、无神论和逻辑思想。

吕才依据中国传统的易学思想构筑起自己的本体论:

> 天覆地载,乾坤之理备焉;一刚一柔,消息之义详矣。或成于昼夜之道,感于男女之化,三光运于上,四气通于下,斯乃阴阳之大经,不可失之于斯须也。②

> 一消一息,范围天地之义,大哉至哉,变通爻画之纪。理则未弘于方外,事乃犹拘于域中,推浑元而莫知,穷阴阳而不测。③

这里,吕才显然将"浑元而莫知"的"三光"和"四气"看做世界的本原,从而肯定了世界的物质性,坚持了唯物论的基本原则。他同时将物质运动放在阴阳、刚柔的矛盾中进行,说明他已经有了朦胧的辩证法意识。

吕才的无神论思想主要集中在《阴阳书》中,这是他奉唐太宗之旨与10多位学者共同修撰的一部官书。可惜全书亡佚,只在《叙宅经》、《叙录命》、《叙葬书》三篇残文中留下了他思想的吉光片羽。在《叙宅经》中,他对当时流行的以天下万物配属宫、商、角、徵、羽五音以预决吉凶的迷信思想和行为进行了严厉批驳。吕才以自己丰富的历史和音乐知识为依据,指出这种匹配既无历史根据又矛盾百出,与中国复杂的姓氏起源毫无关联,不过是"野

---

①《大正新修大藏经》卷五十,《大慈恩寺三藏法师传》卷八。
②《旧唐书·吕才传》。
③《全唐文》卷一六〇,《因明注解立破义图序》。

口俗传"的"事不稽古,义理乖僻"的粗鄙迷信。在《叙录命》中,吕才对预卜人们祸福、贵贱、寿夭的禄命之书的虚妄进行了揭露和抨击。他以鲁庄公、秦始皇、汉武帝、北魏孝文帝、南朝宋武帝五位君王的实际命运与禄命之书预测的背离,说明禄命之书不过是骗人敛财的工具,是绝对不可信的。在《叙葬书》中,吕才针对阴阳家的《葬书》关于丧葬的许多忌讳,如时间的选择以及"富贵官品,皆由安葬所致;年寿延促,亦由坟垄所招"的说辞,据理批驳道:

> 《孝经》云:"立身行道。则扬名于后世,以显父母。"《易》曰:"圣人之大宝曰位,何以守位曰仁。"是以日慎一日,则泽及于无疆,苟德不建,则而人无后。此则非由安葬吉凶而论福祚延促。臧孙有后于鲁,不关葬得吉日;若敖绝祀于荆,不由迁厝失所。此则安葬吉凶不可信用。①

针对《葬书》中所谓"丧葬吉凶,皆依五姓便利"的说法,吕才指出,此前帝王的葬地,方位不尽相同,即同一朝代,父子兄弟也各葬东西南北,都不合姓墓之义,与其兴衰也没有关系。他进而指出:

> 且人臣名位,进退何长,亦有初贱而后贵,亦有始泰而终否。是以子文三已令尹,展禽三黜士师。卜葬一定,更不回改,冢墓既成,曾不革易,则何因名位,无时暂安。故知官爵宏之在人,不由安葬所致!……野俗无知,皆信《葬书》,巫者诈其吉凶,愚人因其僥幸,遂使擗踊之际,择葬地而希官品;荼毒之秋,选葬时以规财禄。或云辰日不宜哭泣,遂莞尔对宾客受吊;或云同属忌于临圹,乃吉服不送其亲。圣人设教,岂其然哉!《葬书》败俗,一至于斯!②

吕才对迷信的批判虽然以儒家经典为依据,认同儒家经典的迷信,显示了命定论的局限,但他对儒家的丧葬之礼作了"备于慎终之礼,曾无吉凶之义"的解释,从中透出的是强烈的人文主义精神,这实在是难能可贵的。

吕才的逻辑思想是通过《因明注解立破义图》一书阐发的。该书是以

---

① ②《全唐文》卷一六〇。

对玄奘法师译出的佛教经典《因明论》的注释的形式编成的。在此之前，《因明论》已经有神泰、靖迈、明觉三法师为之义疏、诠表，吕才是在其基础上加以阐发的。他自己曾这样说明：

> 才以公务之余，辄为斯注。至于三法师所说善者，因而成之；其有疑者，立而破之；分为上中下三卷，号曰《立破注解》。其间墨书者，即是论之本文；其朱书注者，以存师等旧说；其下墨书者，是才今之新撰，用决师等前义，凡有四十余条，自鄣以下，犹未具录。至于文理隐伏，稍难见者，仍画为义图，共相比较；更别撰一方丈图，独存才之近注论。①

显然，这是一部注、解、论相结合、图文并茂的具有独创性的逻辑学著作，可惜明代以后全部散失，我们今天只能从其论敌的转述中分析其逻辑思想的某些内容。吕才将他的逻辑思想建立在天地乾坤阴阳消息的"义理"基础上，对"生因了因"、"差别为性"、"宗依宗体"、"喻依喻体"等逻辑论题提出辨疑，随疑设难，因难求解，在破中立定自己的结论。明濬在批评吕才时写了这样一段话，颇能透出吕才在逻辑方面的独创精神和所向披靡的辩才：

> 自既无是，而能言是；《疏》本无非，而能言非。言非不非，言是不是。言是不是，是是而恒非；言非不非，非非而恒是；非非恒是，不为是所是，是是恒非，不为非所非。②

吕才的逻辑理论一出，立即在当时的佛教界引起轩然大波。尽管明濬之流气急败坏地大加指责，但也得到不少学者的同情和支持，博士柳宣对其发出了由衷的赞扬：

> 闻持拟于昔贤，洞微侔于往哲，其词辩，其义明，其德真，其行著，已沐八解之流，又悟七觉之分，影响成教，若静名之入庵园；闻道必求，犹波苍之归无竭，意在弘宣佛教，立破因明之疏。若其是也，必须然其所长；如其非也，理合指其所短。今见僧徒云集，并是采石他山；朝野俱闻吕君请益，莫不侧听，泻瓶皆望；荡涤掉悔之源，销屏疑念之聚。③

---

①②③《大正新修大藏经》卷五十，《大慈恩寺三藏法师传》卷八。

吕才的逻辑理论所引起的巨大反响,一方面说明当时思想界存在着尖锐的斗争,一方面也说明吕才作为一个官场上的小人物在思想界所具有的分量:他已经占到了当时哲学的制高点上俯视群雄了。

(二) 房玄龄和马周的政治思想

房玄龄(579—648 年),名乔,齐州临淄人。他的青少年时代是在隋朝度过的。他自幼聪慧,博览经史,书法文章极具功力。一次他随做官的父亲至京师,此时正是隋文帝统治的后期,"时天下宁晏,论者咸以国祚方永",只有小小年纪的房玄龄看出隋朝面临的危机。他避开众人悄悄对父亲说:"隋帝本无功德,但诳惑黔黎,不为后嗣长计,混诸嫡庶,使相倾夺,储后藩枝,竞崇淫侈,终当内相诛夷;不足保全家国。今虽清平,其亡可翘足而待。"①18 岁,本州举进士,授羽骑尉。617 年李渊在太原起兵反隋,房玄龄即"策杖上谒军门",投到秦王李世民麾下,很快显现卓越才干,被李世民誉为自己的邓禹,成为秦王府的十八学士之一。武德九年(626 年),他参与策划"玄武门之变",协助李世民夺取了太子之位。第二年,李世民即帝位,房玄龄代萧瑀做了中书令,被李世民推尊为五个功劳最大的功臣之一,认为他"有筹谋帏幄、定社稷之功"。后历官太子詹事、礼部尚书、尚书左仆射、开府仪同三司,封国公,是图形于凌烟阁的二十四功臣之一。他是唐太宗一朝最重要的大臣之一,协助皇帝制定和实施了许多重要的政治军事措施,为"贞观之治"的繁荣作出了巨大贡献。所以他去世时,唐太宗悲痛不已,为之停朝三日,给予陪葬昭陵的殊荣。贞观二十年(646 年),房玄龄曾一度被免官归第,为此褚遂良曾上疏为之辩护,其中对房玄龄的事功作了较全面的评价:

> 陛下昔在布衣,心怀拯溺,手提轻剑,仗义而起。平诸寇乱,皆自神功,文经之助,颇由辅翼。为臣之勋,玄龄为最。昔吕望之扶周武,伊尹之佐成汤,萧何关中,王导江外,方之为四。且武德初策名伏事,忠勤恭孝,众所同归。而前宫(李建成)、海陵(李元吉),凭凶恃乱,干时事主,

---

① 《旧唐书·房玄龄传》。

人不自安,居累卵之危,有倒悬之急,命视一刻,身縻寸景,玄龄之心,终始无变。及九年之际,机临事迫,身被斥逐,阙于谟谋,犹服道士之衣,与文德皇后同心影助,其于臣节,在无所负。及贞观之始,万物惟新,甄吏事君,物论推奂,而勋庸无比,委质惟旧。①

后来,柳芳曾对房玄龄一生的功业作了如下评价:

玄龄佐太宗定天下,及终相位,凡三十二年,天下号为贤相;然无迹可寻,德亦至矣。故太宗定祸乱而房、杜不言功,王、魏善谏诤而房、杜让其贤,英、卫善将兵而房、杜行其道,理致太平,善归人主,为唐宗臣,宜哉!②

应该说,这两人对房玄龄的评价是切中肯綮的。

由于房玄龄是一个"无迹可寻"的"让贤"、"行道"、"不言功"的贤相,他只是默默地循规蹈矩地工作,关键时刻拿出决断意见。平时少言寡语,以致引起唐太宗的不满,指责他"不问则不言,见事都不谏诤",所以他本人留下的思想资料很少,我们只能从其事功和别人的评判中寻觅其思想的火花。房玄龄一生的政治活动中,贯穿着重民的一条红线。无论是重大的政治决策,还是各种制度法律的厘定,他都能从减轻百姓负担、减少百姓苦难着眼。当李世民与太子刘建成的矛盾激化时,他知道发动"玄武门之变"必然使李世民蒙受不孝的恶名,但为了社会的安定和减少百姓的战乱之苦,他认为"道德有亏"是值得的。他奉命制定的《唐律》,较《隋律》减少大辟刑92条,减流刑为徒刑71条。他奉太宗之命大刀阔斧简省朝廷中央的机构和官吏,将中央文武官吏由原来的2000多人减为643人,大大节约了财政开支。在他临终前,唐朝发动的对高丽的战争正如火如荼地进行中。他上疏劝谏太宗停止这场师出无名、劳民伤财的战争:

陛下每决一死囚,必令三覆五奏,进素食、停音乐者,盖以人命所重,感动圣慈也。况今兵士之徒,无一罪戾,无故驱之于行阵之间,委之

①《旧唐书·房玄龄传》。
②《资治通鉴》卷一九九,《唐纪》十五,太宗贞观二十二年。

于锋刃之下,使肝脑涂地,魂魄无归,令其老父孤儿、寡妻慈母,望榇车而掩泣,抱枯骨以摧心,足以变动阴阳,感伤和气,实天下冤痛也。且兵者凶器,战者危事,不得已而用之。向使高丽违失臣节,陛下诛之可也;侵扰百姓,而陛下诛之可也;久长能为中国患,而陛下诛之可也。有一于此,虽日杀万夫,不足为愧。今无此三条,坐烦中国,内为旧王雪耻,外为新罗报仇,岂非所存者小,所损者大?①

房玄龄明白,一个朝代政治的好坏,在很大程度上决定于执政官吏的良莠。所以他在行政实践中,特别注意发现和提携人才。在他担任宰相的20多年中,他为皇帝"广开耳目,求访贤才",不仅发现和提拔了许多人才,而且不惜让不少人才超越自己,表现了以天下国家为己任的胸怀和大度。正是由于房玄龄、杜如晦等一大批人才的存在,才支撑一个享誉后世的"贞观盛世"。所以《贞观政要》对他发出了这样的由衷赞誉:

> 既总任百官,虔恭夙夜,尽心竭节,不欲一物失所,闻人有善,若己有之。明达吏事,饰以文学,审定法令,意在宽平。不以求备取人,不以己长格物,随能收叙,无隔疏贱。论者称为良相焉。②

马周(601—648年),字宾王,博州茌平(今属山东聊城)人。他少小聪敏,好学深思,特立独行,率性而为,因而在仕途上数次碰壁。直到贞观三年(629年)才因一次上书得到唐太宗的赏识,一路升迁,由监察御史、谏议大夫、中书侍郎、太子右庶子,直至中书令、摄吏部尚书。他英年早逝,太宗为之举哀,并给予陪葬昭陵的殊荣。马周思虑缜密,在"君臣论治"时敢于发表自己的见解,勤于著述,有《马周集》10卷留世。

马周政治思想的核心是"临天下者,以人为本"。具体说就是使天下的百姓安居乐业。为达此目的,必须选好最贴近百姓的父母官刺史和县令。他说:"欲令百姓安乐,唯在刺史县令。县令既众,不能皆贤,若每州得良刺史,则合境苏息。"由此出发,他对当时唐朝存在的重内官轻外官的制度上的弊端提出了尖锐批评:

---

①《旧唐书·房玄龄传》。
②《贞观政要·任贤》。

自古郡守、县令,皆妙选贤德,欲有擢升宰相,必先试以临人,或从二千石入为丞相。今朝廷独重内官,县令、刺史,颇轻其选。刺史多是武夫勋人,或京官不称职,方始外出。而折冲果毅之内,身材强者,先入为中郎将,其次始补州任。边远之处,用人更轻,其材堪宰荐,以德行见其擢者,十不能一。所以百姓未安,殆由于此。①

由于马周的批评意见是唐太宗同时感觉到了的,因而引起朝廷的重视,从而使这一问题获得一定程度的解决。马周同时也对唐朝的官吏考课制度提出了批评,认为当时对流内九品官以九等进行考评的制度过于严格,最优秀的官吏也仅得"中上"的等级,即中等水平,这样使大部分官吏失去力争上游的信心和勇气,达不到激励先进的目的:

臣谓令设九等,正考当今之官,必不施之于异代也。纵朝廷实无好人,犹应于见任之内,比较其尤善者,以为上第;岂容朝廷之士,遂无堪上下之考者?朝廷独知贬一恶人可以惩恶,不知褒一善人足以劝善?臣谓宜每年选天下政术尤著者一二人为上上,其次为上中,次为中上,其次为上下。则中人以上,可以自劝。②

马周在要求广选贤德之人为官,特别是为基层官吏的同时,更要求当政者一方面"务广恩化",对百姓实行相对宽松的"仁政德治",一方面要"节俭于身",杜绝奢侈浪费,以减轻百姓的赋役负担:

臣历观前代,自夏、殷及汉氏之有天下,传祚相继,多者八百余年,少者犹四五百年,皆为积德累业,恩结于人心。岂无僻王,赖前哲以免。自魏、晋以还,降及周、隋,多者不过六十年,少者才二三十年而亡。良由创业之君,不务广恩化,当时仅能自守,后无遗德可思,故传嗣之主政教少衰,一夫大呼而天下土崩矣。今陛下虽以大功定天下,而积德日浅,固当思隆禹、汤、文、武之道,广施德化,使恩有余地,为子孙立万代之基,岂欲但令政教无失,以持当年而已。然自古明王圣主,虽因人设

①《旧唐书·马周传》。
②马周:《请劝赏疏》,《全唐文》卷一五五。

教,宽猛随时,而大要唯以节俭于身,恩加于人二者是务。①

而当时的现实是比隋代大大减少的人口却要承担沉重的赋役,"供官徭役,道路相继,兄去弟还,首尾不绝","春秋冬夏,略无休时"。而皇室贵族的"营造供奉器物"却"不以为俭"。这是十分危险的。马周进一步指出,政教当修正于丧乱之前,待丧乱形成再加以修正就为时晚矣:

> 臣寻往代以来之事,但有黎庶怨叛,聚为盗贼,其国无不即灭。人主虽改悔,未有重能安全者。凡修政教,当修于可修之时,若事变一起而后悔之,则无益也。故人主每见前代之亡,则知其政教之所由丧,而皆不知其身之失。是以殷纣笑夏桀之亡,而幽、历亦笑殷纣之灭;隋炀帝大业之初又笑齐、魏之失国。今之视炀帝,亦由炀帝之视齐、魏也。②

这里,马周明确指出,"黎庶怨叛,聚为盗贼"是历史上许多王朝灭亡的原因,当百姓起来造反的时候,谁也没有回天之力。历史的经验使马周意识到百姓的力量和作用,所以他一再告诫当政者,只有将百姓的安乐放在心上并且使他们真正过上安乐的日子,你的江山社稷才能长治久安:

> 往者贞观之初,霜俭,一匹绢才得一斗米,而天下帖然。百姓知陛下甚爱怜之,故人人自安,曾无谤讟。自五六年来,频岁丰稔,一匹绢得粟十余石,而百姓皆以为陛下不忧怜之,咸有怨言。又今所营为者,颇多不急之务故也。自古以来,国之兴亡,不由积蓄多少,唯在百姓苦乐。③

所以,国家不能老是盯着百姓手中的那点东西,千方百计聚敛到国库中,否则,到一定时候,就只能"资寇"了:

> 若人既劳矣而用之不息,倘中国被水旱之灾,边防有风尘之患,狂狡因之窃发,则有不可测之事,非圣躬旰食晏寝而已。古语云:"动人以行不以言,应天以实不以文。"④

---

① ② ③ ④《旧唐书·马周传》。

马周在一片颂声的贞观时代已经锐敏地看到唐朝社会潜在的危机并直言不讳地加以揭露,他提出的救助之策虽然仍是轻徭薄赋、使民以时之类的传统政策,但他关心民瘼的诚意和敢言直谏的勇气还是值得肯定的。

在唐初,自唐太宗提倡"封建亲贤"并封数十位宗亲和功臣以"世袭刺史"以来,关于"封建"就引起一场激烈的争论。臣子们对此发表了不少肯定或否定的意见。面对李百药等权臣对"封建"的出格颂扬,马周则毅然提出自己的否定意见:

> 伏见诏书令宗室勋贤作镇藩部,贻其子孙,嗣守其政,非有大故,无或黜免。臣窃惟陛下封植之者,诚爱之重之,欲其绪裔承守,与国无疆。何则?以尧、舜之父,犹有朱、均之子?况下此以还,而欲以父取儿,恐失之远矣。倘有孩童嗣职,万一骄逸,则兆庶被其殃,而国家受其败。政欲绝之也,则子文之治犹在;政欲留之也,而栾黡之恶已彰。与其毒害于见存之百姓,则宁割恩于已亡之一臣,明矣。然则向之所谓爱之者,乃适所以伤之也。臣谓宜赋以茅土,畴其户邑,必有材行,随器方授,既翰翮非强,亦可以获免尤累。昔汉光武不任功臣以吏事,所以终全其世者,良由得术也。愿陛下深思其宜,使夫得奉大恩,而子孙终其福禄也。①

中国自西汉实行郡国并行的地方行政体制以后,几乎所有的封建王朝都实行宗室贵族封以王侯的制度,因为这大概是当时能够找到的最理想的在宗室贵族中进行权力和财产再分配的制度了。然而,"封建"的弊端又是显而易见的。所以对这个制度,政治家和思想家始终有肯定和否定的两种意见。这里,马周否定"封建"的意见完全是从唐朝的长治久安出发,"会文切理",将利弊得失讲得切中肯綮,终于打动了唐太宗,使之打消了封子弟功臣世袭刺史的念头。

(三) 刘晏的经济思想

刘晏(715—780 年),字士安,曹州南华(今山东东明)人。其先祖可以

---

① 《贞观政要·封建》。

追溯至西汉的楚元王刘交,其祖、父都做过县令、丞之类地方基层小官,两兄做到大理司直和刺史等中级官员。他自小聪敏,学习刻苦用功,很小年纪就能写出出众的诗赋文章,是乡里远近闻名的神童。开元十三年(725年),唐玄宗在封禅泰山和曲阜祭祀孔子后,回返路上经宋州(今河南开封)时,得到了年仅10岁的刘晏献上的《东封书》。宰相张说面试后,大加赞扬,当即被授予太子正字的小官,一时轰动朝野,"公卿邀请旁午,号神童,名震一时"①。两年后,玄宗携杨贵妃在勤政楼设百戏、杂技欢宴群臣,其中王大娘戴百尺竿的杂技最为惊险精彩。12岁的刘晏被杨贵妃置于膝上观戏,玄宗在群臣的一片惊叫喧哗声中,要刘晏作一首咏王大娘戴竿的诗,这既有考验其才情之意,更有让刘晏在群臣面前崭露才华的隐衷。刘晏应命,立即吟出一首震惊四座的七律《咏王大娘戴竿》:

> 楼前百戏竞争新,唯有长竿妙入神。谁谓绮罗翻有力,犹自嫌轻更著人。②

尽管诗作不过是现实场景的白描,但由于出自一个12岁的少年之口,加上是皇帝和贵妃中意的神童,自然引来一片欢呼声,他因而得到贵妃牙笏和黄纹袍的奖赏,刘晏的名声由是更是不胫而走了。天宝七年(748年),刘晏以夏县令开始了自己地方主官的政治生涯。天宝十四年(755年)安史之乱爆发,刘晏拒反叛的永王李璘有功,被任命为彭原(今甘肃宁县)太守,继任陇(今陕西陇县)、华(今陕西尹华)二州刺史,旋升何南尹。不久又转任户部侍郎,兼御史中丞、度支铸钱盐铁等使,再兼京兆尹,成为执掌中央财政大权的重要官员。后因被诬陷贬通州刺史。代宗宝应元年(762年),刘晏被召回京再任京兆尹、户部侍郎,领度支、盐铁、转运、铸钱、租庸使。第二年,即广德元年,拜吏部尚书,入相。广德二年正月,因坐与程元振交通,被降为太子宾客。三月,升任御史大夫,领东都、河南、江淮转运、租庸、盐铁、常平使。不久,再迁吏部尚书,兼湖南、荆南、山南东道转运、常平、铸钱使。代宗时期,曾奉命主持审理元载案。大历十四年(779年),代宗去世,其

①《新唐书·刘晏传》。
②《全唐诗》卷一二〇。

子李适继位,是为德宗。他任杨炎为宰相。因杨炎在元载案中被刘晏贬斥,他入相后即对刘晏挟嫌报复,先是贬官为忠州(今四川忠县)刺史,接着诬陷他"谋作乱",最后唆使德宗命其自裁。刘晏就这样冤死于远离故乡的忠州。

刘晏为官半个多世纪,历玄、肃、代、德四朝,前后执掌唐帝国的中央财政近20年,在财政上出台了一系列政策,基本上保证了行政和军事的需要,也留下了丰富的经济思想遗产。刘晏出掌唐帝国中央财政的时候,正值安史之乱后的危机之秋。战乱频仍,藩镇割据,人口锐减,水利失修,经济凋敝,民不聊生,国家财政遇到前所未有的困难。由于通过漕运从江淮地区转运供应京师和关中的粮食时断时续,致使这里也被饥饿的阴云笼罩。刘晏入相执掌财政大权后,首先将整顿漕运作为自己的第一要务。经过一番实际考察,他对漕运的重要意义作了十分精到的概括:"三秦之人,待此而饱;六军之众,待此而强。"对漕运的利弊作了十分精辟的分析:

京师三辅百姓,唯苦税亩伤多,若使江、湖米来每年三二万石,即顿减徭赋,歌舞皇泽,其利一也。东都残毁,百五一存。若米运疏通,则饥人皆附,村落邑廛,从此滋多。受命之日,引海陵之仓以食鞏、洛,是计之得者,其利二也。诸将有在边者,诸戎有侵败王略者,或闻三江、五湖,贡输红粒,云帆桂楫,输纳帝乡,军志曰:"先声后实,可以震耀夷夏。"其利三也。自古帝王之盛,皆云书同文,车同轨,日月所照,莫不率俾。今舟车既通,商贾往来,百货杂集,航海梯山,圣神辉光,渐近贞观、永徽之盛,其利四也。

所可疑者,函、陕凋残,东周尤甚。过宜阳、熊耳,至武牢、成皋,五百里中,编户千余而已。居无尺椽,人无烟爨,萧条悽惨,兽游鬼哭。牛必羸角,舆必说輹,栈车辁漕,亦不易求。今之无人之境,兴此劳人之运,固难就矣,其病一也。河、汴有初,不修泽毁淀,故每年正月发近县丁男,塞长茭,决沮淤,清明桃花已后,远水自然安流,阳侯、宓妃,不复太息。顷因寇难,总不揞拓,泽灭火,岸石崩,役夫需于沙,津吏旋于汀,千里洄上,罔水舟行,其病二也。东垣、底柱,渑池、二陵,北河运处五六百里,戍卒久绝,县吏空拳。夺攘奸宄,窟穴囊橐。夹河为薮,豺狼狺

猖,舟行所经,寇亦能往,其病三也。东自淮阳,西临蒲坂,恒三千里,屯
戍相望。中军皆鼎司元侯,贱卒仪同青紫,每云食半菽,又云无挟纩,輓
漕所至,船到便留,即非单车使折简书所能制矣,其病四也。①

尽管有许多不利因素,但因为漕运是京师关中的生命线,刘晏还是下决心花
大力气整顿。他调整充实漕运机构,调配干练官员,训练士卒船工,又在扬
子县设立造船场,建造体大质优的运输船。经过一番精心的准备,终于使漕
运重新贯通,源源而至的江南漕粮扫除了笼罩京师关中的饥饿的阴云。
"自是关中虽水旱,物不翔贵矣"②。漕运的疏通,不仅使关中的粮食供应
得到保证,而且使食盐等其他物资也能及时满足百姓的需求,由此稳定了关
中的物价,促进了关中经济的恢复和发展。而漕运的畅通,还进一步拉动了
运河沿线经济的繁荣,促进了中原地区与江淮地区的农业、手工业和商业的
发展和经济交流,同时还相应增加了国家工商税的收入,在一定程度上减轻
了百姓的赋役负担。一个棋子走活了满盘棋。漕运的连带效益使安史之乱
后的唐帝国在经济和财政上出现了可喜的复苏景象。以漕运激活经济,改
善财政,说明刘晏在经济上具有驾驭全局的眼光和能力,不愧为当时最杰出
的经济学家和理财能手。

整顿漕运成功后,刘晏又将目光转向另一个影响国家财政收入和百姓
生活的重要领域——盐政。唐初对盐的管理沿袭隋朝,不收盐税,致使盐商
暴富。开元年间开始收盐税。肃宗时期创立盐法,盐税逐渐成为国家重要
的财政收入,但也产生了不少弊端,如促使盐价飞涨,对百姓生活造成不良
的影响。宝应元年(762年)刘晏兼任盐铁使后,主管汴、滑、唐、蔡以东即海
盐的盐务,于是着手大刀阔斧地整顿盐政。他精简盐政管理机构,裁汰冗
员,清除贪官污吏,转变政府职能,将中央和地方分别设置的监院与盐监变
成单纯的管理机构,不再从事经营活动。而在流通领域改官运官销为"统
购商销",即由官府统一收购盐户生产的食盐,再批发给商户自由销售,使
之获得一定的利润,严禁私盐运销。由于国家掌握储存一定数量的盐作为
平抑物价之用,这样既防止了大盐商操纵市场哄抬物价,又保证了国家通过

①②《旧唐书·刘晏传》。

批发的环节得到稳定的税收,同时还使边远地区的百姓能够得到价格合理的食盐供应,这实在是一项利国、富商、惠民的改革措施。刘晏的盐政改革取得了显著效果:"其始江、淮盐利不过四十万缗,季年乃六百万缗,由是国用充足而民不困弊。"①刘晏的盐政改革反映了他对关系国计民生重要产业功能的正确认识以及协调国家、商人、百姓利益使之各得其所的操控能力。

刘晏作为一个"有精力,多机智,变通有无,曲尽其妙"②的财政专家,将自己一生的精力和才智贡献给了唐朝的财经事务。他留给后世的著作很少,因而很难从中抽象出他的完整的成体系的经济思想。由于他是一个国家财经事务的掌门人和实践家,其经济思想只能从其事功中加以绅绎和归纳。

刘晏的理财实践中贯穿着"养民为先"、"培植税源"、"财富自广"的财经思想。他认为"户口滋多,则赋税自广,故其理财常以养民为先"③。在整顿漕运中,他下令取消由富人担任的"船头"、"捉驿"等对船民的盘剥。在盐政改革中,他抑制了大盐商操纵市场哄抬物价的恶习。他又通过平抑物价和轻徭薄赋减轻百姓的负担。他还积极从事赈灾活动,尽量使受灾的百姓能够活一己之命,"晏通计天下经费,谨察州县灾害,蠲除赈灾,不使流离死亡"④。刘晏的赈灾措施与众不同,他很少采取直接发放钱粮的办法,而是通过贱价向灾区抛销粮食和收购灾区货物的办法,调动百姓的生产积极性,在生产自救中度过灾荒。这种救灾措施显然比直接发放钱粮更有积极意义。刘晏的这种赈灾方式也遭到部分人的质疑和反对。刘晏冤死后,他的故吏陈谏毅然站出来为他辩冤。针对某些人的质疑,陈谏进行了有力的辩护,并正确地指出了以财政直接赈灾存在的明显弊端:

> 故赈给少则不能活人,活人多则阙国用,国用阙则复重敛矣;又赈给近侥幸,吏下为奸,强得之多,弱得之少,虽刀锯在前不可禁。以为二害。灾沴之乡,所乏粮耳,它产尚在,贱以出之,易其杂货,因人之力,转于丰处,或官自用,则国计不乏;多出菽粟,恣之粜运,散入村间,下户力农,不能诣市,转相沾逮,自免阻饥,不待令驱。以为二胜。⑤

---

① ② ③《资治通鉴》卷二二六,德宗建中元年。
④ ⑤《新唐书·刘晏传》。

显然,这个辩护以透辟的说理阐明了刘晏所采取的赈灾方式的积极意义,对后世直至今天仍有借鉴意义。

对物价的思考是刘晏的经济思想中重要组成部分。物价在一定的范围内上下波动是一种合乎规律的现象,但超出经济尤其是百姓承受能力的物价波动则构成对社会稳定的威胁。所以任何负责任的政府都千方百计采取措施将物价稳定在百姓可承受的范围内。刘晏面对唐朝中期以后诸多不利稳定物价的因素,采取了许多积极措施,使物价较长时期处于稳定状态。他首先选取一批精明强干而又熟悉业务的官员从事这项工作,其次是运用各种手段,通过各种渠道获取经济信息和商业价格情报,他"自诸道巡院距京师,重金募疾足,置递相望,四方物价之上下,虽极远不四五日知,故食货之重轻,尽权在掌握,朝廷获美利而天下无甚贵甚贱之忧,得其术也"①。在获得准确情报的基础上,刘晏出台了平抑粮价的重大举措:"诸道各置知院官,每旬月,具州县雨雪丰歉之状白使司,丰则贵籴,歉则贱粜,或以谷物杂货供官用,及于丰处卖之。"②刘晏的这一举措,并不是他自己的创造,远在战国时期的魏国相李悝就曾推行过这一政策。不过刘晏在唐朝中后期社会动乱、经济下滑的情况下实行这一政策,却具有特殊意义。正是由于这一政策的推行,使唐朝在一段时期避免了"谷贱伤农"和商人"囤积居奇"谋取暴利的弊端,有利于稳定经济和安定民生。这一政策推行的结果,是"诸州米尝储三百万斛"③,既保证了国家对粮食的需求,又不增加百姓的负担,起到了利国惠民的积极作用。更可贵的是,刘晏将这一平抑粮价的办法推及于"食货",即对所有货物都实行丰年收购,歉年抛销的政策,这不仅平抑了物价,而且政府从中获取了丰厚的利润,从而充实了国库,丰裕了国家财政,"制万物低昂,常操天下赢资,以佐军兴"④,稳定的物价,充裕的财政使安史之乱后的唐朝又进入一个暂时的安定时期。刘晏平抑物价的思想和政策在当时取得了良好效果,对后世也产生了积极影响。

---

①③《新唐书·刘晏传》。
②《资治通鉴》卷二二六,德宗建中元年。
④《新唐书》卷一四九,"欧阳修赞"。

四、儒学与经学

(一) 儒学的兴盛

山东是儒学的发祥地,是孔子、孟子、荀子创立和发展原始儒学的地方,也是两汉魏晋南北朝时期经学最发达的地方。不过,在魏晋南北朝时期,由于玄学和佛教的勃兴,儒学在思想多元的情况下虽然还占据盟主的地位,但相对于经学一统天下的两汉时期,其衰颓之势自不待言。隋唐重新使中国获得统一,政治上的中央集权得到强化,而作为中央集权理论基础的儒学的衰颓显然是与强化专制主义中央集权的要求相左的。所以,隋唐统治者在稳定了在全国的统治以后,就将复兴儒学提上议事日程。这种政治需要加上较长时期的和平环境,使儒学的复兴就具备了动力和条件。隋文帝夺取北周政权以后,深感北朝官仪受胡风影响太多,对于汉人占大多数的百姓有疏离之感。于是下令废除北周官仪,恢复汉魏旧制。他认为南北朝时期天下大乱的重要原因是"道德滑坡":"君无君德,臣失臣道,父有不慈,子有不孝,兄弟之情或薄,夫妇之义或违长幼失序,尊卑错乱。"在这种情况下,只有儒学能够纠正道德出现的偏颇:"儒学之道,训教生人,识父子君臣之义,知尊卑长幼之序,升之于朝,任之以职,故能赞理时务,弘益风范。"所以他特别强调提倡儒家的道德规范:"礼之为用,时义大矣。黄琮苍璧,降天地之神,粢盛牲食,展宗庙之敬,正父子君臣之序,明婚姻丧纪之节。故道德仁义,非礼不成,安上治人,莫善于礼"[1]。在灭陈后,他下令文臣武将的子弟都要"各守一经",努力提高自己的儒学修养。正是由于隋文帝的大力提倡,儒学在隋朝出现复兴的局面,正如《隋书·儒林传序》所述:

> 自正朔不一,将三百年,师说纷纶,无所取正。高祖膺期纂历,平一寰宇,顿天网以掩之,贲旌帛以礼之,设好爵以縻之,于是四海九州强学待问之士靡不毕集焉。天子乃整万乘,率百僚,遵问道之仪,观释奠之礼。博士罄悬河之辩,侍中竭重席之奥,考正亡逸,研核异同,积滞群疑,涣然冰释。于是超擢奇隽,厚赏诸儒,京邑达乎四方,皆启黉校。

---

[1]《隋书·高祖纪下》。

> 齐、鲁、赵、魏,学者尤多。负笈追师,不远千里,讲诵之声,道路不绝。中州儒雅之盛,自汉魏以来,一时而已。

不过,由于隋文帝在崇儒的同时,又好佛教,晚年并且发展到"不悦儒术,专好刑名",致使儒学的复兴处于不稳定状态。隋炀帝即位后尽管"复开庠序"、"征辟儒生",使文帝时一度陷于低谷的儒学又呈复苏之势,但好景不长,由于这位风流皇帝"外事四夷,戎马不息",就使刚呈复苏状的儒学再次陷入衰败状态。另外,由于东晋至南北朝时期两个半多世纪的分裂,南北经学形成了不同的学术风格。因隋朝立国时间短暂,学术融合、消弭畛域的任务也没有完成。总之,儒学的复兴在隋朝仅仅是开始,真正显现成绩并展示新的学术风格还要等到唐朝统一的旗帜插遍全国的时候。

大概因为南北朝以来儒、释、道三教多元共存的思想文化传统影响巨大,唐朝开国皇帝李渊也只能宣示"三教虽异,善归一揆"①。不过,李渊也明白,三教并用,儒学的盟主地位不能动摇并且需要进一步加强。他对隋末儒学的衰微痛心疾首:

> 自叔世浇讹,雅道沦缺,爰历岁纪,儒风莫扇。隋季以来,丧礼滋甚,睠言篇籍,皆为煨烬。周孔之教阙而不修,庠塾仪泯焉将坠。非所以阐扬徽烈,敦尚风范,训民调俗,垂裕后昆。②

有鉴于此,他提出"敦本息末,崇尚儒宗"的文化教育方针。李渊的诏书,犹如一只报春的燕子,预示着又一个儒学复兴时代的来临。唐太宗李世民尽管表面上没有废除三教并存的格局,还下过允许寺院"度人为僧"的诏令,但他更明白,真正能够成为自己统治理论支撑的,既不是释教,也不是道学,而只能是深深扎根于中国百姓心中的儒学。他在即位的第二年,就向臣子们透露了自己的心声:"朕今所好者,唯在尧、舜之道,周、孔之教,以为如鸟有翼,如鱼依水,失之必死,不可暂无耳。"③由于他尊崇儒学,力挺教化,所以贞观时期就成为唐代儒学发展的黄金时期。《旧唐书·儒学上》记载:

①高祖:《赐学官胄子诏》,《全唐文》卷三。
②高祖:《令诸州举送明经诏》,《全唐文》卷三。
③《贞观政要·慎所好》。

至三年，太宗讨平东夏，海内无事，乃锐意经籍于秦府，开文学馆，广引文学之士，下诏以府属杜如晦等十八人为学士，给五品珍膳，分为三番更直宿于阁下。及即位，又于正殿之左置弘文学馆，精选天下文儒之士虞世南、褚亮、姚思廉等，各以本官兼署学士，令更日宿直。听朝之暇，引入殿内，讲论经义，商略政事，或至夜分乃罢。又召勋贤三品已上子孙为弘文馆学士，贞观二年停。以周公为先圣，始立孔子庙堂于国学。以宣父为先圣，颜子为先师。大征天下儒士以为学官，数幸国学，令祭酒博士讲论，毕，赐以束帛。学士能通一大经已上咸得署吏。又于国学增筑学舍一千二百间，太学四门博士亦增置生员。其书算合置博士。学生以备艺文凡三千二百六十员，其玄武门屯营飞骑亦给博士，授以经业。有能通经者听之贡举。是时四方儒士多抱负典籍，云会京师。俄而高丽及百济、新罗、高昌、吐蕃等诸国酋长亦遣子弟，请入于国学之内，鼓箧而升讲筵者八千余人，济济洋洋焉，儒学之盛，古昔未之有也。

然而，到唐高宗和武则天统治时期，形势又发生了新的变化：

高宗嗣位，政教渐衰，薄于儒术，尤重文吏。于是醇醨日去，华竞日彰，犹火销膏而莫之觉也。及则天称制，以权道临下，不悌官爵，取悦当时。其国子祭酒多授诸王及驸马都尉，准贞观旧事。祭酒孔颖达等赴上日，皆讲五经题。至是诸王与驸马赴上，唯判祥瑞，按三道而已。至于博士助教，唯有学官之名，多非儒雅之实。是时复将亲祠明堂及南郊，又拜洛，封嵩岳，将取弘文国子生充斋郎行事，皆令出身放选，前后不可胜数。因是生徒不复以经学为意，唯苟希侥倖，二十年间学校顿时隳废矣。①

不过，到唐玄宗时情况又有所改变。因为他即位前就比较钟情儒学，对武则天的重道不以为然，曾亲临国学，大兴论议之风。"及即位，数诏州县及百官荐举经通之士。又置集贤院，招集学士校选，募儒士及博涉著实之流"②。然而，玄宗时期儒学再展辉煌的时间是短暂的，因为公元755年发生的安史

①②《旧唐书·儒学上》。

之乱使唐朝政治社会陷入空前的混乱,儒学从此再度陷入困境,直至唐亡和五代时期,儒学也未能重振,只是在十分不利的情况下艰难传承。

隋唐五代时期儒学的复兴主要表现在尊孔、祭孔活动礼仪规格的提升和制度化,孟子地位的抬升以及《五经正义》等经典注释的统一和规范化。这一时期,统治者为了树立儒学的权威,其重要措施之一就是极力抬高儒学创始人孔子的地位,追封他"文宣王"的高爵,追任七十子之徒公侯的显位,给予孔子后裔崇高的封赏。隋文帝追封孔子为先师尼父,封其32代孙孔嗣哲为邹国公,隋炀帝又封其为绍圣侯。唐高祖李渊于唐初即下令在国子学立周公和孔子庙各一所,命有司四时致祭。唐太宗在武德九年(626年)下诏,将孔子颂扬为"王道借以裁成,人伦资其教义"的"天纵多能"的大圣人。不久又接受房玄龄的建议,"以宣父为先圣,颜子为先师",确立了孔子在儒学中的最高地位。同时确定左丘明、卜子夏、公羊高、谷梁赤、伏胜、高堂生、戴圣、毛苌、孔安国、刘向、郑众、杜子春、马融、卢植、郑康成、服子慎、何休、王肃、王辅嗣、杜元凯、范宁等21位先贤大儒配享孔子庙。唐高宗亲幸曲阜孔庙,祀以太牢之礼,追赠孔子为太师、颜回为太子少师、曾子为太子少保。武则天于天授元年(690年)追封孔子为隆道公。唐玄宗将孔子抬到最高的尊位,于开元二十七年(739年)下诏追封其为"文宣王":

> 弘我王化,在乎师儒。能发明此道,启迪含灵,则生民以来,未有如夫子者也。所谓自天攸纵,将圣多能,德配乾坤,身揭日月。故能立天下之大本,成天下之大径,美政教,移风俗,君君臣臣,父父子子,民到于今受其赐,不其猗欤! ……年祀寖远,光灵益彰,虽代有褒称,而未为崇峻,不副于实,人其何谓? 夫子既称先圣,可追谥为文宣王。令三公持节册命。其后嗣褒圣侯,改封嗣文宣王。①

同时将孔子弟子颜回、闵子骞、冉伯牛、仲弓、宰我、子贡、冉有、季路、子游、子夏等10人陪祀,称十哲。又给予七十子不同的追赠。唐朝下令在京师和州县建立孔庙,定时祭祀,国子监春秋两次祭祀。唐太宗时国子监的祭祀活动曾有8000多人参加,盛况空前。五代时期,尽管战乱频繁,祭孔之礼大不

①《唐会要》卷三十五,《褒崇先圣》。

如前,但后唐后周对祭孔仍比较重视。后周郭威亲至曲阜拜谒孔庙和孔子墓,并授孔子第43代孙孔仁玉为曲阜县令,为宋代更全面地祭孔奠定了基础。

孟子是孔子之后又一个儒家思想的代表人物,在战国时期墨家、道家杨朱派思想"盈天下",而儒家思想处于危机的时代,他作为儒家后学站出来,辟杨拒墨,大力弘扬孔子思想,并对儒学的发展作出了创造性的贡献,使儒学再一次成为当时的"显学"。他也成为孔子之后最负盛名的儒学大师。后世将他的思想与孔子思想合称"孔孟之道"。不过,在宋朝以前,孟子的地位并不高,不仅远在颜回和曾参之下,而且未能跻身于孔子的陪祭者行列。孟子地位得到显著提升,是唐朝中期以后直到宋朝逐步实现的。第一个将孟子推尊为儒家正统代表人物的是韩愈。他在自己创造的影响深远的"道统"即儒家思想传授统序中,将孟子排为孔子之后唯一的继承人:"尧以是传之舜,舜以是传之禹,禹以是传之汤,汤以是传之文、武、周公,文、武、周公传之孔子,孔子传之孟轲,轲之死,不得其传焉。"①他认为孟子是孔子之后最"醇乎醇者"的大儒,"功不在禹下":

> 自孔子没,群弟子莫不有书,独孟轲氏之传得其宗。……故学者必慎其所道,道于杨、墨、老、庄、佛之学,而欲之圣人之道,犹航断港绝,潢以望至于海也。故求观圣人之道,必自《孟子》始。②
>
> 孟子虽贤圣,不得位,空言无施,虽切何补?然赖其言,而今学者尚知宗孔氏,崇仁义,贵王贱霸而已。……然向无孟氏,则皆服左衽而言侏离矣。故愈尝推尊孟氏,以为功不在禹下者,为此也。③

由于韩愈在当时居文坛领袖的地位,又做过监察御史、兵部侍郎、吏部侍郎等高官,他的力挺孟子产生了很大影响。唐懿宗咸通四年(863年),皮日休就有《请〈孟子〉为学科书》的奏文呈送朝廷。在该文中,他称颂"孟子之文,粲若经传","继乎六艺,光乎百氏,真圣人之微旨也"④。要求将《孟子》列

---

①韩愈:《原道》,《古文观止》卷之八,中华书局1959年版。
②《全唐文》卷五五五。
③《全唐文》卷五五三。
④《全唐文》卷七九六。

入科举考试科目。皮日休的建议尽管没有得到朝廷的认可,但在当时的知识界还是产生了广泛影响。

(二) 颜师古和孔颖达的经学成就

唐代经学复兴的重要标志是颜师古的考经和孔颖达的注经。这两个人都是家居齐鲁的儒学大师。颜师古是颜回的后人,是源远流长的世家大族颜氏的嫡裔。他们以儒学传家,自西汉以来几乎每代都有学者名世,颜师古的祖父颜之推、父亲颜思鲁更是蜚声士林。由于家学渊源,颜师古从小就受到严格的读书做学问的训练,成为唐初著名的经学家、语言文字学家、历史学家,长于文字训诂、声韵和校勘之学。他博览群书,"该博经义,至于详注史册,探测典礼,清明在躬,天有才格"①。唐初,政治上的大一统要求思想文化上的大一统。而儒家经典经过数百年南北分裂状态下的不同经师的传承,至此不仅有今、古文的区别,而且有师法、家法的差异,正定文字、统一版本是统一经学的首要任务。鉴于时任中书侍郎的颜师古的学术水平和在学界的影响,唐太宗于是将五经版本统一和整理的工作交到他的手上。颜师古利用朝廷珍藏的大量经籍,对汉魏以来的五经版本和文字进行了一次全面的校订。经过两年多的努力,完成了《周易》、《尚书》、《毛诗》、《礼记》、《左传》等经书的校订,在呈送唐太宗以后,又经过与诸儒的辩难,最后作为法定的儒家经典颁行全国,成为中央和地方州县官学的教科书。其后孔颖达奉旨修撰的《五经正义》,就是以颜师古校订的"五经定本"为底本完成的。这无疑是中国儒学史上具有划时代意义的空前盛举。颜师古除完成了"五经定本"外,还参加了房玄龄主持的撰写《贞观新礼》的工作,他渊博的经学知识派上了用场。贞观十一年(637年)《新礼》告成的时候,颜师古得到"晋爵为子"的奖赏。另外,颜师古在史学上还有一项重大贡献,这就是为《汉书》作注。这项工作是应唐太宗的太子李承乾之命进行的。在《汉书叙例》中,他写下这样一段话,对自己注释《汉书》的缘起和期望达到的目标作了简括的说明:

①《旧唐书》卷七十三史臣曰。

储君体上哲之姿，膺守器之重，俯降三善，博综九流，观炎汉之余风，究其终始，懿孟坚之述作，嘉其宏瞻，以为服、应褒说疏寀尚多，苏、晋众家剖断盖鲜，蔡氏纂集尤为牴牾，作兹以降，蔑足有云。怅前代之未周，愍将来之多惑，顾召幽仄，俾竭刍荛，匡正睽违，激扬郁滞，将以博喻胄齿，远覃邦国，弘敷锦带，启导青衿。曲禀宏规，备蒙嘉惠，增荣改观，重价流声。斗筲之材，徒思罄力，驽蹇之足，终惭远致。岁在重光，律中大吕，是谓涂月，其书始就。不耻狂简，辄用上闻，粗陈指例，式存扬榷。

接着，他指出《汉书》前人注本存在的缺陷："意浮功浅，不加隐括，属辑乖舛，错乱实多，或乃离析本文，隔其辞句，穿凿妄起。"①针对以前注释的缺陷，他在吸收前人成果的基础上，对《汉书》的古字、古今异言、方俗殊语、礼乐歌诗等难以理解的诸多问题，一一加以注释。其中对"诸表列位"存在的问题，他作了较多的更定和调整：

诸表列位，虽有科条，文字繁多，遂至舛杂。上下乖方，昭穆参差，名实亏废。今则寻文究例，普更刊整，澄荡愆违，审定阡陌，就其区域，更为局界，非止寻读易晓，庶令转写无疑。②

最后，他将自己注释《汉书》的基本原则和若干问题的处理办法作了较详细的指陈：

凡旧注是者，则无间然，具而存之，以示不隐。其有指趣略举，结约未伸，衍而通之，使皆备悉。至于诡文僻见，越理乱真，匡而矫之，以祛惑蔽。若汎说非当，芜辞竞逐，苟出异端，徒为烦冗，祗秽篇籍，盖无取焉。旧所阙漏，未尝解说，普更详释，无不浃通。上考典谟，旁究苍雅，非苟臆说，皆有援据。六艺残缺，莫睹全文，各自名家，扬镳分路。是以向、歆、班、马、仲舒、子云所引诸经或有殊异，与近代儒者训义弗同，不可追驳前贤，妄指瑕颣，曲从后说，苟会扁涂。今则各依本文，敷畅厥指，非不考练，理固宜然，亦犹康成注《礼》，与其《书》、《易》相偝，元凯

_____

①②颜师古：《汉书叙例》，载《汉书》，中华书局 1962 年版。

解《传》，无系《毛》、郑《诗》文。

以类而言，其意可了。爰自陈、项，以讫哀、平，年载既多，综缉斯广，所以纪传表志时有不同，当由笔削未休，尚遗秕稗，亦为后人传授，先后措杂，随手率意，遂有乖张。今皆穷波讨源，構会甄释。①

颜师古的《汉书》注释达到了他的预期目标，是唐代史学的重要成就之一。直至今天，他的《汉书》注释还是治秦汉史的学者不可或缺的必备参考文献。就其泽溉后学而言应该说是功德无量了。

孔颖达是孔子的第32代孙，出自下博孔氏，家居冀州衡水。其父孔安北齐时任青州法曹参军。孔颖达一家是北朝的名门望族，世代儒学传家。他自幼受到良好的教育，"八岁就学，日诵千余言。及长，尤明《左氏传》、《郑氏尚书》、《王氏易》、《毛诗》、《礼记》，兼善算历，解属文"②。少年时期师从北朝大儒刘焯学习，对经学上的"南学"、"北学"都有较深入的了解和把握。入唐后，先为秦王李世民文学馆学士，是著名的十八学士之一。后任国子博士、国子司业、国子祭酒等职，是唐初教育和学术界的领袖，成为入图凌烟阁的二十四位开国元勋之一。

孔颖达在经学上最大的贡献是主持撰写了《五经正义》。自西汉汉武帝实行"罢黜百家，独尊儒术"的思想文化政策以来，经学就成为主流意识形态。然而，经学内部的斗争却一天也没有停止。先是经今古文之争，接着是"郑学"与"王学"之争，再后是"南学"与"北学"之争。随着隋朝的统一，经学上的统一也提上了历史日程，但由于隋朝短祚，这个任务只能由唐朝的学者来完成了。唐朝建立后，以唐太宗为首的统治者就意识到统一经学的重要性，随即开始了统一经学的前期基础工作，收集和整理经籍图书。武德五年(622年)，应秘书监令狐德棻的奏请，下令在全国购募遗书。经过数年努力，"群书略备"③。贞观二年(628年)，由秘书监魏征主持，在继续购募遗书的同时，"奏引学者校定四部书。数年之间，秘书图籍，粲然毕备"④，经校定的图书以经、史、子、集四部归类管理。贞观四年，唐太宗命颜师古对

①颜师古:《汉书叙例》，载《汉书》，中华书局1962年版。
②④《旧唐书·孔颖达传》。
③《旧唐书·令狐德棻传》。

汉魏以来的五经版本和文字进行了一次全面的校订,在此基础上,他"诏国子祭酒孔颖达与诸儒撰定《五经义疏》"。孔颖达应命与当时的大儒硕彦于志宁、司马才章、王恭、马嘉运、王德韶、朱子奢、贾公彦等共同撰修《五经义疏》。在工作中,他们遵循遵修旧文、疏不破注的原则,以汉魏古注为标准,对六朝以来经师们聚讼纷纭的经注进行权衡取舍,写出比较合理稳妥的疏文,每一条都做到义理可诠,信而有征。由于孔颖达等人学识渊博,治学谨严,在撰写过程中力求贯通诸家之说,吸纳前人的精华,因而使《五经义疏》的内容超过了此前所有的义疏著作,最后以《五经正义》名世。这部经学名著得到唐太宗的高度褒奖:"卿等博综古今,义理该洽,考前儒之异说,符圣人之幽旨,实为不朽。"①这个评价并非虚誉。在中国经学史上,颜师古的《五经》定本统一了诸经文字,从此经典无异文;孔颖达的《五经正义》统一了经注诠释,从此经书无异说。《五经正义》的编撰是中国经学史上具有里程碑意义的大事,因为它是官定的标准本,第一次统一了经典的文字和解释,标志着南北经学的最后统一和古代社会前期经学的终结。它"广泛吸取了北学中以郑玄注为主的严谨朴实的汉学风格,去除南学中空虚无物、考订经义多为空言的缺点;另一方面也吸取了南学中以义理见长的,反对谶纬迷信的优点,去除以郑玄为代表的北学中所固有的谶纬迷信以至'辞皆有意'的观念"②。其深远意义,正如范文澜所指出的,它"对儒学的影响,与汉武帝罢黜百家、独尊儒学有同样重大的意义"③。

从《五经正义》的序文和注疏,可以看出孔颖达和他那个撰著群体的思想倾向。他们维护当时的皇权政治和宗法制度,特别重视礼的作用,在《礼记正义》中,认定礼是"经天地,理人伦"的根本大法,使"万物贵贱,高下,大小,文质,各有其体","使高下贵贱,各得其宜"。在《尚书正义》中进而认定:"天次序有礼,谓使贱事贵卑承尊是天道使之然也,天意既然,人君顺天意。用我公、侯、伯、子、男五等之礼以按之,使之贵贱有常也。"为了给礼的合法性找到一个哲学的基础,在《周易正义》中,孔颖达解释说,"易者,所以断天地,理人伦而明王道",所以"作易垂教之本意"也就是"人民乃治,君亲

①《旧唐书·孔颖达传》。
②张岂之主编:《中国思想学说史·隋唐卷》,广西师范大学出版社2008年版,第137页。
③范文澜:《中国通史》第4册,人民出版社1965年版,第243页。

以尊,臣子以顺,群生和洽,各安其性"了。

颜师古和孔颖达是唐代经学史上最耀眼的双子星座,是齐鲁学者对中国思想文化的又一划时代的贡献。自此以后,东汉以来经学上的纷争得以结束,两汉经学与魏晋玄学的精华得以融汇,以阐明义理、经世致用为特征的新的注疏经典的倾向开始显现。这一切表明,中国学术史上汉学向宋学的过渡已经启动了。

(三)王元感与疑经学派

唐代经学以颜师古对汉魏以来的五经版本和文字的考订与孔颖达《五经正义》的编撰为标志,完成了它的开篇之作。到武则天和玄宗时期,以批判两汉以来的章句之学和连带出现的惑经思潮,使唐代经学又开启了在思想史上具有重要意义的续篇。在这一阶段,一个叫王元感的山东儒学家成为领军人物之一。王元感是濮州鄄城(今山东鄄城)人,少年时即举明经,任博城县丞。武则天称帝时期升任左卫率府录事,兼直弘文馆。当时,武则天祠南郊、享明堂及封中岳嵩山的礼仪,都是他与其他诸儒共同斟酌选定的。以后他转任四门博士,仍直弘文馆。王元感一生酷爱读书,手不释卷,直至老年,犹能通宵达旦地读书作文。他撰有《尚书纠谬》、《春秋振滞》、《礼记绳衍》,并有注《孝经》和《史记》的草稿。由于他学识渊博,弟子众多,被武则天誉为"儒宗",成为唐代惑经思潮中举足轻重的学者。

唐初的经学家大都出身于世家大族,他们经学传家,受汉魏的经学传统影响较大,比较重视"修家法"和"依章句"。尽管这时有的儒学大师如陆德明、徐文远、孔颖达等人在传授经学和著述中"随端立义",力图打破传统的章句训诂之学,但并没有改变传统经学的主导地位。武则天统治时期,庶族地主在政治上取得胜利,他们在经学上的代表人物如魏知古、徐坚、刘知几等对章句训诂之学进行批判,疑经思潮开始在思想界蔓延。长安三年(703年),王元感将他代表性的疑经著作《尚书纠谬》、《春秋振滞》、《礼记绳衍》等上奏武则天,希望得到朝廷的认可和支持。武则天十分重视,立即诏令弘文、崇贤两馆的学士就王元感的观点进行讨论。疑经派和章句派的学士们旗帜鲜明地展开了一场大辩论。专守章句的学士对王元感的观点百般非议,攻击他"揭撼旧义",王元感则"随方应答,竟不之屈"。而疑经派的学者魏知古、徐坚、刘知几和张思敬等人力挺王元感的观点。双方你来我往,唇枪舌剑,锋芒毕现。疑经派在气势和理论上都占了上风,也得到武则天的支持。武则天在一个诏令中对王元感的观点大加赞扬:"王元感质性温敏,博闻强记,手不释卷,老而弥笃。掎前达之失,究先圣之旨,是谓儒宗。"①并任命他为太子司仪郎兼崇贤馆学士。由于王元感的著作已经散佚,他在经学上的观点以及他如何"掎前达之失,究先圣之旨",今日已无从考究。但从他的同派学者刘知几的史评巨著《史通》的《疑古》、《惑经》两篇中似可窥视一二。《疑古》篇针对《尚书》记载的历史,列出了古事中难以明了的"十疑",特别对理想化了的"禅让"嬗代说提出质疑,认为那不是真实存在的历史,而是古代儒家学者的向壁虚构。《惑经》篇针对《春秋》记载的历史,挑出其中前后矛盾、曲辞隐讳等十多个疑点,指出经书的记载并不都是可信的。刘知几的"疑史"、"疑经"思想尖锐而大胆,他说:"然何必《春秋》,在于六经亦皆如此。"②他甚至指斥孔子所修的《春秋》也是错误百出,并不是神圣不可侵犯的经典。应该说,《史通》的"疑史"、"疑经"精神与王元感的基本思路是相通的。否则,就很难理解刘知几多次无条件力挺王元感,"每为元感申理其义,连表荐之"③。也很难理解魏知古赞扬王元感所著书是"五经之指南"了。

以王元感、魏知古、刘知几等为代表的"疑经"学派,在中国经学史上是思想解放的先锋,他们的观点和治学方法屡屡给后世的思想解放者以深深的启迪和广泛的影响。

---

①③《旧唐书·王元感传》。
②《史通·疑古》。

第五章　宋辽金元时期的山东思想文化

一、概述

宋辽金元时期（960—1368 年）的 400 多年间，中国历史经历了北宋（960—1126 年）和辽（907—1125 年）的对峙时期、南宋（1127—1275 年）和金（1115—1234 年）的对峙时期以及元朝统治时期（1206—1368 年）。这一时期的山东分别处于北宋、金朝和元朝的统治之下。在行政区划上，北宋时期的山东属于京东东路和京东西路，设登州、莱州、青州、密州、沂州、淄州、齐州、兖州、郓州、济州、徐州、单州、濮州、兴仁府、广济军，另外，今之滨州、德州和聊城的一部分属于河北东路。金朝时期的山东属山东东路和山东西路，设宁海州、登州、莱州、潍州、密州、益都府、莒州、沂州、滨州、淄州、棣州、德州、济南府、泰安州、兖州、滕州、徐州、博州、东平府、济州。另外，今之德州和聊城的一部分属于河北东路和大名府路，菏泽的一部分属于南京路的曹州、单州和归德府。元朝时期的山东属于中书省，下设山东东西路宣慰司，其下又设海州、登州、莱州、潍州、密州、益都路、莒州、沂州、峄州、滨州、博兴州、棣州、济南路、德州、陵州、高唐州、恩州、东昌路、冠州、东平路、泰安州、济宁路、濮州、济州、曹州、单州等。

宋辽金元时期是中国历史上民族矛盾和阶级矛盾最尖锐和复杂的时期之一。由于山东先后在汉人政权、金人政权和蒙古人政权的统治下，所以这里既发生过宋江等领导的农民反对北宋政权的武装起义，也发生过耿京、李全等领导的反对金人统治的起义。显然，这一时期的山东是阶级斗争和民族斗争都十分激烈的地区，同时，也是民族融合的重要地区。这一时期的山东思想文化领域最突出的成就是与全国联系紧密的宋元山东新儒学体系的构建。宋代儒学的创新,最突出的表现就是以义理之学取代汉唐的章句注疏之学,以对经义大旨的宏观把握和阐发取代对经书章句细枝末节的烦琐训释。在这一创新过程中形成的宋元理学的长期构建中,山东学者既作出了开风气之先的重要贡献,又为这个理论体系增添了许多具有关键意义的内容。山东儒学的厚重积累在这一时期找到了薄发的突破口,其气势真如春雷一声,万绿齐出于广野;火山乍裂,热石竟飞于天外。

宋代山东思想文化的最大亮点是宋初三先生为代表的泰山学派的出现。宋初三先生之首的孙复在其所著的《春秋尊王发微》首先发出了可以视为宋代理学宣言的振聋发聩的声音:

> 专守王弼、韩康伯之说而求于《大易》,吾未见其能尽于《大易》也。专守《左氏》、《公羊》、《穀梁》、杜、何、范氏之说而求于《春秋》,吾未见其能尽于《春秋》也。专守毛苌、郑康成之说而求于《诗》,吾未见其能尽于《诗》也。专守孔氏之说而求于《书》,吾未见其能尽于《书》也。①

其他泰山先生如胡瑗、石介等也都对汉唐注疏之学发出了大胆的抨击,从而开启了北宋理学的端绪。与此同时,泰山学派极力促进《孟子》的升格,使之由"子"入"经",从此孟子的地位进一步提升,成为公认的孔子之后最伟大的儒学大师,"孔孟之道"也就成了中国传统思想文化的代名词了。泰山学派最大的贡献是推动了宋代疑经改经学风的形成,使汉唐的章句注疏之学逐渐转向独立思考、以阐发经义为特征的义理之学了。

宋金对峙时期,一方面是山东士人继南北朝之后又一次大规模南迁,山东儒学对南宋的思想文化产生显著影响;一方面是留在金朝统治下的山东士人所代表的齐鲁文化传统与女真文化的撞击,同时在民族和文化的不断融合中使山东儒学越来越大地对金朝政治产生影响。

1213年,成吉思汗统率的蒙古大军在夺取居庸关、包围中都以后,即兵分三路向金统治的中原地区进军,很快占领山东全境。居家长清的严实在投降蒙古人以后被授予东平路行军万户,其后他的两个儿子承袭这一职务,

---

①《睢阳子集·与范天章书》。

成为蒙古人统治下的汉地世侯。严氏父子在近半个世纪统治东平的岁月里,收纳儒士,兴修学校,促进了当地儒学的发展,形成了具有很大影响的东平学派,对元朝时期思想文化的发展作出了独特的贡献。

二、北宋时期的山东思想文化

(一)北宋时期的山东新儒学

北宋时期,中国思想文化的最大变化是产生了新儒学即理学。这种新儒学的特点是以义理之学取代汉唐的章句注疏之学。在这场思想文化的巨大变革中,山东的学者充当了领军的先锋。全祖望在《庆历五先生书院记》中写道:

> 有宋真、仁二宗之际,儒林之草昧也。当时濂洛之徒,方萌芽而未出,而睢阳戚氏(戚同文)在宋,泰山孙氏(孙复)在齐,安定胡氏(胡瑗)在吴,相与讲明正学,自拔于尘俗之中。亦会值贤者在朝,安阳韩忠献公(韩琦)、高平范文正公(范仲淹)、乐安欧阳文忠公(欧阳修),皆卓然有见于道之大概,左提右挈,于是学校遍于四方,师儒之道以立,……说者以为濂洛之前茅也。①

这里提到的戚同文是山东儒生,孙复、胡瑗虽然不是山东籍儒生,但却与泰山书院有着十分密切的关系,与徂徕的石介一起被称为宋初三先生,是他们领导了宋初的思想变革的新潮流。

与思想界的变革相适应,宋初的文风也经历了一场变革,这就是由辞藻华丽、声律谐和、思想内容苍白、严重脱离社会现实生活的西昆体到"文道合一"的古文运动。在这场改革文风的运动中,山东籍的儒生王禹偁、穆修和石介发挥了重要作用。而这种文风的变革正与思想领域的变革桴鼓相应,起了互为条件、互相激励的作用。

北宋新儒学产生和发展过程中,也伴随着孟子地位的提升。此前,唐朝的韩愈和皮日休虽然曾极力推高孟子的地位,但并未得到统治者的认可。不仅在唐朝确定的 21 位陪祀孔庙的儒学大师中没有孟子的牌位,而且《孟

---

① 全祖望著,黄云眉选注:《鲒埼亭文集选注》,齐鲁书社 1982 年版。

子》一书也始终处在"子"部而不能跻入"经"部。直到宋初明经考试规定的考试科目九经中，《孟子》依然被排斥在外。从宋初开始，儒家学者推升孟子的活动就一浪高过一浪。在这个过程中，山东籍的儒生同样起了重要作用。最先起来为孟子鼓吹的是山东儒生孙奭。他字宗古，博州博平（今山东茌平）人。幼年好学深思，九经及第后，历任莒县主簿、大理评事、国子监直讲、工部郎中、龙图阁待制、密州知州、翰林侍讲学士、兵部侍郎、龙图阁学士。孙奭一生为官清廉，守道自处，从不阿谀取悦。真宗大中祥符年间，孙奭奉命校勘《孟子》，后与王旭等人一起撰《孟子音义》二卷，在该书序中，他赞扬孟子说："夫总群圣之道者，莫大乎'六经'；绍'六经'之教者，莫尚乎《孟子》。……惟孟子其言精而赡，其旨渊而通，致仲尼之教，独尊于千古。"①孙奭的鼓吹对于推动孟子和《孟子》一书地位的提升无疑起了先导的作用。其后，李觏、范仲淹、欧阳修推波助澜，继续为推动孟子和《孟子》一书地位的提升而呼吁。欧阳修说："君子之为学也，务为道，为道必求知古，知古明道而后履之以身，施之以事，而又见于文章而发之，以信后世。其道，周公、孔子、孟轲之徒常履而行之者是也。"又说："孔子之后，唯孟轲最知道。"②由于范仲淹、欧阳修都是宰辅级的高官和文坛领袖，他们的呼吁自然容易产生较大影响。不过，在孟子地位提升过程中起最大作用的还是泰山学派的核心人物孙复和石介。孙复对孟子在儒学发展史上的地位和作用作了最充分的肯定和诠释：

> 孔子既没，千古之下，驾邪怪之说，肆奇险之行，侵轶我圣人之道者众矣，而杨、墨为之魁，故其罪剧；孔子既没，千古之下，攘邪怪之说，夷奇险之行，夹辅我圣人之道者多矣，而孟子为之首，故其功钜。……昔者二竖去孔子之世未百年也，以无君无父之教行于天下，天下惑而归之。嗟乎！君君，臣臣，父父，子子，邦国之大经也，人伦之大本也，不可斯须而去矣。而彼皆无之，是驱天下之民舍中国而之夷狄也，祸孰甚焉。非孟子孰能救之？故孟子慨然奋起，大陈尧、舜、禹、汤、文、武、周公、孔子之法驱除之，以绝其后。援天下之民于夷狄之中，而复置之中

---

①司马光：《涑水纪闻》卷四，上海书店 1990 年影印本。
②《欧阳修全集·居士外集》卷十六，《与张秀才第二书》，中国书店 1986 年版。

国,俾我圣人之道炳焉而不坠。故扬子云有言曰:"古者杨、墨塞路,孟子辞而辟之,廓如也。"韩退之有言曰:"孟子之功,予以为不在禹下。"然子云述孟子之功不若退之之言深且至也。何哉? 浑水横流,大禹不作,则天下之民鱼鳖矣;杨、墨暴行,孟子不作,则天下之民禽兽矣,谓诸此也。①

孙复的弟子石介接续韩愈,特别强调"道统",肯定孟子是尧、舜、禹、汤、文、武、周公、孔子这一道统传授系列中唯一的接棒人:

> 孔子既没,微言遂绝,杨、墨之徒,榛塞正路,孟子正人心,息邪说,距诐行,放淫辞,以晔杨、墨,说齐宣、梁惠王七国之君,以行仁义。②
>
> 道始于伏羲氏,而成终于孔子。道已成终矣,不生圣人可也。故自孔子来二千余年矣,不生圣人。若孟轲氏、扬雄氏、王通氏、韩愈氏,祖述孔子而师尊之,其智足以为贤。孔子后,道屡塞,辟于孟子,而大明于吏部。③

由于石介在当时的政界和学术界都是有影响的人物,以他为核心的泰山学派对孟子的推尊自然会影响当时的学术趋向和社会风尚。宋仁宗景祐五年(1038 年),兖州知州、孔子第 45 代孙孔道辅在邹县建成孟子庙。他讲了为孟子建庙的理由:

> 诸儒之有功于圣门者,无先于孟子。孟子力平二竖(指杨、墨)之祸而不得血食于后,兹其阙已甚矣!《祭法》曰:能御大灾则祀之,能捍大患则祀之。孟子可谓能御大灾、能捍大患者也。且邹昔为孟子之里,今为所治之属也。吾当访其墓而表之,新其祠而祀之,以旌其烈。④

建庙之后,他又令地方官四处寻访,在邹城东北 30 里的四基山找到孟子墓,为之起林庙,以孟子的学生公孙丑、万章等陪祀,四时祭奠。再后,他又找到孟子的第 45 代孙孟宁,荐于朝廷,授迪功郎,任邹县主簿,专司孟子庙的祀

---

① ④《孙明复小集·兖州邹县建孟庙记》。
② 石介:《徂徕石先生文集》卷十四,《与士建中秀才书》。
③ 石介:《徂徕石先生文集》卷七,《尊韩》。

事。紧接着,他又在孔庙西建五贤堂,以孟子、荀子、扬雄、王通、韩愈五人入祀。经过山东和其他地方诸儒的努力,孟子的地位得到愈来愈多的学者的认可,虽然还不时有相反的言论出现,但却无法阻止绝大多数学者对孟子思想和崇高地位的认同。神宗时期,理学空前繁荣,学统四起,学派纷呈。但无论哪个学派,都无一例外地推尊孟子。"洛学"的二程直认"孟子有功于道,为万世之师"①。"关学"的头号大师张载将《孟子》与《论语》放在同等重要地位。以"新学"相标榜的王安石,在其当政期间,将《周礼》、《礼记》、《孟子》三书中有关土地的论述作为新法的依据,又于熙宁四年(1071 年)首次将《孟子》一书列入科举考试科目。元丰六年(1083 年)诏封孟子为"邹国公"。第二年,又从晋州教授陆长愈奏请,以孟子配享孔子。宣和年间,《孟子》正式列为十三经之一。南宋孝宗年间,著名理学家朱熹将《论语》、《孟子》与《礼记》中的《大学》、《中庸》合编为"四书",成为此后各级各类学校的主要教科书和科举考试的重点科目,地位超过了《五经》。孟子也得以与孔子相提并论,"孔孟之道"成为儒学的代名词,成为中国传统文化的核心。

宋代经学最重要的特征是"议论解经"和"疑经改经"。在这一学风的形成过程中,山东儒者起了先锋作用。王禹偁首开其端。在《明夷九三爻象论》、《既往不咎论》、《五福先后论》、《死丧速贫朽论》等文章中,他都不拘于注疏,以议论解经,大胆提出与前人不同的观点。如对经文"明夷于南首,得其大首,不可疾贞"的一句,他认为王弼以武王伐纣之事来解释"文王之卦"的经文是完全错误的。这种疑经精神对宋初经学的发展起了不啻"金鸡一鸣"的引领作用。庆历之后,疑经疑传之风达到高潮。泰山三先生之首的孙复著《春秋尊王发微》12 卷,大倡夷夏之辩、君臣之分和大一统之义,呼吁治经应关注国家社会问题,走经世致用的路子。得到欧阳修、程颐、晁公武等人的赞赏。同为泰山三先生之一的胡瑗,在对《周易》和《书》等经的研究中,也一反汉唐固守师法家法的老路,"驳正注疏,自抒心得"②。蔡襄赞扬他"解经至有要义","必以理胜"③。泰山学派的核心人物石介在经

①(宋)程颢、程颐:《二程集》,中华书局 1978 年版,第 76 页。
②胡瑗:《洪范口义》,四库全书本。
③《蔡襄集》卷三十七,《太常博士致仕胡君墓志》。

学研究上也有很深的造诣,他直言汉唐注疏不足为凭,因为在韩愈死后数百年儒学的真传已经泯灭净尽了:

> 大道之荒芜甚矣,六经之缺废久矣。异端乖离放诞,肆行而无所畏;邪说枝叶蔓引,寝长而无所收。挈正经之旨,崩析而百分之;离先儒之言,叛散而各守之。《春秋》者,孔氏经而已,今则有《左氏》、《公羊》、《榖梁氏》三家之传焉。《周易》者,伏羲、文王、周公、孔子而已,今则有齐、韩、毛、郑之杂焉。《书》者,出于孔壁而已,今则有古今之异焉。《礼》则周公制之,孔子定之而已,今则有大戴、小戴之记焉。是非相扰,黑白相渝,学者茫然慌忽,如盲者求诸幽室之中,恶睹夫道之所适从也。①

石介的经学成就主要是对《春秋》和《易》的研究,但其著作《周易解义》和《易口义》等都散佚。只在《辨易》一文中,留下了他批判唐人王绩《负苓者传》中的解《易》的观点:

> 夫《易》之作,救乱而作也,圣人不得已也。乱有深浅,故文有繁省。乱萌于伏羲,故八卦已矣;渐于文王,故六十四已矣;极于夫子,故极其辞而后能止。伏羲后有神农氏、黄帝氏、少昊氏、颛顼氏、高辛氏、唐尧氏、虞舜氏、禹、汤,皆圣人也。……文王岂独能过是九圣人?乱不可不救也。作《易》非以为巧,救乱也。文王、夫子非以衒辞,明《易》也。《易》不作,天下至今乱不止。文王、夫子无述,《易》至今不明。薛收负苓者,不达《易》甚矣。②

这种对《易》的解释,不管是否符合实际,但凸显了宋儒以义理解经的学风。南宋的理学大师朱熹以后学总结北宋儒学的复兴,也肯定了泰山学派开风气的功绩:

> 理义大本复明于世,故自周、程,然先此诸儒亦多助。旧来儒者不越注疏而已,至永叔(欧阳修)、原父(刘敞)、孙明复诸公,始自出议论,

---

①石介:《徂徕石先生文集》卷十五,《上孙少博书》。
②石介:《徂徕石先生文集》卷七,《辨易》。

如李泰伯(李觏)文字亦自好。此是运数将开,理义渐欲复明于世故也。①

北宋时期的山东儒学在努力转变学风、批判汉唐注疏之学的同时,还将批判的矛头指向佛和道。佛教自东汉传入中国后,在魏晋南北朝和隋唐时期获得了极大的发展,不仅到处寺院林立,僧人数以万计,而且干预政治,其教义与儒学又多有冲突,因而发生多次灭佛事件。道教是中国本土宗教,从魏晋以后借鉴佛教的许多元素进一步完善,势力也不断膨胀。自那以来,儒、佛、道就冲突不断。北宋建立初期,由于争取佛教盛行的吴越、南唐、后蜀等割据政权的归附,对佛教采取保护政策,致使佛教势力得以蔓延。北宋完成统一后,虽然实行了由保护佛教到"三教"并兴的政策转变,但佛、道势力的膨胀仍呈现难以阻挡之势。这种情况得不到抑止,不仅影响生产的发展和国家财政收入,而且威胁到儒学的正统地位。所以无论从政治着眼还是从思想研判,儒家学者都不能坐视这种情势的发展,都自觉将批判的锋芒指向佛道。在这场批判佛、道的思想斗争中,山东儒者又充当了先行者的角色。泰山三先生的孙复奋然而起,力倡"道统",作《儒辱》,号召人们,特别是儒者对佛、道鸣鼓而攻之:

> 噫!儒者之辱,始于战国,杨朱、墨翟乱之于前,申不害、韩非杂之于后。汉魏而下,则又甚焉。佛老之徒,横乎中国,彼以死生、祸福、虚无报应为事,千万其端,绐我生民,绝灭仁义以塞天下之耳,屏弃礼乐以涂天下之目。天下之人,愚众贤寡,惧其死生祸福报应人之若彼也,莫不争举而竞趋之。观其相与为群纷纷扰扰,周乎天下,于是其教与儒齐驱并驾,峙而为三,吁,不怪也。②

孙复的学生石介秉承乃师衣钵,在排拒佛道方面更为积极和激进。他写了《怪说》、《中国论》、《辨惑》、《读原道》、《尊韩》等文章,祭起先王之道和夷夏之辨两面旗帜,对佛道进行猛烈的抨击。在他看来,由尧、舜、禹、汤、文、武、周公、孔子这些圣人创立和传授的"先王之道"是中国最根本的政治伦

---

①黎靖德编:《朱子语类》卷八十,中华书局1986年版。
②孙复:《孙明复小集·儒辱》。

理之道,是"万世常行不可易"①的永恒真理,而孔子思想则是浓缩这个"道"的精粹,所以是治国理民的最好武器:"孔子之道,治人之道也,一日无之,天下必乱。"②离开先王之道而崇信佛、道神仙方术是愚蠢至极的表现,历史上一些帝王就死在这种佞信中:

> 大凡穷天下而奉之者,他人也。莫崇于一人,莫贵于一人,无求不得其欲,无取不得其志,天地两间,苟所有者,惟不索焉,索之莫不获也。秦始皇之求为仙,汉武帝之求为黄金,梁武帝之求为佛,勤已至矣,而秦始皇远游死,梁武帝饥饿死,汉武铸黄金不成。推言之,吾知必无神仙也,必无佛也,必无黄金术也。③

而在石介看来,历史发展到北宋时期,出现的是令人痛心疾首的佛、道横行无忌的局面,严重冲击了君臣父子之道。他决心以"先王之道"为武器,对佛、道进行毫不妥协的攻击:

> 今天下为佛、老,其徒嚣嚣乎声,附和响应,仆独挺然自持吾圣人之道。今天下为杨亿,其众哓哓乎口,一唱百和,仆独确然自守圣人之经。凡世之佛、老、杨亿云者,仆不惟不为,且常力摈之。④

石介同时高举起"夷夏之辨"的旗帜作为攻击佛、道的武器。他继承傅奕、韩愈的反佛理论,不仅将佛认定为夷狄之人,而且将中国本土产生的道教也认定为胡教。他说:

> 闻乃有巨人名曰佛,自西来入我中国。有庞眉名曰聃,自胡来入我中国。⑤
> 夫佛老者,夷狄之人也,而佛老以夷狄之教法乱中国之教法,以夷狄之衣服乱中国之衣服,以夷狄之语言乱中国之语言,罪莫大焉。⑥

---

①石介:《徂徕石先生文集》卷五,《怪说下》。
②石介:《徂徕石先生文集》卷八,《辨私》。
③石介:《徂徕石先生文集》卷八,《辨惑》。
④石介:《徂徕石先生文集》卷十五,《答欧阳永叔书》。
⑤石介:《徂徕石先生文集》卷十,《中国论》。
⑥石介:《徂徕石先生文集》卷六,《明四诛》。

这里,石介可能是出于难以自抑的义愤,故意将老子说成胡人。他认为中国自古就是天下一君,全国一教,这个教就是自伏羲经孔子至韩愈的道统,除此之外,其他所有教派都是"夷教"和"胡教"。他提出解决儒学与佛、道冲突的办法,要求佛回夷地,道返胡疆,各守本分,互不干扰,以便"各教其教,各礼其礼"①,彼此相安无事。应该看到,在当时的历史条件下,石介等人的反佛、道具有以中国传统文化对抗契丹等少数民族入侵的积极意义,但他们使用的武器,尤其是"夷夏之辨"不能不带有狭隘民族主义色彩。其实思想的多元化及其互相辩诘正是思想发展的重要条件,这一层是石介等人认识不到的。

(二)泰山学派的崛起

北宋景祐二年(1035 年),石介在京东路奉符(今山东泰安)创建泰山书院,请孙复主持书院的教学工作,由此形成了由书院主持、受业门人和支持赞助者结成的学术团体,被称为泰山学派。这个学派在北宋初年的思想史上是一个领军的团队,对宋代理学的形成起了开山的作用。

北宋初年的山东之所以涌现出泰山学派这样一个学术团体,与山东深厚的儒学传统,特别是在五代的战乱时期儒学仍能存在和发展有着密切的关系。请看五代和北宋初期山东地区儒学精英们的英姿吧。

宋州楚丘(今山东菏泽)人戚同文,在五代丧乱时期,绝意仕进,专心向学,以读书、著述和教学终其一生,留下《孟诸集》一书。他的学生中有五六十人科举登第,多人践台阁,历宰辅。淄州邹平人田敏,少通《春秋》之学,后梁时任国子四门博士,后唐时任尚书博士、国子博士,受诏与马镐等校《九经》,推出了儒家经书的最早版本,后周时官至司空,被周世宗誉为"儒学之宗师"②。齐州历城人田浩,好读书,善著述。北宋初被宋太祖征至京师,后回故乡明水隐居,筑庐授徒,从学者常数百人。著述多散佚。曹州济阴(今山东定陶)人邢昺,太平兴国初年九经及第后,历任国子监丞、国子博士、国子祭酒等职。真宗时为首任翰林侍读学士,著有《论语正义》、《孝经

①石介:《徂徕石先生文集》卷十,《中国论》。
②《宋史·儒林一·田敏传》。

正义》、《尔雅义疏》，是使用广泛、影响深远的经书注释方面的名著。博州博平（今山东茌平）人孙奭，端拱二年（989 年）九经及第后历任大理寺评事、国子监直讲。仁宗时任翰林侍讲学士，判国子监。著有《五经节解》、《经典徽言》、《孟子正义疏》等，是成就卓著的经学家。兖州曲阜人孔宜，是孔子的 44 代孙。恪守祖训，家学渊源，曾被宋太宗召见，授右赞善大夫，袭封文宣公。青州临淄人贾同，笃学好古，以文名著于时。历任历城主簿、大理评事、兖州通判、殿中丞、棣州知州。著有《山东野录》。青州益都人李觉，九经及第后，曾为太祖讲《周易》，校《春秋正义》。濮州雷泽人高弁，曾在终南山从种放学习经书，所写文章多以六经和《孟子》为指归。著有《帝则》三篇。滨州渤海人胡旦，博学多识，尤精于经史。著有《汉春秋》、《五代史略》、《演圣通论》等。这些儒学精英们的讲学和著述，使山东形成了浓厚的儒学氛围和大量的人才储备，为泰山学派的形成准备了得天独厚的条件。

与此同时，一个著名的政治家和思想家范仲淹（989—1052 年）在北宋初年与山东结缘，他也为泰山学派培养了一批优秀人才。范仲淹虽然祖籍苏州，但成长于山东。因为他刚满周岁时父亲去世，他随改嫁的母亲到了长山（今山东邹平境内）。他少年时在礼泉寺（位于今山东邹平和章丘交界处）读书，成人后赴睢阳问学于戚同文。学成仕官不久即因母丧离职守制。这期间他应应天知府晏殊之邀主持应天（今河南商丘）府学，吸引了一大批慕名而来的学子，深深影响了当时的士风。所以《宋史》本传称颂他"泛通六经，长于《易》，学者多从质问，为执经讲解，无所倦。尝推其俸以食四方游士，诸子至易衣而出"，"每感激论天下事，奋不顾身。一时士大夫矫厉尚风节，自仲淹倡之"。范仲淹结束丁忧后，一直在地方和朝廷任职。当时朝廷对西夏用兵，他一度被任命为前线宋军的副统帅。在他谋划指挥下，多次取得胜利。后回朝任参知政事，从庆历三年（1043 年）始，他奉仁宗之命与韩琦、富弼、欧阳修等一起推行"新政"，其间他曾上《十事疏》，对北宋政治和社会存在的一系列积弊和救助之策提出了自己的意见和建议，多为朝廷采纳。但不久新政失败，他被贬外任。纵使在失意的情况下，他也总是关怀着国家和百姓的命运，并在力所能及的范围内为百姓办了不少好事。更重要的是，他以自己高尚的人格节操，为天下士人树立了人格典范。他的名言"先天下之忧而忧，后天下之乐而乐"，成为激励天下士人勇于承担天下家国责任的座右铭。特别是他一贯重视教育,四处兴学,提携人才,奖掖后进,促成了庆历年间以他为首的儒家学者群体的形成。宋初的一批儒学名士和泰山学派的中坚人物如胡瑗、孙复、石介、李觏等都出自他的门下。朱熹曾在《三朝名臣言行录》中生动记述了他们孜孜于学的动人情景:

> 文正公门下多延贤士,如胡瑗、孙复、石介、李觏之徒,与忠宣(范仲淹之子范纯仁)游。昼夜肆业,置灯帐内,夜分不寝。后公贵,夫人犹收其帐,顶如墨色,时以示子孙曰:"尔父少时勤学灯烟迹也。"

这里朱熹所举的几个人物,泰州海陵人胡瑗原是一介贫士,后投泰山书院攻读,"攻苦食淡,终夜不寝,一坐十年不得归"①,得到家信,只要看到上面有"平安"二字,即投入涧中,不再展读,唯恐其中的内容扰乱了自己的专心。后来被范仲淹聘为苏州教授,教自己的儿子读书。孙复,因举进士不第,家贫无以为生,范仲淹资助他继续攻读,并安排他在应天府任教职。他写的《春秋尊王发微》是当时《春秋》学的名著。后应石介之邀主持泰山书院,被称为泰山先生。建昌军南城(今江西南城)人李觏因举茂才异等不中,以教授学生为生,被范仲淹推荐为试太学助教。范仲淹晚年任青州知州,更是教诲和影响了众多山东士子。《渑水燕谈录》记载:

> 范文正公未免乳,丧其父,随母嫁淄州长白山朱氏。既冠,文章过人,一试为南宫第一,遂擢第。仕宦四十年,晚镇青(今山东青州),西望故居,才百余里,以诗寄其乡人曰:长白一寒儒,登荣三纪余。百花春满地,二麦雨随车。鼓吹前迎道,烟霞指旧庐。乡人莫相美,教子苦读书。

范仲淹门下的这批贤达人物果然不负他的期望,成为宋代理学的开山大师,在中国思想史上写下了极其辉煌的一页。宋人黄震对此曾作过中肯的评论:

> 宋兴八十年,安定胡先生、泰山孙先生、徂徕石先生始以师道明正

---

① 《宋元学案》卷一,《安定学案·胡瑗》,中华书局 1986 年版。

学，继而濂、洛兴矣。故本朝理学虽至伊洛而精，实至三先生而始，故晦庵（朱熹）有"伊川（程颐）不敢忘三先生"之语。①

当然，泰山学派的所有这些精英人物走到一起，结盟为一个学术团体，没有一个为各方认可的人奔走联络是不可能的。这个人物就是石介。他自仁宗天圣八年（1030年）进士及第后，登上仕途，历任将仕郎、秘书省校书郎、郓州观察推官。四年后在南京为幕府官时结识屡试不第、流落京畿的孙复。双方一见如故，引为知己，将这位晋州平阳（今山西临汾）的落魄文人推尊为泰山书院的主持。为了使孙复在士子们中的威望陡然上升，做官有年、在学界有相当声望的石介与张洞、李蕴等甘愿拜孙复为师，由此产生的效应极大地促进了泰山书院的发展。还是《渑水燕谈录》记载：

> 徂徕石守道常语学者曰："古之学者急于求师。孔子大圣人也，犹学礼于老聃，学官于郯子，学琴于师襄，矧其下者乎！后世耻于求师，学者之大蔽也。"乃为《师说》以喻学者。是时孙明复先生居泰山之阳，道纯德备，深于《春秋》。守道率张洞北面而师之，访问讲解，日旦不怠。明复行，则从；升降拜起，则执杖屦以待。二人者久为鲁人所高，因二人而明复之道愈尊。于是学者始知有师弟子之礼。

时任兖州知州的孔道辅闻知石介如此尊师，前往拜会，"介执杖屦立待复左右，升降拜则扶之，其往谢亦然"②。为了推尊孙复为泰山学派的领袖，石介煞费苦心地做了他应该做的一切。在石介的奔走联络下，一批思想接近、脾性相投的学人齐集泰山书院，讲学、著述，互相切磋、砥砺，终于形成了一个在思想史上产生了巨大影响的泰山学派。

后来，石介写了《泰山书院记》，以欢愉的心情记述了泰山学派人员组成：

> 孟子、杨子、文中子、吏部皆以其道授弟子。既授弟子，复传之于书，其道大耀。先生（孙复）亦以其道授弟子，既授之弟子，亦将传之于

① 《宋史·儒林一·田敏传》。
② 《宋史·儒林二·石介传》。

书,将使其书大行,其道大耀。乃于泰山之阳起学舍,构堂,聚先圣之书满屋,与群弟子而居之。当时游从之贵者,孟子则有梁惠王、齐宣王、滕文公之属,杨子则有刘歆、桓谭之属,文中子则有越公之属,吏部则有裴晋公、郑相国、张仆射之属。门人之高第者,孟则有万章、公孙丑、乐克之徒,杨则有侯芭、刘棻之徒,文中子则有董常、程元、薛收、李靖、杜如晦、房、魏之徒,吏部则有李观、李翱、李汉、张籍、皇甫湜之徒。今先生从游之贵者,故王沂公、蔡贰卿、李秦州、孙中丞,今李丞相、范经略、明子京、张安道、士熙道、祖择之,门人之高第者,石介、刘牧、姜潜、张洞、李蕴。足以望于千百年之间矣。①

泰山学派的主要人物有:世称泰山先生的孙复(992—1057 年),字明复,号富春,晋州(今山西临汾)平阴人。学《春秋》,举进士不第,被石介聘为泰山书院主持,后为范仲淹、富弼等大臣推重,任秘书省校书郎、国子监直讲。讲说多异先儒,颇有创新。后曾转任州县佐官、殿中丞。著有《春秋尊王发微》、《孙明复小集》。孙复在讲学和著述中十分重视宣传道统,认为"文者,道之用也;道者,教之本也"②。他特别推崇董仲舒,将其认做"推明孔子,抑黜百家",维系道统,"尽心圣人之道"的伟人,"暴秦之后,圣道晦而复明者,仲舒之力也"③。他同时坚信,要树立道统,就必须狠批佛老和杨墨申韩等为代表的其他异端邪说。他强调封建等级秩序的神圣不可侵犯,在解释《春秋》大义时,他列举了一系列的限制:

> 孔子曰天下有道,则礼乐征伐自天子出,非诸侯可得而专也。诸侯专之犹曰不可,况大夫乎?
> 诸侯受国于天子,非国人所得立也。
> 诸侯土地受之天子,不可取也。
> 城邑宫室高下大小,皆有王制,不可妄作。
> 观鱼,非诸侯之事也。
> 大国三军,次国二军,鲁以次国而作三军,乱圣王之制也。④

---

①石介:《徂徕石先生文集》卷十九,《泰山书院记》。
②③孙复:《睢阳子集补》。
④《宋元学案》卷二,《泰山学案·孙复》。

这里尽管谈的是春秋之事,但弦外之音却明白无误:任何人都不能"乱圣王之制"。他作《春秋尊王发微》,中心主旨就是阐发孔子的"尊王",批判鲁隐公以后"乱臣贼子"对礼乐制度的破坏。这展示的孙复的政治立场是十分鲜明的。

石介是泰山书院的创建者和组织者,人称徂徕先生。他言必称道统,特别推崇最早推出道统说的韩愈,在他写的《尊韩》一文中说:"孔子之《易》、《春秋》,自圣人以来未有也。吏部《原仁》、《原道》、《原毁》、《行难》、《对禹问》、《佛骨表》、《诤臣论》,自诸子以来未有也。"①欧阳修曾这样描述石介对道统的痴迷程度:

> 所谓尧舜禹汤文武周公孔子孟轲杨雄韩愈氏,未尝一日不诵于口;思与天下之士皆为周孔之徒,以致君为尧舜之君、民为尧舜之民,亦未尝一日少忘于心。②

从维护道统出发,他自然"勇攻佛老,奋笔如挥戈"③。而为了强化封建制度,他还竭力将君统与道统结合起来,说:"自夫伏羲、神农、黄帝、尧、舜、禹、汤、文、武、周公、孔子以至于今,天下一君也,中国一教,无他道也。"④这"一教"即是道统。在石介看来,"道"是天地万物的根本,封建的纲常伦理就是"道"的具体化,"道于仁义而仁义隆,道于礼乐而礼乐备"⑤,并且这个"道"还是"万世不改"的永恒真理:"立其法万世不改者,道之本也;通其变使民不倦者,道之中也。本,故万世不改也;中,故万世可行也。"⑥石介的历史观接近韩非的人类文明起源于圣人制作说:

> 厥初生人,无君臣、无父子、无夫妇、无男女、无衣服、无饮食、无田土、无宫室、无师友、无尊卑、无昏冠、无丧祭,同于禽兽之道也。伏羲氏、神农氏、黄帝氏、陶唐氏、有虞氏、夏后氏、商人、周人作,然后有君

---

① 石介:《徂徕石先生文集》卷七。
② 《欧阳文忠公集》卷三十四,《徂徕先生墓志铭》。
③ 《欧阳文忠公集》卷三,《读徂徕集》。
④ 石介:《徂徕石先生文集》卷十三,《上刘工部书》。
⑤ 石介:《徂徕石先生文集》卷二十,《移府学诸生》。
⑥ 石介:《徂徕石先生文集》卷十九,《青州州学公用记》。

臣、有父子、有夫妇、有男女、有衣服、有饮食、有田土、有宫室、有师友、有尊卑、有昏冠、有丧祭。噫,圣人之作皆有制也,非特救一时之乱,必将垂万世之法。故君臣之有礼而不可黩也,父子之有序而不可乱也,夫妇之有伦而不可废也,男女之有别而不可杂也,衣服之有上下而不可僭也,饮食之有贵贱而不可过也,土地之有多少而不可夺也,宫室之有高卑而不可逾也,师友之有位而不可迁也,尊卑之有定而不可改也,昏冠之有时而不可失也,丧祭之有经而不可忘也;皆为万世常行而不可易之道也,易则乱之矣。①

这里石介强调的并不是文明起源论,而是古代各种制度的不可改变。进而他将后世的一切乱源统统归之于背离古制:"周秦之下,乱世纷纷,何为而则然也? 原其来有由矣,由乱古之制也。"②要想万世太平,只有遵从古制,杜绝一切变革。正因为他笃信这样一套理论,其反对王安石变法就不难理解了。由于石介坚持人类文明起源于圣人制作说,所以也就将古代圣人视为真理的化身,最后必然走向英雄史观:"道大坏,由一人存之;天下国家大乱,由一人扶之。周室衰,诸侯竞,道大坏也,孔子存之。孔子殁,杨墨作,道大坏也,孟子存之。"③

"宋初三先生"之一、也是泰山学派开山的胡瑗(993—1059 年),字翼之,泰州如皋(今属江苏)人。青年时期在泰山苦读 10 年,后一直从事教育,曾任苏州府学教授、湖州教授,有弟子数千人。官至太子中允、天章阁侍讲,主持太学,是当时有名的经师和教育家,在教育思想和教学方法方面颇有创见。他创立的"经义"和"治事"的分科教学法为欧阳修所称道,产生了很大影响。他改变了隋唐以来士大夫晋升靠文辞、重辞赋的学风,将经义和时务作为重点,使广大知识分子将学问的重心移向义理的探索和政治社会问题的研究。胡瑗的主要著作有《春秋要义》、《春秋口义》、《周易口义》、《中庸议》、《洪范口义》、《吉凶书议》、《学政条约》、《武学规矩》、《资圣集》等,可惜大多亡佚。其现存思想资料主要见于《月河精舍丛钞·安定言行

① 石介:《徂徕石先生文集》卷六,《复古制》。
② 石介:《徂徕石先生文集》卷五,《原乱》。
③ 石介:《徂徕石先生文集》卷八,《救说》。

录》和《宋元学案·安定学案》。其他泰山学派的人物在为学、做人和治事上也各有千秋。如汾州介休(今属山西)人文彦博,官至平章政事,历事四朝,任将相50年。著有《潞公集》。西安人刘牧,先学于范仲淹,后入泰山书院攻读,精于《易》学。其门人吴祕、徐庸、黄梨献,皆学有所成,有著述名世。苏州吴县(今苏州)人范纯仁,为范仲淹之子,皇祐年间进士,哲宗时拜相,著有《范忠宣公全集》。寿州(今安徽凤台)人吕希哲,吕公著之子。少学于胡瑗,著有《发明义理》、《传讲杂记》。偃师(今属河南)人朱光庭,少学于胡瑗、孙复,后师事程颢。累官给事中,为洛党重要人物,参与蜀洛党争,曾弹劾苏轼。后落职亳州,徙潞州。任城(今山东济宁)人张洞,师事孙复,精于《春秋》,其著述"出三家之异同而独会于经"①。兖州奉符(今山东泰安)人姜潜,师事孙复和石介,曾任官国子监直讲、韩王宫伴读、陈留知县。其门人刘挚、梁焘、晁说之皆学有所成,有著作传世。上蔡(今属河南)人祖无择,少时学于泰山书院,曾在集贤院任职,提议改封孔子后裔为衍圣公而废文宣王尊号。有著作《龙学文集》名世。临州人饶子仪,曾从孙复受经,不事科举,终生未入官场,杜门著书,留下了《编年史要》、《周易解》、《论语解》等著作和诗文集。邛州(今四川临邛)人李缊,曾师事石介,任奉符县尉。石介赞扬他"能知圣人之道,乐蹈名节,好履仁义,守一官,能勤且廉,善养民绳吏,人颇受其福"②。邵武(今属福建)人莫说,远涉千里游学泰山书院,与孙复、石介讲学论道。其子莫表深从学胡安定,以进士累官光禄丞、知饶州,著有《如如集》。吴县(今苏州)人朱长文,从孙复学《春秋》,嘉祐进士,历官秘书省正字、枢密院编修。一生执著于著书立说,作《通志》20卷,对《诗》、《书》、《易》、《礼》皆有研究。单州成武人马默,师事石介,进士及第后,历官须城知县,监察御史里行,三司盐铁判官,济、兖知州,司农少卿,代理工、户部侍郎,河北都转运使等。西充(今属四川)人何群,石介在太学任职时的学生,曾因批评科举弊端而被逐出太学。濮州(今山东鄄城北)人杜默,师事石介,石介誉他与石延年、欧阳修为"三豪"。赵狩,受业石介和孙复,后来迷上神仙长生之道不能自拔,使石介为之叹息。须城(今山东东平)人李世弼,学习孙复《春秋尊王发微》等著

---

①石介:《徂徕石先生文集》卷十四,《与张洞进士书》。
②石介:《徂徕石先生文集》卷十七,《上范经略书》。

作,事金朝,任彭城主簿。其子李昶,任温县丞。入元,历任翰林侍讲学士、行东平路总管军民同议官、吏部尚书。著有《春秋左氏遗意》、《孟子权衡遗说》等。其弟子李谦、马绍、吴衍等皆学有所成,任职元朝。其他苏唐询、徐遁、高拱辰、孟宗儒等也属于泰山学派。另外,还有一批人虽不属于泰山学派,但学术观点与之相近,在思想学术史上也占有一席之地。他们是:青州人王曾、彭城人刘颜、郓州人士建中、濮州鄄城人李迪、永嘉(今浙江温州)人王开祖等,他们在学术上与泰山学派桴鼓相应,客观上壮大了泰山学派的声威。

泰山学派作为北宋初年的一个学术团体,在不少方面显现出自己独异的特色。首先是学术上的独立精神。他们既不盲从儒家经典,也不迷信权威圣人。他们研读儒家经典时,往往抛开前人成说,自寻义理,推出独到的见解。如张涧研究《春秋》,"为论十数篇,甚善,黜三家之异同,而独会于经"①。泰山三传学人冯正符治《春秋》,就力辩"杜氏(杜预)三体五例、何氏(何休)三科九旨之穿凿怪妄"②。只有坚持这种学术上的独立精神,才能有思想的解放,也才能有思想学术上的创新。与学术上的独立精神相联系,泰山学派同人在人格上更表现出可贵的独立精神。他们不畏权势,敢于顶住政治压力,顽强坚持自己的观点和立场。在这方面,石介为泰山学派做出了榜样。他"笃学有志向,乐善疾恶,喜声名,遇事奋然敢为"③。景祐二年(1035年),当时石介刚被任命为御史台主簿,还未上任,就因上疏论仁宗赦五代及诸国后不当而被免职,这在一般人是做不到的。所以欧阳修赞扬他说:

> 主簿于台中非言事官,介足未履台门之阈,已用言事罢,可谓正直刚明,不畏避矣。度介之才不止为主簿,直可为御史也。④

石介门人何群上书批评科举考试专以文辞取人的弊端,认为"三代取士,皆举于乡里而先行义,后世专以文辞就",而"文辞中害道者,莫甚于赋",要求将此一科目罢去。他的建议自然难以被采纳,何群一气之下,毅然焚掉自己

①②《宋元学案》卷二,《泰山学案·张涧》。
③《宋元学案》卷二,《泰山学案·石介》。
④《宋元学案》卷二,《泰山学案·附录》。

所写的 800 多篇赋,终生不再参加科举考试。其他如刘牧为州军事推官,敢于同"州将争公事";姜潜任陈留知县时,因青苗钱问题毅然去职;马默在监御史里行任上,"遇事辄言无顾"①等,都表现了他们凡事坚持己见、不予通融的精神。不过,这种独立精神如果用之不当,就有愚而固执之嫌了。其次,泰山学派虽然主要是一个学术团体,但在一定程度上又具有朋党色彩。他们团体具有很强的凝聚力,成员之间互相推抬,互相提携,荣辱与共。如石介为学官后,立即推荐孙复,他因上书触怒仁宗时,王曾马上"从容解救"。姜潜家居奉符太平镇,家遭水灾,时任奉符县尉的李缊立即调动县弓手营救,被上级以私用役人判罪。石介迅速写出《朋友解》为之辩护,认为李缊因救朋友之难而获罪,"此不惟伤朋友之道,亦以害国家教化之本",他义正词严地为李缊鸣冤说:

> 州县吏贪墨残毒者满目,曾不举一人。缊奉公守法,缊持廉,缊爱民,缊有文行,缊有节义,缊孝于事亲,缊忠于事上,缊信于朋友,反得罪,悲夫。②

文章做至此,石介意犹未解,又作诗致李缊进行劝慰,直将其比之为屈原和贾谊。石介推荐同学派人才更是不遗余力。如向韩琦推荐孙复、梁构、姜潜、张洞作御边人才,赞扬他们"皆有文武资材,仁义忠勇,计策谋略,可膺大任"③。范仲淹经略西北、用兵西夏时,他再次推荐除孙复外的三个人,誉之为"三豪杰",称颂他们说:

> 皆负文武才略,有英雄之气,习于兵,勇于用,智识通敏,精力坚悍。若使各当一队,必能得士死心,先诸将立功。若使守一城,捍一寨,兹一城、一寨遂为金汤,不可得破。……兹三人,实豪杰之士也。④

明道二年(1033 年),石介致书枢密副使蔡齐,推荐士建中,简直将他吹捧成天下第一人才:

---

①《宋元学案》卷二,《泰山学案·马默》。
②石介:《徂徕石先生文集》卷八,《朋友解》。
③石介:《徂徕石先生文集》卷十六,《上韩密学经略使书》。
④石介:《徂徕石先生文集》卷十七,《上范经略书》。

窃见郓州乡贡进士士建中,其人孜孜于此者二十年矣,其道则周
公、孔子之道也,其文则柳仲涂、张晦之之文也,其行则古君子之行也。
……噫! 建中其天下贤乎! 岂止于文而已。其器识备而材足用,智谋
周而宇范远,施之于事,王佐才也。识时运,知进退,审出处,明显晦,言
必信,行必果,喜过服义,间邪存诚,其近古之中庸者乎! 安贫守节,非
其义,一介不取于人,非其人,未尝与之往还,廉介清慎,不屈权贵,不畏
强御,如复孝廉,建中其首当之。……万一失其人,是失天下之贤也。①

不仅如此,如果说石介的结党意识在推荐人才时还不太明显的话,那么,在
一篇《上赵先生书》中则呼之欲出,不加任何遮掩了:

先生如果欲有为,则请先生为吏部,介愿率士建中之徒为李翱、李
观。先生唱于上,介等和于下;先生击其左,介等攻其右;先生犄之,介
等角之。又岂知不能胜兹万百千人之众,革兹百数十年之弊,使有宋之
文赫然为盛,与大汉相视,钜唐同风哉!②

最后,也是最重要的,是泰山学派发扬传统儒学的入世精神,关心国家民族
的命运,具有强烈的干政意识。他们不断议论政治,臧否人物,将"外王"的
经世思想发挥得淋漓尽致。如石介在一首诗中就表达出了自己大有作为的
宏愿和这种宏愿因位卑言轻难以实现的无奈:

我本鲁国一男子,少小气志凌浮云。精诚许国贯白日,有心致主为
华勋。位卑身贱难自达,满腹帝典与皇坟。③

尽管如此,石介并不消极等待自己地位的转变,而是在强烈的干政实践中证
明自己的忠心和才能。他关心吏治,认为州牧县宰如选非其人,则方圆千
里、百里的百姓遭殃。他写诗痛斥贪官污吏:

嗟乎嗟乎彼县吏,剥肤椎髓民将死。夏取麦兮秋取粟,笤匹红兮杖

---

① 石介:《徂徕石先生文集》卷十三,《上蔡副枢书》。
② 石介:《徂徕石先生文集》卷十二,《上赵先生书》。
③ 转引自安作璋、王志民主编:《齐鲁文化通史·宋元卷》,中华书局 2004 年版,第108 页。

匹紫。酒臭瓮分肉烂床,马余粮分犬余饩。雀腹鼠肠容几何,虎噬狼贪胡不已。①

他不仅攻击一般贪官污吏,而且对女主临朝、宦官干政痛加针砭。他写了《唐鉴》,总结唐朝女后、宦官、奸臣当道对政治的危害。在上宰相王曾书中,他毫无顾忌地批评宋仁宗好色淫逸的恶习:

> 正月以来,闻既废郭皇后,宠幸尚美人,宫廷传言,道路流布。或说圣人好近女室,渐有失德。自七月、八月来,所闻又甚或言倡优日戏上前,妇人朋淫宫内,饮酒无时节,钟鼓连昼夜。②

不久,他就因上书仁宗直斥其短遭贬官。但他仍不改初衷,遇事依然直抒胸臆,表达自己的意见。如仁宗时西夏不时寇边,西北边防形势危机。此时他尽管身不在朝,也依然写诗表明自己的忧虑,希望引起朝廷的注意:

> 吾尝观天下,西北险固形。四夷借臣顺,二鄙独不庭。吾君仁泰厚,旷岁稽天刑。蘖芽遂滋大,蛇豕极膻腥。渐闻颇骄骞,牧马附郊坰。吾恐患已深,为之居靡宁。堂上守章句,将军弄娉婷。不知思此否,使人堪涕零。③
>
> 平生读诗书,胸中贮经纶。薄田四五亩,甘心耕耨勤。倚锄西北望,涕泪空沾襟。④

庆历三年(1043年),宋仁宗起用范仲淹、韩琦、富弼等主持政务,进行改革,史称"庆历新政"。石介与这一批人政治观点接近,学术理念相投,因而备受鼓舞,积极为之鼓吹。他模仿韩愈的《元和圣德颂》作《庆历圣德颂》,对仁宗和主持新政的一班人极尽歌功颂德之能事:

> 上视汉魏隋唐五代,凡千五百年,其间非无圣神之主,圣明之时,未有如此选人之精,得人之多,进人之速,用人之尽,实为希阔殊尤,旷绝

---

① 转引自安作璋、王志民主编:《齐鲁文化通史·宋元卷》,中华书局2004年版,第109页。
② 李焘:《续资治通鉴长编》卷一一五。
③ 石介:《徂徕石先生文集》卷二,《西北》。
④ 石介:《徂徕石先生文集》卷三,《偶作》。

盛事。①

这篇名文不胫而走,起了为新政营造舆论氛围的重要作用。石介的弟子们在其影响下,也都积极干预政治,毫无保留地表达自己的观点。在王安石变法时,其弟子中的一部分人站在反对的立场上公开予以批评,尽管这种批评不见得正确,但展现的是这个学派一贯的干政风格。

(三) 宋辽时期山东儒生的从政生涯

儒家知识分子具有关心国家民族命运、积极干政、乐于从政的传统。北宋和辽朝的汉族儒生也继承了这个传统。山东大名莘(今莘县)人王旦,在真宗朝任宰相。他劝真宗以"无为而治"的理念行政,使百姓得到休养生息的机会,北宋一度出现政治安定、经济稳步发展的局面。真宗为了满足自己的虚荣心,为自己的统治增光添彩,执意封禅泰山。王旦本来不支持东封,但在得到真宗一罐珍珠后又附和他的要求。另一山东儒生王曾则持反对态度。在真宗玩弄天降书的把戏而群臣皆取缄默态度时,也唯有王曾站出来劝止。当然王曾的劝止不可能阻止真宗的行动。他不仅兴师动众,大搞泰山封禅,曲阜祭孔,而且往亳州祀老子,宣扬儒、佛、道三教一旨,从而使佛、道两教又迅速发展起来。大中祥符元年(1008年),以考制度副使的官职随真宗东封的淄州邹平人周起,利用这次机会在所过州县访查民间疾苦和吏治状况汇报真宗,而在群臣纷纷上书为真宗歌功颂德时,他独独劝诫真宗居安思危。不久,真宗在首都建玉清昭应宫,在曲阜建景灵宫,在亳州建太极观,都是穷极壮丽,"竭天下之财,伤生民之命"②的劳民伤财的工程。这时,王曾已加官给事中,进入朝廷的决策圈子,但因为他拒绝担任会灵观使,被真宗一怒之下免官。面对真宗"大臣当傅会国事,何遽自异也"的责难,他从容答对说:"夫君从谏谓明,臣尽忠谓义,陛下不知臣弩,使待罪政府,臣知义而不知异也。"③宋真宗晚年,丁谓当国,权倾朝野,朝中许多人都攀附于他。山东聊城人李垂,字舜工,时在朝中为官,不仅对他敬而远之,而且还

① 石介:《徂徕石先生文集》卷一,《庆历圣德颂序》。
② 李焘:《续资治通鉴长编》卷八十五。
③《名臣碑传琬琰集·王文正公行状》。

抨击他"不以公道副天下,而恃权怙势",被丁谓贬知亳州。后来丁谓失势,李垂返朝,有人告诉他朝中大臣欲推荐他为知制诰,但因其与当今宰相不相识有困难,希望他前去拜会。李垂不屑一顾,说:"我若昔谒丁崖州,则乾兴初已为翰林学士矣。今已老大,见大臣不公,常面折之,焉能趋炎附势,看人眉睫,以冀推挽乎?"①这些话传到宰相那里,他不但没有当上知制诰,还被贬出朝去均州(今湖北丹江口北)做地方官了。山东有一批儒生在地方任职,他们秉承民本理念,做了不少惠民爱民的好事。如翟守素任河南府(今河南洛阳)知府兼留守司事,有一年这里大旱,他千方百计进行赈济,使当地百姓得以平安度过灾荒。曹州济阴(今山东定陶西)人柴成务任京东转运使时,黄河在宋州决口,京东受灾。柴成务上疏太宗,要求将河水冲过的土地任百姓耕种,不收租税,加速了灾后的恢复重建。齐州历城(今济南市)人冯瓒任舒州知州时,免除当地百姓在河流湖泊采渔也须交税的弊政,改善了他们的生存环境。曹州冤句(今山东菏泽西)人张齐贤在太平兴国初年任衡州(今湖南衡阳)通判时,上疏朝廷,获准将荆州(今湖北江陵)至桂州(今广西桂林)间的水递铺夫数千户减少了一半,相应解除了不少应役的渔夫樵民的苦难。后来他转任江南西路转运使,又上疏朝廷,获准革除诸州犯人均须押解京师的弊政,大大减少了犯人途中的死亡。应天楚丘(今山东曹县东南)人戚纶在大中祥符八年(1015 年)知青州时,正碰上该州遭遇大饥荒,他毅然开仓放粮,使许多饥饿的百姓得以存活。大名莘(今山东莘县)人王素是宰相王旦之子,他在知濮州(今山东鄄城)的时候,转运使打算增加黄河两岸田地的赋税,他据理力争,不予认可,并上奏朝廷,说明以前黄河泛滥,百姓深受其害,失职的是官吏;而今河道尚未尽修,百姓还没有从治河工程中得到实惠,不宜加税。他的上奏得到朝廷批准,使当地百姓免除了加税之苦。山东诸儒在从政的实践中,还表现了刚正不阿、廉洁自守的品格。如大名夏津人马仁瑀在开宝四年(971 年)任瀛州防御使的时候,其兄子因酒醉误伤人命,受害人的亲属因两家平日无怨仇,请求以过失误伤论处,免其死罪。但马仁瑀却认为自己身为长吏,而侄子杀人,分明是"怙势"而为,不能以过失误伤论处,坚持判处侄子死刑,并出资殡葬死者,受到全州

___

①《宋史·李垂传》。

百姓的颂赞。淄州长山（今山东邹平）人侯陟在北宋初年任冤句（今山东菏泽西）知县，他不仅以清明干练闻于朝廷，而且以直言敢谏让行为不端的高官显贵怕他三分。他曾上表弹劾横行不法的节度使袁彦，上表揭露宰相赵普的不法行为并使之去职。曹州济阴（今山东曹县西北）人姚坦在太平兴国年间任益王府的赞善。时承平日久，社会安定，经济发展，奢侈之风开始在朝野蔓延。益王花费数百万在府中造假山，完工之日，置酒府中，招官吏亲友观赏。独姚坦拒绝凑热闹。在被益王强令观看后，他居然说出"但见血山耳，安得假山"的话。面对益王的追问，他毫不畏惧地揭露说："在田舍时，见州县催租，捕人父子兄弟，送县鞭笞，流血被体，此假山皆民租税所为，非血山而何？"[1]姚坦的谏言虽然未能改变益王的奢靡享受，但展示了作为臣子的刚正和忠贞。王素更是一个敢于对皇帝直言敢谏的诤臣。宋仁宗因皇子降生，兴奋异常，打算大赦天下，奖赏将士，晋升百官，使喜庆气氛弥漫朝野。王素上书切谏，认为当时西夏不时犯边，国家并不安宁，金钱应满足边防之需，官爵也应用来赏战功。上书使仁宗醒悟，打消了原拟的计划。不久，王德用进两个美女与仁宗，王素追问仁宗其去处。仁宗故意拉近乎说："朕真宗皇帝之子，卿王旦之子，有世旧，非他人比也。德用实进二女，然已事朕左右，奈何？"希望王素顺水推舟，不要穷追不舍。谁知王素不依不饶，疾言厉色说："臣之忧正恐在在左右尔。"[2]仁宗到底还算明君，虽然心里不情愿，但还是将这两个女子忍痛割爱了。

北宋从建立起，就面临着严重的边患，这主要是北部的辽和西北的西夏。宋仁宗宝元元年（1038 年），元昊称帝，国号大夏，史称"西夏"，从此开启了宋与西夏的战争。山东士人在宋对西夏的战争中贡献了自己的智慧和力量。单州成武（今山东成武）人庞籍，大中祥符八年（1015 年）进士及第后在朝为官。宋夏延州（今陕西延安）之战时，临阵逃跑的都监黄德和诬陷力战被俘的总兵刘平降敌，致使其家 200 余口无辜系狱。庞籍奉朝廷之命与殿中侍御使文彦博一起审查此案，结果厘清了真相，还了刘平一家清白。接着，他针对当时军费紧张但朝廷浪费严重的情况，提出了厉行节约、满足军需的建议：

---

①《宋史·姚坦传》。
②《名臣碑传琬琰集·王懿敏公素墓志铭》。

频岁灾异,天久不雨。宫中费用奢靡,出纳不严,须索烦多,有司无从钩校虚实。臣窃谓凡乘舆所费,宫中所用,宜务加裁抑,取则先帝,修德弭灾之道也。今宿兵西鄙,将士力战,弗获功赏;而内官、医官、乐官,无功劳,享丰赐,天下指目,谓之"三官"。愿少裁损,无厚赍予,专励战功,寇不足平也。①

庆历元年(1041年),庞籍进龙图阁直学士,知延州,又兼鄜延都总管、经略安抚缘边招讨使,主持对西夏用兵。他到任后,"补绽茹陋,扶民以仁",安定百姓。第二年九月,西夏大举进攻,宋军惨败。庞籍积极征调军队,整顿士马,修城筑寨,清野固守。同时募民实边,发展生产,储存军粮。由于狄青等将士用命,指挥得当,宋军逐次收复失地,稳定了边境形势。之后,庞籍主持宋与西夏间的议和事宜,终于在庆历四年(1044年)达成协议,双方实现和平,这对宋和西夏都是有利的。庞籍回朝,因功升枢密副使,不久再晋升宰相,参与了朝廷的许多重大决策,提出并省官属和省兵等建议,得到批准实行,为国家节约了大量财政开支。

王素也曾知渭州,主持当地对西夏的战事。他信用将士,筑城堡,募羌人,在对西夏的战争中取得胜利。青州寿光人任颛,多次以押伴使主持对西夏的交涉事宜。他明了敌情,善于折冲,数度化解危机,维持了宋与西夏的和议。密州安丘人明镐,大中祥符进士,历任开封府推官、三司户部判官及京东、益州路转运使等官。后转任陕西转运使、知并州,参与谋划对西夏的战争,也取得显著成绩。还有不少山东士人虽未去西北前线任职,但一直关注对西夏的战事,向朝廷提出了不少有价值的方略。

北宋前期最严重的边患是契丹人建立的辽政权的不断南侵。在宋、辽对战中,山东的兵民和将领都曾创造出许多可歌可泣的英勇战绩。如雍熙三年(986年)宋太宗收复幽云十六州的战事失败后,辽兵不断南侵,河北一带城池残破,军无斗志。济州任城(今山东济宁)人翟守素与田仁郎等奉命率兵巡守河朔,发诸州兵修缮城寨,加强防守,暂时稳定了边境局势。咸平元年(998年),辽兵又一次南侵,无棣人张凝父子在瀛州(今

---

① 《宋史·庞籍传》。

河北河间）大破敌兵。第二年，辽兵再次大举南下，宋真宗亲征至大名，张凝在莫州大败敌军。景德元年（1044 年）十一月，辽兵围定州（今河北定县），直抵澶州（今河南濮阳）。真宗亲征至澶渊，张凝为配合北上宋军，率军至辽军后方的易州（今河北易县），构成辽军的后顾之忧。澶渊之盟签订后，辽军北返。真宗任命张凝为缘边安抚使，领兵紧随辽军后，大大减少了辽军北归途中的劫掠和扰民。之后，张凝在高阳关（今河北高阳县境）部署防御，严密监视辽军的行动。第二年，张凝因功加殿前都虞侯。张凝不仅忠勇兼备，谋略出众，而且清廉自守，爱护士卒。死后家无余财，京师也无房产。

在真宗时期，山东有一批抗辽名将活跃在战场上。如郓州（今山东郓城）人魏能，长期在抗辽前线的镇、定、高阳关一带镇守，多次取得对辽兵的胜利。后任莫州（今河北莫县）路部署，曾大败辽军于长城口。广济军定陶人王能，曾任济州（今山东巨野）团练使、防御使，与张凝、魏能等联手抵抗辽军。在任定州副都部署时，他督率军民，提前完成修缮祁州（今河北安国）城垣的国防工程，受到宋真宗的嘉奖。大名朝城（今山东阳谷西南）人谭延美，雍熙三年(986 年)任幽州西面行营都监。在与辽军的飞狐口（今河北涞源境）大战中，斩杀辽兵数千，获马万余匹，因功升任蕲州防御使，再转亳州防御使，后任知宁远（今甘肃武山）军，曾以空城计智退辽兵。沧州乐陵（今山东乐陵市）人赵镕，曾知沧州兼兵马都部署，他督率军民修城备战，有效地阻止了辽军的南侵。曹州冤句（今山东曹县西北）人张齐贤，雍熙三年(986 年)代已经战死的代州守将杨业知代州（今山西代县）。这年十二月，他在并州（今山西太原）守将潘美拒绝发兵支援的情况下，督励军民，在代州城下大败围城的辽军。在宋、辽对峙时期，山东也是辽兵多次入侵的地方，山东军民在对敌斗争中同样创造了许多可歌可泣的英雄业绩，显示了传统文化中爱国主义精神的高扬。

北宋中期以后，无论政治、经济和军事方面都出现了严重危机。山东沂州（今山东临沂）发生王伦起义，河北贝州（今山东临清与河北清河等地）发生王则起义。对辽、夏战争的连连失利，庞大的军费和行政开支形成的"冗官"、"冗兵"、"冗费"弊政，造成了严重的财政危机。为了扭转这种形势，统治集团内部的部分人发起了变法革新运动。山东士人积极投身这一运动，显示了强烈的责任意识。景祐三年(1036年),权知开封府的范仲淹上《百官图》,向时任宰相的吕夷简发难,指责他用人不公,是汉代奸臣张禹一类人物。结果被贬官知饶州(今江西波阳)。出京时,士大夫都不敢为之送行,只有大名莘(山东莘县)人、时任集贤校理的王质毅然"载酒往饯"。庆历三年(1043年),宋仁宗任用范仲淹为参知政事,进行以整顿官僚机构为目的的改革,史称"庆历新政"。由于范仲淹曾长期生活在山东,师友甚多,与山东士人建立了非常密切的关系,所以他在主持这场革新运动时,大胆起用山东士人。为此,他甚至不惜承认自己与一批志同道合的朋友结成了"君子党"。而山东士人也是全力支持新政,如孙复、石介为首的泰山学派就为新政大造舆论。在范仲淹等人遭贬时,又是山东士人王素站出来,力挺新政并呼吁重新重用他们。宋神宗时期,任用王安石变法,由于新法在一定程度上触动了大官僚、大地主的利益,引起统治集团内部的激烈斗争,山东士人也积极参与到这场斗争中去。如楚丘(今山东曹县)人李师中,曾任天章阁待制、河东都转运使、知秦州(今甘肃天水),为抵御西夏、巩固西北边防作出了重要贡献。但他坚决反对王安石变法,为此屡次遭贬而依然故我。郓州须城(今山东东平)人梁焘也是坚决反对王安石变法的重要人物之一,历任工部郎中、太常少卿、右谏议大夫、尚书右丞、左丞等职,先反对王安石变法,后反对宰相蔡确和知成都府的蔡京,因而屡遭贬斥。哲宗继位后,大名清平(今山东高唐)人王岩叟任监察御史,他上书弹劾宰相蔡确和其同党章惇,使之先后去职。他多次以儒家的"三德"思想规劝哲宗,希冀皇帝在道德、智慧、才能等各方面都成为仁明之君:

> 三德者,人君之大本,得之则治,失之则乱,不可须臾去者也。臣请别而言之。夫明是非于朝廷之上,判忠邪于多士之间,不以顺己而忘其恶,不以逆己而遗其善,私求不循于所爱,公议不迁于所憎。竭诚尽节者,任之当无二;罔上盗宠者,弃之当勿疑。惜纪纲,谨法度,重典刑,戒姑息,此人主之正直也。远声色之好,绝盘游之乐,勇于救天下之弊,果于断天下之疑,邪说不能移,非道不能说,此人主之刚德也。居万乘之尊而不骄,享四海之富而不溢,聪明有余而处之若不足,俊杰并用而求之如不及,虚以访道,屈己以从谏,惧若临渊,怵若履冰,此人主之柔德

也。三者足以尽天下之要,在陛下力行如何耳。①

王岩叟的这些思想不过是儒家思想中关于明君理念的综合表述,创新之处不多,但显示的是他对当今皇帝的拳拳之心。因为此时的哲宗还是一个少年,王岩叟认为对他的未来负责,也就是对国家的未来负责。他一有机会就劝哲宗多读儒家经典。一次他问哲宗:"陛下退朝无事,不知何以消日?"在得到读书的回答后,他非常高兴,接着又就如何读书谈了他的意见:"陛下以读书为乐,天下幸甚。圣贤之学,非造次可成,须在积累。积累之要,在专与勤。屏绝它好,始可谓之专;久而不倦,始可谓之勤。愿陛下特留圣意。"②这里仿佛是一个老师对学生的谆谆教导,但表露的却是一个臣子对皇帝的忠贞。王岩叟还对哲宗提出了不少以儒家思想为标准的理政治民的意见,要求他用君子,拒小人,虚心纳谏,从善如流。后来王岩叟尽管升至枢密直学士的高位,但不久即被指为罢职宰相刘挚的同党而遭贬,于元祐八年(1093年)郁郁而逝。单州成武人马默在仁宗末年进士及第后任须城(今山东东平)知县。他勤政爱民,刚正不阿,敢于惩办横行不法的州衙吏员,使县境大治,得到知州张方平的赏识。英宗时他还直接上书朝廷,指出当时用人制度的种种弊端:

> 致治之要,求贤为本。仁宗以官人之权,尽委辅相,数十年间,贤而公者无几。官之进也,不由实绩,不自实声,但趋权门,必得显仕。今待制以上,数倍祖宗之时,至谋一帅臣,则协于公议者十无二三。庶僚之众,不知几人,一有难事,则曰无人可使。岂非不才者在上,而贤不肖混殽乎?愿陛下明目达聪,务覈其实,历试而超升之,以幸天下。③

在皇帝尊位至高无上的年代,敢于当着皇帝儿子指责皇帝老子是需要很大勇气的。神宗时期,马默知登州。其时登州的沙门岛为囚禁犯人之所,因官府规定只配给300人口粮,多余者则被投入海中。由于这个陋规,二年间有700多人葬身大海。马默到任后,即奏请朝廷取消了这一残害犯人的陋规。王安石变法时,马默任三司盐铁判官,因同情反对新法的富弼又对新法的某

①②《宋史·王岩叟传》。
③《宋史·马默传》。

些内容有非议,被贬出京任知州。元祐初,司马光为相,尽废新法。马默认为太过,为司马光所不容,结果再一次被贬出京任知州。郓州须城人傅尧俞,神宗时知庐州(今安徽合肥)。不久奉调回京。他虽与王安石相友善,但却反对新法,这使王安石十分不满,二岁六贬官,最后到黎阳做一个管理仓草场的小官,但他无怨无悔,恪尽职守。哲宗即位后回京任中书侍郎。他一辈子为官清廉正直,被誉为"金玉君子"。靖康元年(1126年)金人攻破汴京,第二年虏徽、钦二帝北去,并立张邦昌为傀儡皇帝。在大臣多数屈从的情况下,山东东平人马伸力排众议,致书张邦昌,要求他立康王赵构为皇帝:

> 相公服事累朝,为宋辅臣,比不幸迫于强敌,使当伪号,变出非常,相公此时岂以义为可犯,君为可忘,宗社神灵为可昧邪?所以忍须臾死而诡听之者,其心若曰:与其虚逊于人而实亡赵氏之宗,孰若虚受于己而实存以归耳。忠臣义士未即就死,阖城民庶未即生变者,亦以相公必能立赵孤也。今金人北还,相公义当忧惧,自列于朝。康王在外,国统有属,狱讼讴歌,人皆往归。宜即发使通问,扫清宫室率群臣共迎而立之。……九庙在天,万无成理。伸必不能辅相公为宋朝叛臣也,请先伏死都市,以明此心。①

这份义正词严的书信对张邦昌产生了巨大的震撼,使他不得不思考当时的民心向背,最后他只得迎立康王赵构于靖康二年(1127年)在南京应天府(今河南商丘)正式即帝位,从而使宋朝得以重建,由此开始了南宋153年的历史。应该说张邦昌傀儡朝廷的垮台和南宋的建立是当时的形势造成的,但马伸在关键时刻的作用也功不可没,被《宋史》列入《忠义传》是当之无愧的。

三、金朝时期的山东思想文化

(一)山东儒学与金朝政治

金人统治中国北方初期,曾在今之河南、河北和山东地区建立了一个以

---

① 《宋史·马伸传》。

刘豫为皇帝的伪齐政权,但这个政权存在了不到 10 年即寿终正寝,尔后山东即处在金人的直接统治之下。金人的统治遭到山东人民的顽强抵抗,如棣州(今山东惠民一带)知州姜刚、潍州(今潍坊)知州韩浩、青州观察使李邈、德州兵马都监赵叔皎等都领导当地军民对金兵进行了殊死抵抗,以惨烈的牺牲创造了汉民族英勇不屈的正气歌。其后,终金朝之世,汉族人民反抗金人统治的斗争就没有停止过。

金人在统治中国北方之初,竭力推行女真族的政治制度和思想文化,但遇到汉族人民,尤其是儒家知识分子的激烈对抗。在汉族文化与女真文化激烈的碰撞过程中,先进的汉族文化的优越性使女真统治者不得不接受它以适应统治汉族人民的需要,由此开始了女真人的汉化过程。金熙宗(1135—1148 年)即位后,为了适应形势的发展,进行了一系列的政治、经济改革,其中包括采用汉官制,对女真人实行"计口授地",诱使他们从事土地的个体经营。海陵王夺取帝位后,进一步进行改革,他将金的统治中心由上京会宁府(今内蒙古巴林左旗)迁至燕京(今北京市),任用汉族知识分子为官,使他们进入中央的最高权力机构。这无疑促成了与汉族地主官僚的进一步合作,加速了女真人汉化和封建化的步伐,为金朝历史的发展奠定了新的基础。到金世宗(1161—1189 年)时期基本完成了女真人的封建化。金章宗(1190—1208 年)是金朝皇帝中汉化最彻底的一个人,他即位前已经熟读《尚书》、《孟子》等儒家典籍,即位后即下令祭祀中国的前代帝王,以表示金朝与中原汉族王朝的继承关系。他"变夷狄风俗,行中国礼乐"[1],"更定奴诱良人法"[2],废除了落后的奴隶制度和将良人诱为奴隶的法律,并允许女真人与汉人通婚。在位期间,"又数问群臣汉宣综核名实、唐代考课之法,盖欲跨辽、宋而比迹于汉、唐,亦可谓有志于治者矣"[3]。这些政策措施促进了女真文化与汉族文化的融合,而在这一过程中,汉族的传统文化最终同化了女真的游牧文化。

尽管金人统治黄河流域后北中国的大批儒生南迁,但留在原籍的儒生仍然顽强地学习和传授儒家经典。后来他们逐渐参加金政权,"在帮助女

①刘祁:《归潜志》卷十二,《辨亡》,中华书局 1983 年版。
②③《金史・章宗纪》。

真统治者实现国家封建化的过程中树立并巩固儒学的地位"①,使儒学得以存在和发展:

> 太宗继统,乃行选举之法,及伐宋,取汴经籍图,宋士多归之。熙宗款谒先圣,北面如弟子礼。世宗、章宗之世,儒风丕变,庠序日盛,士由科第至宰辅者接踵。当时儒者虽无专门名家之学,然而朝廷典策,邻国书命,粲然有可观者矣。金用武得国,无以异于辽,而一代制作能自树立唐、宋之间,有非辽世所及,以文而不以武也。②

山东历史上是儒学的策源地,金朝时期也是儒学的重要基地,一大批儒生在儒学的坚守和传播上功不可没。如平阴人王去非,一辈子以布衣之身居家教授,金代名士党怀英、赵沨等都是他的学生。他继承唐代韩愈的道统说,并力图将佛老统摄于儒学之下,"益探六经百家之言,务为博赡赅诣,又杂取老庄释氏诸书,采其理要,贯穿融合,折诸大中要本于吾儒修身养性之道,自信而力行之"③。他的品格和学识受到时人的尊重,被李之绍誉为"杰然首出,表率末俗"④的人物。东平东阿人张万公,在金章宗时期任南京路提刑使,迁御史中丞。他遇事为百姓着想,反对朝廷的劳民之举,谏阻对蒙古用兵和停止西北的开筑壕堑工程。他任参知政事时山东、河北一带发生旱灾,他以《春秋》公羊学的天谴说劝告章宗崇尚节俭,减轻百姓的赋役负担。他在任济南知府、山东路安抚使时,山东很多地方发生旱蝗之灾,由于他及时进行赈济,百姓没有受到大的损失。金朝原来以察举的办法选官,弊端甚多。东平须城人黄久约反对废除科举制度,后金朝接受汉人建议,恢复科举,使一批儒生通过这一途径进入仕途,从而在金朝政治生活中发挥了较好的作用。如曹州济阴(今山东曹县西)人贺扬庭,天德三年(1151 年)进士及第后,在金章宗时期任山东东西路提刑使。他刚直果断,疾恶扬善,受到人们的好评。博州博平(今山东聊城东北)人贾铉大定十三年(1173 年)中进士后,历任滕州军事判官、单州司候、侍御史、参知政事、武安军节度使、

---

① 魏崇武:《金代儒学发展初探》,《历史研究》2000 年第 3 期。
② 《金史·文艺上》。
③ 王梓材、冯云濠辑:《宋元学案补遗》卷一〇〇,《王先生去非》,上海书店 1994 年版。
④ 李之绍:《醇德先生王公祠记》,《全元文》卷一六七。

济南知府等官。他曾建议朝廷统一州县行刑的刑杖,相对减轻了犯人的痛苦。东平人高霖,大定二十五年(1185年)中进士后,曾任国史院编修。他就黄河治理问题向朝廷上书,提出中肯建议,既解决了水患,又减轻了百姓的负担。

金朝中期以后,南宋理学已经成熟。金章宗时期,南宋的理学著作传到北方,推动了北方理学的发展,产生了金朝理学的三个代表人物赵秉文、王若虚、李纯甫。山东虽然没有产生重量级的理学大师,但仍有一批儒生孜孜以求地聚徒讲学,传道授业,为北方理学的发展作出了自己的贡献。如莒州日照人张昉,正隆五年(1160年)进士及第后,历任太常博士、国子助教、礼部尚书。他的儿子张行简也学习礼学和任礼官,父子两人对金朝的礼制建设作出了较大贡献:"张昉、行简世为礼官,世习礼学。其为礼也,行于家庭,讲于朝廷,施用于邻国,无不中度。古者官有世掌,学有专门,金诸儒臣,唯张氏父子庶几无愧于古乎。"①东平人李世弼,是泰山学派的传人。兴定二年(1218年),他与儿子李昶中同榜进士。他们父子以治《春秋》有名于时,李昶中著有《春秋左传遗意》、《孟子权衡遗说》。曹州东明人张特立,泰和三年(1203年)中进士后,只任过短时期的宣德州司候,后躬耕围城(今河南杞县境),以学习和传授经学为乐。《宋元学案》将其列为程颐在北方的续传弟子。蒙古人侵占金国大部分土地后,张特立迁至金朝文人的汇聚地东平,继续传授程氏《易》。元灭金后,东平成为著名文化中心。宋、金对峙时期,中国传统文化之所以在北方维持不坠,与北方尤其是山东儒生的坚持研习和传授儒学是分不开的。

(二) 山东士人南迁与文化转移

在中国古代历史上,南北文化一直存在较大差异。而在相当长的历史时期,北方文化比南方文化发达得多。在促进南方文化发展并赶超北方文化的过程中,北方人口的南迁起了显著作用。历史上北方人口的南迁是经常进行的,但大规模的南迁主要有三次,这就是东晋时期,宋、金对峙和元朝统治时期以及清军入关以后的南明时期。北宋时期,理学的代表人物大都

---

① 《金史·张行简传》。

集中在北方。南宋时期，大量北方尤其是山东的思想家迁移南方，是促进南方理学发展的重要条件。如东平人刘芮，家学渊源，南渡后居于湘中，虽生活贫困，却矢志于学问，著《顺宁集》20卷，被杨诚斋誉为"遇合之诎而幽独之伸，流靡之憎而强毅之悦"①的人物。同是东平人的马伸，绍圣四年（1097年）中进士后，在程颢最背时的时候登门拜师，学习《中庸》。南渡后，先在广陵，所有财物只是随身的一担行李，其中有一半是图书。这时他只身一人，家属尚在东平。在飘忽不定的岁月里，他常说的话是："志士不忘在沟壑，勇士不忘丧其元，今日何日，沟壑乃吾死所也。"②后居龙游（今浙江衢州境内），他数十年孜孜于学问，属醇儒之列。《宋元学案》记其事说：

> 先生天资纯确，学问渊源，勇于为义而所韫深厚。每日晨兴，必整衣冠端坐，读《中庸》一过，然后出视事。尝曰："吾志在行道。若以富贵为心，则为富贵所累；以妻子为念，则为妻子所夺，而道不可行也。"③

建炎二年（1128年），他终因反对奸臣黄潜善、汪伯彦而被杀害，以实际行动实践了自己的志愿。山东人焦瑗也是程颐的弟子，由于精于学业，在北宋学界已经广被赞誉。他南渡后居明州（今浙江宁波），聚徒讲学，弟子众多，对理学在东南的传播起了重要作用。《宋元学案》记其事说：

> 先生家居必修容，虽见妻子不少惰，出于物接，动必中礼，后生辈多远之，而习为夷居之流者甚且非笑之，而先生不顾也。已而渐有从之者，望之俨然，即之温然，则已心折。及详叩其议论，则有大过人者，始皆顾附讲席，而信丰公之誉为不虚。及先生殁，而弟子尊其礼法，如先生无恙时。虽极贵显者，其容止庄敬，衣冠端严，人之见之，不问皆知其为先生弟子也。④

这说明他的学问人格在当时的影响。

与思想家的南渡相伯仲，北方文学艺术家的南渡更是产生了巨大影响。其中山东籍词人李清照和辛弃疾那充满爱国主义的词作，画家张择端的

---

①《宋元学案》卷二十，《元城学案》。
②《宋史·马伸传》。
③④《宋元学案》卷三十，《刘李诸儒学案》。

《清明上河图》等千古不朽的画作,所产生的影响是巨大而悠远的。

四、元朝时期的山东思想文化

(一) 蒙古进占山东与东平府学的创立

公元 13 世纪初,铁木真领导的蒙古部落统一了蒙古高原的各个部落。1206 年他被各部落尊为成吉思汗,建立"大蒙古国"。此后,成吉思汗和他的后继者西征东讨,北攻南伐,走上征服世界的道路,蒙古铁骑的足迹遍布东欧、西亚和远东的许多国家和地区。1213 年,蒙古三路大军南下中原,山东地区的州县几乎全被攻破。不久蒙古军虽暂时退至漠北,但统治北中国的金朝却从此一蹶不振了。1217 年,蒙古军在木华黎的指挥下连连对金朝用兵,尽管遭到金军、地方实力派和起义军的抵抗,但到 1227 年,山东、河北还是全部被蒙古军占领。1234 年,金哀宗在蒙古军凌厉的攻势下自杀身亡,金朝宣告灭亡。局促江南的南宋小朝廷也陷入朝不保夕的困境。在连续 20 多年的蒙古征伐金朝的战争中,北中国遭遇一场空前的浩劫。正如元好问三叹而有余哀地记述所说:"呜呼! 兵兴三十年,河朔之祸惨矣! 盛业大德、名卿巨公之后遭罹元元,遂绝其世者,多矣! 仅得存者,亦颠沛之不暇也。"①其实,是全民遭遇了浩劫,受害最深的是一般平民百姓。这其中,大部分学校被毁坏,文化只能在兵燹中呻吟。

在这场民族浩劫中,山东东平成为唯一保存了学校和文化的圣土。这是因为这里有归附蒙古的汉族世侯严实父子。严实(1182—1240 年),字叔武,金末泰安长清鹊里人。他自幼警悟,略知诗书,胸有大志,乐善好施,在乡里很有威望。1213 年蒙古军大举南侵时,他被金朝的东平行台任命为百夫长,1218 年暂代长清令。严实利用蒙古军暂时北返,金朝也无力控制的机会,大力发展自己的势力,掌控了今之山东、河北、河南交界地区的实际权力。1220 年,他投向蒙古木华黎,"籍彰德、大名、磁、洺、恩、博、滑、浚等州三十万户来归",被任命为金紫光禄大夫、行尚书省事②。之后他又攻占曹、濮、单、东平等地,于 1221 年进驻东平,1235 年被任命为东平路行军万户,

---

① 元好问:《冠氏赵侯先茔碑》,《金文最》卷一〇六。
② 《元史·太祖本纪》。

成为归降蒙古的最大的汉族世侯之一。对此,元好问记述说:

> 初,贞祐南渡,豪杰承乱而起,四方之人无所归命。公据上流之便,据劲锋之选,威望之著,隐若敌国。人心所以为楚为汉者,皆倚之以为重。至是,晓然知天命所在,莫敢有异志国家亦藉之以成包举之势。故自开创以来,功定天下之半,而声驰四海之表者,惟公一人而已。①

1240 年严实去世后,其子严忠济"佩虎符,袭东平路行军万户、管民长官,开府布政,一法其父"。1261 年严忠范代其兄袭万户。1264 年,元世祖忽必烈下令罢去所有汉地世侯,结束了严实父子对东平 43 年的统治。金、元之际的汉地世侯,为了稳定自己辖区的统治,竞相招贤纳士,吸引儒生,兴办学校。这其中,严实父子是做得最好最成功的世侯,东平府学就是他们复兴儒学的成功典型。严实"既握兵柄,专生杀,时年已长,经涉世故久,乃更折节自厉,间亦延儒士,道古今成败,于前人良法美意所以仁民爱物者,辄欣然慕之"②。"东平严公喜接寒素,士子有不远千里来见者"③。在他们掌控东平路 43 年期间,这里荟萃了宋子贞、王磐、康晔、李昶、刘肃、张特立、徐世隆、张昉、商挺、杜仁杰、元好问等一大批文化名人,连金代衍圣公孔元措也被严实接到东平。显然,金、元之际的东平成为当时中国北方名副其实的儒学中心、文化中心。请看这批杰出人物的事功吧。宋子贞(1182—1266 年),字周臣,是金潞州长子县(今属山西)人,擅长辞赋,在金朝颇有名气。金末大乱,他离家出走,辗转投靠严实,被任为详议官,兼提举学校,是东平府学的主要负责人之一。王磐(1202—1293 年),字文炳,号鹿庵,是金广平永年(今属河北)人,26 岁中进士,授官不就,一心向学,刻苦攻读,"涵咏经史,渐浸百史"④。金、元战争期间,曾避乱淮、襄等地,被南宋荆湖制置司辟为议事官。1236 年襄阳兵乱,北归,后投奔严实,在东平府学任教。刘肃(1188—1263 年),字才卿,是金威州洺水(今河北威县)人,进士及第后,任尚书省令史、新蔡令、户部主事等职。金亡后,归严实,任行尚书省左司员外郎、行军万户府经历等职。张特立(1179—1253 年),字文举,是金曹州东明

①②《东平行台严公神道碑》,《遗山先生文集》卷二十六,四部丛刊本。
③《元好问全集》卷二十三,山西人民出版社 1990 年版。
④《元朝名臣事略》卷十一,《内翰王文忠公》,中华书局本。

人,进士及第后,历任偃师主簿、洛阳令、监察御史,金亡后,闭门家居,精研程氏《易经》。晚年在东平教授诸生,受到严实的礼敬。徐世隆(1206—1285年),字威卿,是金陈州西华(今属河南)人,21岁进士及第后,曾任县令,但不久即辞官家居,刻苦读书,精研学问,"经史百家,无不研究"①。金亡前夕,他奉母来东平,被严实招入幕府,掌书记。商挺(1209—1289年),字孟卿,是金曹州济阴(今山东菏泽)人,蒙古军破汴京后,他走依东平,被严实聘为诸子师。杜仁杰,字仲梁,号善夫,是金、元之际济南长清人,著名曲作家,后依严实,受到礼遇。他对严实感激莫名,所以有"十年恩爱沦脊髓"②的谢恩诗句。元好问(1190—1257年),字裕之,号遗山,金秀容(今山西忻县)人。他中进士后,历任内乡令、南阳令、尚书省掾、左司都事、行尚书省左司员外郎。诗文俱佳,为金朝一代文宗。金亡后,他辗转多个汉地世侯幕府,最后被严实请到东平校试诸生文,备受器重。就是这样一批学识渊博、儒学修养深厚的文人学士,支撑起东平府学70多年的辉煌,在金、元之际为培养人才、传承传统文化作出了独特的贡献。

东平府学,北宋称郓学。唐代在这里已经建立学校,北宋时期达到较大规模。元好问曾对其作过较详细的记述:

> 郓学,旧矣。宋日在州之天圣仓,有讲授之所曰"成德堂"者,唐故物也。王沂公罢相判州,买田二百顷,以赡生徒。富郑公弼《新学记》及陈公尧佐《府学题榜》在焉。刘公挚领郡,请于朝,得国子监书,起稽古阁贮之。学门之左有沂公祠祭之位,春秋二仲,祭以望日,鲁两生泰山孙明复、徂徕石守道配焉。齐都大名,徙学于府署之西南,赐书、碑石随之而迁,独大观八行碑蔡京题为圣作者不预焉。齐已废,而乡国大家如梁公子美、贾公昌期、刘公长言之子孙故在。生长见闻,不替问学,尊师重道,习以成俗。③

北宋初期,泰山书院曾与郓州府学有人员和学术的交流。元好问文中提到的梁子美,在宋徽宗时期做过尚书右丞、尚书左丞、中书侍郎、资政殿学士、

---

①《元朝名臣事略》卷十二,《太常徐公》,中华书局本。
②《重辑杜善夫集·谢严相》,济南出版社1994年版。
③《宋史·选举志三》。

郓州知州。贾昌期为宋真宗时进士,历任御史中丞、参知政事、枢密使、同平章事兼枢密使。刘长言是刘挚的孙子,做过金朝宰相。他们的子孙在金朝初年都生活在东平,以其渊源的家学增添了东平的文化氛围。金朝时期,平章政事张万公、侯挚,参知政事高霖都重视东平府学的建设,使之成为金朝府学中的佼佼者。金、元之际,惨烈的兵燹使东平府学陷于瘫痪。严实接手东平路的军政大权后,以兴学养士为要务,重开东平府学。宋子贞、元好问等一批文化名流的加盟奠定了东平府学兴盛的基础。到严忠济 1240 年接掌东平路政务,1255 年建成新的府学时,东平府学达到它的鼎盛时期。东平府学有学生 75 人,其中 15 人是孔氏后裔子弟。这样的规模在元初府学中是最大的。不仅如此,在严实辖区的长清、冠氏、博州都建立起较大规模的州县学,形成了覆盖面较广的教育体系。由于宋子贞、王磐、徐世隆、李昶等一批文化名人长期在此执教和从事学术研究,不仅为元朝统治的中国北方培养了一大批学养深厚的人才,而且使北方的传统文化在动乱岁月中得以延续和发展。70 多年中,东平府学作为一个耀眼的文化学术中心独领了时代的风骚。

(二)东平学派的成就

自从严实 1221 年进驻东平并掌控该路的权柄以后,宋子贞、王磐、康晔、李昶、刘肃、张特立、徐世隆、张昉、商挺、杜仁杰等大批在金朝经科举进入仕途的文化精英相继来归,或在其手下任职,或在府学教书,这些人以继承金朝的学术为特点,形成了独具特色的东平学派。严实的儿子严忠济袭封世侯以后,进一步加强府学建设,于 1252—1255 年建成新的府学,以王磐、康晔、李昶、梁栋、徐世隆、李桢、元好问等为教师,培养了李谦、阎复、徐琰、孟祺、申屠致远、张孔孙、李之绍、吴衍、马绍、王构、杨桓、曹伯启、刘赓、夹谷之奇、周砥等一大批优秀学生。他们一起构成了东平学派的主要成员。这个以东平府学为基地,以府学师生为主要成员的学派,在中统(1260—1263 年)之前达到鼎盛时期。在理学成为元代主流意识形态前,是中国北方最大的学术流派。中统以后,这个学派的师生大都走出东平,成为元朝中央和各级地方政府的重要官员。元人袁桷曾说东平师生在元朝清望之官中"十居六七",苏天爵通过记述府学学生王伯祥的一个梦,将师生中的通显

人才凸现出来。这个梦可能具有一定的真实性,但苏天爵的记述只能是事后的追忆:

> 国初,严侯忠济首建郡学,延康先生晔为之师,四方来学者甚众。先生高唐人,岁归拜扫先茔,学生王伯祥者,一夕梦与诸生郊迎先生于北郭外陈家桥,同辈方聚立桥南,遥望先生过桥北者,皆衣金紫,梦中殊骇异,觉即语同舍。其后十余年,置侯置守,始定朝仪,赐百官章服,凡梦中所见衣金紫者,果至通显,如翰林徐公琰、李公谦、总管孟侯祺、尚书张公孔孙、夹谷公之奇、右丞马公绍、中丞吴公衍,凡十余人,其立桥南者,皆泯没无闻焉。①

这其中,宋子贞开始任东平府参议、领学校事兼提举太常礼乐,是府学的具体负责人。中统年间,任右三部尚书,是元代典章制度的主要制定者,最后官至中书平章政事。王磐先在府学教授孔氏族姓子弟,中统元年(1260年)后历任益都路宣抚副使、翰林直学士、真定和顺德等路的宣慰使,再回京任翰林学士,为元朝推荐了一大批贤臣。元军平定江南,他建议禁止虐杀南朝的士卒和百姓,采取怀柔政策,对稳定元朝在南方的统治起了积极作用。康晔执教府学,其弟子中的确走出了像王伯祥梦境中所点出的高官。张特立虽一生研经教书为业,但因其在经学上颇有成就,有《易集说》、《历年系事记》等著作问世,被忽必烈下令嘉奖。商挺曾协助严忠济主持新建府学的工作,后被忽必烈任命为宣抚副使、参知政事、行四川枢密院事。他与姚枢等纂撰《五经要语》二十八类进献忽必烈,对其学习和提高儒学修养起了重要作用。徐世隆先在东平襄赞严忠济管理府学并亲自讲授,后历任燕京宣抚使、太常卿、翰林侍讲学士、户部侍郎、吏部尚书、东昌路总管等职,在元朝典章制度建设、选官条规制定等方面有较多贡献。李昶,小时从其父学习孙复的《春秋》学,后以《春秋》中进士。归严实后,在元朝历官行军万户府知事、东平府学教授、翰林侍讲学士、行东平路军民同议官、吏部尚书、山东东西道提刑按察使。著有《春秋左氏遗意》、《孟子权衡遗说》等著作。李谦(1234—1312年),字受益,元东阿人。少年时入东平府学,从李昶学习,后

---

① 《元朝名臣事略》卷十,《平章宋公》,中华书局本。

为东平府学教授。再后经王磐举荐,任翰林直学士、太子左谕德、翰林承旨等官。在至元、大德时期,他与孟祺、阎复、徐琰"并以文学政事为世典型",被尊为东平的"四大老"。他文章"醇厚有古风,不尚浮巧"①,有多篇山东地方的学记留存于世,是东平学派中备受尊敬的人物。申屠致远,字大用,元东平寿张人,少年入东平府学读书,后历官荆湖经略司知事、东平府学学官、太常太祝兼奉礼郎、江南行台监察御史、江南行台都事、翰林待制等。他曾奉命撰修《世祖实录》,著有《忍斋行稿》、《释典通礼》、《杜诗纂例》、《集验方》、《集古印章》等书,是东平学派著述丰厚的学者之一。阎复(1235—1312年),字子靖,元东平高唐人。幼年入东平府学读书,师事康晔。历官东平行台书记、翰林修撰、金河北河南道提刑按察司事、翰林直学士、侍讲学士、翰林学士、翰林学士承旨知制诰修国史、平章政事。他为元代的文化建设作出了重要贡献,如加封孔子"至圣"之号、在京师建宣圣庙、恢复曲阜守冢户、设置祀田和孔林洒扫户等,皆是出于他上疏所请。特别是元代的典章制度建设,他更是功不可没。所以袁桷赞扬他说:"自至元至于大德,更进迭用,诰令典册,则皆阎公所独擅。……在翰林最久,赞书积几,高下轻重,拟议精切,通以为楷。"②徐琰,字子方,元东平人。历官陕西行省郎中、中书左司郎、岭北湖南道提刑按察使、南台御史中丞、江南浙西肃政廉访使、翰林学士承旨等。著有《爱兰轩诗集》。任江南浙西肃政廉访使时,曾在宋太学旧址建西湖书院,为江南的文教建设做了有益的工作,受到江南士人的尊敬。孟祺(1231—1281年),字德卿,元宿州符离(今属安徽)人。幼年随父徙东平,入东平府学读书,为东平四杰之一。历官东平行台书记、国史院编修官、太常博士、承事郎、山东东西道劝农副使。后随伯颜进军江南,授嘉兴路总管。属于事功较突出者之列。李之绍(1254—1326年),字伯宋,元平阴人。少年入东平府学读书,师事李谦。历官国史院编修官、承直郎、翰林待制、国子司业、奉政大夫、国子祭酒、翰林学士、翰林侍讲学士、知制诰同修国史,曾参与纂修《世祖实录》。王构(1245—1310年),字肯堂,元东平人。少年入东平府学读书,师事李谦。历官吏部和礼部郎中、太常少卿、淮东提

①《元史·李谦传》。
②《翰林学士承旨荣禄大夫遥授平章政事赠光禄大夫司徒上柱国永国公谥文康阎公神道碑铭》,《清容居士集》卷二十七,四部丛刊本。

刑按察副使、侍讲学士、济南路总管、翰林学士承旨。张孔孙（1233—1307年），字梦符，元东平人。少年入东平府学读书，师事康晔。历官东平万户府议事官、奉礼郎、户部员外郎、南京总管府判官、湖北道提刑按察副使、浙西提刑按察副使、侍御史、礼部尚书、燕南提刑按察使、大名路总管、集贤大学士、中奉大夫、翰林学士承旨、资善大夫。杨桓（1234—1299 年），字武子，元兖州人。少年入东平府学读书，师事康晔。历官济州教授、济宁路教授、太史院校书郎、监察御史、秘书少监、国子司业。曾奉旨撰《仪表铭》、《历日序》，预修《大元一统志》。主要著作有《书法正韵》、《六书统》、《六书溯源》等。曹伯启（1255—1333 年），字士工，元济宁砀山（今属安徽）人。李谦的学生。历官砀山文学掾、冀州教授、兰溪主簿、西台御史、内台都事、刑部侍郎、定州路总管、山北廉访使、集贤学士、侍御史。夹谷之奇，字士常，女真族，元滕州人。少年入东平府学读书，师事康晔。历官济宁路教授、中书省掾、吏部郎中、左赞善大夫、翰林直学士、侍御史、吏部尚书。刘赓（1247—1328 年），字熙载，元洺水（今河北威县）人。其祖父刘肃曾被严实礼聘。他以治《易》名家。历官国史院编修官、翰林直学士、侍讲学士、翰林学士、礼部尚书、翰林学士承旨兼国子祭酒。元朝的不少官方文件出自他的手笔。马绍（1239—1300 年），字子卿，元济宁路金乡人。少年入东平府学读书，师事康晔。历官刑部尚书、参知政事、尚书左丞、中书左丞、中书右丞、行浙江省事。以上这些人的简历表明，在中统至大的 50 多年间，在元朝政坛上，东平学派的代表人物是一支举足轻重的力量。尤其在翰林院中，更是闪耀着他们的身影。他们给元朝的政治和文化打上了自己的印记。

从学术继承关系考察，东平学派既是宋金学术的继承者，又接受了元初南方新理学的浸淫，形成了独具特色的思想学术品格。这个学派极其重视教育，认为它是国家政治的根基。元好问将学校看做"王政之大本"①，王磐则把学校视为"有国之先务"②，因为学校在对民众施使教化方面是最重要最有效的工具。张孔孙就明确指出："盖王政非教化不立，教化非学校不兴。"③他们更认识到，学校是各类人才的养成所，是各级官吏的培养基地，

---

①元好问：《令旨重修真定庙学记》，《遗山先生文集》卷三十二，四部丛刊本。
②王磐：《重修赞皇县学记》，《全元文》卷六十一。
③张孔孙：《修庙学记》，《全元文》卷二八四。

而人才的优劣决定政治的清明或腐败。元好问就透辟地分析了人才培养与政治的关系：

> 何谓政？古者,井天下之田,党庠遂序,国学之法立乎其中。射乡饮酒,春秋合乐,养老劳农,尊贤使能,考艺选贤之政皆在。聚士于其中,以卿大夫尝见于设施去焉者为之师,教以德以行,而尽之以艺。淫言诐行,诡怪之术,不足以辅世者无所容也。士生于斯时,揖让酬酢,升降出入于礼文之间,学成则为卿、为大夫,以佐王经邦国；虽未成而不害其能,至焉者,犹为士,犹作室者之养吾栋也。①

显然,在元好问看来,学校培养的德、行、艺等各个方面都优秀的人才,一旦出仕,必然成为佐王经国的贤明官吏,诐行诡怪的宵小之辈也就难逞其奸。反之,如果学校教育不力,从那里走出来的皆是品质恶劣的宵小之徒,政治的腐败就是必然的了：

> 学政之坏久矣！人情苦于羁检,而乐于纵恣。中道而废,从恶若崩。时则为揣摩,为捭阖,为钩距,为牙角,为城府,为阱获,为溪壑,为龙断,为捷径,为贪墨,为盖藏,为较固,为乾没,为面谩,为力诋,为贬驳,为讥弹,为姗笑,为陵铄,为瘢癥,为睚眦,为构作,为操纵,为麾斥,为劫制,为把持,为狡讦,为妾妇妒,为形声吠,为崖岸,为阶级,为高亢,为湛静,为张互,为接纳,为势交,为死党,为囊橐,为渊薮,为阳挤,为阴害,为窃发,为公行,为毒螫,为狐媚,为狙诈,为鬼幽,为怪魁,为心失位。心失位不已,合谩疾而为圣癫,敢为大言,居之不疑。始则天地一我,既而古今一我。小疵在人,缩头为危。怨讟薰天,泰山四维。吾术可售,无恶不可。宁我负人,无人负我。从则斯朋,违则斯攻。我必汝异,汝必我同。自我自古,孰为周、孔？人以伏膺,我以发冢。凡此皆杀身之学。②

讲得好极了！以一己之私作为为官唯一目的的人,一旦真的进入官场,是什么伤天害理的事情都会做出来的。所以张孔孙也指出,在"吏不明道,人不

---

①② 元好问：《东平府新学记》,《遗山先生文集》卷三十二,四部丛刊本。

知学"的情况下,官吏们处理的任何政务都会是弊端丛生。由此出发,他们将理想社会建立在学校教育的基础上。他们将三代和三代教育理想化,认为是良好的教育造就了三代的良风美俗:

> 三代皆有学,而周为备。其见于经者始于井天下之田。井田之法立,而后当庠遂之教行。若乡射、乡饮酒,若春秋合乐、劳农养老、尊贤使能、考艺选言之政,受成献馘、讯囚之事无不在。又养乡之俊造者为之士,取乡大夫之尝见于施设二去焉者而为之师。德则异之以知、仁、圣、义、忠、和,行则同之以孝、友、睦、姻、任、恤,艺则尽之以礼、乐、射、御、书、数。淫言诐行,凡不足以辅世者无所容也。故学成则登王之朝。蔽陷畔逃,不可与有言者则黜之、识之,甚则弃之以为匪民,不得齿于天下。民生于其时,出入有教,动静有养,优柔餍饫,于圣贤之化,日加益而不自知,所谓人人有士君子之行者,非过论也。①

其实,他们不仅对三代社会和三代教育作了理想化的描绘,就是对教育的功能也作了过高的估计。如李谦就认为,三代时从 25 家为闾的基层至全国都设立学校,以道德高尚者为师,兴贤礼能,社会大化,"民自成童以上已知室家长幼之节,十五则知朝廷君臣之礼,所谓人有士君子之行者,岂虚言哉!"②而阎复更是对学校教育寄予厚望,认为只要一乡一社兴学养士,就能造成"士行洁修、民俗纯美、家形洙泗之风、人期渊骞之德"③的美好社会图景。他们都认为,学校的巨大功用是变化风俗:"夫风俗,国家之元气,而礼义由贤者出。学校所在,风俗之所在也"④。所以学校就"为风化之原而为政者所当务也"⑤。他们进而认为,变化风俗的关键是提升每个人的道德水准,这就要求学政将"作新民"和"禁民"作为自己的主要目标,"禁民所以使人迁善而远罪,作新民所以使之移风而易俗"⑥。而圣贤君子所具有的最重要的品格和处事能力四德——仁、义、礼、智,五典——君臣、父子、兄弟、夫妇、朋友,都是依靠后天的教育,特别是在学校养成的。而学校的主体是学

①元好问:《令旨重修真定庙学记》,《遗山先生文集》卷三十二,四部丛刊本。
②⑤李谦:《重修泰安州庙学碑记》,《全元文》卷二八七。
③阎复:《重修庙学记》,《全元文》卷二八七。
④元好问:《寿阳县学记》,《遗山先生文集》卷三十二,四部丛刊本。
⑥元好问:《邢州新石桥记》,《遗山先生文集》卷三十三,四部丛刊本。

者。由于学者具备"六德、六行、五礼、六乐"①等品德和修行,所以他们就是国家的贤良人才,是社会的良知,理应获高爵,受重赏②。这实际上是站在学者立场上的自卖自夸,是一相情愿的自我标榜和推销而已。

东平学派在儒学传统理论如人性伦理、修齐治平等方面都有所阐发,虽没有多少创新之点,但对时代的因应仍不乏独到之处。他们探索人性,认为"人性根于天,未始有古今之异"③,所有人的情感和伦理道德都来自于天,是天生的本质。对此,王构作了如下表述:

> 惟民之生,其典有五,君臣、父子、兄弟、夫妇、朋友是也;其德有四,仁、义、礼、智是也。人能充其德之所固有,以率夫典之所当然,则无力不足之患,惟人之未能也,故圣人使之学焉。自唐虞以降,莫不以是为教,至于三代设学,党庠术塾以董蒞之,而法宜加详焉。④

元好问也认为人间的伦理亲情都是与生俱来的天地自然之理:"天地间大顺至和之气、自然之理,与生俱生,于襁褓,于膝下,于成童,至于终身焉。"⑤既然如此,那么,圣人的伟大也就是表现在他能够体现天道。所以阎复在为曲阜孔庙作的碑铭就直截了当地将这个意思作了经典性的表述:

> 道之大原,实出于天。天何言哉,乃以圣传。
> 传道维何,唐虞三代。仪范百王,万世永赖。⑥

圣人不仅要体现天道,而且必须为普通人谋福利:"夫民之生,天也;生其生,圣人也。寒而衣之,饥而食之,露而宫室之,野而礼乐之,生生之道备矣。"⑦而一个人要想成为体现天道并能为百姓谋福利的圣人,必须通过从小学至大学的不间断的学习圣人之道,格物致知,即物穷理,穷理尽性,并在实践中努力实现修、齐、治、平的理想。正如王构在一篇文章中所论述的:

---

① 王构:《锦江书院记》,《全元文》卷四五〇。
② 商挺:《大中大夫曹公善行碑记》,《全元文》卷七十三。
③ 李谦:《平原县修庙学记》,《平原县志》卷一《文艺上》,清黄怀祖等修,乾隆十四年刊本。
④ 王构:《重修文庙碑》,《全元文》卷四五〇。
⑤ 元好问:《致乐堂记》,《遗山先生文集》卷三十三,四部丛刊本。
⑥ 阎复:《曲阜孔子庙碑》,《元文类》卷十九。
⑦ 阎复:《定兴县修庙学记》,《全元文》卷二九四。

　　俾先从事于小学,习乎六艺节,讲乎为弟为子之职,而躬乎洒扫、应对、进退之事,周还乎俎豆羽龠,优游乎颂读弦歌,有以固其纪肤之会,筋骸之束,齐其耳目,一其心志,至于格物致知,穷理尽性,而仁、义、礼、智之彝复乎其天,君臣、父子、兄弟、夫妇、朋友之伦皆以不紊,而修身、齐家、治国、平天下罔不宜者,此先王之所以教而三代之治后世莫之践及也。①

东平学派的这些理论观点,基本是对董仲舒那套"道出于天"和修、齐、治、平理念的阐发,实在也没有多少新意,但在元初对开始接触儒学理论的蒙古人来说,还是具有启蒙的意义。对经过宋、金、元长期动乱之后的广大汉族知识分子来说,显然也具有观念回归的意义。

　　东平学派的义利观也基本上是对董仲舒和宋代理学理论的重复和阐发。他们将义和利对立起来,在利欲与邪恶之间划了等号。王构的解说比较典型:

　　善恶之分,义与利而已。譬之途焉,义则人之正路也,利则斜径而曲隧也。人或舍其正而弗由,而以身自陷于崎岖荆棘之间,盖物欲蔽之,不知善之所以为善尔。二者之分,其端甚微,其差甚远果能去其弊,收其放,治其乱,安其危,而其广大无疆之体可以存矣。②

显然,在其中很难找到积极意义。不过,这个学派的杨桓提出的节欲说还是有些值得肯定的地方,因为其前提是承认人的欲望是天生的,有其存在的合理性,不能完全遏制,只能适当节制:"惟民生多欲,无教乃乱。圣人之为教非遏其欲,实节其欲也。欲节则天理明,天理明则人道安,人道安则五品逊,五品逊则百姓亲,百姓亲则天下太平,是道也,所以家喻而户晓者也。"③这至少承认了一般百姓要求满足基本生活物质需要的愿望是合理的。

（三）山东世侯的消弭与元朝的政治文化控制

　　由于山东世侯的存在,才有东平府学和东平学派的存在与一度辉煌。

---

①②王构:《重修文庙碑》,《全元文》卷四五〇。
③杨桓:《重修庙学碑记》,《全元文》卷二八九。

但是,山东世侯是宋、金、元之际特殊历史条件的产物,在元朝统治趋于稳定的时候,世侯制度也就走向式微并最后消失,而与其关系密切的东平府学和东平学派也就声光消歇了。

山东世侯是在山东民间武装的基础上发展起来的。在宋、金、元逐鹿北中国的时候,山东发生了多起农民起义,这些农民起义军与各地结社自保的地方武装相结合,形成了势力强大的武装集团,在宋、金、元三角斗争的夹缝中生存并发展起来。这些武装集团如李全、刘全、石珪、夏全、裴渊、严实等,时而附金,时而降宋,但都得不到信任而处于被利用的状态。后来蒙古军大举南下,攻金征宋,所向披靡。这些武装集团为了自己的生存于是投靠蒙古人,成为蒙古人攻金征宋的急先锋。与此同时,依附于这些武装集团的北方士人也得到蒙古人的信用,成为元初政治制度建设和文教建设方面的中坚力量。正如元人虞集所评论的:

> 我国家龙兴朔方,金源氏将救亡绝,干戈蜂起,生民涂炭,中州豪杰起于齐鲁燕赵之间,据要害以御侮,立保障以生聚,以北向于王师。方是时,士大夫各趋所依以自存。若夫礼乐之器、文艺之学、人才所贵,未有过于东鲁者矣。世祖皇帝建元,启祚政事,文学之科彬彬焉。为朝廷出者,东鲁之人居多焉。[1]
>
> 国朝初入中原,即用其豪杰,以经理纪纲,妥绥人心,以致其材用。[2]

正因为如此,元朝在建立之初,一方面感念这些汉族武装集团的功劳,一方面也正视他们的实力,于是承认他们的军事实力和对所据地盘的统治,形成了汉地的世侯制度。这些世侯,在自己的辖区,既统领军队,又掌管民事,诸凡行政、军事、司法、财政、税收以及官吏的任免,全部由他们做主,并且父死子继,成为数十年专制一方的地方割据势力。元初,这样的世侯山东有数十个。他们大者跨州连郡,掌控地盘越千里;小者据有数个州县,所治地方数百里。其中实力最大的严实被授为东平行军万户,控制了鲁西南地区。张

---

①虞集:《道园学古录》卷三十一。
②虞集:《道园学古录》卷十二。

荣被授予山东行尚书省、兵马都元帅、知济南府事,灭金后授济南路万户,封济南公,控制了济南为中心的鲁西北地区。李全先被授予山东淮南楚州行省,其子李璮袭位后,又被改称益都行省,控制了青州以东的山东大部分地区。他们是山东世侯中实力最强、占地最广的三大势力。山东世侯在宋、金、元之际的战乱时期,稳定了他们辖区的社会秩序,在相当大的程度上保护了山东地区文明发展的物质基础,同时也在一定程度上减缓了蒙古游牧贵族对山东的破坏,其积极作用是应该肯定的。但是,这种世侯专断一方的统治形式其消极作用也是十分明显的。他们在自己的辖区内世袭权位,专断一切,霸占田宅,奴役百姓,非法征发,赋敛无度,实际上将大量自耕农变成依附农民,更将战俘和流民变成没有人身自由的部曲、脚寨。从社会发展的角度看显然是一种历史倒退。特别是,这种半独立的割据政权严重威胁着元朝的统一和统治秩序的稳定。所以元朝统一全国后,必然将解决世侯问题提上议事日程。中统三年(1262 年)三月,李璮在海州发动兵变反叛元朝,但不到半年即被忽必烈平定。乘此时机,忽必烈决定在地方实行军民分治,迫使山东世侯史天泽首先交出兵权。接着,济南张氏、东平严氏两家世侯也只得乖乖交出兵权。忽必烈趁热打铁,规定“诸侯总兵者,其子弟勿复任兵事”①。又下令实行易将制,同时选派蒙古人充任达鲁花赤,主管一地军事行政事务,汉人充总管,回回人充同知,永为定制。紧接着宣布废除地方诸侯世袭制,取消世侯和汉官的封邑,规定汉人世侯除本人为官外,其兄弟子侄一律罢免。进而更实行官员迁转法,官员流动升转,将官随时调遣。随后,忽必烈接受许衡建议,推行了“汉法政治”的改革。首先,在政治制度方面,彻底废除汉人世侯的世袭制,在京畿和京畿以外地区设立中书省和行中书省的机构,建立起全国统一的省、路、府、州、县的各级地方行政制度。撤销原设在山东的益都行省和山东行省,将山东地区和河北、山西等地一起作为中央直接管辖的“腹里”。山东的行政区划主要为路、州、县三级,而各州掌控实际权力的达鲁花赤只能由蒙古人担任。这样一来,就大大加强了元朝对山东的直接控制。其次,通过对军队驻防制度的改变加强对山东的军事控制。在实施军民分治的制度后,元朝就以“山东居天下腹心,则以蒙

---

① 虞集:《道园学古录》卷十二。

古、探马赤军列大府以屯之"①。在山东设立山东统军司都元帅府,驻济南,职责是处理山东地区军政、调遣各地兵马以及军民科差等事宜。至元二年(1265年)移山东统军司都元帅府于沂州(今山东临沂)。至元二十一年(1284年),罢统军司都元帅府,改设蒙古军都万户府,仍驻沂州。后又改称山东河北蒙古军都万户府,再后改为大都督府,移驻濮州(今山东鄄城北),下设各地万户府。驻防山东各地的蒙古军和探马赤军,每县都超过千人。同时还特别下令收缴山东地区汉族百姓的军器兵马,不准汉人畋猎、习武、聚众结社、夜间点灯和祈神赛会等,并以严酷的"连坐法"镇压人民的反抗活动。再次,元朝统治者更注意在意识形态方面加强对山东人民的控制。他们采用"汉法",将兴学立教作为思想统治的主要手段,以"宣教化,励风俗为先"②,大力兴办学校,宣传儒学。从中统初年开始,从京城至各地路、州、县,都建立官学、书院和塾学,设教授、学正、学录官等教育官员进行管理,一再要求各地亲民官吏"以学校为先务,教养为己任","务兴学校,以平易治之"③。元朝统治者知道孔子在汉族人民心目中的崇高地位,于是下诏崇奉孔子,建立庙学。元仁宗继位后更是尊孔崇儒,即位伊始即命官员到曲阜以太牢的大礼祭祀孔子,并以宋儒周敦颐、程颐、程颢、张载、邵雍、司马光、朱熹、张栻、吕祖谦以及元儒许衡从祀孔庙。规定各级各类学校都以程朱理学作为教材,实行优待儒户的政策,免除通经儒生的差役。儒学作为维护统治秩序的官方哲学得到尊崇。同时又大力提倡佛教和道教,以"善恶报应"、"生死轮回"、"天堂地狱"的说教抚慰被压迫者的心灵。由于采取了以上政治和思想文化方面的各种措施,元朝初年在山东的统治基本稳定下来。

---

①《元史·兵志》。
②《元史·不忽木传》。
③《元史·谙都剌传》。

第六章　明清时期的山东思想文化

一、概述

1368 年,朱元璋在南京建立明王朝。接着,挥师北伐,八月,徐达统率的明军进入北京,元朝灭亡。自此至 1644 年李自成领导的农民军攻克北京,明朝的统治持续了近 300 年。明朝建立后,先在山东设立行中书省,治所在青州。洪武九年(1376 年)改行中书省为承宣布政使司,省会移驻济南。设 6 府、15 州、89 县,这 6 府是:登州府(治今蓬莱),辖宁海州、黄县等 1 州 7 县;莱州府(治今莱州市),辖平度、胶州等 2 州 5 县;青州府(治今青州市),辖莒州、益都等 1 州 13 县;济南府(治今济南市),辖泰安、德州、武定、滨州等 4 州 26 县;东昌府(治今聊城市),辖临清、高唐、濮州等 3 州 15 县;兖州府(治今兖州市),辖济宁、东平、曹州、沂州等 4 州 23 县。

1644 年三月,李自成领导的农民军攻克北京,明朝灭亡。四月,雄踞东北地区的清政权挥军自山海关南下进击农民军,五月初占领北京,建立清王朝。其后又经过 10 多年对南明政权和农民军余部的战争,最后完成了对中国的又一次统一。自此至 1911 年的辛亥革命迫使清朝皇帝宣布退位,中国历史上这个最后的封建王朝持续了 268 年的统治。清代山东的行政区划大致沿袭明朝,所不同的是改布政使司为省,又增加了府一级的行政机构。乾隆以后的山东省辖 10 府 2 直隶州 105 县。其中济南府(治今济南市),辖历城、章丘、淄川等 16 县;东昌府(治今聊城市),辖高唐州、荏平、堂邑等 10 州县;泰安府(治今泰安市),辖东平州、莱芜、肥城等 7 州县;武定府(治今惠民),辖滨州、阳信、商河等 10 州县;兖州府(治今兖州市),辖曲阜、滕县、邹县等 10 县；沂州府（治今临沂市），辖莒州、郯城、日照等 7 州县；曹州府（治今菏泽市），辖曹县、单县、郓城等 11 县；青州府（治今青州市），辖博山、临朐、诸城等 11 县；莱州府（治今莱州市），辖平度州、潍县、昌邑等 4 州县；登州府（治今蓬莱市），辖宁海州、文登、莱阳等 10 州县；临清直隶州（治今临清市），辖武城、夏津、邱县 3 县；济宁直隶州（治今济宁市），辖金乡、鱼台、嘉祥 3 县。另外，清朝还在省与府之间设"道"这样一级临时派遣的机构，派驻道员，协助省处理府州的有关行政事务。清朝在山东共设三道，即济东道，驻济南，负责济南、泰安、武定、东昌、临清五府州的行政事务；兖沂曹济道，驻济宁，负责兖州、沂州、曹州和济宁四府州的行政事务；登莱青道，驻莱州，负责莱州、登州、青州三府的行政事务。

明清两代的 500 多年间，是中国封建社会历史的后期阶段。这一时期，一方面是人口急剧增长，经济空前发展，经济总量一直处于世界领先地位。资本主义萌芽虽然在一些经济发达地区出现，但主要由于经济政治制度和其他多种因素的制约，这种萌芽一直没有获得长足的发展，还不能引领中国进入资本主义社会。另一方面，是专制主义中央集权空前强化，达到前所未有的程度。朱元璋废除宰相制度后，由皇帝直接统辖六部、都察院和五军都督府等行政、监察与军事机构，专制主义中央集权较前更上一层楼。清承明制而略有变通。皇帝通过军机处管理六部和其他中央机构，使专制主义中央集权较明朝有过之而无不及。明清两朝的统治者都重视在思想领域加强对臣民的教化与控制。在不断强化对程朱理学的宣传和通过教育强行灌输的同时，又以残酷的"文字狱"镇压那些稍有反抗意识和异端思想的知识分子。明朝统治者一直将程朱理学作为官方的统治思想，明朝中期以后，王守仁继承陆九渊创立的"阳明心学"在社会上产生了越来越大的影响。流风所及，以穆孔晖、王道、张后觉、孟秋为代表的山东学者与之呼应，形成了"山左王学"，在当时的思想学术界占有一定的地位。另外，抗倭名将戚继光总结他在战争实践中的经验，创立了颇具特色的军事思想。清朝统治时期，尽管程朱理学依然是官方推崇的统治思想，但由于明清之际改朝换代的剧变对知识分子的刺激，一批先进的思想家开始对宋明理学和陆王心学进行批判，由此形成了颇有声势的"实学"思潮。山东学者张尔岐的经学研究、马骕的史学研究，就是对这一思潮的思想和学术上的回应。清朝中期，兴起了以对中国古典文献整理、考证、辨伪、辑佚为主要内容的"乾嘉之学"。山东学者对此也作了强有力的回应,桂馥、孔广森、郝懿行、牟庭、王筠等在经、史、文字、音韵、金石等方面的研究,都取得了比较显著的成就。不过,应当承认,在明清时期,山东不是中国思想学术的中心,也没有产生思想和学术上的领军人物。

二、王阳明"心学"与山左王门学派

朱熹的理学著作虽然在元代已经成为官学,但还没有形成独尊地位。明初,随着专制主义中央集权的强化,太祖、成祖等皇帝进一步认识到加强思想统治的重要意义,而推尊和普及程朱理学则成为他们实现这一目标的最重要措施。永乐十年(1414 年),成祖上谕撰修《五经·四书·性理大全》,参加者为胡广、杨荣、金幼孜、陈循、李贞、陈景等人。不到一年,《五经大全》、《四书大全》、《性理大全》三书即告完成。明成祖在这三部《大全》的御制序中,明确指出撰修这三部书的目的是为了"家孔孟而户程朱","佩道德而服仁义",用哲学化的儒学即程朱理学来统一全国上下士农工商的思想,以"回太古之淳风",使封建专制统治稳定、持久地继续下去。这三部书颁行全国,既成为青年学子的教科书,也成为封建思想和礼教的宣传品。尤其是作为科举考试命题的根据和标准以后,取士的八股文就变成知识分子的枷锁、思想的桎梏,成为维护封建专制、加强思想统治的重要工具。这三部书的编撰和推行,标志着程朱理学在思想上统治地位的最后确立。它对中国社会发展的影响,远甚于汉武帝"罢黜百家,独尊儒术"的文化政策。

明朝中叶,程朱理学尽管还占据着官方哲学的位子,但由于其烦琐、空疏、独断的弊端日益显现,已经失去了对广大知识分子的吸引力。在此形势下,简明直接的王阳明心学一派就应时而起,很快蔚为大观,大有取程朱而代之之势。王阳明(1472—1529 年),名守仁,浙江余姚人,因曾筑室阳明洞讲学,世称阳明先生。他是明代影响最大的理学家、心学派的旗帜。历任知县、主事、员外郎、赣南巡抚、都察院左都御史、南京兵部尚书等职。王阳明生活的明朝中叶,封建制度日趋没落,阶级矛盾、民族矛盾和统治阶级内部矛盾日益尖锐,程朱理学已经难以阻止整个社会的道德沦丧。王阳明对此痛心疾首。他想从批驳程朱理学入手,另辟蹊径,在思想上找到一种"正人心,息邪说"的新理论,以实现其"灭山中之贼"和"灭心中之贼"的双重目的,挽救明皇朝的危机。为此,他上溯思孟、陆九渊,近承"白沙学派"陈献章、湛若水等人的主观唯心论,又吸收禅宗"放下屠刀,立地成佛"的修养方法,在明朝中叶的思想文化史上创造了心学一派的繁荣局面,从而使陆王心学成为与程朱理学相伯仲的又一思想流派,在中国儒学史上占有重要的一席之地。

王阳明的心学主要由"心即理"、"知行合一"和"致良知"等主要论题组成,形成了一个庞大完整和严密的体系。"心即理"是王阳明心学的理论基础和宇宙观,他说:"身之主宰便是心,心之所发便是意,意之所在便是物。"①他将世界的一切都看成是心的外化,从而得出了"心外无物,心外无事,心外无理,心外无义,心外无善"②的结论。在认识论上,他提出了著名的"知行合一"论,他抹杀知、行的区别,将二者等同起来,说什么"知是心之本体,心自然会知。见父自然知孝,见兄自然知弟,见孺子自然知恻隐,此便是良知不假外求"③他把孝、悌、恻隐等伦理观念尽都看成先验的存在,将知与行的联系、二者的辩证统一关系硬说成"同一",实际上将知看成行,从而否定了行的客观性及其在认识过程中的决定作用。王阳明认识论的另一个重要组成部分是"致良知"。他认为"良知"就是"天理":"吾心之良知,即所谓天理也。"④"良知是天理之昭明灵觉处,故良知即是天理。"⑤最后,王阳明将"致良知"回归到"格物致知",重唱"存天理,去人欲"的老调子:"若鄙人所谓致知格物者,致吾心之良知于事事物物也。"⑥"静时念念去人欲,存天理,动时念念去人欲,存天理。"⑦王阳明一生以弘扬"圣学"为己任,在他做官从政事务十分繁忙的情况下,仍然聚徒讲学,不辍著述。所以他又是一个有成就的教育家和思想家。他丰富的教学经验中包含许多合理因素,如诱导启发、循序渐进、教学相长原则,"贵在自得"的独立思考精神等,都是对教育规律的有积极意义的阐发。

王阳明死后,他创立的学派开始分化和变异。主要流派有钱德洪、王畿

①⑦《王文成公全书》卷一,《传习录》上。
②《王文成公全书》卷二,《与王纯甫》。
③《王文成公全书》卷一,《传习录》下。
④⑥《王文成公全书》卷二,《答顾东桥书》。
⑤《王文成公全书》卷二,《答欧阳崇一》。

等为代表的浙中王学,邹守益、聂豹、罗洪先为代表的江右王学,薛应旗、唐鹤征为代表的南中王学,还有王艮、何心隐、罗汝芳、李贽为代表的王学异端泰州学派。在山东则有穆孔晖、王道、张后觉、赵维新、孟秋等为代表的山左王学。穆孔晖(1479—1539 年),字伯潜,东昌府堂邑人。弘治十七年(1504年)王阳明主持山东乡试时,他被录取为解元,第二年中进士。历官庶吉士、翰林院检讨、国子监司业、翰林院侍讲、顺天乡试主考官、武举会试主考官、翰林院掌院、南京太常寺卿等。穆孔晖在正德七年(1512 年)正式拜王阳明为师,是王学在北方的第一个传人。存世著作有《大学千虑》、《玄庵晚稿》、《穆文简宦稿》。王道(1485—1547 年),字纯甫,东昌府武城人。正德六年(1511 年)进士,历官应天府学教授、南京礼部主事、吏部主事、郎中、南京国子监祭酒、南京太常寺卿、南京户部侍郎、礼部侍郎、吏部侍郎等。与穆孔晖一起拜王阳明为师。他在学术上综合百家,断以己意,有不少新见解。著述宏富,有《大学亿》、《老子亿》、《周易亿》、《尚书亿》、《春秋亿》、《诸史论断》、《王道文集》等。张后觉(1503—1578 年),字志仁,号弘山,东昌府茌平人。先后从王门弟子颜钥、徐樾学习王学,学问日进。后又在山东各地和大江南北交友访学,为王门学人所推崇。隆庆初年,王门大弟子邹守益的儿子邹善任山东提学使时,为他在济南建愿学书院。万历初年,罗汝芳做东昌知府时,为他建见泰书院,作为山东六郡子弟学习的场所,“来学者日济济”,大大扩展了王学在山东的影响。他是山东最有成就的王学学者,对王学在山东的传播起了重要的促进作用。有《弘山先生集》传世。赵维新(? —1612 年),字衷素,东昌府茌平人。为张后觉高足。他读书认真,潜心学问,安贫乐道,“潜心性学,品格孤高,经史不释于手,名利不入于心”①。有《感述录》传世。孟秋(1525—1589 年),字子成,东昌府茌平人。师从张后觉,学习良知之学,刻苦自励,“洒然有悟,发愤下帷,谢绝一切,即家徒四壁,晏如也”。隆庆五年(1571 年)进士,授昌黎(今属河北)知县。在任期间,他访民疾苦,革除积弊,清除奸吏,简拔贤良,“二百年夙弊一旦苗莠而发栉之”。他还捐出自己的俸禄,选出 30 多名高材生学习良知之学。万历七年(1579 年),他任兵部主事,主持山海关防务。尽管这是一个令人垂涎

---

① 赵维新:《感述录》卷四。

的肥缺,但他清贫自守,一尘不染。离任时,与妻子共乘一牛车上路,"道旁观者咸叹息"①。后任刑部主事、员外郎、尚宝寺少卿等官。在京期间,他组织讲学会,不倦地宣传王学,成为京中王学派的领袖,获得崇高的声望,"先生官不过六品,百僚仰若山斗",被誉为齐鲁复出的孟子②。

山左王学的代表人物尽管每一人都有自己的特点,但在王学后学的门派中,他们总的倾向比较接近王学异端的泰州学派,而这一学派恰恰是唯物论因素比较明显的学派。如王道就否定朱熹的理、气二元和"理在气先"的理论,提出"盈天地之间,本一气而已"③的观点。他认为,气的混沌未判状态就是"太极",而"太极"之气在发展变化中出现两种明显不同的状态,"动而发散"者谓之"阳","静而收敛"者谓之"阴"。这二气的流行往来变化即是"道",变化的脉络清晰而不紊乱就是"理"。在他看来,气、太极、道、理四者归本言之,"本一气而已矣。初无彼此先后之殊,亦无有无宾主之辨"。而宇宙间纷纷扰扰的万事万物,都是阴阳变化的结果,这其中,那看得见的就是"象",有形的就是"器",看不到、听不见而又"体物不遗"的就是"道"④。这里,王道实际上将世界看成一个运动着的物质实体,显示了可贵的唯物论倾向。从气本论出发,王道提出"性生于气"的命题,认为人性不能脱离人的躯体单独存在,每一个人的智力优劣高下尽管有着明显的差别,但不是先天决定的,而是在后天的运动中逐步形成的。这种观点突出了人的后天学习和实践对才能形成的作用,否定了"生而知之"的天才论。黄宗羲对他的理气心性说持肯定态度,赞扬说:"先生所论理气心性,无不谛当。又论人物之别,皆不锢于先儒之成说,其识见之高明可知。"⑤不过,王道思想受王阳明的影响还是十分明显的,他下面的一段话可资证明:

> 若论道之本体,天大无外,心大亦无外,天地之用皆我之用,浑然一理,何所分别。吾心体会尽天下之理,亦只是全复吾心之所固有而已。⑥

---

①邹元标:《愿学集》卷六。
②焦竑:《献征录》卷七十七,《孟公秋墓碑》。
③④嘉靖《武城县志·文章志·天道说》。
⑤⑥黄宗羲:《明儒学案》卷四十二,《甘泉学案》。

这与王阳明的"心即理"、"人心万理森然"的主观唯心论已经很难加以区别了。总起来看，王道思想中虽然不乏唯物论的因素，但因为他还没有构筑起自己成体系的唯物论，他就只能在唯物论与唯心论之间摇摆，在强大的占据主导地位的王学影响下，他自觉不自觉地靠拢在王学的旗帜下，不可能对王学进行根本性的反思和反叛。穆孔晖调和佛老与儒学的矛盾，认为他们"道原通达为一"、"性中固无是分别相也"。他看出佛老对王阳明学说的影响，自己对心及心学的理解也渗透着佛老的意蕴："镜照妍媸而妍媸不著于镜，心应事物而事物不著于心。自来自去，随应随寂，如鸟过空，空体弗碍。"①这种观点看起来有点像心物二元论，实际上接近佛教的性空说和禅宗的顿悟之意，所以黄宗羲说他"学阳明而流于禅"②。其实王阳明的心性说、致良知说都浸透着禅宗"心即佛"的理念，只是他在吸纳佛教的理念时更善于融汇消化，做得了无痕迹。而穆孔晖对禅宗的吸纳有点消化不良，痕迹太过明显。张后觉和他的弟子赵维新、孟秋师承泰州学派，他们的思想显示了比较鲜明的泰州学派的倾向。如"致良知"说，王阳明强调在"致"字上下工夫，达到"致我心之良知于事事物物"。而泰州学派接过"致良知"说，重点却放在对"良知"本体的认识。如王畿说："良知是天然之机灵，时时从天机运转。变化为云，自见天则。"③王艮则直接将他的"安身立本"作为"良知"的基本内容：

　　　身与天下国家，一物也。惟一物而有本末之谓。……修身，立本也。立本，安身也。

　　　身与道原是一体。至尊者此道，至尊者此身。尊身不尊道，不谓之尊身；尊道不尊身，不谓之尊道。……故曰：天下有道，以道殉身；天下无道，以身殉道。

　　　凡天下事，必先要知本。如我不欲人之加诸我，是安身也，立本也，明德止至善也。吾亦欲无加诸人，是所以安人安天下也，不遗末也，亲民止至善也。④

---

①②黄宗羲：《明儒学案》卷二十九，《北方王门学案》。
③王畿：《龙溪先生集》卷六。
④《心斋王先生全集》卷三，《答问补遗》。

王艮将"安身立本"的道作为"良知"的基本内容,又说这个道就是"百姓日用之道",其中不仅包含有忠、孝、仁、义、礼、智、信等的主流伦理道德的内容,而且包含有百姓最起码的物质生活的要求,从这里显示了王艮思想所具有的平民色彩。张后觉将"良知"浓缩为一个"良"字,他说:"良外无知,知外无良,良就是知,知就是良。"他的《良知歌》是这样写的:"良知二字甚莫分,致良便是致知人。此中消息谁能得,好向羲皇路上寻。"对此,他是这样解释的:

> 近时只体验个"良"字,觉得此字最妙,只说一个"良"字,再不消说"知"字,说"良"而"知"自在其中矣。人能体此"良",自然本体灵明,日觉有益。①

> "良"是人们心原来自然本体,光光净净无丝毫人为的意思。②

这个"良"字的核心内涵仍然是先天的主流伦理道德。而将心学、理学、道德、性、命等核心内容浓缩为一个"良"字,的确是张后觉的独特创造。王阳明一派主观唯心论者,特别重视通过内省的方法去认识和体验他们认为先天就存在的伦理道德,因为他们坚持认为这些伦理道德观念是先验存在于人自身的,所以认识它最便捷的途径就是顿悟,由此他们与禅宗走到一起就顺理成章了。张后觉发明"天聪明"之说,并作歌诀借以阐发:"耳本天聪,目本天明。因物付物,入道乃成。"这里他用具有天然感知能力的耳聪目明取代"良知",直认耳聪目明就是"良知"。因乎此,他对王阳明用克私去欲的方法"破心中贼"的认识路径不予认同,认为只要"体一良字",就找到了"捷径功夫,圣学之要"。赵维新、孟秋全盘师承张后觉。如赵维新提出"透性",认为张后觉的所谓"良",就是彻底体悟不染人为的天性之善。他进一步解释说:"学问只在本体上做,不必在事端上模拟,不必在物理上揣量。本体精明,则事皆性之事,性明而事自理;物皆性之物,性定而物自正。人己原是一个,成己成物,功夫只是一件。"③孟秋同样主张心体灵明,现成良知。他解释说:"心体本自澄澈,有意克己,便生翳障。盖真如的,一齐现前;如

---

①张后觉:《弘山先生集》卷一。
②张后觉:《弘山先生集》卷三。
③赵维新:《感述录》卷一。

如而妙,自在必克。"①又说:"仁者只在近处做,不在远处求;只在天理做,不在去欲上求。"②。张后觉、赵维新、孟秋的这一顿悟"良知"的认识论和道德论,在大的框架上仍在王阳明"致良知"的范围内。就其反对朱熹一派烦琐的"格物致知"的认识路径而言,具有简明直接的优点,一定程度上带有思想解放的意义,但它本身并不是一种科学的认识论,还不能引导人们走向认识真理的道路。

在明代后期,作为主流意识形态王学的一翼,以穆孔晖、王道、张后觉、赵维新、孟秋等为代表的山左王学,在继承、改造、发展王学的活动中,作出了具有一定创新价值的贡献。特别是在推动王学在北方地区的传播和发展方面,更是起了桥梁和纽带的作用。所以在《明儒学案》中他们还占有一席之地。不过与王学其他流派相比,不能不说他们略逊一筹。原因很简单,就是他们没有创造出自己系统完整的理论体系。所以在一般中国思想学术史著作中,他们还难以进入学者的视野。

三、戚继光的军事理论

明朝中叶,内忧外患日甚一日。北方有蒙古鞑靼等部落的不断侵扰,东南沿海有倭寇的屡屡进犯,再加上政治腐败,军备废弛,百姓面对的是一个苦难的岁月。就是在这个国家举步维艰的严峻时刻,山东诞生了一个在中国兵学史上光耀千古的军事家,他就是戚继光。戚继光(1528—1588 年),字元敬,号南塘,登州(今山东蓬莱)人。他 17 岁承袭父职,投身军旅。21岁就率领卫所士兵戍守蓟门,参加捍卫北部边防和首都北京的军事行动,初步展示了自己的军事才干。26 岁又投身沿海抗倭第一线,转战山东、浙江、福建、广东几十年。历官署都指挥佥事、参将、副总兵、总兵,创建和训练出一支让倭寇闻风丧胆的戚家军,先后歼灭倭寇数万人,解救出大量被掳掠的百姓,为平息东南沿海的倭乱建立了不朽的功勋。平息倭乱后,他又驻守蓟门 16 年,总理蓟州、昌平、辽东、保定军务,成为捍卫北部国防前线的最高军事统帅。这期间,他不仅亲手训练出一支勇猛善战的边防劲旅,而且沿长城一线建立起攻防兼备的防御体系,从而有效地抵御了蒙古部落的侵扰,迫使

---

①焦竑:《献征录》卷七十七,姚思仁:《孟公秋墓碑》。
②孟秋:《孟我疆先生集》卷五。

其议和罢兵,使北方国防前线数十年无兵燹之灾,汉蒙两族百姓过上了和平安宁的生活。戚继光不仅是一位智勇双全的军事统帅,还是一位善于总结战争经验并使之升华到相当理论高度的军事理论家。他在戎马倥偬中写出来的《纪效新书》和《练兵实纪》,就是展现他军事理论的宝典。

戚继光的军事理论,继承中国古代以《孙子兵法》为代表的兵学宝典,总结自己多年练兵、带兵和指挥作战的经验,探索了许多战争的规律,总结出一系列具有普遍原则意义的制胜之道。其中最有特色的是对将领的选拔、培养、使用和对士兵的选拔、训练以及武器的制造等问题的思考。

戚继光长期担任高级将领,多年荣膺一个战区的最高统帅,指挥过数以百计的大小战役,麾下有成百上千的将领,所以对各级指挥人才,尤其是对将领在军队和战争中的地位与作用有着十分深刻的认识。他说:"夫为将之道,疆场之安危,三军之死生系焉。"①没有相当数量的忠心为国、不怕牺牲、智勇兼备的将领,也就没有战争的胜算,而这却决定于和平时期对将领的有计划的培养和储备。反之,"不蓄于平时,期取用于一旦,则无惑乎临时乏才之叹"②。为此,他提出了一系列选拔、训练将领的原则和方法。针对当时明朝朝野重文轻武、重才轻德的社会风气,他认为应该明确规范选将的标准,要求将领必须德、才、识、艺兼备。在他看来,所谓"将德"就是精忠保国卫民、廉洁奉公、忠于职守、勇于牺牲、爱护士卒的品德;"将才"就是通晓兵法将略、严格训练士卒、长于节制、善于应变的指挥才能;"将识"就是明辨是非、洞悉真伪、谋略出众、高瞻远瞩的器识和胆略;"将艺"就是勇猛顽强、技艺超群、面对强敌不畏惧、身履险境能取胜的高超武艺。在这四条标准中,戚继光认为"将德"应居首位。因为一个将领在生死搏斗的战场上能否将生死置之度外,品德显然是第一位的。这种品德主要表现在"光明正大、以实心行实事,思思念念在于忠君、卫国、敬人、强兵、爱军、恶敌"③,"视兵马为安国保民之具","一心从民社上起念"④。同时还表现在不怕牺牲,严于律己,宽以待人,不惑于声色财货;善于集众思,用群策,不刚愎自用,不嫉贤妒能;严格训练士卒和真心爱护士卒,与之同生死共患难;更要

---

①《练兵实纪·练将》。
②④《练兵实纪杂集·储练通论》。
③《纪效新书·练将篇》(十四卷本)。

一心报效朝廷,不追求功名利禄。戚继光认为,如果只重将才而忽视将德,就会使那些追逐功名利禄的贪贿之人,阿谀逢迎的无耻之徒,自吹自擂、虚有其表的平庸之辈混入将领之中,结果是贻害无穷:"世之所以有骄将,有逆臣,有矜怠之行,有盈满之祸,有怏怏之色,不能立功全名、卫国保家。"①当然,除了"将德"之外,将领还需具备才、识、能,这就要求他们必须努力学习,熟读兵法,精于韬略,娴熟技艺,熟悉各种武器的性能,在全面掌握军事知识的基础上,再精通一二种专门的知识和技能,这样才能在练兵和实战时应付裕如:"欲为全才之将,凡种种武艺,皆稍习之,在俱知而不必俱精。再须专习一二种,务使精绝,庶有实用,庶可练兵。"②从而驾驭复杂多变的战场形势,通过与敌方的斗智斗勇,去夺取胜利。

戚继光在确定了优秀将领的德、才、识、艺四项标准之后,也在实践的过程中总结出达到这四项标准的方法,这就是理论联系实际,使将领们在实践中不断提高自己。他要求将领们勤于读书,从多方面加强自己的理论素养。熟读《孝经》、《忠经》、《论语》、《孟子》,学习中国的传统道德并使之在自己的头脑中生根。精读《百将传》,从人品、心术、功业等方面学习为将之德和为将之道,做到"正心术"、"立功建业"而不矜其功伐;"敬友、爱军、恶敌、强兵","不以死生患难易其念";严己宽人,"至诚待下,平居之时,视其疾病,察其好恶,实心爱之。忠义之辞,感召乎众。入操之时,虚心公念。出征之日,同甘共苦,身先矢石。临财之际,均分义让"③。同时还必须处处事事以身作则,为人表率。加强军事素养,学习历代兵法,熟读《武经七书》,"师其意不泥其迹"④。学习各种战术、技术、阵法,做到烂熟于心,运用自如。他还要求将领们博览群书,增广知识。如熟读《春秋》、《左传》、《资治通鉴》、《大学》、《中庸》等书,通晓历史,学习前人成功经验。总之,通过读书学习,使将领们成为"不为害挠,不为祸怵,无见于功,无见于罪","可以托六尺之孤,可以寄百里之命"⑤的德、智、勇兼备的优秀人才。不论在抗倭前线还是在北部边关,戚继光都是言传身教,督责将领们的读书学习和实际练习。他亲自讲授古代兵法,做兵器操作示范,并要

---

① ③《练兵实纪杂集·储练通论》。
② ④《练兵实纪·练将》。
⑤《纪效新书·练将篇》(十四卷本)。

求他们随营练习,指挥实兵,在各种地形气候条件下,反复实践,练阵法,练战术,练掌握和运用各种兵器,全面提高将领们的实际才能。在将领的使用方面,戚继光的做法是划定品级,量才使用。一个方面的统帅,要对自己麾下每一个将领的德、才、识、艺了如指掌,扬长避短,用其所长。德、才、识、艺兼备者,用为大将,使其独当一面,独镇一方;德、才尚可,优于技艺而短于文学者,任为偏将,作为大将配角,发挥其所长;"才有余而志不足"或"勇有余而志不足"者,只能做小将,执行具体的作战行动;至于那些品德不端而有一技之长者,只能偶尔用其所长,不能委以要职。他认为最值得重用的是"屡经战阵,刀痕遍体"①的德、才、识、艺兼备的将才。由于戚继光选将有准则,练将有规矩,用将有方法,在他麾下涌现出大批德才兼备、智勇双全、功业显赫的名将,诸如历任方面大员的胡守仁、李超、张臣、董一元、麻贵、杜桐、达云、梁梦龙、史宸、李珍、罗端、侯服远、王通、李承勋、张拱立、李如樟、孙朝梁、谢惟能、刘葵、王禄、张士义、管英、王旌、陈勋等,他们的名字就与戚继光一起,作为"执干戈以卫社稷"的英雄,永远嵌刻在中华民族那壮丽的史册上。

戚继光认为与选将练将同样重要的,是士卒的选训和武器的创新。他在继承前辈选训理论的基础上,结合自己带兵作战的经验,提出了一套系统的对于士卒的选训思想。他认识到,军队的基础是士兵,一支能征惯战的军队,武器固然要精,但更重要的是士卒更要精,"即有精器而无精兵以用之,是谓徒费;有精兵而无精器以助之,是谓徒强。须兵士立得脚跟定,则拽柴以败荆,况精器乎?"②要想练出精兵,首先是选出未来精兵的好苗子,办法是精选:"天下一家,边腹无虞,将有章程,兵有数额,饷有限给,其法惟在精。"戚继光的精选标准有两条,一是兵员的出身,只能选"乡野老实之人"、"惯战之人","不可用城市油滑之人","不可用奸巧之人"③。二是兵员的素质,要挑选那些身体健硕、武艺精湛、反应机敏、胆气豪壮之人,"而必胆为主"④。因为只有胆气豪壮的士卒,才能平时不怕吃苦,勤于训练,战时英勇无畏,不怕牺牲。戚继光训练出来的所向无敌的"戚家军",就是以他亲

---

①《练兵实纪·练将》。
②《纪效新书·神气解》(十四卷本)。
③④《纪效新书·束伍篇》(十八卷本)。

自在浙江义乌挑选的 3000 名精壮的矿工和农民为基干组成的。精选的兵员还必须通过科学的编组以形成结构严密的战斗队伍,"舍节制必不能军"①,他所说的"节制"就是按照自上而下的指挥系统编组的组织结构。"戚家军"的编制是,每 12 人为 1 队,内设队长 1 人,伙夫 1 人;4 队为 1 哨,设哨长 1 人;4 哨为 1 官,设哨官 1 人;4 官为 1 总,设把总 1 人,统领全总 3092 名士兵和军官。这种以队为基本战斗单位的四四制编制,适应了戚继光制定的一头两翼一尾的战术,既便于统一指挥,又有利于发挥各级战斗单位的机动性和灵活性,在实战中显示了它的优越性。后来在蓟镇练兵和指挥作战时,戚继光对他统率下的军队编组又作了较大的调整和完善。如将 12 人组成的队分成火器队和杀手队两种。火器队每队有队长 1 名,鸟铳手 10 名,火兵 1 名;杀手队每队有队长 1 名,圆牌 2 名,狼筅 2 名,长枪 2 名(枪手兼弓箭),钯 2 名(钯手兼火箭),大棒 2 名(大棒手兼弓箭),火兵 1 名。3 队为旗,设旗总 1 名,一旗共 37 人。3 旗为局,设百总 1 名,一局共 112 人。鸟铳 2 局、杀手 2 局组成一司,设把总 1 人,一司共 449 人。2 司为一部,设千总 1 人,一部共 899 人。3 千总为一营,设将官 1 名,中军 1 名,一营共 2699 人。戚继光在抗倭时,为了对付倭寇依海作战的现实,还专门组建了水师,以大、中、小各类船舰相匹配,每船配备不同数量的船工和水兵,组成哨、营两级编制,在对倭战争中发挥了很大的作用。

戚继光非常重视阵法即战术队形的作用。在对倭战争中创造了便于在沿海复杂地形条件下发挥最大效能的新阵法——鸳鸯阵。这个阵法以 12 人为一队,首一人居前为队长,次 2 人持藤牌(长圆各一),次 2 人持狼筅,次 4 人持长枪,次 2 人持短兵器(如叉、钯、棍、偃月刀等),末一人为火兵。作战时,"二牌平列,狼筅各覆一牌,长枪每二支,各分管一牌一筅。短兵防长枪进老,即便杀上。筅以用牌,枪以救筅,短兵救长枪"②。这种阵法,针对倭寇使用倭刀、长枪、重矢等兵器的战术,充分发挥长短兵器的效能及其相互配合的作用,组织严密、简单,一个小队就是一个战斗单位,士卒彼此呼应,变化迅速,机动灵活,每个人都能充分发挥特长,适应了江南沿海的地形特点,对战胜倭寇起了重要作用。

---

①《纪效新书·练将篇》(十四卷本)。
②《纪效新书·操练篇》(十八卷本)。

戚继光特别重视对士卒进行严格训练,"战必以练兵为先"①。为了造就一支能征惯战的劲旅,戚继光从各方面对士卒进行经常化的强化训练。首先是"练心"即思想教育,要求各级将领对士卒晓以大义,激以忠心,"正心术"、"立志向"、"习武艺",以"安国保民"为念。他谆谆教育士卒说:

> 兵是杀贼的东西,贼是杀百姓的东西,百姓们岂不是要你们杀贼。设使你们果肯杀贼,守军法,不扰害他,如何不奉承你们?……凡你们当兵之日,虽刮风下雨,袖手高坐,也少不得一日三分。这银分毫都是官府征派地方百姓办纳来的。你在家,那个不是耕种百姓?你肯思量在家种田时办纳的苦楚艰难,即当思量今日食银容易,又用你耕种担作,养了一年,不过望你一二阵杀胜。你不肯杀贼保障他,养你何用?②

这种教育,使戚家军的士卒明白是百姓养活自己,自己当兵就是为百姓打仗,杀贼保国卫民,因而做到"兵民相体",纪律严明,受到百姓的拥护和称赞。戚继光强调,各级将领都要尊重士卒,真心实意地爱护关心士卒,以诚感诚,至诚待下,"惟天下至诚,斯能得人"③。"饮食为之通,疾病为之恤,患难为之共,甘苦为之同";"不待其心之发而先为之所,不待其口之出而预为之谋";"常察士卒饥饱、劳逸、强弱、勇怯、材技动静之情"④,这样,士卒就会与将领同心同德,不畏艰难,不怕牺牲,"万人一心,心一而气齐,气齐而万人为一死夫"⑤,发挥出所向披靡、无坚不摧的战斗力。同时,戚继光也认识到,教育、鼓励、关心、感召士卒虽然是"练心"的重要内容,但还需辅以赏罚。而赏罚必须公正,当赏则赏,即使与将领有旧仇亦赏,赏一人而使千万人振奋;当罚则罚,即使将领的兄弟子侄亦必罚,罚一人而使千万人警戒。赏罚都应使士卒心服口服,无怨无悔。戚继光还要求练心、练胆气,既要在规定的时间、地点和科目中进行,也要根据具体情况随时随地培养锻炼。他曾语重心长地说:

> 操兵之道,不独执旗走阵于场肆而后谓之操,虽闲居坐睡嬉戏亦操

①《明经世文编》卷三四九,《蓟镇急务》。
②④《练兵实纪·练胆气》。
③《止止堂集·大学经解》。
⑤《纪效新书·胆气篇》(十四卷本)。

也。善操兵者必使其气性活泼,或逸而冗之,或劳而息之,俱无定格,或相其意态,察其动作而搏节之。故操手足号令易,而操心性气难;有形之操易,而不操之操难。……兵虽静处间阎,然亦谓之操,乃真操也。①

应该说,戚继光关于士卒"练心"的内容和操作方法都是精当和可行的,收到了以理谕人心,以诚感人心,以赏劝人心,以罚齐人心的效果,对于造就英勇无畏、战无不胜的戚家军起了至关重要的作用。戚继光也重视士卒的胆气号令训练。所谓胆气即士气,他认为高昂的士气是军队战斗力的体现,是战胜敌人的重要条件,"大势所系在气"②,"兵之胜负者,气也"③。所以必须通过胆气训练,使士卒始终保持充足的胆气,临危不惧,奋勇杀敌。激励士气的重要手段是号令训练,"古今名将用兵,未有无节制号令,不用金鼓旗幡而浪战百胜者"④。士卒必须熟记行军、作战和宿营的各种号令。对实战中的官兵,更提出严格要求:

> 凡各官兵,耳只听金鼓之声,目只看旗帜方色。如鼓声不绝,便前面是水火也须跳入;如鸣金该止,就前面有财物可取,亦不许动。⑤

只要号令划一,令行禁止,就能"强弱同奋,万人一心,攻坚摧强,无往不胜"⑥。戚继光认为,士卒有了保国卫民的决心和杀敌致果的士气,还必须具备高超的杀敌本领,即过硬的军事技术,才能在战场上取胜,所以经常严格地对士卒进行军事训练是提高战斗力的不二法门。他教导士卒说,武艺"是尔等当兵防身杀贼立功的勾当。尔武艺高,决杀了贼,贼如何又会杀尔;若武艺不如他,他决杀了你。若不学武艺,是不要性命也"。他要求士卒从实战需要出发,严格进行每一天、每一个科目的训练,练心力(斗志),练手力(熟练掌握各种兵器),练足力(行军),练身力(负重),定期考核,奖优罚劣。同时,戚继光还就营阵训练、水师训练制定了严格的计划、科目、程序,使各自的训练按时有序地进行。正是通过这样严格和科学的训练,使戚

①《纪效新书·纪效或问》(十八卷本)。
②⑥《纪效新书·胆气篇》(十四卷本)。
③《纪效新书·蓟镇急务》(十八卷本)。
④《纪效新书·紧要操敌号令简明条款篇》(十八卷本)。
⑤《纪效新书·耳目篇》(十四卷本)。

家军的单兵素质达到很高的水平,无论是单兵作战,还是各兵种配合行动,都能发挥最大效能。这就是他们战胜倭寇和令蒙古军不敢南下牧马的重要原因。

戚继光一直重视武器的改革与创新,认为精良的武器是发挥军队战斗力的重要条件,"有精兵而无精器以助之,是谓徒强"①。他力图通过改革和创新,使自己军队的武器装备优于敌人。他说:"彼以何器,我必求长于彼,使彼器技未到我身,我举器先杀到他身上,便有神技,只短我一寸,亦无用矣。"②所以他在武器的使用上确定以长制短的原则,并尽量发挥火器的作用。如在同倭寇作战时,就以鸳鸯阵的牌、筅、钩枪、钯四种兵器结合起来,对付它的长刀;在与蒙古军作战时,则以钯、棍、长枪、大棒对付它的马刀,以战车对付它的骑兵。同时大量使用火炮、火铳、火箭、虎蹲炮、鸟铳、快枪等远射火力,使敌人还未靠近时即被消灭。戚继光重视军事技术的革新和改进武器制造技术,组织专人研制、改进新型器械数十种,使军队的装备更加完善和精良,成为克敌制胜的重要条件。例如,在浙江抗倭期间,他就根据当地地形特点和敌人作战方式与武器性能,组织人员研制了不少新兵器。其中名为"狼筅"的兵器,用大毛竹或铁制成,长一丈五六尺,四周有枝梢,梢头安倒钩,成为对付倭刀的利器。其他如虎蹲炮、三飞箭、连子铳、喷筒、火桶等火器,威力大,射程远,为抗倭战争的胜利发挥了重要作用。在长城一线戍守北部边疆时,戚继光也根据当地地形、气候和敌人的特点,改造和创新了许多兵器。改进的兵器有弓箭、大棒和线枪等,创制的武器主要是火器。如按照引进的佛朗机大炮原理仿制的无敌大将军炮,由母铳和子铳组成,一门无敌大将军炮配备3个子铳,装放方便,可以连续施放,一发500子,可以横扫20余丈的横面,能够大面积地杀伤敌人。其他火器也各有特点。这些火器安放在长城沿线的城堡上,成为令蒙古军闻风丧胆的先进武器。戚继光尤其重视各种武器的配合使用,提出"所用之器,必长短相杂,刺卫兼合"③,使之产生最大的综合效益。

戚继光特别强调军队具有严明纪律的重要性,"兵众而不知律,必为寇

---

① ②《纪效新书·手足篇》(十四卷本)。
③《纪效新书·束伍篇》(十八卷本)。

所乘。"①为此,他制定了包括民众纪律、战场纪律和对待俘虏纪律的整套纪律条令,并把这些条令印发给所有士卒,要他们熟记于心,"人人知我之令"②,切实遵守。戚继光深谙"信赏必罚"的意义,对赏罚作了严格的规定。在戚家军中,每年春正月、夏四月、秋七月、冬十月的初二日,为法定的考选日期,组织全军比量武艺。优胜者得到提拔或奖赏,劣败者受处分。非考选日期也可以根据士卒的申请随时考试,只要有特殊才能,照样受奖。其他时间,凡作战有功、被俘不屈、遵守军纪、号令和圆满完成某项任务等,都给予奖励。反之,对于恃强凌弱、酗酒吵闹、喧嚷无礼、讹言诳惑,或扰民害民如劫掠财物、奸淫妇女等,则无论何人所犯,都根据情节严惩不贷。他说:"如该赏者,即与将领有不共戴天之恨亦要奖赏,患难亦须扶持;如犯军令,便是亲子侄亦要依法施行,决不许报施恩仇。"③他认为,赏罚不仅要一视同仁,而且应不分时间、地点和对象随时进行。所有赏罚都要使将士"人知其所以赏与罚之故",心服口服,铭刻肺腑,从而达到"感心发,则玩心消;畏心生,则怨心止"④,时时警戒,争赏戒罚。在戚继光那惊心动魄、险象环生、血战与凯旋交织的军旅生涯中,既重赏过军功卓著、遵纪守法的许多将士,也处死或重罚过贪生怕死、贻误军机,甚至杀良冒功、违法乱纪的部下。戚家军之所以在战场上几乎屡战屡胜,几乎保持不败的纪录,军纪严明、赏罚分明应该是重要原因。

四、清初实学思潮与经史研究

(一) 实学思潮对山东思想学术的影响

明末清初,面对改朝换代的巨大社会变迁,以顾炎武、黄宗羲等为代表的一批著名思想家,对明朝灭亡的历史进行深刻反思,认为明末以王阳明为代表的心学派"言心言性","置四海之困穷不言"的玄谈空论,是造成明朝覆亡的重要原因之一。作为明朝遗民,顾炎武一生坚持汉民族的立场,坚决不仕清廷,而将自己的全部精力用于思想和学术的研究。他亲眼目睹了明

①《止止堂集·大学经解》。
②《纪效新书·胆气篇》(十四卷本)。
③《练兵实纪·练胆气》。
④顾炎武:《日知录》卷七,《夫子之言性与天道》。

末学人空谈心性的恶劣影响,认为它比魏晋清谈老庄的玄学对世道人心的危害更大:

> 刘、石乱华,本于清谈之流祸,人人知之。孰知今日之清谈有甚于其代者。昔之清谈谈老庄,今之清谈谈孔孟。未得其精而已遗其粗,未究其本而先辞其末。不习六艺之文,不考百王之典,不综当代之务,举夫子论学、论政之大端一切不问,而曰一贯,曰无言。以明心见性之空言,代修己治人之实学。……股肱惰而万事荒,爪牙亡而四国乱,神州荡覆,宗社丘墟。①

面对如此沉痛的现实,顾炎武从思想学术的层面转移社会风气,极力倡言"修己治人之实学"。他提出"博学于文,行己有耻"作为他心目中"实学"的旗帜。所谓"博学于文"的文,在他看来,就是"自身而至于家国天下,制之为度数,发之为音容"②的一切社会文化知识,其中最根本的是具有"本原之学"意义的诸经典籍。他认为经学是理学的基础,学人只有返归诸经,认真研读,才能从中体味出"圣人之道"的理学真谛来。所谓"行己有耻",就是要求作为社会表率的士人知道廉耻,严格自律,提升自己的道德品格。他目睹明末世风败坏对人心风俗和社会治乱的影响,认定人心风俗的转移离不开"行己有耻"。他说:"士人有廉耻,则天下有风俗……不廉则无所不取,不耻则无所不为,人而如此,则祸败乱亡,亦无所不至。"③学人的道德人品不仅影响社会风俗的转移,而且还直接关系到国家的兴亡。所以他主张学人应该从各方面注意加强自己道德品质的修养,一言一行,抬手投足之间,都有廉耻相随:"自子臣弟友,以至出入往来,辞受取与之间,皆有耻之事也。"④所以学人达不到"博学于文""则为空虚之学",做不到"行己有耻""则为无本之人","以无本之人而讲空虚之学"就只能"从事于圣人而去之弥远"⑤了。这里,顾炎武所说的"博学于文"是为了通经,"行己有耻"是为了修己,二者的最终目的都是为了"明道"和"救世",这也就是他的为学宗

---

①顾炎武:《日知录》卷七,《博学于文》。
②顾炎武:《日知录》卷七,《夫子之言性与天道》。
③顾炎武:《日知录》卷三,《廉耻》。
④⑤顾炎武:《亭林文集》卷三,《与友人论学书》。

旨,即实学的宗旨:"引古筹今"、"经世致用"。他说:

> 君子之为学也,以明道也,以救世也。徒以诗文而已,所谓雕虫篆刻,亦何益哉?①
>
> 君子之为学也,非利己而已也,有明道淑人之心,有拨乱反正之事,知天下之势之何以流极而至于此,则思起而有以救之。②

这就是说,他所认定的实学是有关国计民生的"当世之务",是远离空谈心性的与国家社会有密切联系的实实在在的学问。

清初与顾炎武齐名的另一个倡导实学的代表人物是黄宗羲。全祖望在论述他的学术宗旨时这样说:

> 公谓明人讲学,袭语录之糟粕,不以六经为根柢,束书而从事于游谈,故受业者必先穷经。经术所以经世,方不为迂儒之学,故兼令读史。③
>
> 先生始谓学必源本于经术,而后不为蹈虚;必证明于史籍,而后足以应务。④

显然,黄宗羲也是倡导以经世致用为旨归的实学,他与顾炎武"宗经"的主要倾向稍异,是经史并重,更强调史学的功用。这两位大师级的学者,各以其雄视百代、博大精深的学术视野和忧国爱民的高尚情怀,教育和影响了一代学人。当黄宗羲讲学甬上(今浙江宁波),经史并重,弦诵不辍,吸引大批学子于周围,奠定浙东学派基础的时候,顾炎武则弃家北上,展转于山东、河北、山西、陕西等北方诸省,以后半生的全部精力,将读书与调查、考察相结合,实践和完善他的经世思想和学术主张,写出了许多划时代的著作。他的治学方法和开辟的学术领域,启导了乾嘉学派的治学门径和学术视野。这两位学术大师的思想和著作对山东学者产生了积极而显著的影响。尤其是顾炎武在山东近20年的学术活动,以其思想和学术实践泽溉了大批学人。

---

①顾炎武:《亭林文集》卷四,《与人书二十五》。
②顾炎武:《亭林余集·与潘次耕札》。
③全祖望:《鲒埼亭集》卷十一,《梨洲先生神道碑文》。
④全祖望:《鲒埼亭集·外编》卷十六,《甬上证人书院记》。

他先后结识的程先贞、张尔岐、马骕、任唐臣、刘孔怀、颜光敏等山东学者,与他形成了亦师亦友的密切关系。他们在学术上互相切磋、互相影响,共同推动了山东实学思潮的发展。例如,张尔岐和顾炎武通过书信往还,对顾炎武提出的实学的两大口号"博学于文,行己有耻"进行了深入讨论。顾炎武真诚征求张尔岐的意见,张尔岐则一方面赞赏"行己有耻""有裨世教",一方面又对"博学于文"的缺陷提出商榷意见,认为该口号没有展示出学问必须不断深化的内容,容易使人产生歧见。这种友好的探讨显然有助于实学的健康发展。在经史的研究方面,张尔岐的治经和马骕的治史明显受到顾炎武的影响。张尔岐尽管治经并不背离程朱的路数,但他却摈弃王学的空谈心性。他说:"圣人之道备在六经,大人之学首先格物,格物莫切于穷经,而穷经要归于体道。"①这与顾炎武通过读经以"明道"和"救世"的理念是相通的。明清时期的科举制度弊端日益明显,它将大批读书人引导到"利禄之路"。实学派的学者大都对科举的弊端持批判态度。张尔岐就指出,科举使读书人"虽托业于诗书,实撄情于利禄","圣贤垂教之苦心,只为后人温饱之嚆矢","及其为术弥工,去道愈远,经年不辍,其揣摩指趣竟付之茫昧"②。张尔岐在其组织的"经学社"读书会中,就提倡"务取益于身心,不旁参以功利"这样切实致用的读经研经宗旨,在山东产生了很大影响。马骕本着为"圣贤立言"的目的致力于史学的研究。他编写的 12 卷本的《左传事纬》是综合春秋时期并旁及先秦历史的巨著,探索了夏商周和各诸侯国治乱兴亡的变化及原因。160 卷的《绎史》则是网罗宏富的中国自原始社会至秦朝灭亡的历史,在这部书中,"君臣之迹,理乱之由,名法儒墨之殊途,纵横分合之异势,了然具焉"③。是清初最具学术价值的史学著作,得到顾炎武的首肯,马骕因而被誉为"马三代"。

在实学思潮的影响下,具有很强资治经世功能的地方志受到山东学者的重视。马骕编纂了《邹平县志》,程先贞编纂了《德州志略》,张尔岐独撰了《济阳县志》。另外,寿光安致远、安丘张贞、乐安李焕章等有名的学者也都参与了地方志的编纂,使地方志的编纂成为一时的社会风气。康熙十二年(1673 年),山东官府主持编纂《山东省通志》时,顾炎武被特邀入局,山

①②张尔岐:《蒿庵集》卷三,《经学社疏》。
③《绎史·征言》。

东学者张尔岐、薛凤祚、李焕章等也应邀参与其事,成为当时山东学界的一件盛事。

古音韵学是研读先秦典籍的基础。作为清初的古音韵学大师,顾炎武对其重要意义有很透辟的说明:

> 学者读古人之经与古人之作,而不能通其音,不知今人之音不同于古也,而改古人之文以就之,可谓之大惑乎。……故愚以为读九经自考文始,考文自知音始,以至诸子百家之书,亦莫不然。①

在顾炎武的影响下,有一批山东学者致力于音韵学的研究。其中最有成就的是长山的刘孔怀。他和居于其家的顾炎武经常就音韵学互相切磋,"辨疑析义",相得益彰。他小学与音韵兼长,写下了《四书字征》、《五经字征》、《诗经辨韵》等字音方面的著作。《诗经辨韵》尤其受学界推崇,安致远甚至说"《辨韵》之书出,而汉笺宋注可以尽废矣"②。另外,莱州的任唐臣、曲阜的颜光敏也同为音韵学方面的行家里手。他们与刘孔怀也都是顾炎武在音韵学上的挚友,对顾炎武完成他音韵学的代表作《音学五书》提供过很大的帮助。

顾炎武是清代古地舆学的开拓者之一。早在明朝末年,他就写出了地舆学的巨著《天下郡国利病书》。在山东期间,他访古寻遗,写出了《山东考古录》、《山东肇域记》等多部古地理学的著作。顾炎武的研究激发了山东学者对古地理学的兴趣,他们经常同顾炎武就山东古地理学方面的问题进行探索辩难。如李焕章在《齐州遗事》中提出十个有关山东古地理的问题对顾炎武的观点加以质疑,顾炎武写了《谲觚十事》——进行辨析,作为答复。山东部分学者也以极大的兴趣和热情参与辩论,形成了颇为热闹的一次学术论争,促进了山东学者对古地理学的研究。正是在这一氛围中,安丘张贞的《杞纪》,益都孙廷铨的《颜山杂记》,德州田雯的《长河志籍考》,日照丁恺曾的《春秋释地》、《西海徵》等一批具有很高学术价值的古地理学著作相继面世,向学界展示了山东古地理学的重要研究成果。

---

①顾炎武:《亭林文集》卷四,《与李子德书》。
②安致远:《纪城文稿》卷四,《答刘果庵》。

以上情况表明,在明末清初的实学思潮影响下,尤其是在顾炎武长期居于山东的言传身教的直接启导下,山东学术界形成了浓厚的研究实学的氛围,由此使山东学者几乎在实学研究的各个门类都取得了骄人的成绩,既壮大了全国实学的声势,也为山东的思想学术史抒写了浓墨重彩的一笔。

(二)张尔岐的经学研究

张尔岐(1612—1677年),字稷若,号蒿庵,人称蒿庵先生,山东济阳人。父亲和一个兄弟死于清军1639年入关劫掠山东的兵难。清朝定鼎中国后,他面对"君父之恨,身世之感,更至迭起"①的鼎革之变,绝意科举仕进,"不求闻达,孜孜以穷经力学为务"②,隐居家乡,在潜心读书著述中度过了自己的一生。他研读了大量经史著作,诸凡经书中的《大学》、《论语》、《中庸》、《孟子》、《诗》、《书》、《易》、《春秋》、《周礼》、《仪礼》、《礼记》,史书中的《纲目》、《前编》、《续编》以及明朝的《通纪》、《大政录》,再加上《文献通考》、《治安考据》、《名臣奏议》、《大明会典》等政书,他都认真研读。其中用功最勤的两部经书是《易》和《仪礼》。《易》亦称《易经》或《周易》,被列为"六经"之首。自汉代以来,治《易》者代不乏人,形成象数和义理两大派。张尔岐治《易》宗程朱,属义理派,《周易说略》是其代表作。尽管他自己谦虚地说该书是本着朱熹《周易本义》"稍为敷衍"而成,但实际上有许多创新,尤其是发挥了他在天道观方面的创见。如他这样解释《易·乾》:

> 天道之运,惟是一气,而一气之始,动即为元,万物皆取此一元之气以为生生之始。气机既动之后,即渐长而为亨,遂成而为利,结实而为贞,不过此一元之气,流行贯通而无间,则乾之元乃统备乎德而无遗者也。

这样解释《易·坤》:

> 方资始之时,仅有其气,及坤元发育,则气肇而为形,坤元者,万物之所资以生其形者也,其所以资生乎万物者,岂坤之自生乎物哉?乃顺

---

① 张尔岐:《蒿庵集》卷二,《日记又序》。
② 张尔岐:《蒿庵集》卷二,《胡德琳序》。

　　　　承乎天之施,气至则生耳,坤之元一乾之元也,此坤元之所以为至也。

你看,张尔岐在这里将万物的生长发育归结为气的运动和"流行贯通",而故意不涉理,更不讲朱熹"理在气先"的命题,显然具有更多的唯物论因素。他还对乾(天)和坤(地)的关系作了颇具辩证意义的说明:"乾位乎上而下,坤位于下而在上,是天地之气交,贞元会合,气化隆盛故为泰。"①在《易·咸·感说略》中他进一步表达了这种辩证思想:

　　　　天地之气交相感,而万物即于此而化生。……可见天地有天地之感通,万物有万物之感通。无无对之物,亦无不应之感诚于此即动于彼。

在他看来,万物生于天地的交感,而一切事物也都在对立中"化生"发展,"无无对之物"显示了他对大千物质世界的辩证观察。对《易经》卦爻变化的本义,他也表述了自己独特的见解:

　　　　天下之理,一而已关,而致用则万。圣人欲举一以示人,而一无容示也。万又不可胜穷,于是乎挂以象之,交以效之,统于六十四,析为三百八十四,而天下之人皆在其中,天下之物皆在其中,天下之人物成败盈亏以至一动一息,无不在其中,而天下之能事毕矣。
　　　　天下之人物与人物之一切动静,质言之,则不可胜穷,而拟其影似,由六十四挂、三百八十四爻而可毕者。

这一段话集中显示了张尔岐在具体和抽象关系上的辩证思维,要求"略于事而言理,略于理而言理之象",即对众多复杂的事物进行抽象概括,"事所不得兼者,理得而兼之,此之理不得兼彼之理者,理之象则无不得而兼之也"。张尔岐对《易经》中所蕴涵的辩证思维的深入开掘和把握,说明他已经掌握了《易经》的精髓。

　　张尔岐治《仪礼》的成就更值得珍视。《仪礼》与《周礼》、《礼记》并称"三礼",它的主要内容是记载周朝的宫室朝聘、祭祀典礼、婚丧嫁娶、服食

---

①张尔岐:《周易说略》卷一,《易·泰·说略》。

器用、乡射燕礼等方面的礼仪制度。学者大都认为,在先秦典籍中,该书的可靠性最大,"三代之礼,其存于后世而无疵者,独有《仪礼》一经"①。汉代郑玄曾为之作注,唐代贾公彦又为之作疏,但因郑注为文"古质"难懂,贾疏为文又"漫衍"而不精炼,所以唐以后治《仪礼》者越来越少。宋代王安石变法时罢《仪礼》不置学官,《仪礼》几乎成为绝学。明代以后,能读通《仪礼》者已经寥寥无几。正如顾炎武所说:"沿至于今,有坐皋比称讲师,门徒数百,自拟濂洛而终身未读此经一遍者。"②就是博学的顾炎武也承认自己对此经没有下过工夫,可见识读通晓《仪礼》是多么艰难。张尔岐正是看到治此经的艰难,所以决定以毕生之力以穷此经。他夜以继日,用近30年的时间和精力,对《仪礼》进行了诸字的校勘和考订,终于在59岁时完成了《仪礼郑注句读》这部卷帙浩繁的经学著作。这部著作,将经文与郑注分章断句,对贾公彦疏文则"疏其节,录其要,取其明注而止"③,"有疑义则以意断之,亦附于末"④。随后,他又对唐开成石经《仪礼》与明国子监本《仪礼》进行互校,校出两本各脱误200余字和50余字,又分别作出《监本正误》与《石经正误》各一篇附于书后。经过张尔岐这样一番细致详密的校勘考订,《仪礼》这部学界公认难读的古经书不仅恢复了它本来的面貌,而且比较容易顺畅地读通了,这就为学者对其进行更深入的研究打下了坚实的基础。所以顾炎武赞扬该书"根本先儒,立言简当"⑤,"后之君子,因句读以辨其文,因文以识其义,因其义以通制作之原",可以"为后世太平之先倡"⑥,直认该书具有经世价值。再后,张尔岐又对社会上广为流传的署名元代吴澄的《三礼考注》进行了仔细考订,写出《吴氏〈礼仪考注〉订误》一书,以无可辩驳的证据判定其出于伪托。通过对《仪礼》的长期细密的考订,张尔岐成为当时先秦礼仪制度的最权威的学者,所有关于古代礼制典章的细枝末节他都烂熟于心,对人讲解起来如数家珍:"指划古宫制朝聘、大享表次箸位,士丧礼内外、男女宾主东西面、南北面哭泣吊问之次,东西阶登降、送迎之节……乡射、大射、乡饮酒燕礼歌乐、饮馔之算,缅缅数千言……条理纯贯井

①②⑥顾炎武:《亭林文集》卷二,《仪礼郑注句读序》。
③张尔岐:《蒿庵集》卷二,《礼记郑注句读序》。
④江藩:《汉学师承记》卷一,《张尔岐》。
⑤顾炎武:《亭林文集》卷三,《答江苪文书》。

辨,不阂不虑,冲口曶臆,而辞罔不顺。"①对于张尔岐在"三礼"研究方面的学问,顾炎武佩服得五体投地,说他"独精三礼,卓然经师,吾不如张稷若"②。《日知录》中的《丧礼》和《停丧》两篇就采纳了张尔岐的观点。

张尔岐之所以绝意仕进,以毕生之力治经研礼,一是力图对明末以来礼教颓丧的社会弊端加以匡正,二是对当时空谈心性的学风进行纠偏。他曾沉痛地坦言:

> 师严然后道尊,道尊然后民知敬学。后世既无硕师为人所宗仰者,须推一古人为之矜式,有如明之尊程朱是也。故其初年,人材蔚兴,风俗纯美。隆万而后,人敢肆为异论,至于丑诋程朱几如三家村老究,且渐渐诬及先圣,于是名检大裂,无礼无学,而天下遂大坏矣。③

> 明初学者,崇尚程朱,文章质实,名儒硕辅,往往辈出。自良知说起,人为程朱始敢为异论,或以异教之言诠释六经,于是议论日新,文章日丽。侵淫至于天启崇祯间,乡塾有读《集注》(朱熹《四书集注》)者传以为笑,《大全》(《五经四书大全》)性理诸书,束之高阁,或至不蓄其本。庚辰(崇祯十三年)以后,文章猥碎最甚,能缀砌古字经语,犹为上驷,俚词谚语,颂声祝寿,喧嚣满纸,圣贤微言,几扫地尽,而甲申(崇祯十七年)之变至矣。④

这里,张尔岐将明朝的灭亡归因于"无礼无学"显然是一个不无偏颇的结论,但他"欲倡正学于天下"⑤的抱负却是充满着一匡天下的赤诚,而他心目中的"正学"就是儒家经典。由于他特别重视儒家经典中的礼学,所以又提出六经皆礼的另一个不无偏颇的观点:

> 礼者,道之所会也。虽有仁圣,不得礼无以加于人。则礼者,道之所待以征事者也,故其说不可不殚。圣人之所是,皆礼同类也;圣人之所非,皆礼反对也。《易》之得失,《书》之治乱,《诗》之贞淫,《春秋》之

---

① 罗有高:《张尔岐传》。
② 顾炎武:《亭林文集》卷六,《广师》。
③ 张尔岐:《蒿庵闲话》卷二。
④ 张尔岐:《蒿庵闲话》卷一。
⑤ 张尔岐:《蒿庵集》卷一,《答顾亭林书》。

诛赏,皆是物矣。尽六经之说,而后可以究礼之说。①

张尔岐一相情愿地认为,圣人之道尽在礼中,而其他诸经都是从不同侧面对礼的阐发,进而将天地万物的自然法则和社会的制度典章、人伦纲常以及细微到人们的一切言谈举止,统统囊括进礼中,并且认定只要社会礼制昌明,人人习礼尊礼,在礼的规范中活动,社会就会进入盛明之境。这显然是一种不切实际的空想。张尔岐对礼的研究表明,他仅仅是一个书生气十足的学者,而不是一个洞明世事的政治家。

张尔岐除精心研究《易》和《仪礼》两部经典并写出《周易说略》和《仪礼郑注句读》这样具有永久学术价值的著作外,他对《诗经》、《春秋》和《老子》等先秦典籍同样有着很深入的研究,写出了《诗经说略》、《老子说略》、《夏小正注》、《弟子职注》和未完成的《春秋传议》等著作。此外,他还写了许多单篇文章和读书笔记,大都收录在《蒿庵集》和《蒿庵闲话》中。张尔岐以自己的学术成就展示了清初山左学者在中国思想文化史上的贡献,他之被尊为当时山左第一大儒实在是实至名归的当之无愧的荣誉。

(三) 马骕的史学研究

马骕(1620—1673 年),字宛斯,一字骢御,山东邹平人,出身于较富裕的书香门第。他顺治三年(1646 年)中举,十六年(1659 年)中进士。康熙六年(1667 年)任淮安府推官时曾平反冤狱数起。康熙八年(1669 年)起任灵璧(今属安徽)知县 4 年,其间他"蠲灾荒,除陋弊,刻石县门,岁省民力无算,流亡复业者数千家"②,为百姓办了不少好事。马骕自幼聪慧好学,博览群书,特别钟情史学,"尤癖《左氏春秋》",一生致力于先秦历史的研究,先后编著《左传事纬》和《绎史》两部史学著作,对清代史学作出了重要贡献。

《左传事纬》是纪事本末体的春秋史。是他 31 岁时依据《左氏春秋》,"以叙事易编年",以 108 目,即用一个一个的事件将鲁隐公元年至哀公二十七年的历史作了完整的记述。其中对"齐桓霸业"、"宋襄图霸"、"晋文建霸"、"秦穆霸西戎"、"楚庄争霸"、"晋楚鄢陵之战"、"晋悼复霸"、"晋楚弭

---

①张尔岐:《蒿庵集》卷一,《中庸论》。
②施润章:《灵璧县知县马公骕墓志铭》,《碑传集》卷九十一。

兵"、"郑子产相国"、"吴阖闾入郢"、"越勾践灭吴"等重大历史事件的记述尤其翔实。每篇之末兼采诸家之说和各种传记,以为论证。正文各篇,材料剪裁,详略得当;史实排比,条分缕析,从而将每一个事件完整清晰地展现在读者面前,的确能够收到"一览即解,无遗忘之病"①的效果。正文之外,还有《附录》8 卷,包括杜预、孔颖达序及《左丘明小传》合 1 卷,辨例 3 卷,图说、览古随笔、名士谱、左传字音各 1 卷。其中图说考证最为精详。后人对该书评价甚高:"骘于左氏,实能融会贯通,故所论具有条理,其图表亦考证精详,可知专门之学与涉猎者相去远矣。"②

《绎史》是马骕最具代表性的成名之作,全面地反映了他的史学思想和学术水平。这部书从顺治十四年(1657 年)开始编撰,直到康熙八年(1669年)始告完成,前后花费了 10 多年的时间。全书共 160 卷 180 万字。篇头《征言》详述编纂缘起、宗旨、结构和取材标准。正文分五部分:"太古"10卷,记三皇五帝的远古神话传说;"三代"20 卷,记夏商西周的传说与史实;"春秋"70 卷,记鲁 12 公时期周王室和各诸侯国发生的史事;"战国"50 卷,记三家分晋至秦朝灭亡的史事;另有"外录"10 卷,为天官书、律吕通考、月令、洪范五行传、地理志、诗谱、食货志、考工记、名物训诂、古今人表等内容,主要是补前四部分对典章制度等内容记述的缺失与不足。在每部正文之前,都配有世系图及年表。"外录"中还有三代州域表及天象、分野、月图、地理、礼器等诸图。马骕在《征言》中明确告诉世人《绎史》的宗旨,或者说他要达到的目标:"十有二代之间,君臣之迹,理乱之由,名法儒墨之殊途,纵横分合之异势,了然具焉。"(下引《绎史》不注)这即是说,他要从所谓先秦 12 代的君臣史迹中探索治乱兴废的原因以及诸子学说的差异和各国政治变化的趋势,目的是寻找历史的规律以为经世致用服务。他认为历代兴亡都有它内在的原因,而其中"圣君贤相"和"暴君乱臣"所起的作用至关重要。对"五帝"时期的历史,他是这样总结的:

> 以天下为公器,惟贤是择。近不嫌于传子,黄帝少昊是已;外不妨于异姓,尧舜是已。少昊之后,无足嗣帝位者,而颛顼有至德;颛顼之

---

① 《左传事纬·例略》。
② 《四库全书总目》卷二十九,《经部·春秋类》。

> 后,无足嗣帝位者,而尝有至德。有至德者登大位,皆以其贤也,非议其亲也。
>
> 五帝之世,以公天下为心,非至德不足以治天下,非至德之人,不足以授天下。

这种总结,显示的是马骕对中国原始社会历史的理解。其中既有真实历史的影子,更多的是他根据流传下来的神话传说资料对当时历史的理想化还原。他对商周历史更替的理解较之对五帝的理解更接近历史真实:

> 读《勘黎》、《微子》之篇,知殷之所以亡;读《泰誓》、《牧誓》之辞,知周之所以兴。……(周)世德日积,仁声日著;殷则恶德日增,虐政日闻,故殷之天下非周取之也,殷弃而周得之也。

《绎史》的重点是春秋战国时期的历史,多达120卷。由于这一时期的资料比较丰富,加之马骕对这一时期历史的研究特别深入,所以这120卷就成为最能展示他史识和史才的部分。发生在春秋战国时期的"百家争鸣"是中国思想史上最辉煌的篇章,《绎史》对诸子百家的记述尤其翔实而细密。通过"管子著书"、"子产相郑"、"晏子相齐"、"老子道教"、"孔子类记"、"杨朱墨翟之言"、"子思孟子言行"、"惠施相魏"、"申不害相韩"、"列庄之学"、"卫鞅变法"、"稷下诸子"、"鹖冠子之言"、"公孙龙魏牟"、"荀子著书"、"吕不韦相秦"、"韩非子刑名之学"等篇目,将先秦诸子的最著名的代表人物及儒、墨、名、法、道、阴阳等学派的历史渊源、思想旨趣都囊括无遗。对春秋尤其是战国时期列国力量的消长变化直至秦朝的统一,《绎史》以"鬼谷纵横之术"、"苏秦合纵"、"张仪相秦联横"、"秦并天下"等篇目,从纵横分合的角度作了细致详密的记述,给读者展示了一幅波澜壮阔、纵横捭阖的列国政治、军事和外交的斗争场景。《绎史》所汇集的资料之丰富是任何其他典籍所无可比拟的,这也正是作者自己所刻意追求的:"书不欲其醇乎纯,但求至其所欲至。"①该书摘引典籍达200多种,算上注引书目,超过300种,真是"文献攸存者,靡不毕载",类书之言,笺注之语,无不网罗。他对所选取

---

① 《绎史·征言》。

的资料,不仅进行一番考证校勘,而且定出征引资料的六条标准。一是对可信度较高的经传子集,"或取其事,或取其文,或全录,或节录"。二是对"传疑而文极高者",如《山海经》、《神农本草》、《越绝书》、《穆天子传》、《竹书纪年》等书,虽未必为当时所记,但应是先秦遗书,具有相当高的参考价值,因而"亦复弗遗",录之以供参考。三是经后人补窜的真伪错杂之书,如《尉缭子》、《鬼谷子》之类,"则取其强半",录其可信者。四是对"近代之人依名附托,凿空立论,肤浅不伦"之书,录其一二,聊备一说。五是汉魏以前记述古事之书,如《史记》、《汉书》、《说文》、《方言》等,"以其去古未远,间有所闻,则兼为采缀,以观异同"。六是"全书阙佚,其名仅见"之书,则"取诸笺注之类萃之峡,虽非全璧,聊窥一斑"。① 该书在文字史料编排上,也有自己的特色,在每个篇目下,"其事迹皆博引古籍,排比先后,各冠本书之名。其相类之事,则随文附注,或有异同伪舛,以及托附会者,并于条下疏通辨证"。作者自己的论断,则附于篇末。这说明,该书是一部资料丰富、编排严谨、考辨精审的史学著作。《四库全书》对其由衷赞美说,它"蒐罗繁富,词必有证,实非罗泌《路史》、胡宏《皇王大纪》所可及"②。作为一部史料性质的通史,《绎史》基本上以纪事本末体组织史料,其先后以年代为序,每卷一题。而名物制度、天时地志及礼俗习惯等内容则置于"外录",再绘之以图表,比较便于稽考。在每一目的结构层次上,凡年代断限较长、内容涉事繁多者,一般分为上下或一二三篇。更复杂之目,再析出细目。史事较少的事件,则列为附目,置于相关正目之后,以便于检索。通观全书,应该说排比得当,条理清晰,涵盖丰富,记注详备,是不可多得的史料性质的通史。为该书作序的清初史学家李清评价说:

> 以一人揽百世之奇,以十年穷三才之业。……予读之,善其独胜古人者四焉:一曰体制之别创也。编年之例,肇自丘明,荀氏而下,莫之能易。晋《乘》、楚《梼杌》无论已。马侯举例发凡,惟以事为经,而不袭夫系月系时之故,其独胜者一也。一曰谱牒之咸具也。年月之表,起自司马,范晔而后,莫之能述。三国、六朝、五代无论已。马侯鳞次眉列,兼

---

① 《绎史·征言》。
② 《四库全书总目》卷四十九,《史部·纪事本末类存目》。

以图佐表，而一洗夫有学无问之陋，其独胜者二也。一曰记述之靡舛也。书以汉纪而上述牺年，志繇宋名而汎取乌纪，顾名思义，究何居焉？《绎史》则上溯太皞，下讫亡秦，纪事纪人，总以首尾为疆畔，其独胜者三也。一曰论次之最核也。中垒著书，仅有题署；承旨作史，并绝赞疵。知人论世，不太略欤？《绎史》则文成逾万，其旨盈千，或夺或予，遂以笔舌为衮钺，其独胜者四也。至于万千百国，十有二代之间，大而洪荒剖判之由，小而名物训诂之撰，与夫贞元运会之乘除，皇帝霸业之兴废，阴阳淑慝之消失，礼乐兵刑之因革，以迄日食星陨、水流山峙之篇，金生粟死、仰骄伏替之说，若内若外，或事或文，莫不网罗囊括于一百六十卷之中。控六籍，吞百家，驾九流，跨四部，辟之水然，汉略，崑苍也。晋部、唐典、宋目、元考以迄明补，龙门积石太史马颓也。当吾世而《绎史》乃出，其真尾闾矣乎！

这自然有点过誉之嫌，但所述基本是实情。《绎史》的可贵之处，不仅在于它以纪事本末体将远古至秦数千年历史上最重要的事件、人物作了完整、细密和条理的记述，而且同时兼采纪传、学案、典制、编年诸体之长，形成了一部体例全新的综合体的通史。该书的前四部分，"纪事则详其颠末，纪人则备其始终"，分别采用纪事本末、纪传和学案体。如"商汤灭夏"、"武王克殷"、"齐桓公霸业"、"三桓弱鲁"、"田氏篡齐"、"秦始皇无道"等记述历史事件的篇目，都采用纪事本末体。记述历史人物的篇目，像"孔子类记"、"屈原放逐"等，则带有纪传体特点。记诸子各派学术篇目，像"老子道教"、"杨朱墨翟之言"、"子思孟子言行"、"列庄之学"、"稷下诸子"、"鹖冠子之言"、"公孙龙魏牟"、"荀子著书"、"韩非子刑名之学"等，既记述人物活动事迹，又重点记述其思想学说，就兼具纪传和学案的特点。而考述典章制度、名物训诂和天时地理等内容，像"周官之制"、"周礼之制"、"律吕通考"、"天官书"、"考工记"、"地理志"、"食货志"、"名物训诂"等项目，则用典制体例。对于《绎史》综合运用各种体例，《四库全书总目》誉为"卓然特创，自为一家之体"。另外，《绎史》大量采用表（年表、人表）、图（地理图、天象图、器物图）、谱（世系谱、诗谱）等形式，大大丰富了通史的内容，开启了后来章学诚设想的史学体例标准。梁启超曾对《绎史》在编纂体例上的创新从文化史的角度给予充分肯定："其体例之别创，确有足多者，盖彼稍具文化史雏形，视魏晋以后史家专详朝廷政令者盖有间焉。"①《绎史》是从考史、证史的角度对待经学。它以史事为中心，把六经之文与其他各类史料并列，视经传为史料之一种，充分体现了马骕"六经皆史"的史学思想。这一史学思想对后来章学诚"六经皆史"、"六经皆先王政典"观点的形成肯定有着直接的影响。《绎史》的完成，标志着马骕已经实现了由经学到史学的转变，也可以视为乾嘉学派考证史学的嚆矢。现代学术大师钱穆对马骕史学研究的意义曾作过如下中肯的评论：

> 清代汉学家所为主要工作如校勘、辨伪、辑逸，宛斯此书均以发其大例。即此后汉学家目光所注，从事整理研讨以成学名家者，宛斯此书亦已囊括其十七八。极清儒成绩所至，最要者不过为古史作发明，则宛斯此书岂不牢笼范围而为之大扬榷乎？后大名崔述东壁为《古史考信录》，亦多有从宛斯所谓"事同文异，文同人异"处着眼者。则宛斯此书影响有清一代经史考订之学，厥工甚伟。②

正因为《绎史》具有很高的学术价值，所以刊行后即在学术界引起巨大反响。顾炎武赞誉该书为"必传之作"，马骕也因此获得了"马三代"的徽号③。康熙四十五年（1706 年），朝廷派重臣携重金购得该书原版，藏于内府，可见《绎史》的影响已经超出了学术界，引起了清政府的高度关注。马骕一生勤于著述，除《左传事纬》和《绎史》两部史学著作外，还另辑有《十三代瑰书》，收录周秦以下十三代经过精选的"篇帙倍富"④的珍贵历史典籍，可惜当时未刊，以后就散佚了，这实在是我国学术文化的一大损失。

　　清初，由于实学思潮带来的学风转变和研究领域的拓宽，使山东学术文化出现了明朝以来少有的活跃与繁荣的局面。其中，张尔岐的经学研究和马骕的史学研究是这一局面中并峙的双峰。他们开启的研究领域和治学路数，为清代中期以后"汉学"在山东的复兴发展奠定了基础。

　　①梁启超：《中国近三百年学术史》十五，《清代学者整理旧学总成绩三》，《饮冰室合集·专集之七十五》，《饮冰室合集》第 10 册，中华书局 1989 年版。
　　②钱穆：《中国近三百年学术史》第 4 章，台北商务印书馆 1987 年版，第 156、157 页。
　　③江藩：《汉学师承记》卷一，《马骕》。
　　④施润章：《灵璧县知县马公骕墓志铭》，《碑传集》卷九十一。

五、乾嘉学派中的山东学者

清朝在康熙以后,社会学术文化环境发生了显著变化。由于清政府打、拉结合的文化政策的实施和逐步加强,学人的思想学术空间日益缩小。以经世致用为宗旨,以挽救社会危机为目的的实学意识在学人中日渐淡化。面对逐渐变化的学术生态,学者文人不得不顺应清政府的政策导向,把精力转向对儒家文献的考据研治方面,这就导致学风的巨大变化,到乾嘉时期就形成了"汉学"考据学派。在此学风影响下,山东涌现出一批著名学者,在治学上,他们严格遵循顾炎武"读九经自考文始,考文自知音始"的路子,以经学为中坚,以小学为门径,孜孜于名物的考究与文字的训诂,治学的重点也由清初的考证经史、经史并重,变为"阐许以通郑",即经学与小学并重,从而在经学与小学等"汉学"领域取得显著成就,推出了一批颇具学术价值的传世之作。其中,桂馥、孔广森、郝懿行、牟庭与王筠等就是这个群体中的佼佼者。

(一) 桂馥

桂馥(1736—1805年),字冬卉,又字天香,号未谷,曲阜人。乾隆五十五年(1790年)进士,直到嘉庆元年(1796年)才补授云南永平知县,10年后死于任上,这时恰恰是他的古稀之年。桂馥祖籍江西贵溪,明初其先祖曾为孔庙洒扫户,后定居曲阜,其祖、父均为贡生。他幼承家学,博览群书,30岁前几乎读遍唐以来的文集说部并考中举人。这一时期,他在文人圈子中周旋,接谈应对,左右逢源,对自己的学问是颇为自负的。后来与当时著名汉学家周永年、戴震、丁小雅等接触切磋,才明白学业根底在于经传,"涉猎万卷,不如专精一艺"[1]。于是舍弃泛览,专攻经籍,主要致力于《说文》及金石文字的研究,著有《说文解字义证》、《说文统系图》、《札朴》、《历代石经略》、《缪篆分韵》、《晚学集》、《未谷诗集》、《续三十五举》、《后四声猿》等,在小学、金石文字和文学戏剧创作方面均获得很高成就。

《说文解字义证》50卷,是桂馥竭40年之精力完成的一部训诂《说文》

---

[1]桂馥:《晚学集》卷六,《上阮学使书》。

的小学巨帙。《说文解字》是东汉许慎所作的我国最早的一部先秦文字学的经典之作,自汉代以后一直被古文经学家视为研读先秦典籍的门径和工具。作为钟情于古文经学的桂馥,他研治《说文》的目的,就是通过对该书的训诂达到"通经":"士不通经,不足致用,而训诂不明,不足以通经。"①同时,他也深感自唐宋以后"小学荒废已久",而当时学术界的风气更令人担忧,"近日学者,风尚六书,动成习气。偶涉名物,自负仓雅;略讲点画,妄议斯冰。叩以经典文字,茫乎未之闻也"。"读《说文》者,不习旧文,则古训难通;逞其私习,则忘加改易"②。有鉴于此,桂馥决心对传世文本《说文》进行全面校治,同时与"诸经之义相疏证"③,用"取证于群书"④的疏证方式,所以取书名为《说文解字义证》。该书体例严谨:它于每篆之下,先以大字列出许慎说解的原文,再以小字作出疏证。疏证之文,一为说解间接取证,但义有相关;二为直接征引群书取证,其中包括对《说文》传本的考订。这样直接与间接互相呼应、互为补充,使义证更加严谨细密,无懈可击。为了做到无征不信,《义证》每义证一字,一定博采群籍,或数义,或数十义,钩玄探赜,几乎竭泽而渔。如对"蜕"字的义证,《说文》:"蜕,蛇蝉所解皮也。从虫税省。"《义证》先列《后汉书》注、《一切经音义》等书所引本条说解,次引《字林》、《广雅》、《楚辞》、《列子》、《淮南子》、《史记》、《论衡》、《东方朔画传》等书中以"蜕"属"蝉"书证,再引《晋书》、《神农本草》以"蜕"属"蛇"书证,最后引《淮南子》、《颜氏家训》、《庄子》诸书中"蝉"、"蛇"并举的书证,由此形成了同条共贯、井然有序、材料翔实的义证说解。更为难得的是,《义证》重视对传世商周彝鼎金文的引证。如对"丕"字的义证,除引《六书故》、《诗经》、《尚书》、《史记》、《左传》等书的材料外,更举《齐侯镈钟铭》和《秦和钟铭》等金文的例证。这自然大大加强了义证的可靠性与科学性。

更为可贵的是,《义证》对传本《说文》的错讹,也依据大量材料详加考订。如舟部"艘"字,传本《说文》:"船著不行也。"《义证》引《广韵》、《集韵》、《增韵》诸书,证"著"下当有"沙"字。水部"兼"字,传本为"薄水也"。《义证》据《广韵》证"水"为"冰"之讹。羊部"羖"字,传本释为"夏羊牡曰羖"。《义证》据《广韵》诸书,证"牡"为"牝"之讹。类似情况还有不少。总

---

①③《清史稿·桂馥传》。
②④《说文解字义证·附说》。

起来看,《义证》对传本《说文》的考订证据确凿,许多地方与后来段玉裁《说文解字注》不谋而合。另外,《义证》还对传本《说文》的篆文、说解和读若,也参照其他典籍进行了搜补,仅遗文篆字就搜补了100多个,这显然为后人继续研究《说文》提供了极有价值的资料和启示。当然,受时代条件和个人条件的局限,《义证》也并非完美无缺。它尽管纠正了《说文》的一些错讹,但由于过于笃信《说文》,以致未能纠正另外一些错讹之处。同时因为引证材料过于繁富,致使有些证解显得杂芜烦琐,不够简洁明捷。但从总体看,《义证》不失为一部丰赡富丽、体大思精的文字学巨著。桂馥也因此成为清代治《说文》的大家。桂馥与稍后于他的段玉裁堪称清代治《说文》的双子星座。他们的著作各有所长,各有侧重,各有千秋,都有存在的学术价值。可以互相补充,但不可互相替代。张之洞曾对二人的著作作过比较中肯的评价:

> 段氏之书,声义兼明,而尤邃于声;桂氏之书,声亦并及,而尤博于义。段氏钩索比傅,自以为能合许君之旨,勇于自信,欲以自成一家之言,故破字创义为多。桂氏敷佐许说,发挥旁通,令学者引申贯注,自得其义之指归。故段书约而猝难通僻,桂书繁而寻省易了。夫语得其于心,则段胜矣;语其便于人,则段或未之先也。①

梁启超也对二人的著作作了比较切近真实的评价:

> 桂书与段书不同之处:段氏勇于自信,往往破字创义,然其精处卓然自成一家言。桂书恪守许旧,无敢出入,惟博引他书作旁证,又皆案而不断,桂之识力不及段,自无待言。但每字罗列群说(类似《经籍纂诂》),触类旁通,令学者细索而自得。所以我常觉得桂书比段书更为适用。②

对于桂馥在《说文》研究方面的成就,现代著名文献学家张舜徽给予很高的评价:

---

① 张之洞:《说文解字义证叙》。
② 梁启超:《中国近三百年学术史》十四,《清代学者整理旧学之总成绩(一)》,《饮冰室合集·专集之七十五》,《饮冰室合集》第10册,中华书局1989年版。

《说文义证》，订误析疑，必求有据，立说审密，不施臆断，远非段氏所能及，其书可垂不朽，亦不止于以引据浩博见长也。且其书成于段注之前，拥慧清道，厥功不惜。清儒致力于许学者，不下数十百家，论其功力之深，尊信之笃，吾必推馥为首最。……吾尝反复诵习诸家撰述，始有以窥其浅深高下，诸书俱在，不必以口舌争也。①

与《说文》研究相联系的，桂馥还著有《说文谐声谱考证》和《说文统系图》两书，是《义证》的补充和延伸。《晚学集》是他单篇文章的结集，全书 8 卷，收集他所写的论考、说辨、题跋、书后以及序、记、传、志铭、墓表、祭文等文章。其中关于治学、经史、文字等方面的文章，展示了作者不少真知灼见，具有相当高的学术价值。如对《玉篇》、《广韵》等著作价值的认识，就切中肯綮。《再书〈广韵〉后》一文，认为"六朝之音，存于《广韵》，唐人犹不误，宋则渐有出入"，就是颇为精到的见解。

除《说文》研究外，桂馥在金石文字、摹印及文学等领域也取得很高的成就。如他的《历代石经略》一书，在前人研究的基础上，对汉上下七代的石经文字的演变进行了详备精核的考述，具有很高的学术价值。他日常读经考史的治学札记《札朴》一书，不少内容涉及金石文字，其中大多数篇章是发前人所未发的学术精品。段玉裁在为该书写的序言中赞扬说："未谷深于小学，故经史子集，古言古字有前言之未能了了，而一旦焕然理解者，岂非训诂家断不可少之书耶？况其考核精审，有资于博物者，不可枚数。"再如《晚学集》中的《说隶》专文，是桂馥研究汉字由篆变隶的论著。对汉字由篆体到隶体的变化原因、特点进行了详尽的分析论证，并以发展变化的视角得出"篆变为隶，不能不改易以就其体，所谓势穷则变也"的结论，其学术眼光显然胜同时代人一筹。桂馥研究印谱的专著《缪篆分韵》一书，博采秦汉以下官私符印及宋元诸家印谱，仿《汉隶字原》，按照《广韵》的顺序编纂而成，填补了"缪篆"即"摹印"这一领域的空白。后又作补遗 5 篇和《续三十五举》一书，大大促进了摹印学术的发展。晚年的桂馥还致力于《后四声猿》即四种杂剧《放杨枝》、《题园壁》、《谒帅府》和《投溷中》的创作，皆是每

_____

①张舜徽：《清人文集别录》上册卷八，中华书局 1980 年版。

剧一折的短剧,分别取材于白居易、陆游、苏轼和李贺的事迹故事,主要表现诗人不同场景下的动人情怀。现代著名学者郑振铎曾给予《后四声猿》很高的评价,称其"无一剧不富于诗趣,风格之遒逸,辞藻之绚丽,盖高出于才士名流之作远甚。似此隽永之短剧不仅近代所少有,即求之于元明诸大家,亦不易一二遇也。……未谷《后四声猿》亦旷世悲剧,绝妙好辞,如斯短剧,关、马、徐、沈之履迹,盖未曾经涉也。"①另外,桂馥同时工于诗、书、画,被时人誉为"诗才隶笔",展示了他作为大师级学者渊博的学识和多方面的高水平造诣。

(二)孔广森与郝懿行

孔广森(1752—1787年),字众仲,一字㧑约,号巽轩,曲阜人。为68代衍圣公孔传铎之孙,其父孔继汾曾任户部主事。他自幼聪慧,17岁中举,19岁中进士,留京任翰林院检讨。他虽然少年得志,成为时人争相结交的对象,但因生性恬淡,不喜与达官贵人通谒往来,所以仕途并不顺利。后辞官归故里,专事读书著述。由于仰慕经学大师郑玄的学问品行,遂名其书室曰"仪郑堂"。不久,家遭变故,孔广森因哀伤过度而亡,年仅35岁。英年早逝,使同时学人无不扼腕痛惜。

孔广森少年时曾受业于清代朴学大师戴震之门,深受其影响。由于一直勤奋好学,更加天资聪颖,悟性超众,因而经史文章、音韵训诂、六书九数无不贯通。虽然仅活到而立之年,但却留下了一大批具有很高学术质量的著作。如《大戴礼记补注》、《礼学卮言》、《经学卮言》、《春秋公羊经传通义》、《诗声类》、《少广正负术内外篇》、《仪郑堂骈俪文》等。这些著作展示了孔广森在经学、音韵、算学及骈体文领域的卓越成就,使他在青年时代就跻身于清代学术大师之列。

在经学方面,孔广森长于礼学和《春秋》,尤其精于《春秋公羊传》。他治《公羊》,敢于突破《公羊》家法,博采众长。所著《春秋公羊经传通义》自成一家之言。《春秋公羊传》属今文经典。从西汉的董仲舒到东汉的何休,所有治"公羊学"的名家,无不注重发掘《春秋》的"微言大义",推出一连串

---

①郑振铎:《西谛书跋》卷七《后四声猿跋》,《清初杂剧初集序》,文物出版社1998年版。

的"非常异议可怪之论"。孔广森治《春秋公羊传》却宗古文经学,不本今文家法,而是兼蓄各家,断以己意,提出了自己的一套看法。他一方面肯定《春秋公羊传》的学术价值:"《左传》之事详,《公羊》之义长,《春秋》重义不重事,斯《公羊传》尤不可废。"①但同时对何休的"三科九旨"以及由此推延出的"内其国而外诸夏"、"内诸夏而外夷狄"、"天下远近大小若一"的宗旨持否定态度。他说:"三世之限,误以所闻始文,所见始昭,遂强殊鼻我于快",这就使何休的《春秋公羊解诂》"亦时有承讹率臆,未能醇会传意。"②又说:"治《公羊》者,旧有新周故宋之说,'新周'虽出此传,实非如注解。'故宋'传绝无文,唯《穀梁》有之,然意尤不相涉。"③孔广森对孔子之所以作《春秋》提出了自己的见解:

> 见夫周纲解弛,鲁道凌迟,攻战相寻,彝伦或熄,以为虽有继周王者,犹不能以三皇之象刑,二帝之干羽,议可坐而化也。必将因衰世之宜,定新国之典,宽于劝贤,而峻于治下,庶几风俗可渐更,仁义可渐明,政教可渐兴。……托之《春秋》……以垂后世。④

基于以上认识,他提出不同于何休的"三科九旨"说:

> 《春秋》之为书也,上本天道,中用王法,而下理人情。不奉天道,王法不正;不合人情,王法不行。天道者,一曰时,二曰月,三曰日,王法者,一曰讥,二曰贬,三曰绝;人情者,一曰尊,二曰亲,三曰贤。此三科九旨既布,而壹裁以内之异例,远近之异辞,错综酌剂,相须成体。凡《春秋》者三家,粤惟公羊氏有是说焉。⑤

孔广森对"三科九旨"的理解,舍弃了传统公羊学家依"微言大义"任意发挥从而流于主观臆猜的路数,因而更接近于《春秋》及《公羊传》的本意。不过,孔广森并不否认孔子作《春秋》有"微言大义"的存在,认为其中"凡皆片言荣辱,笔削所系,不可不比观,不可不深察",而明朝赵汸对这种"属辞比事"的"笔削之义"总结最为精到:

---

① ② ④ ⑤《春秋公羊经传通义叙》。
③《春秋公羊经传通义·宣公十六年》。

孔子之修《春秋》也,至于上下内外之无别,天道人事之反常,史之所书,或文同事异,事同文异者,则皆假日月以明其变,决其疑。大抵以日为详,则以不日为略,以月为详,则以不月为略。其以不日为恒,则以日为变,以日文恒,则以不日为变,甚则以不月为变。其以月为恒,则以不月为变,以不月为恒,则以月为变,甚则以日为异。将使学者属辞比事以求之。其等衰世分甚严,善恶浅深奇变极乱,皆以日月见之,如示诸掌,善哉。自唐迄今,知此者唯汸一人哉。①

对于孔广森在《春秋公羊经传通义》中所体味出的"微言大义",阮元认为十分切合夫子之道,因而赞扬说"读其书始知圣志之所在"②。不过,梁启超对孔广森的公羊学研究评价并不高,他说:"清儒头一位治公羊传者为孔巽轩,著有《公羊通义》,当时称为绝学。但巽轩并不通公羊家法,其书违失传旨甚多。"③而在我们看来,不遵公羊家法,正是孔广森的过人之处和高明之处。

孔广森在音韵学的研究方面也取得了突出成就。他的《诗声类》12卷、《分例》1卷,就是研究《诗经》韵类为代表的上古音韵的杰出著作。这部书在广泛吸取清朝前辈学者陈第、顾炎武、江永、戴震、段玉裁等成果的基础上,将上古韵的研究向前推进了一大步。他在《诗声类》中将上古韵分为18部,再将《诗经》的韵字分别归入这18部,并以每部所列韵字的第一字作为该部的韵目,分别形成阳阴声韵各9部:

阳声9部:原丁辰阳东冬侵蒸谈

阴声9部:歌支脂鱼候幽宵之合

孔广森指出这18部之间有相互匹配的关系,即阳声韵与阴声韵之间可两两相配,如原韵与歌韵相配,直到谈韵与合韵相配。相配韵之间还可以互相对转,而相邻的韵之间有的则可以通用,如丁辰通用,冬侵蒸通用,支脂通用,幽宵之通用。孔广森在上古韵研究上有两个主要创新点,一是将东冬分韵,二是提出阴阳对转说。其中阴阳对转说的理论是孔广森对古音韵学研

---

① 《春秋公羊经传通义叙》。
② 《清史稿·孔广森传》。
③ 梁启超:《中国近三百年学术史》十四,《清代学者整理旧学之总成绩(一)》,《饮冰室合集·专集之七十五》,《饮冰室合集》第10册,中华书局1989年版。

究的最突出贡献。

孔广森兴趣广泛,学识渊博。除在经学和音韵学领域取得突出成就外,他还精于算学,工于骈文。在算学上他得戴震之传,著有《少广正负术内外篇》6 卷,对秦氏方斜求圆术及算经商功章求方亭书进行了引申和推衍。在骈体文方面,他著有《仪郑堂骈俪文》3 卷,其中《戴氏遗书总序》一文,洋洋千余言,汪中叹为绝手,誉其为概括戴震学术精华的最佳文笔。不少学者认为他的骈体文有汉魏六朝初唐之气象,可视为有清一代第一大家。对于孔广森的学术成就,张舜徽曾有一个比较全面的评价,应该是切中肯綮的:

> 广森之学,出于戴震,而发皇推衍,自为家法。所著书如《公羊通义》、《大戴礼记补注》,谨严简洁,不魁专门;《礼学卮言》尤精奥通博,多出神解;《诗声类》但分阴阳声各九类,又区别东、冬为二,实发前人所未发。当乾隆盛时,大师迭起,以少壮之年,具渊邃之学,而卓然可传者,盖必推广森为最上矣。①

小孔广森三岁的郝懿行(1755—1823 年),字恂九,号兰皋,栖霞人,也是当时著名的经学家和古文字学家。他性格内向,待人谦和,自守廉介,不善言辩,唯以读书为乐。与人交往,沉默寡言,而一旦论及学术,"则喋喋忘倦"②。他不治生业,清贫自守,虽家徒四壁而处之泰然。44 岁中进士后,20 多年只在户部主事和户部江南司主事的低级官位上徘徊。但他不以为意,视宦海浮沉为身外之物,一心一意致力于学问著述,几十年如一日,每天读书写作至"漏下四鼓",因而在经学、史学、训诂、辑佚等学问领域都取得了丰硕的成果。其主要著作有《尔雅义疏》、《春秋说略》、《春秋比》、《易说》、《诗经拾遗》、《郑氏礼记笺》、《山海经笺疏》、《荀子补注》、《竹书纪年校正》、《汲冢周书辑要》、《补宋书刑法志食货志》、《晋宋书故》、《宋琐语》、《宝训》、《蜂衙小记》、《燕子春秋》、《记海错》、《征俗文》、《文集》、《笔录》、《笔记》等数十种。郝懿行身处乾嘉时期,对经史都有较深入的研究。在经学上,对《易》、《礼》、《诗》、《书》、《春秋》均有涉猎,尤精于《春秋》。所著

---

①张舜徽:《清人文集别录》上册卷九,《仪郑堂骈俪文》,中华书局 1980 年版。
②《清史稿·儒林传》。

《春秋说略》总结出"十例",颇有发人深省之处。如论《春秋》寓褒贬之义:"《春秋》不得褒贬天王,以明臣子之义。""说《春秋》者,好于经所无处寻褒贬,《春秋》皆实录,其多一字,少一字,非圣人意为增减。""《春秋》直书其事,褒贬自见。"论《春秋》经传:"《春秋》经文当从左氏,左氏缺误,乃从公穀。""左氏深于经,公穀说经,字字求褒贬,左氏但叙本事,褒贬自见,得圣人浑厚之旨。""《春秋》多缺文,然以义推之,皆大略可见。"论治《春秋》:"说《春秋》者,好缘传生义,不顾经文,说经当一以经为主。"论《春秋》义旨:"《春秋》圣人义理之书,本不待传而明。""《春秋》刑书也,刑书之例,一成不移,故法必行,人知畏。"论《春秋》属辞比事:"比事属辞,《春秋》教也,事同相比,事异相比,辞同相属,辞异相属,其义自见。"郝懿行所总结出的"十例",每一例几乎都自前人继承而来,本身似乎没有多少创新之处,但前人的见解经他系统化整理,却能"划尽千秋藤葛",给后学以启迪和方便。

郝懿行喜欢读史书,又勤于抄录,于是有《竹书纪年校正》、《汲冢周书辑要》、《补宋书刑法志食货志》、《晋宋书故》、《宋琐语》等著作问世,其中特别是《补宋书刑法志食货志》一书,虽然资料主要是从《宋书》的纪传中辑出来的,但却大大方便了后学,也使《宋书》成为更完整意义上的一部断代史。清代学者通过辑佚为以前史书补阙志表的不乏其人,不过补阙刑法和食货两志者却寥寥无几,原因就在于难度很大。所以梁启超曾慨叹说:"吾侪所最大不满意者则食货、刑法两志补者甚寡仅有一家。两志皆最要而颇难作,食货尤甚。岂清儒亦畏难耶?"[1]他将《补宋书刑法志食货志》一书列为"极有价值"的补志著作,就是对该书价值的充分肯定。郝懿行还为向称诡奇难懂的先秦典籍《山海经》正名辨物,作了《山海经笺疏》。该书在充分汲取前贤成果的基础上,参稽群籍,精审辩证,既改正了吴任臣《广注》的杂芜,也避免了毕沅《新校正》文字疏略的缺陷,成为研读《山海经》的学者不能跳过去的一部书。所以江藩称赞它"乃实事求是之学,若近世标窃肤浅者,岂可同日而语哉"[2]。阮元赞扬它"精而不凿,博而不滥"[3]。梁启超则认定该

---

①梁启超:《中国近三百年学术史》十五,《清代学者整理旧学之总成绩(三)》,《饮冰室合集·专集之七十五》,《饮冰室合集》第10册,中华书局1989年版。
②江藩:《汉学师承记》卷六。
③《清史列传·郝懿行传》。

书"为郭著功臣"①。标志着郝懿行学术最高水平的代表作是《尔雅义疏》，这是他前后花去 12 年时间，倾最大精力，数易其稿，反复订正，最后经王念孙通订的一部训诂学专著。《尔雅》是我国现存的年代最早的训诂学专著，其中包括对先秦时期器物、天文、地理、动植物名称和称谓的训解，以及对名、动、形容词的释义，是一部重要的训诂经典，是阅读先秦文献必备的工具书。但因为释文过于简略，不易读懂。所以自东汉以后对其疏通注释者代不乏人。晋代的郭璞和宋代的邢昺就是作出突出贡献的两位学者。然而，直到清代以前，对《尔雅》中的一些古字古言仍在悬解中。邵晋涵是对《尔雅》进行全面系统研究的第一个清代学者，他的《尔雅正义》是《尔雅》研究领域一部具有开创意义的佳作。郝懿行通过研读该书，一方面肯定其巨大贡献，同时也指出其明显的不足：一是于"声音训诂之原尚多雍阏，故鲜发明"②；二是对于草木鱼虫等名物的考释还有不少缺欠。他于是在继承邵氏成果的基础上，针对其缺欠下工夫。郝懿行特别注重因声求义这一训释字义方法的运用，他说："窃谓训诂之学，以声音文字为本，转注假借，各有部居，疏通证明，存乎了悟。……鄙意欲就古音古义中博其旨趣，要其会归，大抵不外同、近、通、转四科以相统系。"③如对《尔雅·释诂》："甫，大也。"《义疏》是这样训释的：

> 甫者，男子之美称。美、大义近，故又为大。《诗》"东有圃草"。薛君曰："圃，博也，有博大茂草也。"……博与圃俱从甫声，故义皆为大，而字亦通矣。

书中类似例子很多，其中"为前人所未发"的训释不少。不过，由于"因声求义"需要渊博的音韵学知识，这一方法对有些字义的训释做到恰到好处颇不容易，所以书中难免出现失误。《义疏》的长项是对名物的考释，因为他据目验、重实证，实事求是，所以训释比较精审，创获甚多，不少训释超过前人。如《释虫》"蠖，尺蠖"条下，《义疏》如此训释：

---

①梁启超：《中国近三百年学术史》十四，《清代学者整理旧学之总成绩（二）》，《饮冰室合集·专集之七十五》，《饮冰室合集》第 10 册，中华书局 1989 年版。
②胡培翚：《研六室文钞》卷十，《郝氏墓表》。
③郝懿行：《晒书堂文集》卷二，《又与王伯申学使书》。

《一切经音义九》引舍人曰:"一名步屈,宋地曰寻桑也,吴人名桑
蠖。"今验:步屈,小青虫也,在草木叶上悬丝自縋,亦作小茧,化为飞
蝶,或在桑上,故有寻桑、桑蠖诸名。……其行先屈后申,如人布手知尺
之状,故名尺蠖。

再如《释草》"鹿藿"条下,《义疏》如此训释:

郭(指郭璞注)云今鹿豆者……王磐《野菜谱》作野绿豆,绿鹿声同
也。《本草》鹿藿,唐本注云:此草所在有之,苗似豌豆有蔓而长大,人
取以为菜,亦微有豆气,名鹿豆也。近验野绿豆形状如唐注所说,其豆
难烂,故人不食之。藿,豆苗也。

类似的目验实证,在《释草》、《释虫》、《释鸟》、《释木》、《释鱼》、《释畜》等
篇中还有不少,所训释的名物都具体细致,形象准确,的确胜过以往各家。
他曾同人谈起自己目验实证、对勘文献的经验,使人了解他所下过的踏实工
夫:"余田居多载,遇草木鱼虫有弗知者,必询其名,详察其形,考之古书以
证其然否。今兹疏中,其异于旧说者,皆经目验,非凭胸臆,此余书所以别于
邵氏也。"[1]另外,《义疏》在阐明词义的引申上也有精到之处。如《释言》
"赋,量也"条,郭注:"赋税,所以秤量。"《义疏》引《说文》:"赋,敛也。"又引
《吕览·分职篇》高注:"赋,予也。"说明"赋兼取予,其义则皆为量也。"并
指出郭注"但以税为言,失之"。显然,这里《义疏》阐明了"赋兼取予"二
义,其义皆为"量",就比郭注全面融通多了。总之,郝懿行的《尔雅义疏》一
书,优长突出,在清代的《尔雅》研究领域足可与邵晋涵的《尔雅正义》相伯
仲,所以梁启超赞扬这部书与郝懿行的《山海经笺疏》一样"为郭著功臣",
其学术价值和使用价值都是值得珍视的。

(三) 牟庭与王筠

牟庭(1754—1832年),又名廷相,字陌人,号默人,栖霞人。拔贡生,曾
短期任观城(今山东范县西北)县训导。他少时"沉静聪颖",曾被誉为"山

---

[1]胡培翚:《研六室文钞》卷十,《郝氏墓表》。

左第一秀才"。但因屡试不第,故放弃出仕之路,在家乡埋首读书著述,专治经史。著有《学易录》、《周公年表》、《左传评注》、《国语评注》、《古今年表》、《明史论》、《春秋算草》、《礼记投壶算草》、《绎老》、《道德经释文》、《方雅福书》、《楚辞述芳》、《释参同契》、《校正崔氏易林》、《校正韩诗外传》、《校正晏子春秋墨子吕氏春秋韩非子淮南子》、《校正说文》、《诗切》、《同文尚书》等共50余种,生前仅刻行《楚辞述芳》一种。死后,其子将他的遗文杂著收集辑为《雪泥书屋遗文》4卷、《杂文》1卷(未刻),并刻《周公年表》。牟庭的著述大部分都未刻行,仅有稿本及传抄本流传。正因为如此,在牟庭生前和死后一段时间,认识和了解他的人很少,所以他在学术界的影响也不大。

牟庭一生用功最勤、耗时最多读研的经典是《诗经》和《尚书》,著有《诗切》50卷和《同文尚书》31卷。这两部著作于1980年由齐鲁书社印行后,学术界才开始认识他在经学研究上的贡献。《诗经》是中国影响最大的经书之一,自汉代起治《诗经》者形成今古文两大派。清代治《诗经》者虽不乏精专之家,但因大都遵循汉儒训诂,很难超越毛诗郑笺的樊篱。牟庭的可贵之处在于,他治《诗经》,既不盲从汉学,亦不依傍宋儒,而是循词理文义,直奔诗之意旨,"依经为说,按循文义如切脉然"。这就是其著作所以以《诗切》题名的缘由。正如他在《自序》中的自我期许:"当就毛氏经文,考群书,校异闻,劾郑《笺》,黜卫《序》,略法辕、韩推诗人之意,博征浮邱、申培之坠义,以质三百篇作者之本怀。"通观全书,可以发现,作者的期许并非无根的自我吹嘘,而是自信自许的真情表露。《诗切》在语言文字的考证训诂和词旨诗义的诠释理解方面都有许多新创获,从而在清代《诗经》研究领域竖起了一面独特而鲜明的旗帜。

在语言文字的训释方面,《诗切》改正了不少汉、宋儒错讹和望文生义的解释。如《郑风·遵大路》"掺执子之袪"的"袪"字,《毛传》及汉儒皆训释为衣袖,清代诸家也无异词。《诗切》依据《左传》、《管子》、《说文》、《方言》郭注等的资料,训"袪"、"裾"同义,为"衣裾"而非"衣袖"。这样该诗的文理词义更为合理。《诗经》中的一些成语,因时过境迁,语言变化,后世注家训释难得其解。《诗切》博稽群籍,细密考辨,使不少成语的训释通达切贴。如《叔于田》篇"两骖雁行"一语,郑《笺》注"雁行"以为与中服相沿序。

《诗切》引《管子·轻重》、《韩非子》、《史记·苏秦传》以及《汉书》文颖注诸书,证"雁行"即"颜行","雁"为"颜"之借,"颜行"就是前行,"雁行者谓与并行而差前也"。这是古代行军的专用术语,不能解释为依次序而行。《诗切》还以俗语释古语,如解释《淇澳》篇中的"瑟兮娴兮",认为"瑟"、"璱"字同,当读为辖。俗语谓坚致之貌为结瑟,即结辖。此类例子《诗切》中甚多。另外,由于牟庭有着深厚的音韵与《说文》的功底,因而能在以声训难词和运用"右文说"释词方面左右逢源,发前人所未发。在诠释词旨诗义方面,《诗切》摆脱前人束缚,依据史实从文理词义出发,比较准确地揭示词旨诗义。如据《左传》等史籍,证卫宣公夫人非齐女,乃夷姜。她已许卫桓公,桓公死后矢志不嫁。但宣公进逼,执节不终。《柏舟》正是她既从宣公却忧愤难平的心理宣泄。同样根据《左传》,证《二子乘舟》为傅母闵伋与寿二子遭害而作,《黍离》为寿闵其兄(即伋)遇害忧愤而作。体味诗中那情真意切的思绪,如见其人如闻其声的场景,足证牟庭所言不虚。再如《七月》一诗,古今解说纷纭。牟庭对诗中所涉事物剖析佐证,认定"七月流火"为周公之时,"一之日"为周正月,"二之日"为殷正月,"三之日"为夏正月,"四之日"为周四月,"于耜"为修耒耜,"举趾"为蹑耒,"我"为周公自况,"田畯"为农夫之俊者,由此定诗旨为"周公居田"。请看牟庭对《七月》开头一节的讲解:

> 七月来豳邑,大火已流西。九月天气凉,主人授我衣。一阳月之日风霜发,二阳月之日寒栗烈。若无纩衣与毛褐,何以终度岁寒月。三阳月之日春事发,往于田庐致耒耜。四阳月之日皆耕矣,农夫蹑耒高举趾。我已偕同妇与子,移家观耕馌南亩。田中畯民知我来馌已,至极感悦欣欣喜。

循此思路通读全诗,应该说牟庭将其归之周公居豳时所作的道理还是比较充分的。此一解释虽然不能视为定论,但在众多对《七月》的诠释中可备一说。对于《周颂》中的《天作》、《昊天有成命》二诗,牟庭认定《天作》中的"大王"、"文王"即是《昊天有成命》中的"二后"。考之国语,再联系二诗,确定《昊天有成命》的"成王"即为周成王,因而证定二诗是成王时期的诗。进而根据诗中"昊天"、"大王"、"文王"联翩并提,导出诗中"上以事天,中以事祖,下以敬百姓"的意蕴,从而确定二诗为成王封禅之作。这种解释比较符合文义词旨,在众多解释中应该是合理性较充分的一种。其他如证《硕人》为傅母诲庄姜之义,定《猗嗟》为颂鲁庄公狩于禚之所,确认《彼何人斯》为诅咒暴公之作,认定《生民》为讽刺康王后祭祀不以身亲舂之事。其他《桑柔》以二木比周、召二相,《常武》谏以伐徐,《泮水》为伯禽离宫,《终南》刺秦伯无远略,《荡》为召穆公骤谏厉王,《江汉》为召穆公平徐铭功,《采苹》刺教成之祭不诚信等,皆考史有据,循文理诗义揭示词旨,合理合情,突破旧说,具有很强的说服力。此外,牟庭还从古代制度、礼俗、地理以及古代各种事物等多方面入手考证史实,训释词句,更以"喻"、"刺"之术辨析词旨,揭示诗义,因而在不少地方开掘出新意,发人深省,给人启迪。姜亮夫在《诗切序》中对牟庭发出由衷的赞美之词,认为"古今说《诗》者,至牟氏而义严法明矣"。他总结牟庭说《诗》的特点,写下如下一段切中肯綮的话:

> 但求有合与作者之本怀,诵其篇什,即闻诗人叹息之声,又见俯仰之情。音词婀娜,枯槎复生,求以读者游神三古,以吾心合于古人,以吾情透入《诗》文。非汉,非宋,戛戛独造,此正足以矫汉学旧习之蔽,为千古独创之局。

这个评价,《诗切》当之无愧。

《同文尚书》是牟庭经学研究的另一部重要著作。《尚书》是先秦儒家经典中最为复杂难懂的一部书,连唐宋八大家之首的韩愈都认为它"佶屈聱牙"。同时历史上还存在今文、古文、伪古文的争论。由于阎若璩《古文尚书疏证》、惠栋《古文尚书考》和丁晏《尚书余论》的问世,虽然《古文尚书》作为伪作成为定谳,但今古文的争论依然存在。而在清代中期以后,治《尚书》者多宗古文,以马融、郑玄的传注为依归,仍然难以超脱门户之见。牟庭的《尚书》研究不受任何"家法"限制,《同文尚书》一书在林林总总的清代《尚书》领域,树立起了一面独特的旗帜。这部书,既不偏向今文,亦不废弃真古文,而是将二者合并,取《礼记》"书同文"之词,定名为《同文尚书》。经过认真考证辨析,最后确定《尚书》为 31 篇,即夏书的《尧典》、《皋陶谟》、《禹贡》、《甘誓》等 4 篇,商书的《汤誓》、《盘庚之诰》上中下、《高宗肜日之训》、《西伯戡黎之诰》、《微子》、《洪范》等 8 篇,周书《牧誓》、《金縢》、《大诰》、《多方之诰》、《君奭之诰》、《立政之训》、《无逸之训》、《多士之诰》、《康诰》、《酒诰》、《梓材之诰》、《召诰》、《洛诰》、《顾命》、《康王之诰》、《费誓》、《甫刑之命》、《文侯之命》、《秦誓》等19篇。这个排列顺序是与传本今文《尚书》不同的。《同文尚书》对每篇的经文，无不进行认真的考订，改正讹误，补齐缺佚，订正错简，做得严谨细密，多有创获。对每篇的句读仔细推敲，凡与诸家相异之处，则详列佐证，以兹说明。在解释经文时，先引前人注说，再讲自己的意见，不同意者详加辨正，并以按语形式提出自己的解说。最后将经文译成通行的文言文。经过这一番整理疏解和今译，"佶屈聱牙"的《尚书》就变得易于理解和顺畅可读了。王献唐在为《同文尚书》作序时称赞这是一本"可供人利用的好书"，对其学术价值作了很高的评价：

> （牟庭）推翻了尚书学上许多的成案，提出了许多新奇的见解，由汉到清的"家法"以及在"家法"以外的各家注说，他都不受拘限，而自成牟氏一家的尚书学。他的这种精神和他运用的一切方法，在历代《尚书》学中可算是一位猛厉无前的学者，也是清代后期"异军突起"的一家。①

王筠(1784—1854年)，字贯山，号菉友，安丘人。道光元年(1821年)举人，曾在山西的乡宁、曲沃、徐沟等地任知县。他自幼勤奋好学，稍长，博涉经史，尤其喜爱《说文》。自青年时期始，游学京师达30年之久，与当时的著名学者何绍基、许瀚、叶志诜、陈庆镛等往来切磋，既增进了友谊，也增长了学问。任职期间，仍然利用公务闲暇读书著述，直到老年还是笔耕不辍。主要著作有《说文释例》、《说文句读》、《文字蒙求》、《说文系传校录》、《说文韵谱校》、《说文新附考校正》、《校正蒋氏说文字原表》、《四书说略》、《正字略》、《弟子职正音》、《毛诗重言》(附《毛诗双声迭韵说》)、《禹贡正字读》、《礼记读》、《礼记一得录》、《仪礼读》、《小学三支别》、《仪礼郑注句读刊误》、《夏小正正义》、《蛾术编》、《菉友臆说》等多种著作，在小学、经学等领域取得了丰硕的成绩。

王筠一生尽管涉猎广博，著作宏富，但重心集中在《说文》的研读。他

① 牟庭：《同文尚书·王献唐序》，齐鲁书社1980年版。

总结自己的学术旨趣时这样说：

> 筠少喜篆籀，不辨正俗。年近三十，读《说文》而乐之，每见一本，必读一过，即俗刻《五音韵谱》，亦必读也。羊枣脍炙，积二十年，然后于古人制作之意，许君著书之体，千余年传写变乱之故，鼎臣以私意窜改之谬，犁然辨晰，具于胸中，爰始条分缕析，为之疏通其意……为吾一家之言而已。①

王筠生活的时代，已是清朝晚期，作为乾嘉显学之一的《说文》的研究已经硕果累累。段玉裁的《说文解字注》、桂馥的《说文解字义证》两部鸿篇巨制就是矗立在学人心目中的深固不摇的两座纪念碑。面对此情此景，王筠敢于独辟蹊径，更立门户，开拓出一片新天地，除了勇气和信心之外，再就是有深厚的学养做支撑。王筠的《说文释例》20卷是一部全面系统阐释《说文》体例的专著，主要包括四个方面的内容：一是对指事、象形、形声、会意、转注和假借六种造字方式即"六书"体例的解释；二是对收字和列字次第义例的解释；三是对释字义例的解释；四是对《说文》版本校勘及疑点的解释。前三部分是全书的重点，书中对每一释例分正例和变例进行了全面的阐发。如在卷一《六书总说》中，既阐释了许慎关于"六书"的定义和例字，也指出了他的不当之处，进而提出自己对于"六书"的主张。他对《说文》中的"六书"名称和顺序即指事、象形、形声、会意、转注和假借提出不同意见：

> 六书次第，似班书首象形为是。《通志》曰：六书也者，象形为本，形不可象，则属诸事，事不可指，则属诸意，意不可会，则属诸声，声则无不谐矣。五足是而后假借生焉。许君首指事，似不可解。

这里，王筠肯定许慎关于"六书"的名称而不同意其顺序安排，肯定班固的顺序安排而不同意他在《汉书·艺文志》中确定的"六书"名称"象形、象事、象意、象声、转注、假借"，他取二者之长，确定"六书"的名称和顺序应该是"象形、指事、形声、会意、转注和假借"，认为这反映了文字语言发展的规律。他不仅对"六书"的名称和顺序进行了论证和阐释，而且首次分析总结

---

① 王筠：《说文释例序》。

了"形声"字的六种分类:"若江河之类,是左形右声";"鸠鸽之类,是右形左声";"草藻之类,是上形下声";"婆娑之类,是上声下形";"圃国之类,是外声内形";"圜匰衡衔之类,是内声外形",这显然是十分精当的阐释。对于释字义例,《说文释例》卷十《说解正例》解释:

> 许君说解,必先字义而后字形。其说形也,或此字形属会意,则先举本部首后及别部之字,如天在一部,云从一、大,先一后大是也。如字义重大,即必入大部,而说曰从大从一矣。……盖并峙为义,则先一义为主,字当入主义之部也。

对于变例,《说文释例》卷十《说解变例》这样解释:

> 说解之例,必先说字义,再说字形,即不待说而自明者,亦必说之,体例固然也。如天,颠也;帝,谛也。天、帝人所共知,故说以双声叠韵之法,而非字之正义,不似说解正例。

这种分别从正、变两例对《说文》释字义例的解释,的确是把握了许慎的奥旨。其他关于《说文》字音、字形、用字、读若等义例的阐释,《说文释例》也都做到了融会贯通、条分缕析、剖判恰切、释解精当,比较准确地体味了许慎的深意。梁启超对《说文释例》一书评价甚高,认为其"创造力足与茂堂对抗",其学术价值可与凌廷堪《礼经释例》和刘逢禄《公羊何氏释例》"相埒",是《说文》学"最宏通之著作"①。王筠《说文》学研究的另一力作是《说文句读》30卷。他在自序中说:"余又以《说文》传写多非其人,群书所引有可补苴,遂取茂堂及严铁桥、桂未谷三君子所辑,加之手集者,或增、或删、或改,以便初学诵习,故名之曰《句读》,不加辨解,犹初志也。"后又接受友人建议,"博观约取",加入自己的研究心得,成为一部有别于《说文释例》的研究性著作。梁启超正确地指出该书主要贡献是订补《说文》与段玉裁的《说文解字注》,重点是五个方面。一是删篆,无论是《说文》的正文还是重文,只要能确定是《字林》或其他书窜入者,一律删削。二是一贯,根据《说文》

---

①梁启超:《中国近三百年学术史》十三,《清代学者整理旧学之总成绩(一)》,《饮冰室合集·专集之七十五》,《饮冰室合集》第10册,中华书局1989年版。

通例,于字先说其义,继说其形,末说其音,凡不合此例或穿凿附会者,均依许书体例改正。三是反经,即根据《说文》所引经典字句,经考证对经典的错讹加以纠正。四是正雅,即以《说文》正《尔雅》。五是特识,王筠说:"许君之说,前无古人,是乃历考经文,并非偏执己见,不可不以经正传,破从来之误者,正可用以特别标识出后起之字。"由于王筠的订补,《说文句读》改正了《说文》和《说文解字注》的不足和缺误,大大便利了后学对《说文》的学习和研究,因而被梁启超誉为"最后出而最明通,最便学者"①的《说文》佳作。

王筠还著有一部启蒙普及性质的文字学著作《文字蒙求》。按象形、指事、会意、形声四书分卷,每卷一书,共成四卷,分别从《说文》中采取 2036字,以楷书和篆文并列,用比较通俗易懂的语言,依《说文》的解释,再加以申说,是一部学习《说文》和文字的入门书。不仅适合儿童学习文字之用,就是一般人学习文字也是很好的教材,对于普及和推广《说文》作出了不可替代的贡献。

王筠在《说文》学上取得的成就,不仅表现在他自己写出了大量丰硕的研究性著述,而且也体现在他对其他人《说文》研究著作的校勘考订上。如为校订朱文藻《说文系传考异》而作《说文系传校录》30 卷,为校勘徐锴《说文韵谱》而作《说文韵谱校》5 卷,为校正钮树玉《说文新附考》而作《说文新附考校正》1 卷,为校正蒋和《说文字原表》而作《校正蒋氏说文字原表》1卷。这些著作通过对他人《说文》著述的校勘考订,既纠正了许多讹误,又表述了不少精辟的学术见解,同样是对《说文》学研究的重要贡献。

（四）金石学的成就

山东历史悠久,人众物阜,是著名的文物之邦,历代鼎彝碑碣、币陶印封等金石器物有着丰富的蕴藏积累。宋代赵明诚、李清照夫妇曾以《金石录》一书首开山东学者研究金石学的纪录,但元明两代没有持续下去。清初顾炎武在山东搜集历代金石作《金石文字记》,倡导以金石文字考证经史,金石之学又逐渐为山东学者所眷顾。乾隆前期,考据学风大炽,学者由治小学

---

① 梁启超:《中国近三百年学术史》十三,《清代学者整理旧学之总成绩（一）》,《饮冰室合集·专集之七十五》,《饮冰室合集》第 10 册,中华书局 1989 年版。

进而重视金石文字,金石学于是渐进兴盛之境,著录成书者日多。滋阳(今兖州)学者牛运震录太学石鼓和曲阜颜氏所藏汉碑共 47 通,著《金石经眼录》,详记碑之形制并对碑文假借通用之字略作解释。后又增录碑刻,撰《金石图》,对各碑皆摹绘全形,颇为学者称道。泰安学者聂纹撰《泰山金石志》,将历代泰山碑刻搜罗净尽。诸城学者李文藻著《泰山金石考》、《山东元碑录》刊行于世,另有《益都金石刻记》、《云门金石刻记》和《语溪金石刻记》等金石著作多种。益都学者段松苓著《益都金石记》、《金石略》收三代至金元的碑刻百余种,亡者 50 余种。李渼为之作序,赞扬说:"考证时代,辨核体例,详训诂,审形制,自三代以迄金元,上下数千年源流淹贯,洵乡邦之信史也。"他还著有《山左碑目》一书。乾隆后期,一些金石学者利用在山东任职的机会,也进行对山东金石的著录和研究。如乾隆五十一年(1786年),杭州学者黄易任济宁运河同知时,与当地金石学者李东琪等人在嘉祥发现武梁祠"武氏前石室"、"武氏后石室"以及《武班碑》、《祥瑞图》等 20余块画像石,一时成为轰动金石学界的大事。黄易将所得武梁祠汉碑刻著录于他的《小蓬莱阁金石文字》一书中,成为清代第一个发现著录武梁祠汉石刻的学者。三年后,李东琪又发现"武氏左石室"画像石,至此,武梁祠画像石的全貌展现在世人面前,成为后来许多金石学者著录和研究的对象。乾隆五十六年(1791 年),著名金石学家翁方纲任山东督学,大量搜集山东碑刻,著《两汉金石记》,武梁祠汉石刻是其著录考释的主要内容。乾隆五十八年(1793 年),阮元任山东督学,次年,毕沅任山东巡抚,二人同为金石名家,于是决定同撰《山左金石志》。他们聘金石学者段松苓、武艺(河南偃师人)、朱文藻(浙江仁和人)、何元锡(浙江杭州人)等入府参编。乾隆六十年(1795 年),《山左金石志》编成,其中除收录传世的秦刻汉碑外,更详录山东汉画像石 150 余块。此后,山东汉画像石就成为金石学家著录研究的重点问题之一。嘉庆、道光之后,诸凡碑版钟鼎、古陶砖瓦、古币泉范以及玺印封泥等金石器物,都进入山东金石学家的研治之列。鱼台学者马邦玉专收汉碑拓版,因名其室曰"宝汉斋"。著有《汉碑摹本》和收录汉碑文字、题跋及考释文字的《汉碑录文》。曲阜学者孔昭熏搜集孔庙孔林汉唐至金元明历代碑刻 120 多种,编成《至圣林庙碑目》,其中有不少前人所未收录者。诸城学者李璋煜以藏殷商鼎彝著称,撰有《爱吾鼎斋藏器目》,他收藏的商父葵爵、兕形父乙举、汉大梁鼎等,皆为稀世珍宝。同是诸城学者的王绪祖、尹彭寿以搜集碑版见长。王绪祖收藏宋拓汉孔宙碑、乙瑛碑、阳瑾碑及唐姜遐碑等稀见碑版40余通,撰有《汉魏六朝石刻今存录》、《东武金石考》等碑刻著作。尹彭寿搜集魏晋碑版甚多,他的《山左北朝石刻存目》及《魏晋石刻存目》,多不见他书著录。

不过,这一时期,在碑版鼎彝收藏著录及考释方面堪称大家、影响巨大的当推诸城刘喜海、海丰(今无棣)吴式芬、日照许瀚、潍县陈介祺和福山(今烟台福山区)王懿荣。刘喜海,字燕庭,大学士刘墉之孙,嘉庆二十一年(1816年)举人,历官陕西、浙江布政使。他虽出身显宦,但不治产业,独嗜金石碑刻款识,曾收录金石文字5000通以上,著《金石苑》121卷,其中包括《目录》、《洛阳存古录》32卷、《搜古汇编》70卷、《昭陵复古录》10卷、《鼓山题名》6卷、《乌石山题名》3卷和不分卷的《杂录》共7种。此外,还有《寰宇金石汇志》、《燕庭金石丛稿》、《海东金石苑》、《补遗》、《附录》等。自阮元编《积古斋钟鼎彝器款识》后,治金石文字者始有所依。刘喜海根据家藏彝器编《嘉荫簃藏器目》和《清爱堂家藏钟鼎彝器款识法帖》、《长安获古编》,论者都认为其可与吴县曹奎的《怀米山房吉金图》相伯仲,是金石领域开一代风气的著作。吴式芬,字子苾,道光十五年(1835年)进士,历官知府、按察使、布政使、内阁学士兼礼部侍郎。他生平喜好金石文字,鼎彝碑碣、印玺封泥收藏十分丰富。所著《捃古录》,收录商周至元代金石文目近2万种,其中多为石刻文目。《捃古录金文》考释商周至元代有铭文青铜器1300余件。金石学者李佐贤赞扬《捃古录》"钟鼎碑版文字搜罗无遗,盖自欧(阳修)赵(明诚)著录以迄今日,考据家无如是之详赅博者,洵堪信今传后无疑也"①。王懿荣赞扬《捃古录金文》说:"盖自宋明以来,诸家谱录集摹古文之伙,无逾此者……治今古文尚书者,非得此无以为。"②吴式芬还有《金石汇目分编》40卷,荟萃金石目录,以州县分编,遍采古今金石之书,特便读者查阅。有《陶嘉书屋钟鼎彝器款识目录》8卷和《双虞壶斋藏器目》1卷,著录家藏吉金彝鼎拓本560种,兼器物共626种,显示了他可与陈介祺相媲美的宏富收藏。许瀚,字印林,自幼博涉经史,曾在王引之门下学习古文声

---

①《无棣县志》卷十,《人物》。
②王懿荣:《王文敏公遗集》卷三,《恭进儒臣撰集古金文成书有裨经训疏》。

韵。道光六年（1826年）入国子监学习，与何绍基兄弟、王筠等切磋学问，考订文字。在京期间，与金石名家张廷济、陈庆镛、吴荣光、朱为弼、徐同柏等交往，观摩藏品，讨论问题，金石文字学问大进。道光二十年（1840年），应邀编纂《济宁州志》和《济宁州金石志》。后应吴式芬之邀，协助他编辑《捃古录》和《捃古录金文》，其中《捃古录金文》收录的各家考释文字，大部分都出自许翰之手。吴式芬死后，许翰为之校理遗书，对内容多有补正，又另编《陶嘉书屋钟鼎彝器款识目录》8卷，得到罗振玉的由衷赞扬。许翰本人著有《攀古小庐杂著》、《攀古小庐金文考释》和《攀古小庐砖瓦文字》等书，集中展示了他研究金石学的成绩。陈介祺，字寿卿，号簠斋，道光二十五年（1845年）进士，授翰林院编修。他家产丰饶，通籍后绝意仕进，全心致力于金石的收藏与研究。凡遇三代秦汉六朝金石，一定广搜远罗，倾力收购，并筑"簠斋"珍藏。所藏殷周秦汉吉金即达数百件，其中像"左关釜"、"左关鈳"、战国齐量、秦汉铜镜以及东汉新莽铜尺等，都是稀世珍品。而最著名者为"毛公鼎"，上铸金文近500字，公推天下金器之冠。他家的藏器墨本后由顺德邓实汇印成《簠斋吉金录》8卷名世，共389器，是他家藏器中的精品。除吉金外，陈家还另藏三代陶器数百件，周印百数十件，汉魏印万余件，秦诏版十余件，魏造像数百区，金石器物之丰，为"从来赏鉴家所未有也"。陈介祺不仅收藏丰富，而且考释精审。如释"聃敦"为毛叔聃所作器，释"陈侯因资敦"为桓侯兼齐之记，释"兮田盘"、"齐太公和陈猷"两区，皆能引证经史古制，被誉为"自昔谈金石者，仅见之作"①。他留下的主要金石著作有《簠斋藏器目》、《十钟山房藏石目》、《十钟山房钟鼎款识》、《毛公鼎考释》、《南宫盂鼎考释》、《汉金文考》、《秦权量诏版释文诗记》、《簠斋金文考释》、《簠斋传古别录》、《簠斋笔记》、《题跋》、《序跋》、《尺牍》、《宝簠斋集各家彝器释》等。陈介祺不仅在山东，而且在全国，都是金石收藏和研究方面顶尖的大家之一。王懿荣，字廉生，因得"汉王正孺印"，又字正孺。光绪六年（1880年）进士，官至国子祭酒。他雅好金石，收藏颇丰。其中得自诸城刘喜海家散出器物最多。藏品中有三代器50余种，汉阳信家铜敦、晋城阳王君神道碑、刘宋熊氏石造像、梁刘敬造像石等，多为前人未见之物。王懿荣

---

① 支伟成：《清代朴学大师列传》卷十八，《陈介祺》，上海泰东图书局1925年版。

博通经史,学贯百家,与陈介祺商讨金石文字,书信不绝,颇受当时金石名家翁同龢、潘祖荫的推重。此外,他还是我国发现甲骨文的第一人,为甲骨文的收藏、保存和开展研究作出了重要贡献。主要著作有《攀古楼藏器释文》、《汉石存目》、《南北朝存石目》、《晚清二十三家藏器目》、《福山金石志稿》、《寰宇访碑录补遗》、《补目》、《天琅阁杂记》等。王懿荣同时是一位伟大的爱国者,在八国联军进攻北京的时候,慈禧太后和光绪皇帝出逃,他奉命留守京城,组织团练抵抗侵略军,因寡不敌众,京城陷落。他自己和全家自杀殉国,表现了义不受辱的民族精神。

在古钱币的收藏著录方面,山东也涌现出许多大家,其中莱阳初尚龄、诸城刘喜海、利津李佐贤、诸城王锡棨就是治泉最突出的学者。乾嘉时期,初尚龄著有《吉金所见录》16卷,著录古币1210种,有图有说,对春秋战国古币皆据出土实物断定文字与所属,并最早断定刀币为春秋战国币,显示了他的慧眼卓识。在刘喜海的大量收藏中,古泉也占有相当的数量。在其所著百卷的《古泉苑》中,共著录各式币图4600多种,钱范图数十。所录古泉皆以正用品、伪用品、异品、外国品、厌胜品、杂品分类,其中不乏精品,如两宋铁钱就罕见他家钱谱著录。另外,他还有《嘉荫簃论泉绝句》2卷行世。李佐贤,字竹朋,是同期学者中治泉的佼佼者,他曾任福建汀州知府,喜爱收藏金石书画,金石中尤好古泉,因名其居所为“石泉书屋”。为了研治钱币,他与当时的著名金石古泉专家戴熙、吕全孙、刘喜海、吴式芬、鲍康和陈介祺等往来密切,互为观摩,共同切磋,大大拓宽了学术视野。通过对古钱币的收藏研究,李佐贤发现刀布的古文奇字不少为六书说文所未备;汉唐以后的币泉,隶书直行,可见一代书法,由钱币研究文字变化几乎胜于碑版;而泉范的变化,可窥见历代制度和民生经济状况及各朝利弊;某些标新立异、史籍未载之泉币,还可补史志之缺或订正其讹误。他由此得出结论:就考察制度变化而言,古泉的重要性超过鼎彝。他著有《古泉汇》、《续泉说》、《石泉书屋类稿》、《续泉汇》和《补遗》(与鲍康同撰)等钱币著作。其中正续二集共80卷,著录历代泉图近6000种,钱范近200个,远远超过刘喜海的《古泉苑》。书分元、亨、利、贞四集,元集为古布,亨集为古刀,利集为圜钱正品,贞集为异泉杂品,皆详注藏家和出土地点,并附诸家考释之说。后人给予该书极高的评价:“盖自来谱泉家,精严者失之简略,赅博者失之繁芜,而竹朋书出,实能集其大成矣。"①诸城的王锡棨在治泉方面较前辈有不少创新。他著有《泉币汇考》、《选青阁古泉存》、《泉苑萃珍》等书,其中《泉币汇考》最见功力。该书内分古币、古刀、圜法正品、伪品、外国品、厌胜品、吉语、诗牌、马钱等各项。其特色在于考释的详博和精审,凡涉及古地理、古文字,他都引经据典,详加考辨,给出一个确切的结论。

道咸时期,山东学者在玺印封泥和砖瓦陶器的收藏研究方面也做出了显著成绩。吴式芬的《双虞壶斋印存》、《陶嘉书屋秦汉印章》,李佐贤的《石泉书屋印存》、《得壶山房印寄》,郯城人吴步韩的《印谱》、《百石山房印存》,王锡棨的《亦佳室印谱》,同是潍县人的陈介祺的《周秦玉印玺》、高庆龄的《齐鲁古印捃》和郭佑之的《续齐鲁古印捃》,就是其中代表性的学者和著作。李佐贤所藏玺印中汉印精品居多,李没后,藏品经刘铁云(鹗)转归端方(陶斋),其《陶斋藏印》的汉印精品即李氏所藏。吴步韩所藏汉以来印章以千计。高庆龄藏印数千,他选其中精品600纽印行,因半数以上出自齐鲁,故名《齐鲁古印捃》。郭佑之以续齐齐鲁古印为己任,几乎将三代秦汉齐鲁古印搜罗殆尽。此时藏印最宏富者当数陈介祺。他藏三代古印百数十方,藏汉魏玺印万余方,因名其藏斋为"万印楼"。仅流传下来的印谱就有《周秦玉印玺》、《秦汉官印类选》、《簠斋题秦印册》、《千鉨斋古鉨选》、《簠斋印集》、《万印楼印谱》、《簠斋藏玉印》、《十钟山房印举》等,这些世罕其匹的印谱,支撑起一个海内藏印大家的崇高声誉。就封泥的收藏和研究而言,刘喜海、吴式芬和陈介祺最负盛名。周秦汉时期的文牍书简,为防寄送途中被私启,以丸泥钤封,印以玺记,是为封泥。所钤的官号地名、中外官职,在在多有,与传世玺印多为军中之官内容要宽泛得多,所以用于考证古代文字、职官、地理、人名远胜于玺印。道光以后,古封泥先出土于四川,继而出土于山东临淄,两地封泥尽被刘喜海收藏。咸同以后,山东古封泥陆续大量出土,皆归吴式芬和陈介祺收藏。二人据所藏封泥,合著《封泥考略》10卷,成为中国首部研究封泥的专著,封泥之名也由此而始。以后山东所出封泥悉归罗振玉收藏,他赓续《封泥考略》,编出《齐鲁封泥集存》,王国维为之作序时,对《封泥考略》一书在封泥学上的开创之功给予很高评价。周

①支伟成:《清代朴学大师列传》卷十八,《李佐贤》,上海泰东图书局1925年版。

秦汉时期的砖瓦因上有文字,记录宫阙官制或乡里人名,上有云纹或鸟兽图案,因而具有很高的史料价值和艺术价值,所以引起金石学家收藏和研究的兴趣。嘉道以后,山东收藏著录砖瓦陶器者渐多,吴式芬、陈介祺、高鸿裁(潍县人)和王懿荣是其中的佼佼者。吴式芬以《捃古录》一书著录砖瓦器物。王懿荣有《天琅阁瓦当》著录琅琊台千秋万岁瓦、羽阳万岁朝阳望吴及永元七年画像砖等珍品。他所著的《上陶实砖瓦文捃》,多有前人未见之品。陈介祺收藏砖瓦最为宏富,已著录成书者有:《秦汉瓦当文字》、《簠斋藏陶》、《簠斋陶文释存》、《三代古陶轩古瓦拓片》、《十钟山房藏齐鲁三代两汉瓦当文字目》等多种。纵观全局,可以看出,山东金石学的成就在全国占有不可替代的重要地位,对此,梁启超评价说:

> 山左金石最富。自顾亭林(炎武)来游,力为提倡,厥后黄小松(易)宦斯土,搜剔日广。斯土学者亦笃嗜之,有以名其家者。海丰吴子苾(式芬)、诸城刘燕庭(喜海)、潍县陈簠斋(介祺)、黄县丁彦臣、福山王廉生(懿荣)皆收藏甚富,而考证亦日益精审。故咸同间金石学度越前古,而山东学者为之魁。①

应该说,清代金石学的崛起与发展,在一定意义上成为近代考古学的嚆矢。山东的金石学家以自己不倦的努力和令人瞩目的成绩,开掘和丰富了齐鲁文化的积淀,在古代文化向近代文化的转型时期作出了不可磨灭的贡献。

综上所述,可以看出,在清代复兴“汉学”的潮流中,山东学者在对“汉学”的传承和创新方面都作出了自己的贡献。他们不仅在传统“汉学”的领域如经书的文字训诂方面成就卓著,而且在扩大和延伸的领域如历史、地理、天文、历法、音韵和典章制度等方面也做出了不凡的成绩。在学风上,他们继承郑玄摈弃门户之见、博采众家的优良传统,实事求是,严谨诚朴,既不掠人之美,也敢于突破前人的禁锢,因而在治经考史释字诸多方面都有不少开拓和创新。从乾嘉一直到晚清,山东学者形成了一个较庞大的学术群体,几乎在“乾嘉学派”所涉及的一切领域都取得了显著成就。除了上面论及

---

①梁启超:《近代学风之地理的分布》,《饮冰室合集·文集之四十一》,《饮冰室合集》第5册,中华书局1989年版。

的学者之外,还有一批学者也做出可圈可点的成绩,如青州薛凤祚的天文历法研究,栖霞牟应震、牟昌裕经史研究,滋阳牛运震的金石及史学研究,文登毕亨的经学与小学研究,济宁许鸿磐的舆地研究,鱼台马邦举的经史研究和音韵研究,胶州王克捵的周礼及史学研究,掖县翟云升的小学研究和王尔膂的经史研究,莱阳赵曾的经学金石研究和周悦让的经史诸子研究,益都孙自务的"三礼"研究与杨峒的古音韵研究,德州梁鸿翥的"九经"研究,新城张象津的易学研究,邹平成瓘的《尚书》和算学研究,还有历城马国翰的辑佚成果,所有这一切,构成了清代学术领域中山东地域的辉煌一翼,凸现了山东深厚的文化积淀和不断创新的勃勃生机。

第七章　辛亥革命后山东思想文化的转型

1840 年发生的英国侵略中国的鸦片战争和继之而来的丧权辱国的《南京条约》的签订,使仍然在封建社会蹒跚而行的清皇朝遭到了一次历史性的大失败。从此,古老的中国封建社会开始向半殖民地半封建社会转化。随着越来越多的不平等条约的签订,19 世纪和 20 世纪之交的中国面临着日益严重的民族危机。同时,在西方资本主义生产关系示范效应的影响下,中国近代资本主义性质的工商业破土而出并逐渐发展。与之相联系,在历史悠久的组成中国封建社会两大基本阶级地主和农民之旁,诞生了新兴的资产阶级和工人阶级。面对穷凶极恶的外国侵略者和腐朽颟顸的清朝统治者,中国人民一方面不断发起武装反抗侵略的英勇斗争和各种形式的爱国运动,一方面不断发起反对清朝腐败统治的革命斗争和改良运动。以林则徐、曾国藩、李鸿章为代表的地主阶级改革派从挽救清皇朝统治的目的出发,先是提出"师夷之长技以制夷",进而推出颇有声色的"洋务运动",训练新军,组建北洋水师,创办近代的军事工业和民用工业。以康有为、梁启超为代表的资产阶级改良派则呼吁和推动对封建政治制度的改革,以 1898 年的"百日维新"展示了他们引领中国社会前进的方向。以孙中山、黄兴为代表的资产阶级革命派,则揭出"驱逐鞑虏,恢复中华,创立民国、平均地权"的革命旗帜,以数以十计的武装起义向清皇朝发起一次又一次的冲击,终于在 1911 年的 10 月 10 日用武昌城头的枪声宣告了清皇朝的灭亡。这一以"辛亥革命"命名的武装起义,结束了中国两千多年的帝制,开启了中华民族资产阶级共和国的新时代。

然而,辛亥革命虽然推翻了封建帝制,却没有改变中国半殖民地半封建社会的性质。在北洋军阀和后来的国民党新军阀的统治下,中国人民依然在痛苦的熬煎中艰难地挣扎。不过,即使在这近40年的岁月里,中国社会还是有了明显的进步。政治上,民主共和的观念日益深入人心,以致"洪宪帝制"、张勋复辟只能成为千夫所指的笑柄,而一时凶焰万丈的北洋军阀和国民党的披着共和外衣的独裁政权也被扫进了历史的垃圾堆。在中国共产党的领导下,在全国人民的共同努力下,不仅取得了抗日战争的伟大胜利,而且取得了推翻最后一个独裁专制政权国民党反动派的伟大胜利,开启了中国特色社会主义的新时代。经济上,资本主义工商业从无到有,逐步发展,成为推动中国社会前进的重要因素,引领了中国经济上的近代化进程。思想文化上,尽管清朝顽固派、北洋军阀和国民党反动派,无不固守"中体西用"的老谱坚持中国传统思想文化中最保守腐朽的糟粕,一批依附于他们的文化人也在"孔教会"和"新生活运动"的旗帜下,为之卖力鼓吹,推波助澜,但是,先是西方资产阶级的先进思想文化被一批先进的中国知识分子引进中国,孕育和推动了以科学、民主为旗帜的新文化运动,继而是伴随着俄国十月革命传来马克思主义,在与中国革命实践相结合的过程中孕育和推动了以革命、民主、科学、大众为旗帜的新民主主义的思想文化运动,从而推动着教育、文化、科学和学术的近代化转型。

近代的山东,是受帝国主义侵略最严重的地区之一,英、德、日等帝国主义国家都向这里伸出了他们的魔爪。它是中日甲午战争中的主要战场,在19世纪末20世纪初帝国主义瓜分狂潮中成为德帝国主义的势力范围,在第一次世界大战中又做了日、德交战的战场,对民族危亡的感受最痛彻,因而山东人民在反帝运动中表现得特别激烈、英勇和顽强。这里是义和团运动的发源地之一,是五四运动的抗争前线,是抗日战争中和解放战争中最激烈的战场,为中国新民主主义革命的胜利作出了巨大贡献。不过,由于辛亥革命以后中国的思想文化中心主要是广州、上海和北京,那里集中了中国先进知识分子的精英,因而长期成为引领思想文化新潮流的主要基地。山东的先进知识分子在紧跟和回应由北京、上海启动的思想文化新潮流的活动中,以自己的创造性的贡献为之增添了绚丽的光彩。

近代新文化运动的主要内容之一是对浸润着封建糟粕的旧道德的批判,在这一影响深远的批判旧道德的活动中,两位山东学者作出了独特的贡献,他们是傅斯年和杨明斋。傅斯年(1896—1950年),字孟真,山东聊城人。出身于清朝第一个状元傅以渐家族,自幼熟读经书,后入新式学堂,1916年考入北京大学文科国学门。很快,在当时新文化运动的影响下,他成为向旧文化冲锋陷阵的英勇战士。在五四运动中,他是北京学生天安门游行示威队伍的总指挥,曾手持大旗指挥学生火烧赵家楼。他与罗家伦等人创办的《新潮》杂志,是提倡新文化、批判旧文化尤其是批判旧道德的重要阵地。1918年鲁迅发表了在新文化运动史上具有里程碑意义的小说《狂人日记》,痛斥中国几千年封建社会的历史是"吃人"的历史。傅斯年致信鲁迅大加肯定。第二年4月1日,又在《新潮》发表了题为《一段疯话》的杂文,对《狂人日记》作了激扬澎湃的赞扬:

> 鲁迅先生所作狂人日记的狂人,对于世界的见解,真是透彻极了。但是世人总不能说他是狂人。哼哼! 狂人! 狂人! 耶稣苏格拉底在古代,托尔斯泰尼采在近代,世人何尝不称他们做狂人呢? 但是过了些时,何以无数的非狂人跟着狂人走了呢? 文化的进步,都由于有若干狂人,不问能不能,不管大家愿意不愿意,一个人去辟不经人迹的路。……所以我敢决然断定,疯子是乌托邦的发明家,未来社会的制造者。……中国现在的世界里,真是沉闷寂灭到极点了;其原因确是疯子太少。疯子能改变社会。……跟着疯子走,——走向光明去。①

在1919年,傅斯年连续在《新潮》发表了《人生问题发端》、《万恶之源》、《社会的信条》、《心气薄弱之中国人》等文章,猛烈批判封建的纲常名教,认为"一百件中,就有九十九件是死灵魂、泥菩萨",虽然"外面看不出可恶",骨子里却是"害人到底的信条"②。"名教本是罪人,哪里有不名教的罪人,名教本是杀人的,哪里有不杀人的名教。"③傅斯年进而指出旧道德是非人生的道德,造成中国人心气薄弱,缺乏主义,缺乏责任心和进取心,安于现状,不思进取。他还严厉批判旧的家庭伦理,认为父母不许孩子有独立思想,埋没了孩子的创造才能。1934年,当蒋介石发起"新生活运动",倡导礼

---

① 《新潮》1卷4号。
② 《社会的信条》,《新潮》1卷2号。
③ 《万恶之源》,《新潮》1卷1号。

义廉耻忠孝仁爱和平等旧道德,戴季陶提出学校恢复读经,韩复榘在山东大力推行尊孔读经的时候,傅斯年公开发表文章提出异议,表明他坚持了新文化运动的方向。

杨明斋(1882—1938 年),名好德,字明斋,山东平度人。早年赴俄国当工人,十月革命前加入布尔什维克党。1920 年春天随共产国际代表团回国,参与中国共产党的创建工作,并且转为中共党员。1920 年代初,中国思想学术界发生一场中西文化问题论战,梁漱溟、梁启超、章士钊等在其著作和文章中,鼓吹发扬以儒家思想为核心的东方文化,甚至主张"农村立国主义",反对走工业化的道路。杨明斋发表文章,积极参加这场关系中国前途命运的论战,其文章最后结集为《评中西文化观》出版。他在批判梁漱溟、梁启超、章士钊等人的错误观点的文章中,对儒家思想为核心的旧道德进行了比较深入的解剖与批判。他指出,以"仁"为核心,以"不忍"和"留情"为特点的旧伦理道德,虽然有其适应两千多年中国古代宗法社会的内在原因,但在教育、政治和经济诸多方面所造成的消极影响却不容忽视。这种旧道德体现在教育上,专注道德,不讲经济和民生,不理俗事和百姓,麻木保守,拒绝理性和创造。出仕以后,不是以对国家民族的责任感为社会和百姓服务,而是奔走奉迎、贪赃枉法,以最卑鄙无耻的手段保官升官,发财致富,光宗耀祖。体现在政治上,一方面以富贵利禄引诱士子为朝廷服务,一方面以愚民政策使百姓安于被压迫被剥削的地位,结果使中国社会长期处于以人情代法治的无序黑暗状态。体现在经济上,则是安于现状,不思进取,使中国的生产力处于长期停滞状态,社会失去了活力,只能蜗牛式地蹒跚而行。尽管杨明斋认为儒家伦理道德有如此多的消极因素,但他对其并不持完全否定的态度,而是给予了比较公正的评价:

> 我们以为一般人之过于轻视中国文化,以为他是僵石,没有存在的余地,这固然是错误,但是更有一般人过于尊重他,极力的拉拢些好听的新名词硬加到他身上去,不管他能担负否,在他们以为这是给中国文化增加些光彩与价值,岂不知这正是糟蹋了他。……中国文化是有价值的,因为他占一部分人类生活之互相原谅的"情",但是要做到这种

"情"的生活,非先把生理之必需的经济问题解决不可。①

杨明斋的《评中西文化观》一书虽然是为参与当时中西文化论战而写,但它不仅具有相当的理论深度,而且具有较丰厚的学术含量,显示了作者较高的马克思主义的理论素养,在当时的论战中产生了很大的影响。

傅斯年和杨明斋对儒家伦理道德的批判,在一定程度上对促进传统道德向近代道德的转型起了理论导向的作用。不过,对促进传统道德向近代道德的转型产生最大影响的,是抗战时期共产党领导的山东解放区的革命斗争,它使蕴藏在最底层的贫苦农民的革命积极性最大限度地崩发出来,使广大劳动妇女获得了空前的解放,从而使忠、孝、节、义等传统伦理道德在受到严重冲击的过程中被改造,或被赋予新的内涵。

在辛亥革命后开始的思想文化转型的进程中,山东学者的学术研究也取得了显著成就。如蓬莱人栾调甫(1889—1972 年)的墨学研究,滕县人刘子衡(1903—1981 年)的易学研究,在经学的研究上就取得了突破性的成果。而在史学的研究方面取得的成果更加丰硕。胶州人柯劭忞(1848—1934 年)所作的《新元史》,是集元史研究之大成的一部巨著,被当时的北京政府列为正史,与二十四史合称二十五史。费县人李景星(1876—1934 年)的《四史评议》,林修竹总纂的《历代治黄史》,傅斯年主编的《东北史纲》和古代史研究的著作,张维华的《中西交通史》、《齐长城考》,栾调甫的《齐民要术版本考》,王献唐的古籍整理和齐鲁古代史的研究,都展示了山东学者在史学研究上的实绩。特别值得提及的,是章丘城子崖龙山文化遗址的发现和发掘,是中国学者以科学的方法独立进行考古发掘的第一次实践,成为中国近代考古学诞生的标志。这其中,安丘学者吴金鼎(1901—1948 年)作出了不可磨灭的贡献。

---

①杨明斋:《评中西文化观》,1924 年 6 月版,第 324 页。

参考文献

《十三经注疏》,中华书局 1980 年影印本。

孙星衍:《尚书今古文注疏》,中华书局 1986 年版。

皮锡瑞:《今文尚书考证》,中华书局 1989 年版。

朱熹:《诗集传》,上海古籍出版社 1987 年版。

朱熹:《四书集注》,中华书局新编《诸子集成》本,1983 年版。

陈子展:《诗经直解》,复旦大学出版社 1983 年版。

孙诒让:《周礼正义》,中华书局 1987 年版。

杜预:《春秋左传集解》,上海古籍出版社 1978 年版。

顾栋高:《春秋大事表》,中华书局 1993 年版。

杨伯峻:《春秋左传注》,中华书局 1981 年版。

童书业:《春秋左传研究》,上海人民出版社 1980 年版。

童书业:《先秦七子研究》,齐鲁书社 1982 年版。

程树德:《论语集释》,中华书局 1990 年版。

杨伯峻:《论语译注》,中华书局 1980 年版。

焦循:《孟子正义》,中华书局 1987 年版。

杨伯峻:《孟子译注》,中华书局 1960 年版。

《国语》,上海古籍出版社 1988 年版。

《战国策》,上海古籍出版社 1985 年版。

《诸子集成》,上海书店 1986 年版。

《诸子集成》,中华书局 1983 年版。

王先谦:《荀子集解》,中华书局 1988 年版。

杨柳桥:《荀子诂释》,齐鲁书社 1986 年版。

孙诒让:《墨子间诂》,中华书局 1986 年版。

陈奇猷:《韩非子集释》,上海人民出版社 1974 年版。

王世舜:《庄子译注》,山东教育出版社 1984 年版。

吴则虞:《晏子春秋集释》,中华书局 1982 年版。

郭沫若:《管子集校》,人民出版社 1984 年版。

王肃注:《孔子家语》,上海古籍出版社 1990 年版。

孔鲋:《孔丛子》,上海古籍出版社 1990 年版。

陈奇猷:《吕氏春秋校释》,学林出版社 1984 年版。

苏舆:《春秋繁露义证》,中华书局 1992 年版。

张涛:《列女传译注》,山东大学出版社 1990 年版。

刘向:《新序》,上海古籍出版社 1990 年版。

刘向:《说苑》,上海古籍出版社 1990 年版。

李长傅:《禹贡释地》,中州书画社 1983 年版。

王国维:《今本竹书纪年疏证》,上海古籍出版社 1983 年版。

王国维:《观堂集林》,中华书局 1959 年版。

胡厚宣:《甲骨学商史论丛》,齐鲁大学国学研究所专刊 1944 年版。

〔美〕张光直:《中国青铜时代》,三联书店 1983 年版,1999 年再版。

〔美〕张光直:《中国考古学论文集》,三联书店 1999 年版。

岑仲勉:《两周文史论丛》,商务印书馆 1958 年版。

吕思勉:《读史札记》,上海古籍出版社 1982 年版。

吕思勉:《中国民族史》,东方出版社 1996 年版。

钱穆:《国学概论》,商务印书馆 1996 年版。

钱穆:《国史大纲》,商务印书馆 2001 年版。

钱穆:《中国文化导论》(修订本),商务印书馆 2000 年版。

侯外庐主编:《中国思想史》,人民出版社 1959 年版。

吕振羽:《史前期中国社会研究》,三联书店 1961 年版。

王玉哲:《中华远古史》,上海人民出版社 2000 年版。

杨宽:《西周史》,上海人民出版社 1999 年版。

许倬云:《西周史》(增补本),三联书店 2001 年版。

翦伯赞:《先秦史》,北京大学出版社 1999 年版。

傅斯年:《民族与中国古代史》,河北教育出版社 2002 年版。

田昌五:《中国古代社会形态研究》,天津人民出版社 1980 年版。

田昌五、臧知非:《周秦社会结构研究》,西北大学出版社 1998 年版。

李学勤主编:《中国古代文明与国家形成研究》,云南人民出版社 1999 年版。

李学勤:《走出疑古时代》,辽宁大学出版社 1994 年版。

李学勤:《东周与秦代文明》,文物出版社 1984 年版。

李学勤:《简帛佚籍与学术史》,江西教育出版社 2004 年版。

杨向奎:《宗周社会与礼乐文明》,人民出版社 1992 年版。

谢维扬:《中国早期国家》,浙江人民出版社 1995 年版。

何光岳:《夏源流史》,江西教育出版社 1992 年版。

刘节:《中国古代家族移植史论》,台北正中书局 1971 年版。

《苏秉琦考古学论文选集》,文物出版社 1984 年版。

苏秉琦:《中国文明起源新探》,三联书店 1999 年版。

《中国考古学研究——夏鼐先生考古五十周年纪念论文集》,科学出版社 1986 年版。

邹衡:《夏商周考古学论文选集》,文物出版社 1980 年版。

安志敏:《中国考古》,上海古籍出版社 1992 年版。

《城子崖》,中国考古报告集之一,中国科学公司 1934 年版。

《大汶口》,文物出版社 1974 年版。

《大汶口续集》,科学出版社 1987 年版。

《邹县野店》,文物出版社 1985 年版。

《胶县三里河》,文物出版社 1988 年版。

《泗水尹家城》,文物出版社 1990 年版。

《兖州西吴寺》,文物出版社 1994 年版。

《山东王因》,科学出版社 2000 年版。

《胶东考古》,文物出版社 2000 年版。

《山东高速公路考古报告集》,科学出版社 2000 年版。

《曲阜鲁国故城》,齐鲁书社 1982 年版。

《大汶口文化讨论文集》，齐鲁书社 1979 年版。

《山东史前文化论文集》，齐鲁书社 1986 年版。

《山东龙山文化研究文集》，齐鲁书社 1992 年版。

《纪念城子崖遗址发掘六十周年国际学术讨论会文集》，齐鲁书社 1993 年版。

《海岱考古》第 1 集，山东大学出版社 1989 年版。

栾丰实：《东夷考古》，山东大学出版社 1996 年版。

《海岱地区考古研究》，山东大学出版社 1997 年版。

《张学海考古论集》，学苑出版社 1999 年版。

王献唐：《炎黄氏族文化考》，齐鲁书社 1985 年版。

王献唐：《山东古国考》，齐鲁书社 1983 年版。

王献唐：《春秋邾分三国考》，齐鲁书社 1982 年版。

刘敦愿、逄振镐主编：《东夷古国史研究》第 1 集，三秦出版社 1988 年版。

刘敦愿、逄振镐主编：《东夷古国史研究》第 2 集，三秦出版社 1990 年版。

郭克煜等：《鲁国史》，人民出版社 1994 年版。

王阁森、唐致卿：《齐国史》，山东人民出版社 1992 年版。

杨朝明：《鲁文化史》，齐鲁书社 2001 年版。

徐北文等：《灿烂的古代文化》，齐鲁书社 1984 年版。

蔡凤书：《中日交流的考古学研究》，齐鲁书社 1999 年版。

王志民：《齐文化概论》，山东人民出版社 1993 年版。

黄怀信等：《逸周书汇校集注》，上海人民出版社 1995 年版。

袁珂：《山海经校注》，上海古籍出版社 1980 年版。

徐宗元：《帝王世纪辑存》，中华书局 1964 年版。

黄中业：《三代纪事本末》，辽宁人民出版社 1999 年版。

顾炎武：《日知录》，黄汝成集释本，花山文艺出版社 1991 年版。

《郭沫若全集·考古编》1—4 卷，科学出版社 1982 年版。

《郭沫若全集·历史编》1—4 卷，科学出版社 1982 年版。

于省吾：《甲骨文字释林》，中华书局 1979 年版。

顾颉刚等：《古史辨》，上海古籍出版社 1982 年版。

刘起釪：《古史续辨》，中国社会科学出版社 1997 年版。

徐旭生:《中国古史的传说时代》(增订本),文物出版社 1985 年版。

丁山:《中国古代宗教与神话考》,龙门联合书局 1961 年版。

丁山:《商周史料考证》,龙门联合书局 1960 年版。

晁福林:《先秦民俗史》,上海古籍出版社 2001 年版。

何星亮:《中国图腾文化》,中国社会科学出版社 1992 年版。

司马迁:《史记》,中华书局 1959 年版。

班固:《汉书》,中华书局 1962 年版。

荀悦:《两汉纪》,中华书局 2002 年版。

魏连科:《汉书人名索引》,中华书局 1979 年版。

王利器等:《汉书古今人名表疏证》,齐鲁书社 1988 年版。

范晔:《后汉书》,中华书局 1965 年版。

陈寿:《三国志》,中华书局 1959 年版。

房玄龄:《晋书》,中华书局 1982 年版。

沈约:《宋书》,中华书局 1974 年版。

萧子显:《南齐书》,中华书局 1983 年版。

姚思廉:《梁书》,中华书局 1983 年版。

姚思廉:《陈书》,中华书局 1972 年版。

李延寿:《北史》,中华书局 1974 年版。

李延寿:《南史》,中华书局 1975 年版。

魏收:《魏书》,中华书局 1974 年版。

李百药:《北齐书》,中华书局 1972 年版。

令狐德棻:《周书》,中华书局 1983 年版。

魏征等:《隋书》,中华书局 1973 年版。

刘昫:《旧唐书》,中华书局 1973 年版。

欧阳修:《新唐书》,中华书局 1997 年版。

薛居正:《旧五代史》,中华书局 1997 年版。

欧阳修:《新五代史》,中华书局 1997 年版。

脱脱:《宋史》,中华书局 1997 年版。

脱脱:《辽史》,中华书局 1997 年版。

脱脱:《金史》,中华书局 1997 年版。

脱脱:《元史》,中华书局1997年版。

张廷玉:《明史》,中华书局1974年版。

赵尔巽:《清史稿》,中华书局1976年版。

《清史列传》,中华书局1987年版。

《二十五史补编》,中华书局1955年版。

〔日〕泷川资言、水泽利忠:《史记会注考证附校补》,上海古籍出版社1986年版。

熊方等:《后汉书三国志补表三十种》,中华书局1984年版。

梁玉绳:《史记志疑》,中华书局1981年版。

王先谦:《汉书补注》,中华书局1983年影印本。

王先谦:《后汉书集解》,中华书局1984年影印本。

于慎行:《读史漫录》,齐鲁书社1996年版。

卢弼:《三国志集解》,中华书局1982年影印本。

吴树平:《东观汉记校注》,中州古籍出版社1987年版。

司马光:《资治通鉴》,中华书局1956年版。

王夫之:《读通鉴论》,中华书局1983年版。

杜佑:《通典》,中华书局1988年版。

马端临:《文献通考》,中华书局1986年影印本。

陆贾:《新语》,吉林大学出版社1992年《汉魏丛书》影印本。

贾谊:《新书》,吉林大学出版社1992年《汉魏丛书》影印本。

韩婴:《韩诗外传》,吉林大学出版社1992年《汉魏丛书》影印本。

班固:《白虎通德论》,吉林大学出版社1992年《汉魏丛书》影印本。

刘安:《淮南子》,上海书店1986年《诸子集成》影印本。

王充:《论衡》,上海书店1986年《诸子集成》影印本。

桓宽:《盐铁论》,上海书店1986年《诸子集成》影印本。

王符:《潜夫论笺》,中华书局1979年版。

葛洪:《抱朴子》,上海书店1986年《诸子集成》影印本。

段玉裁:《说文解字注》,上海古籍出版社1981年版。

王先谦:《释名疏证补》,上海古籍出版社1984年影印本。

王国维:《水经注校》,上海人民出版社1984年版。

吴树平:《风俗通义校释》,天津人民出版社 1980 年版。

王明:《太平经合校》,中华书局 1960 年版。

〔日〕安居香山、中村璋八:《纬书集成》,河北人民出版社 1994 年版。

严可均:《全上古三代秦汉三国六朝文》,中华书局 1958 年版。

费振刚:《全汉赋》,北京大学出版社 1993 年版。

马国翰:《玉函山房辑佚书》,上海古籍出版社 1989 年影印本。

永瑢:《四库全书总目》,中华书局 1956 年版。

魏征:《群书治要》,商务印书馆四部丛刊本。

虞世南:《北堂书钞》,中国书店 1989 年影印本。

欧阳询:《艺文类聚》,上海古籍出版社 1982 年版。

李昉:《太平御览》,上海古籍出版社 1960 年影印本。

朱彝尊:《经义考》,中华书局 1998 年影印本。

皮锡瑞:《经学通论》,中华书局 1954 年重印商务印书馆《国学基本丛书》本;《经学历史》,中华书局 1959 年版。

王鸣盛:《十七史商榷》,中华书局 1956 年版。

赵翼:《二十二史劄记》,中华书局 1962 年版。

钱大昕:《二十二史考异》,丛书集成初编排印本。

崔述:《崔东壁遗书·洙泗考信录》,上海古籍出版社 1991 年版。

石声汉:《氾胜之书今释》,科学出版社 1956 年版。

万国鼎:《氾胜之书辑释》,中华书局 1957 年版。

赵明诚:《金石录》,四库全书本。

毕沅、阮元:《山左金石志》,小琅环仙馆嘉庆二年刻。

王昶:《金石萃编》,中国书店 1985 年影印本。

王懿荣:《汉石存目》,雪堂丛刊本 1915 年刻。

范文澜等:《中国通史》,人民出版社 1990 年版。

柳诒徵:《中国文化史》,大百科全书出版社 1983 年版。

白寿彝主编:《中国通史》,上海人民出版社 1995 年版。

安作璋主编:《山东通史》,山东人民出版社 1993 年版。

安作璋主编:《中国运河文化史》,山东教育出版社 2001 年版。

安作璋、王志民主编:《齐鲁文化通史》,中华书局 2004 年版。

〔英〕李约瑟:《中国科学技术史》,科学出版社 1978 年版。

崔瑞德:《剑桥中国秦汉史》,中国社会科学出版社 1992 年版。

《睡虎地秦墓竹简》,文物出版社 1978 年版。

吕思勉:《秦汉史》,上海古籍出版社 1983 年版。

翦伯赞:《秦汉史》,北京大学出版社 1983 年版。

马非百:《秦集史》,中华书局 1982 年版。

林剑鸣:《秦史稿》,上海人民出版社 1981 年版。

林剑鸣:《秦汉史》,上海人民出版社 1989 年版。

韩复智:《秦汉史》,台湾大学出版社 1996 年版。

田昌五、安作璋:《秦汉史》,人民出版社 1993 年版。

马植杰:《三国史》,人民出版社 1993 年版。

安作璋、熊铁基:《秦汉官制史稿》,齐鲁书社 1984 年版。

安作璋、孟祥才:《秦始皇帝大传》,中华书局 2005 年版。

安作璋、孟祥才:《刘邦评传》,齐鲁书社 1988 年版。

安作璋、孟祥才:《汉高帝大传》,河南人民出版社 1996 年版。

安作璋、孟祥才:《汉光武帝大传》,河南人民出版社 1999 年版。

余嘉锡:《四库提要辨证》,科学出版社 1958 年版。

范文澜:《范文澜历史论文选集》,中国社会科学出版社 1983 年版。

梁启超:《饮冰室合集》,中华书局 1936 年版。

章太炎:《章氏丛书》,浙江省图书馆 1919 年版。

齐思和:《中国史探研》,中华书局 1981 年版。

陈寅恪:《金明馆丛稿初编》,上海古籍出版社 1980 年版。

饶宗颐:《饶宗颐东方学论集》,汕头大学出版社 1999 年版。

陈直:《文史考古丛刊》,天津古籍出版社 1988 年版。

余英时:《士与中国文化》,上海人民出版社 1987 年版。

丁原明:《黄老学论纲》,山东大学出版社 1997 年版。

孟祥才:《王莽传》,天津人民出版社 1982 年版。

孟祥才:《先秦秦汉史论》,山东大学出版社 2001 年版。

孟祥才:《中国农民战争史·秦汉卷》,湖北人民出版社 1989 年版。

孟祥才:《中国政治制度通史·秦汉卷》,人民出版社 1996 年版。

孟祥才:《秦汉人物散论》,上海古籍出版社 2005 年版。

孟祥才:《秦汉史》,人民出版社 2009 年版。

孟祥才:《汉朝开国六十年》,齐鲁书社 2009 年版。

胡适:《中国哲学大纲》(卷上),东方出版社 1996 年版。

胡适:《中国中古思想史长编》,华东师范大学出版社 1996 年版。

冯友兰:《中国哲学史》,中华书局 1961 年重印商务印书馆本。

张岱年:《中国哲学史大纲》,河北人民出版社 1996 年《张岱年全集》本。

任继愈主编:《中国哲学史》,人民出版社 1979 年版。

张岂之主编:《中国思想学说史》,广西师范大学出版社 2008 年版。

葛兆光:《中国思想史》,复旦大学出版社 1998 年版。

李泽厚:《美的历程》,广西师范大学出版社 2001 年版。

胡寄窗:《中国经济思想史》,上海人民出版社 1962 年版。

徐复观:《两汉思想史》,学生书局(卷一)1974 年版、(卷二)1976 年版、(卷三)1979 年版。

金春峰:《汉代思想史》,中国社会科学出版社 1997 年版。

张国华:《中国秦汉思想史》,人民出版社 1994 年版。

王克奇:《传统思想新论》,齐鲁书社 2000 年版。

孟祥才、胡新生:《齐鲁思想文化史·先秦秦汉卷》,山东大学出版社 2002 年版。

孟祥才、王克奇:《齐鲁文化通史·秦汉卷》,中华书局 2005 年版。

顾颉刚:《汉代学术史略》,东方出版社 1996 年版。

王铁:《汉代学术史》,华东师范大学出版社 1995 年版。

朱维铮:《周予同经学史论著选集》,上海人民出版社 1983 年版。

周予同:《中国经学史讲义》,上海文艺出版社 1999 年版。

钱穆:《两汉经学今古文平议》,商务印书馆 2001 年版。

汤志钧等:《西汉经学与政治》,上海古籍出版社 1994 年版。

晋文:《以经治国与汉代社会》,广州出版社 2001 年版。

张涛:《经学与汉代社会》,河北人民出版社 2002 年版。

王葆玹:《今古文经学新论》,中国社会科学出版社 1997 年版。

张文立:《秦始皇帝评传》,陕西人民出版社 1996 年版。

王云度、张文立:《秦帝国史》,陕西人民教育出版社 1997 年版。

田静:《秦宫廷文化》,陕西人民教育出版社 1998 年版。

张文立:《秦俑学》,陕西人民教育出版社 1999 年版。

徐卫民:《秦都城研究》,陕西人民教育出版社 2000 年版。

郭淑珍、王关成:《秦军事史》,陕西人民教育出版社 2000 年版。

吴树平:《秦汉文献研究》,齐鲁书社 1998 年版。

张金光:《秦制研究》,上海古籍出版社 2004 年版。

林剑鸣等:《秦汉社会文明》,西北大学出版社 1985 年版。

韩养民:《秦汉文化史》,陕西人民教育出版社 1986 年版。

熊铁基:《汉唐文化史》,湖南出版社 1992 年版。

岳庆平:《中国秦汉习俗史》,人民出版社 1994 年版。

王友三:《中国宗教史》,齐鲁书社 1991 年版。

牟钟鉴等:《中国宗教通史》,社会科学文献出版社 2000 年版。

黎家勇等:《中国秦汉宗教史》,人民出版社 1994 年版。

傅勤家:《中国道教史》,商务印书馆 1937 年版。

许地山:《道教史》,华东师范大学出版社 1996 年版。

卿希泰:《道教史》,中国社会科学出版社 1994 年版。

王明:《道家与道教思想研究》,中国社会科学出版社 1984 年版。

胡孚琛:《道学通论:道家、道教、仙学》,中国社会科学出版社 1998 年版。

姜生:《汉魏晋南北朝道教伦理论稿》,四川大学出版社 1995 年版。

肖川等:《中国秦汉教育史》,人民出版社 1994 年版。

董粉和:《中国秦汉科技史》,人民出版社 1994 年版。

卢南乔:《山东古代科技人物论集》,齐鲁书社 1979 年版。

钱宝琮:《中国数学史》,科学出版社 1981 年版。

吴炜华:《中国秦汉文学史》,人民出版社 1994 年版。

岳庆平:《中国秦汉艺术史》,人民出版社 1994 年版。

赵明等:《两汉大文学史》,吉林大学出版社 1998 年版。

陆侃如:《建安七子集》,中华书局 1989 年版。

李发林:《山东汉画像石研究》,齐鲁书社 1982 年版。

李发林:《汉代画像石研究》,文物出版社 1987 年版。

李发林:《汉代画像石选集》,齐鲁书社 1982 年版。

李发林:《中国画像石全集》,山东美术出版社、河南美术出版社 2000 年版。

王建中:《汉代画像石通论》,紫禁城出版社 2001 年版。

信立祥:《汉代画像石综合研究》,文物出版社 2000 年版。

孙机:《汉代物质文化资料图说》,文物出版社 1991 年版。

《沂南古画像石墓发掘报告》,文物出版社 1956 年版。

〔韩〕李基白:《韩国史新论》,国际文化出版公司 1994 年版。

万绳南整理:《陈寅恪魏晋南北朝史讲演录》,黄山书社 2000 年版。

唐长孺:《魏晋南北朝史论丛》,三联书店 1978 年版。

唐长孺:《魏晋南北朝隋唐史三论》,武汉大学出版社 1998 年版。

周祖谟、余淑宜整理:《世说新语笺疏》,中华书局 1983 年版。

吕思勉:《魏晋南北朝史》,上海古籍出版社 1983 年版。

韩国磐:《魏晋南北朝史纲》,人民出版社 1983 年版。

郭朋:《魏晋南北朝隋唐佛教》,齐鲁书社 1986 年版。

许抗生:《魏晋玄学史》,陕西师范大学出版社 1989 年版。

王利器:《颜氏家训集解》,上海古籍出版社 1983 年版。

王瑞功主编:《诸葛亮研究集成》,齐鲁书社 1986 年版。

田余庆:《东晋门阀政治》,北京大学出版社 1996 年版。

朱东润撰,林东海导读:《魏晋思想论》,上海古籍出版社 1998 年版。

韩强:《王弼与中国文化》,贵州人民出版社 2001 年版。

李隆基等撰、李林甫校:《大唐六典》,三秦出版社 1991 年版。

房玄龄、长孙无忌:《唐律疏议》,中华书局 1983 年版。

吴兢:《贞观政要》,上海古籍出版社 1978 年版。

颜真卿:《颜鲁公文集》,四部备要本。

颜真卿撰,凌家民校:《颜真卿集》,黑龙江人民出版社 1993 年版。

宋敏求:《唐大诏令集》,学林出版社 1991 年版。

范祖禹:《唐鉴》,商务印书馆 1935 年国学丛书本。

姚铉:《唐文粹》,上海古籍出版社 1994 年版。

李昉:《文苑英华》,中华书局 1956 年版。

彭定求、杨中讷等编:《全唐诗》,中华书局 1960 年版。

董诰、徐松等编:《全唐文》,中华书局 1985 年版。

汤用彤:《隋唐佛教史稿》,中华书局 1985 年版。

岑仲勉:《隋唐史》,中华书局 1960 年版。

陈寅恪:《唐代政治史述论稿》,上海古籍出版社 1980 年版。

陈寅恪:《隋唐制度渊源略论稿》,中华书局 1963 年版。

罗香林:《唐代文化史研究》,上海书店 1982 年版。

罗宏曾:《魏晋南北朝文化史》,四川人民出版社 1989 年版。

吕思勉:《隋唐五代史》,上海古籍出版社 1984 年版。

韩国磐:《隋唐五代史纲》,人民出版社 1979 年版。

王仲荦:《隋唐五代史》,上海人民出版社 1988 年版。

李斌成等主编:《唐代文化史》,中国社会科学出版社 2002 年版。

李斌成等主编:《隋唐五代社会生活史》,中国社会科学出版社 1998 年版。

李焘:《续资治通鉴长编》,中华书局 1979—1995 年版。

李心传:《建炎以来系年要录》,中华书局 1988 年版。

徐梦辛:《三朝北盟会编》,上海古籍出版社 1987 年版。

司马光:《温国文正司马公文集》,四部丛刊本。

李觏:《直讲李先生文集》,四部丛刊本。

石介:《徂徕石先生文集》,中华书局 1985 年版。

王禹偁:《小畜集》,四部丛刊本。

欧阳修:《欧阳修全集》,中国书店 1986 年版。

范仲淹:《范文正公集》,四部丛刊本。

孙奭:《孟子音义》,上海书店 1990 年版。

孙复:《孙明复小集》,四库全书本。

程颢、程颐:《二程集》,中华书局 1981 年版。

张载:《张载集》,中华书局 1978 年版。

晁公武:《郡斋读书记》,四库全书本。

蔡襄:《蔡襄集》,上海古籍出版社 1986 年版。

王辟之:《渑水燕谈录》,中华书局 1981 年版。

邵伯温:《邵氏见闻录》,中华书局 1983 年版。

吕祖谦:《宋文鉴》,中华书局 1981 年版。

叶梦得:《石林燕话》,中华书局 1984 年版。

元好问:《中州集》,学苑出版社 2000 年版。

元好问:《元好问全集》,山西人民出版社 1990 年版。

吴澄:《吴文正集》,台湾商务印书馆 1983 年版。

于钦:《齐乘》,四库全书本。

赵孟頫:《松雪斋文集》,四部丛刊本。

刘敏中:《中庵集》,台湾商务印书馆 1983 年版。

陈邦瞻:《宋史纪事本末》,中华书局 1977 年版。

张金吾:《金文最》,中华书局 1990 年版。

黄宗羲:《宋元学案》,中华书局 1986 年版。

顾炎武:《天下郡国利病书》,上海科学技术文献出版社 2002 年版。

王夫之:《宋论》,中华书局 1964 年版。

钱大昕:《十驾斋养新录》,江苏古籍出版社 2000 年版。

全祖望著,黄云眉选注:《鲒埼亭文集选注》,齐鲁书社 1982 年版。

曾枣庄主编:《全宋文》,巴蜀书社 1990 年版。

赵汝愚编:《宋朝诸臣奏议》,上海古籍出版社 1999 年版。

李修生:《全元文》,江苏古籍出版社 2001 年版。

司义祖整理:《宋大诏令集》,中华书局 2002 年版。

邓广铭:《邓广铭学术论著自选集》,首都师范大学出版社 1994 年版。

陈钟凡:《两宋思想述评》,东方出版社 1996 年版。

侯外庐、邱汉生、张岂之主编:《宋明理学史》,人民出版社 1987 年版。

漆侠:《探知集》,河北大学出版社 1999 年版。

漆侠:《宋学的发展和演变》,河北人民出版社 2002 年版。

朱汉民:《宋明理学通论》,湖南教育出版社 2000 年版。

王守仁:《王文成公全书》,四部丛刊本。

焦竑:《献征录》,中国史学丛书 1965 年影印本。

张后觉:《弘山先生集》,万历二十七年刻本。

孟秋:《孟我疆先生集》,清康熙三年刻本。

谢榛著,朱其铠等校点:《谢榛全集》,齐鲁书社2000年版。

黄宗羲:《明儒学案》,中华书局1985年版。

张尔岐:《蒿庵集·蒿庵捃逸·蒿庵闲话》,齐鲁书社1991年版。

张尔岐:《周易说略》,清乾隆刻本。

张尔岐:《仪礼郑注句读》,四库全书本。

马骕:《左传事纬》,四库全书本。

马骕:《绎史》,齐鲁书社2001年版。

江藩:《国朝汉学师承记》,中华书局1983年版。

桂馥:《说文解字义证》,上海古籍出版社1987年版。

桂馥:《晚学集》,道光二十一年刻本。

孔广森:《春秋公羊经传通义》,皇清经解本。

孔广森:《诗声类》,皇清经解续编本。

郝懿行:《尔雅义疏》,上海古籍出版社1983年版。

郝懿行:《春秋说略》,郝氏遗书本,清光绪刻本。

牟庭:《诗切》,齐鲁书社1983年版。

牟庭:《同文尚书》,齐鲁书社1981年版。

王筠:《说文解字句读》,中华书局1988年版。

王筠:《说文释例》,中华书局1987年版。

徐世昌:《清儒学案》,台北世界书局1979年版。

钱穆:《中国近三百年学术史》,台北商务印书馆1987年版。

杨向奎主编:《清儒学案新编》,齐鲁书社1985—1994年版。

王绍曾主编:《山东文献书目》,齐鲁书社1993年版。

朱亚非主编:《戚继光志》,山东人民出版社1999年版。

中国史学会济南分会编:《山东近代史资料》第1分册,山东人民出版社1957年版。

山东省历史学会编:《山东近代史资料》第2分册,山东人民出版社1958年版。

山东省历史学会编:《山东近代史资料》第3分册,山东人民出版社

1961 年版。

中国史学会济南分会编:《山东近代史资料选集》,山东人民出版社 1959 年版。

岳玉玺等编:《傅斯年选集》,天津人民出版社 1982 年版。

傅斯年:《傅斯年全集》,联经出版事业公司 1980 年版。

主有璠主编:《中国近代学制资料》,华东师范大学出版社 1987—1993 年各期。

陈元晖:《中国近代教育史资料》,上海教育出版社 1991 年版。

山东教育史志编纂委员会:《山东教育史志资料》,1983—1989 年各期。

山东省政协文史资料委员会编:《山东文史集粹》,山东人民出版社 1983 年版。

山东地方史志编纂委员会编:《山东史志资料》。

《山东文献》第 1—12 卷,台北山东文献出版社。

法伟堂:《山左访碑录》,宣统元年石印本。

田士懿:《山左汉魏六朝贞石目》,1922 年刻本。

《山东省志·文化志》,山东人民出版社 1995 年版。

《山东省志·教育志》,山东人民出版社 2003 年版。

《山东省志·人物志》,山东人民出版社 1999 年版。

王恩田:《中华文化通志·齐鲁文化志》,上海人民出版社 1998 年版。

杨明斋:《评中西文化观》,1924 年版。

王献唐:《齐鲁陶文》,山东省立图书馆 1932 年版。

王献唐:《邹滕古陶文字》,海岳楼 1934 年版。

王献唐:《临淄封泥文字序》,山东省立图书馆 1936 年版。

王献唐:《炎黄氏族文化考》,齐鲁书社 1986 年版。

栾调甫:《墨子研究文集》,人民出版社 1957 年版。

蔡尚思主编:《中国现代思想史资料简编》,浙江人民出版社 1982 年版。

余世诚、张升善:《杨明斋》,中共党史资料出版社 1988 年版。

聊城师范学院历史系编:《傅斯年》,山东人民出版社 1991 年版。

李泉:《傅斯年学术思想评传》,北京图书馆出版社 2000 年版。

赵承福主编:《山东教育通史》,山东人民出版社 2001 年版。

后 记

　　《山东思想文化史》是由韩寓群同志任主编,由山东师范大学地方史研究所组织编写的《山东地方史文库》专史系列中的一部。

　　山东是中国古老文明的最重要的发祥地之一。这里 50 万年前就从泰沂山脉的原始森林中勇敢地走出了沂源猿人,以他们勤劳的双手开启了山东地域历史的第一章。此后,东夷人就在泰山南北筚路蓝缕,披荆斩棘,在艰难险巇中迎来中华文明的第一缕曙光。当齐文化和鲁文化两杆大旗南北呼应、猎猎飘扬的时候,当姜尚、周公、管仲、孔子、孙子、孟子、墨子、庄子、荀子等政治思想精英联翩走上中国历史舞台的时候,发源于山东大地的齐鲁文化由此写下了最辉煌的篇章。而当汉武帝和董仲舒经过热烈的拥抱推出"罢黜百家、独尊儒术"的思想文化政策的时候,齐鲁文化就由地域文化跃升为主流文化,以其普照神州大地的光焰引领着中国的思想文化走过了两千多年的峥嵘岁月。两汉以后的山东地域文化虽然再也没有重现春秋战国时代的壮丽辉煌,但依然不断地为主流文化的发展添砖加瓦,并几度占领思想文化的制高点,发出金鸡一鸣天下晓的警醒之音。探索山东思想文化的发展规律,发掘其中那些具有永恒魅力的精华,为建设现代的政治文明和精神文明服务,是文史学者责无旁贷的职责,也是山东文化建设的重要任务之一。

　　撰写《山东思想文化史》的初衷,是以较短的篇幅、简洁的文字,展示山东地区自进入文明社会以后约五千年的思想文化发展的历史,重点理清思想发展的脉络。在撰写过程中,我发现以自己个人之力写出一部具有鲜明学术个性的山东思想文化史困难是很大的。原因在于,第一,尽管本书研究的对象是山东地域文化史,但却不能仅就山东研究山东,而必须将山东放在全国的大格局中,透过其与全国思想文化史的互动探索山东思想文化发展的特点和规律,彰显山东思想文化的个性,凸现其在全国思想文化史上的地位和作用。第二,山东思想文化史不仅时间跨度大,内容丰富,是许多重要思想和文化原典的诞生地,而且起伏跌宕,有时引领时代风骚,留下永恒的辉煌;有时相对沉寂,发不出影响全国的最强音;有时平淡无奇,淹没在全国主流意识的激扬澎湃的大潮中。所有这些现象背后深层次的原因需要给出一个具有说服力的答案。第三,山东思想文化史所涉及的资料浩如烟海,即使对其中最重要的资料——涉猎也不是一年半载的时日可以奏效的。以我的学识,要想写出一部超越前贤、具有自己学术体系和学术品格的令人耳目一新的著作,在较短的时间内几乎是不可能的。所以,我给这部书设定的目标是:综合自己和前贤最新研究成果,以简明的文字写出的兼具学术性和普及性的著作,为读者提供一部简明扼要的认识和了解齐鲁思想文化的历史读物。

我虽年届古稀,在史学领域读书和从事教学研究几近半个世纪,但真正下过一些功夫的专业领域也就是中国史中的先秦秦汉史。对其他领域只停留在基本知识的了解和把握。所以,在撰写本书的过程中,先秦秦汉部分我尽量浓缩自己已有的学术成果,其他部分则尽量融会和吸纳其他学者的研究成果。好在安作璋、王志民两先生主编的《齐鲁文化通史》已由中华书局于 2004 年出版,王志民、仝晰纲两先生主编的数量多达百册的"齐鲁历史文化丛书"也由山东文艺出版社于 2004 年出版,这两套著作中所涉及的思想文化部分的内容,基本上代表了目前这一领域的最高水平。特别是那些在诸如侯外庐主编的《中国思想通史》、冯友兰的《中国哲学史》、侯外庐等主编的《宋明理学史》、张岂之主编的《中国思想学术史》等中国思想文化史的巨著中被忽略了的山东思想家和文史领域的学者,在这两套著作中都受到应有的关注,得到了比较中肯的评价。本书的魏晋及以后部分就较多地融会和吸纳了这两套著作中的不少成果。在本书即将付梓时特作说明,并向创造这些成果的学界同仁和朋友们致以诚挚的谢意。

在本书撰稿过程中,我的老师安作璋先生提出了不少指导性的意见,朱亚非教授在组织协调方面也做了大量工作,谨借本书出版的机会,向两位先生表示衷心的感谢!

作者

2010 年春节于山东大学兴隆山小区寓所

图书在版编目(CIP)数据

山东思想文化史／孟祥才著．—济南：山东人民出
版社,2011.10
(山东地方史文库．第二辑)
ISBN 978-7-209-05808-7

Ⅰ.①山… Ⅱ.①孟… Ⅲ.①思想史—山东省 ②文
化史—山东省 Ⅳ.①B2 ②K203

中国版本图书馆 CIP 数据核字(2011)第 124322 号

责任编辑:李明功
封面设计:蔡立国

山东思想文化史

孟祥才 著

山东出版集团
山东人民出版社出版发行
社 址:济南市经九路胜利大街 39 号 邮 编:250001
网 址:http://www.sd-book.com.cn
发行部:(0531)82098027 82098028
新华书店经销
山东临沂新华印刷物流集团有限责任公司印装

规 格 16 开(169mm×239mm)
印 张 27.75
字 数 420 千字 插 页 10
版 次 2011 年 10 月第 1 版
印 次 2011 年 10 月第 1 次
ISBN 978-7-209-05808-7
定 价 120.00 元

如有印装质量问题,请与印刷单位联系调换。电话:(0539)2925659